Brodil | Risak | Wolf

Arbeitsrecht in Grundzügen

6., aktualisierte Auflage

Arbeitsrecht in Grundzügen

6., aktualisierte Auflage

von
ao. Univ.-Prof. Dr. Wolfgang Brodil
ao. Univ.-Prof. Dr. Martin E. Risak
RA Dr. Christoph Wolf

LexisNexis®

Die LexisNexis-Gruppe weltweit

Australien	LexisNexis, CHATSWOOD, New South Wales
Benelux	LexisNexis Benelux, AMSTERDAM
China	LexisNexis China, PEKING
Deutschland	LexisNexis Deutschland GmbH, MÜNSTER
Frankreich	LexisNexis SA, PARIS
Großbritannien	LexisNexis Butterworths, a Division of Reed Elsevier (UK) Ltd
Hongkong	LexisNexis Hong Kong, HONGKONG
Indien	LexisNexis Butterworths Wadhwa Nagpur, NEU DELHI
Irland	Butterworths (Ireland) Ltd, DUBLIN
Italien	Giuffrè Editore, MAILAND
Korea	LexisNexis, SEOUL
Japan	LexisNexis Japan, TOKIO
Kanada	LexisNexis Canada, MARKHAM, Ontario
Malaysien	Malayan Law Journal Sdn Bhd, KUALA LUMPUR
Neuseeland	LexisNexis NZ ltd, WELLINGTON
Österreich	LexisNexis Verlag ARD Orac GmbH & Co KG, WIEN
Polen	Wydawnictwo Prawnicze LexisNexis Ltd., WARSCHAU
Singapur	LexisNexis Singapore, SINGAPUR
Südafrika	LexisNexis Butterworths, DURBAN
Ungarn	HVG-Orac, BUDAPEST
USA	LexisNexis, DAYTON, Ohio

Bibliografische Information Der Deutschen Bibliothek

Die Deutsche Bibliothek verzeichnet diese Publikation in der Deutschen Nationalbibliografie; detaillierte bibliografische Daten sind im Internet über http://dnb.ddb.de abrufbar.

ISBN 978-3-7007-4578-5

LexisNexis Verlag ARD Orac GmbH & Co KG, Wien
http://www.lexisnexis.at
Wien 2010
Best.-Nr. 34.13.06

Foto Brodil: privat
Foto Risak: privat
Foto Wolf: privat

Druckerei: Ferdinand Berger & Söhne GesmbH, 3580 Horn, Wiener Straße 80

Vorwort

Diese jetzt in gänzlich überarbeiteter, sechster Auflage vorliegende systematische Darstellung des Arbeitsrechts wendet sich sowohl an Studierende als auch Praktiker. Neben Studenten der Rechts- und Wirtschaftswissenschaften ist die Publikation auch an Studierende an Fachhochschulen und sonstigen Ausbildungseinrichtungen sowie an arbeitsrechtlich interessierte Nichtjuristen gerichtet. Speziell für diese Zielgruppe wurde eine grundsätzliche Einführung in die Rechtswissenschaften integriert, die zum besseren Verständnis der Darstellung wichtige allgemeine Grundbegriffe und -strukturen der Rechtswissenschaften vermittelt. Durch seine kompakte Darstellung eignet sich das Kurzlehrbuch auch gut zur Vorbereitung auf die Rechtsanwaltsprüfung.

Die Darstellungsgliederung folgt einem sich aus der Materie ergebenden System, bei dem zuerst die Kernbegriffe und Gestaltungsmittel dargestellt werden und im Anschluss, angepasst an den Verlauf des Arbeitsverhältnisses (Begründung, Pflichten aus dem Arbeitsvertrag, Beendigung), auf einzelne Sachprobleme eingegangen wird. Bewusst werden Schwerpunkte in den praxisrelevanten Bereichen des Kollektiv- und Individualarbeitsrechts gesetzt und auf die wesentliche aktuelle Rechtsprechung eingegangen. Uns weniger relevant erscheinende Bereiche werden demgegenüber nur überblicksweise dargestellt. Der wiederum umfassend aktualisierte Anmerkungsapparat verfolgt den Zweck, dem Benutzer durch Verweise auf wichtige Judikatur und (auch abweichende) Literatur weiter gehende Nachforschungen zu ermöglichen. Die vorliegende Auflage dient vor allem der Einarbeitung der seit Ende 2008 erfolgten Gesetzesänderungen (insb des Kinderbetreuungsgeldgesetzes und das Inkrafttreten der Rom I-Verordnung) sowie der aktuellen Rechtsprechung und Literatur. Bei personenbezogenen Bezeichnungen wurde zur besseren Lesbarkeit lediglich die männliche Form verwendet, die weibliche ist davon aber selbstverständlich mitumfasst.

Die Darstellung befindet sich auf dem Stand März 2010. Für Anregungen und Vorschläge sind wir immer dankbar.

Wien, im März 2010

Wolfgang Brodil
Martin E. Risak
Christoph Wolf

Inhaltsverzeichnis

Literaturverzeichnis

Brodil/Windisch-Graetz, Sozialrecht in Grundzügen, 6. Aufl (2009).

Cerny/Gahleitner/Kundtner/Preiss/Schneller, Arbeitsverfassungsrecht, 4. Aufl (2009).

Floretta/Strasser, Kommentar zum Arbeitsverfassungsgesetz (1975).

Floretta/Spielbüchler/Strasser, Arbeitsrecht, Band I, Individualarbeitsrecht (*Spielbüchler/Grillberger*), 4. Aufl (1999).

Floretta/Spielbüchler/Strasser, Arbeitsrecht, Band II, Kollektivarbeitsrecht (*Strasser/Jabornegg*), 4. Aufl (2001).

Koziol/Welser, Grundriss des bürgerlichen Rechts, Band I – Allgemeiner Teil, Sachenrecht, Familienrecht (*Koziol)*, 13. Aufl (2006).

Koziol/Welser, Grundriss des bürgerlichen Rechts, Band II – Schuldrecht Allgemeiner und Besonderer Teil, Erbrecht (*Welser)*, 13. Aufl (2007).

Löschnigg, Arbeitsrecht, 10. Aufl (2003).

Marhold/Friedrich, Österreichisches Arbeitsrecht (2006).

Mazal/Risak (Hrsg), Das Arbeitsrecht – System und Praxiskommentar (Loseblattausgabe).

Rummel (Hrsg), Kommentar zum ABGB, 3. Aufl (2000).

Strasser/Jabornegg/Resch (Hrsg), Kommentar zum Arbeitsverfassungsgesetz (Loseblattausgabe).

Tomandl/Schrammel, Arbeitsrecht, Band 1, Gestalter und Gestaltungsmittel (*Tomandl*), 6. Aufl (2008).

Tomandl/Schrammel, Arbeitsrecht, Band 2, Sachprobleme (*Schrammel*), 6. Aufl (2008).

Tomandl (Hrsg), Kommentar zum Arbeitsverfassungsgesetz (Loseblattausgabe).

Abkürzungsverzeichnis

aA	anderer Ansicht
AB	Ausschussbericht
ABGB	Allgemeines bürgerliches Gesetzbuch
abl	ablehnend
aE	am Ende
AG	Arbeitgeber
AK	Arbeiterkammer
AktG	Aktiengesetz
aM	anderer Meinung
AMS	Arbeitsmarktservice
AN	Arbeitnehmer
AngG	Angestelltengesetz
Anm	Anmerkung
APSG	Arbeitsplatz-Sicherungsgesetz
Arb	Sammlung arbeitsrechtlicher Entscheidungen
ArbIG	Arbeitsinspektionsgesetz
ArbVG	Arbeitsverfassungsgesetz
arg	argumento
Art	Artikel
ASchG	Arbeitnehmerschutzgesetz
ASG	Arbeits- und Sozialgericht
ASGG	Arbeits- und Sozialgerichtsgesetz
ASoK	Arbeits- und Sozialrechtskartei (Jahr, Seite)
ASVG	Allgemeines Sozialversicherungsgesetz
Aufl	Auflage
AÜG	Arbeitskräfteüberlassungsgesetz
AuslBG	Ausländerbeschäftigungsgesetz
AVG	Allgemeines Verwaltungsverfahrensgesetz
AVRAG	Arbeitsvertragsrechts-Anpassungsgesetz
Bd	Band
BergAG	Bergarbeitergesetz
BGBl	Bundesgesetzblatt (Jahr/Nummer)
BMSVG	Betriebliches Mitarbeiter- und Selbständigenvorsorgegesetz
BMWA	Bundesministerium/Bundesminister für Wirtschaft und Arbeit
BPG	Betriebspensionsgesetz
BR	Betriebsrat
bspw	beispielsweise
BUAG	Bauarbeiter-Urlaubs- und Abfertigungsgesetz
BV	Betriebsvereinbarung
B-VG	Bundesverfassungsgesetz
bzw	beziehungsweise
ders	derselbe
DG	Dienstgeber
dh	das heißt
DHG	Dienstnehmerhaftpflichtgesetz
dies	dieselbe

DN	Dienstnehmer
DRdA	Das (österreichische) Recht der Arbeit (Jahr, Seite)
E	Entscheidung
EA	Einigungsamt
EB	Erläuternde Bemerkungen
ecolex	ecolex, Zeitschrift für Wirtschaftsrecht (Jahr, Seite)
EEG	Eingetragene Erwerbsgesellschaft
EFZG	Entgeltfortzahlungsgesetz
EGV	Vertrag zur Gründung der Europäischen Gemeinschaften
EMRK	Europäische Menschenrechtskonvention
etc	et cetera
EuGH	Europäischer Gerichtshof
EvBl	Evidenzblatt der Rechtsmittelentscheidungen in der ÖJZ (Jahr/Nummer)
EVÜ	Übereinkommen über das auf vertragliche Schuldverhältnisse anzuwendende Recht
f	folgende(r)
ff	fortfolgend(er)
FN	Fußnote
FS	Festschrift
GAngG	Gutsangestelltengesetz
gem	gemäß
GesbR	Gesellschaft bürgerlichen Rechts
GewO	Gewerbeordnung
GlBG	Gleichbehandlungsgesetz „neu" (BGBl I 2004/66)
GleichbG	Gleichbehandlungsgesetz „alt"
GmbHG	Gesetz über die Gesellschaft mit beschränkter Haftung
gs	grundsätzlich
hA	herrschende Ansicht
HausbG	Hausbesorgergesetz
HausgG	Hausgehilfen- und Hausangestelltengesetz
HeimAG	Heimarbeitsgesetz
HGB	Handelsgesetzbuch
hM	herrschende Meinung
hpts	hauptsächlich
Hrsg	Herausgeber
idF	in der Folge, in dieser Form
idgF	in der geltenden Fassung
idR	in der Regel
idZ	in diesem Zusammenhang
ie	id est
ieS	im engeren Sinne
IESG	Insolvenz-Entgeltsicherungsgesetz
infas	Informationen aus dem Arbeits- und Sozialrecht (Jahr, Entscheidungsnummer)
insb	insbesondere
InvFG	Investmentfondsgesetz
iSd	im Sinne des/der

iSe	im Sinne einer
iSv	im Sinne von
iwS	im weiteren Sinne
iZm	im Zusammenhang mit
JBl	Juristische Blätter (Jahr, Seite)
JournG	Journalistengesetz
KautSchG	Kautionsschutzgesetz
KBGG	Kinderbetreuungsgeldgesetz
KG	Kommanditgesellschaft
KGG	Karenzgeldgesetz
krit	kritisch
KV	Kollektivvertrag
KVTr	Krankenversicherungsträger
LAG	Landarbeitsgesetz
leg cit	legis citatae
LG	Landesgericht
lit	litera(e)
LStR	Lohnsteuerrichtlinien
maW	mit anderen Worten
MRG	Mietrechtsgesetz
MSchG	Mutterschutzgesetz
MV	Masseverwalter
mwN	mit weiteren Nachweisen
oÄ	oder Ähnliches
ÖGB	Österreichischer Gewerkschaftsbund
OGH	Oberster Gerichtshof
OHG	Offene Handelsgesellschaft
ÖJZ	Österreichische Juristenzeitung (Jahr, Seite)
OLG	Oberlandesgericht
RdW	Recht der Wirtschaft (Jahr, Seite)
RL	Richtlinie
Rspr	Rechtsprechung
RV	Regierungsvorlage
SchSpG	Schauspielergesetz
sog	sogenannte(r, s)
SozM	Sozialrechtliche Mitteilungen der Arbeiterkammer Wien (Untergliederung, Seite)
StGG	Staatsgrundgesetz
stRspr	ständige Rechtsprechung
SZ	Sammlung zivilrechtlicher Entscheidungen (Band/Nummer)
tw	teilweise
uÄ	und Ähnliche(s)
ua	unter anderem(n)
uam	und andere(s) mehr

uE	unseres Erachtens
UrlG	Urlaubsgesetz
uU	unter Umständen
va	vor allem
VBG	Vertragsbedienstetengesetz
VfGH	Verfassungsgerichtshof
vgl	vergleiche
VKG	Väterkarenzgesetz
VwGH	Verwaltungsgerichtshof
WBl	Wirtschaftsrechtliche Blätter (Jahr, Seite)
WK	Wirtschaftskammer
WKG	Wirtschaftskammergesetz
ZAS	Zeitschrift für Arbeits- und Sozialrecht (Jahr, Seite)
zB	zum Beispiel
ZBR	Zentralbetriebsrat
ZfVB	Die administrativrechtlichen Entscheidungen des VwGH und die verwaltungsrechtlich relevanten Entscheidungen des VfGH in lückenloser Folge (Beilage zur Zeitschrift für Verwaltung [Jahr, fortlaufende Nummer])
zT	zum Teil
zust	zustimmend

I. Einführung in die Rechtswissenschaften

A. Die Rechtswissenschaften als normatives System – Rechtsnormen

Rechtswissenschaften befassen sich mit Vorschriften, die menschliches Verhalten determinieren – sog Rechtsnormen. Solche Vorschriften beinhalten typischerweise *Sollens*anforderungen, wonach ein bestimmtes Verhalten (Tun oder Unterlassen) rechtlich verlangt ist.[1] Dies unterscheidet sie wesentlich von naturwissenschaftlichen Prinzipien. Derartige Natur*gesetze*[2] besagen bspw, dass sich bestimmte Gegenstände unter Hitze ausdehnen. Dies wird regelmäßig nach dem Falsifikationsprinzip als richtig vorausgesetzt, solange nicht in methodisch einwandfreier Hinsicht das Gegenteil erwiesen wird. Daraus folgt aber nicht, dass das Ausdehnen dieser Gegenstände auch *gesollt*[3] ist. Aus der (naturwissenschaftlichen) Tatsache, dass etwas *ist*, darf nicht gefolgert werden, dass es auch so *sein soll*. Naturwissenschaftliche Prinzipien werden von physikalischen, chemischen, biologischen ua – soweit für Menschen nach dem jeweiligen Stand der Wissenschaft entsprechend erfassbaren – Prinzipien vorgegeben und sind Veränderungen durch den Menschen unzugänglich. 1

Demgegenüber sind Rechtsvorschriften ausschließlich **von Menschen für Menschen gemacht** und unterliegen im Wesentlichen keiner Determinierung durch „übergeordnete" Prinzipien oder Naturgesetze.[4] Daher ist ihre spezifische normative Existenz nur auf menschliches Verhalten (einen Willensakt) zurückzuführen.

Entsprechende Organisationsregeln schaffen die Voraussetzungen dafür, dass Rechtsvorschriften die Menschen in ihrem Verhalten binden. Nur bei Einhaltung dieser Organisationsvorschriften ist gewährt, dass der Inhalt dieser rechtlichen Anordnungen tatsächlich gesollt ist; ihnen die normative Wirkung einer Rechtsnorm zukommt. 2

Im Bereich von Gesetzen und Verordnungen gründet sich dies typischerweise auf die höchsten staatlichen Organisationsvorschriften, die *Verfassung* eines Staates. Bspw sieht diese vor, dass die 183 Abgeordneten zum Nationalrat Bundesgesetze beschließen können, die das Verhalten aller im Staate Österreich befindlichen Menschen regeln.[5]

---

[1] Das Folgende orientiert sich an den Grundprinzipien der Wiener juristischen Schule, die aufbauend auf *Kelsen* die Reine Rechtslehre als logisches System der normativen Rechtswissenschaften geprägt hat. Vgl dazu *Walter/Mayer/Kusko-Stadlmayer*, Grundriss des Österreichischen Bundesverfassungsrechts[10] (2007); *Kelsen*, Allgemeine Staatslehre (1925); *ders*, Österreichisches Staatsrecht (1923).

[2] Ein der Rechtswissenschaft entnommener Begriff wie „Gesetz" ist im gegebenen Zusammenhang nur eingeschränkt tauglich, wie im Folgenden dargelegt werden wird.

[3] Der Begriff mag zunächst unverständlich wirken, seine Verwendung ist aber als terminus technicus geboten.

[4] Naturrechtliche Ansätze bleiben hier außer Betracht, wonach durchaus übergeordnete Grundsätze – bspw der Gerechtigkeit etc – Rechtsvorschriften zu prägen hätten. Die Existenz von völkerrechtlichen (überstaatlichen) Zusammenfassungen von Grundrechtskatalogen (so die Europäische Menschenrechtskonvention, der auch Österreich angehört) deutet zwar in diese Richtung; rein wissenschaftlich ist aber die Feststellung der „Geltung" derartiger Anordnungen praktisch unmöglich. Dass die Anordnung organisierter Vernichtung bestimmter Menschen oder Volksgruppen, wie im 3. Reich, auch als Rechtsvorschrift unzulässig ist, kann leicht erfasst werden. Ob allerdings „Karenzgeld für alle" oder 0,5 oder 0,8 Promille als Grenze der Verkehrstauglichkeit „wahrhaft richtig" sind, muss letztlich ungeklärt bleiben.

[5] Bspw ist durch § 75 Strafgesetzbuch (StGB) das Töten eines Menschen verboten und mit lebenslanger oder 10- bis 20-jähriger Freiheitsstrafe bedroht.

Selbst die Wahl der Abgeordneten gründet sich wieder auf Rechtsnormen der Verfassung. In anderen Bereichen sehen (einfache) Gesetze vor, dass Menschen miteinander Verträge abschließen können, die den Beteiligten ebenso rechtliche Verpflichtungen auferlegen.[6] Grundlage der rechtlichen Verbindlichkeit dieser Sollensanordnungen ist dann die dem Einzelnen vom Gesetz eingeräumte Rechtsmacht, Vereinbarungen zu schließen.

3 Im Gegensatz zu Vorschriften von Moral und Sitte kann (im Bereich des staatlichen Strafanspruchs im Strafrecht *muss*) die Einhaltung bzw die Nichtbeachtung von Rechtsvorschriften durch **Einsatz staatlicher Zwangsgewalt** erzwungen bzw sanktioniert werden. So wird der Einbrecher durch Polizei und Staatsanwaltschaft verfolgt und verhaftet. Strafgerichte verurteilen ihn zu einer Geld- oder Haftstrafe. Der „Autoraser" wird von der zuständigen Behörde mit einer Verwaltungsstrafe belegt. Der vertragsbrüchige Handwerker wird – nach Klage durch seinen Kunden – vom Zivilgericht zur Verbesserung oder Zahlung von Schadenersatz verurteilt.

Auch Moralnormen oder sittliche Vorschriften sollen von Menschen befolgt werden. Deren Nichtbeachtung führt allerdings nicht zum Einschreiten staatlicher Sanktionssysteme. Wer im Rahmen einer Einladung gegen Normen der Sitte verstößt – bspw aus der Fingerschale trinkt oder nach der Mahlzeit aufstößt – hat kein Einschreiten der Polizei oder gerichtliche Verfahren zu befürchten. Sanktionen können (allerdings nicht zwingend) in gesellschaftlichen Reaktionen – zB dem Unterlassen weiterer Einladungen – bestehen.

4 Unter **Rechtsnormen** sind somit jene **rechtlich verbindlichen Verhaltensanordnungen** zu verstehen, die **auf ermächtigendem Organisationsrecht beruhen** und bei **Nichtbeachtung durch staatliche Zwangsgewalt durchsetzbar** sind.

5 Rechtsnormen bestehen aus **Tatbestand** und **Rechtsfolge**. An die Erfüllung eines abstrakt typisierten Tatbestandes wird normativ eine bestimmte Rechtsfolge geknüpft.

So ordnet bspw § 8 Abs 1 AngG an: „Ist ein Angestellter nach Antritt des Dienstverhältnisses durch Krankheit oder Unfall an der Leistung seiner Dienste verhindert, ohne daß er die Verhinderung vorsätzlich oder grob fahrlässig herbeigeführt hat, so behält er seinen Anspruch auf Entgelt bis zur Dauer von sechs Wochen." Tatbestandsmerkmale sind somit einmal der Antritt des Dienstverhältnisses, eine Krankheit oder Unglücksfall sowie das Fehlen von Vorsatz oder grober Fahrlässigkeit. Liegen diese Voraussetzungen vor, ordnet das Gesetz die Rechtsfolge Entgeltfortzahlung an, die bei Nichterfüllung gerichtlich durchsetzbar ist (dazu eingehend Rz 265).

B. Arten der Rechtsnormen – Rechtsquellen

6 Rechtsnormen werden ua danach eingeteilt, ob ihre Sollensanordnungen nur einen oder viele Menschen binden. So gilt ein Gesetz für alle (im sachlichen und persönlichen Geltungsbereich befindlichen) Menschen.[7] Demgegenüber bindet der Vertrag nur die Vertragsschließenden selbst. Damit unterscheidet man *generelle* und *individuelle* Rechtsnormen. Wesentliche Quellen genereller Rechtsnormen sind Gesetze. Im Bereich des Arbeitsrechts findet sich eine Vielzahl einschlägiger, nach Sachproblemen zusammengefasster *Kodifikationen*: So enthält zB das Angestelltengesetz (AngG) Vor-

[6] So kann aus einem Vertrag die Pflicht (und für den Partner korrespondierend das Recht) erfließen, eine bestimmte Kaufsache zu übergeben oder eine bestimmte Arbeit zu verrichten.

[7] So sind naturgemäß nur Kfz-Lenker an Vorschriften der Straßenverkehrsordnung (StVO) gebunden.

schriften für Angestellte. Das Urlaubsgesetz (UrlG) regelt Umfang und Verbrauch von Erholungsurlaub. Allerdings wird das Arbeitsrecht auch durch eine individuelle Rechtsquelle wesentlich geprägt – den Arbeitsvertrag (dazu unten eingehend Rz 38 ff).

Zudem bestehen im Arbeitsrecht ganz spezifische, generelle Rechtsquellen. So 7
enthalten Kollektivverträge und Betriebsvereinbarungen Rechtsnormen, die eine den Gesetzen vergleichbare, *normative* Wirkung entfalten (vgl Rz 113 ff, 164 ff).

C. Recht im objektiven und subjektiven Sinn

Der Begriff Recht wird in zweierlei Hinsicht gedeutet. Unter Recht im objektiven 8
Sinn werden Teile des Normenbestandes oder die gesamte Rechtsordnung verstanden. Demgegenüber ist von Recht im subjektiven Sinn dann die Rede, wenn es um einen konkreten, dem Einzelnen durch das Recht im objektiven Sinn eingeräumten Rechtsanspruch geht.[8]

So kann gesagt werden, Österreich hätte ein modernes AN-Schutzrecht. Damit wäre der gesamte Bestand an Rechtsnormen ua im AZG, ASchG oder MSchG als Recht im objektiven Sinn erfasst. Demgegenüber ist der Anspruch des AN, vom AG für die Arbeit am Computer im Bedarfsfall eine Bildschirmarbeitsbrille zur Verfügung gestellt zu bekommen, ein aus § 68 ASchG erfließendes Recht im subjektiven Sinn.

D. Öffentliches Recht und Privatrecht

Rechtsnormen werden seit Jahrhunderten in zwei Gruppen eingeteilt, nämlich in 8a
Vorschriften des öffentlichen Rechts und des Privatrechts. Diese Unterscheidung ist deshalb wesentlich, da zu ihrer Vollziehung unterschiedliche Behörden berufen sind und zwar Verwaltungsbehörden für Vorschriften des öffentlichen Rechts (zB die Arbeitsinspektorate für die Vollziehung des Arbeitszeitrechts) und Gerichte für Privatrechtssachen (zB die Arbeits- und Sozialgerichte für Streitigkeiten aus dem Arbeitsvertrag). Zur Abgrenzung wird überwiegend darauf abgestellt, ob ein mit Hoheitsgewalt, dh mit einseitiger Anordnungsbefugnis, ausgestattetes Rechtssubjekt in Ausübung dieser Hoheitsgewalt beteiligt ist oder nicht. Enteignet der Staat bspw ein Grundstück, so geschieht dies in Ausübung von Hoheitsgewalt und dieser Akt unterliegt dem öffentlichen Recht. Kauft hingegen der Staat dieses Grundstück „wie ein Privater", so unterliegt dieser Kaufvertrag dem Privatrecht.[9]

E. Das Rechtsgeschäft – Wesen und Merkmale

In einer privatautonomen Rechtsordnung, die den Bürgern innerhalb der gesetz- 9
lichen Grenzen Gestaltungsmöglichkeiten einräumt, ist das Rechtsgeschäft wichtigstes Instrument der tatsächlichen Selbstbestimmung. Ein Rechtsgeschäft besteht aus *einer oder mehreren Willenserklärungen, die auf Herbeiführung von Rechtsfolgen gerichtet sind.*[10]

---

[8] Vgl *Koziol/Welser,* Grundriss des bürgerlichen Rechts I[13], 45.

[9] *Koziol/Welser,* Grundriss des bürgerlichen Rechts I[13], 4.

[10] Dieser sog Rechtsfolgewille unterscheidet rechtlich relevante Willenserklärungen von sonstigen Erklärungen. Dabei ist nach der *gemäßigten Rechtsfolgentheorie* ausreichend, dass der Erklärende Rechtsfolgen herbeiführen will sowie das Bewusstsein, notfalls behördlichem Zwang zur Durchsetzung ausgesetzt zu sein.

10 Man unterscheidet *einseitige* und *zwei-* oder *mehrseitige* Rechtsgeschäfte danach, ob für das Zustandekommen des Rechtsgeschäfts eine oder mehrere Willenserklärungen erforderlich sind. So handelt es sich bei einer letztwilligen Verfügung (Testament) oder einer Kündigung um *einseitige* Rechtsgeschäfte. Sämtliche Arten von Verträgen stellen demgegenüber *zwei-* oder *mehrseitige* (bspw Gesellschaftsvertrag) Rechtsgeschäfte dar (dazu sogleich).

11 Für das Vorliegen einer Willenserklärung ist neben dem *Rechtsfolgewillen*, also der Absicht Rechtsfolgen herbeizuführen, auch eine **hinreichende inhaltliche Bestimmtheit** notwendig (*Inhaltswille*). Zudem ist für die Rechtsordnung nur der nach außen tretende Wille maßgeblich. Daher muss der rechtsgeschäftliche Wille *erklärt* werden, um rechtserheblich zu sein. Dies kann auf zwei Arten geschehen:

12 **Ausdrückliche Willenserklärungen** bedürfen keiner näheren Erläuterung. Neben Erklärungen durch Worte sind darunter auch Erklärungen durch allgemein angenommene oder vereinbarte Zeichen zu verstehen (Kopfnicken etc). Daneben kennt § 863 ABGB auch sog **konkludente** (*stillschweigende*, *schlüssige*) **Willenserklärungen**. Dabei kann der Erklärungswert weniger aus bestimmten Worten oder Zeichen, sondern eher aus den sonstigen Begleitumständen geschlossen werden.[11]

13 § 863 ABGB ordnet dabei zudem an, dass mit Überlegung aller Umstände kein vernünftiger Grund zu zweifeln übrig bleiben darf. Daraus ist eine eher restriktive Haltung des Gesetzgebers zu konkludenten Willenserklärungen zu ersehen. Konkludente Willenserklärungen werden daher nur in wenigen Fällen anzunehmen sein.

So wird das Abstellen eines Kfz auf einem gebührenpflichtigen, bewachten Parkplatz als schlüssige Willenserklärung aufgefasst, mit dem Parkplatzbetreiber einen Vertrag abzuschließen.[12] Im Arbeitsrecht kommt konkludenten Willenserklärungen eine bedeutende Rolle bei der Deutung von freien Betriebsvereinbarungen und Betriebsübungen zu (dazu unten Rz 192 ff).

14 Ein **Vertrag** kommt durch *übereinstimmende* Willenserklärungen (mindestens) zweier Personen zustande (§ 861 ABGB):[13] Diese Willenserklärungen werden als *Angebot* und *Annahme* bezeichnet. Beim Anbot handelt es sich um eine Erklärung, ein bestimmtes Rechtsgeschäft abschließen zu wollen. Das Anbot muss vom endgültigen Bindungswillen (Rechtsfolgewillen) getragen sein und bereits alle wesentlichen Punkte des Rechtsgeschäfts (essentialia negotii) enthalten (Bestimmtheitsgrundsatz). Als Annahme ist somit bloße Zustimmung ausreichend. Die den Vertrag perfektionierende Übereinstimmung zwischen den Willenserklärungen wird als *Konsens* bezeichnet.[14]

15 Das System des ABGB kennt eine Reihe von **Vertragstypen**. Diese vorgegebenen Typen sind aber nicht zwingend, sodass die privatautonome Praxis Mischformen hervorgebracht hat, auf die – je nach Wesen des Vertrages – Regelungen verschiedener im Gesetz geregelter Vertragstypen zur Anwendung kommen.

Das ABGB regelt im Kern die Vertragstypen Kauf, Tausch, Miete (Bestandvertrag), Dienst- und Werkverträge, Schenkung, Bevollmächtigung, Darlehen ua. Aber bereits der Kredit- oder Leasingvertrag ist dem ABGB ebenso wie der freie Dienstvertrag unbekannt.

---

[11] *Koziol/Welser*, Grundriss des bürgerlichen Rechts I[13], 101.
[12] *Koziol/Welser*, Grundriss des bürgerlichen Rechts I[13], 102.
[13] *Koziol/Welser*, Grundriss des bürgerlichen Rechts I[13], 115, 121.
[14] Demgegenüber besteht *Dissens*, wenn Erklärungen unterschiedlichen Inhalts abgegeben werden. In diesen Fällen kommt der Vertrag nicht zustande.

Verträge werden in **Ziel-** und **Dauerschuldverhältnisse** eingeteilt.[15] Zielschuldverhältnisse haben punktuelle Leistungen zum Inhalt und werden durch (schlichte) Leistungserbringung beendet. Demgegenüber entfalten Dauerschuldverhältnisse über einen bestimmten Zeitraum Wirkung. Geschuldet wird typischerweise eine regelmäßige oder periodisch wiederkehrende Leistung. Dauerschuldverhältnisse werden nicht durch Leistungserbringung, sondern durch entsprechende Willenserklärung beendet. **16**

So beinhaltet der Kaufvertrag die schuldrechtliche Verpflichtung zur Übereignung der Kaufsache gegen Zahlung des Kaufpreises. Werden beide Leistungen zum vereinbarten Zeitpunkt erfüllt, endet der Vertrag automatisch (Kauf einer Zeitung gegen Zahlung des Preises). Das Zielschuldverhältnis existiert daher nur kurz; im Falle des Handgeschäfts zT nur eine „logische" Sekunde lang, weil im Zeitpunkt des Vertragsschlusses bereits erfüllt wird. Demgegenüber entfaltet ein Vertrag über ein Zeitschriftenabonnement Dauerwirkungen: geschuldet wird die regelmäßige Lieferung der Zeitschrift. Zur Beendigung ist daher eine (einseitige) Willenserklärung (Kündigung) notwendig.

Auch der Arbeitsvertrag zählt zu den Dauerschuldverhältnissen. Er wird auf bestimmte oder unbestimmte Zeit eingegangen und typischerweise durch Willenserklärung beendet (dazu ausführlich unten Rz 38 ff).

F. Auslegung der Rechtsquellen

1. Generelle Rechtsquellen

Rechtsnormen sind typischerweise in Worte gefasst, wobei die Unzulänglichkeiten des Ausdrucks im Zweifelsfall durch Interpretation überwunden werden müssen. Je nach Art der Rechtsquelle werden unterschiedliche Interpretations- oder Auslegungsmethoden angewendet. **17**

Generelle Rechtsquellen (Gesetze, Verordnungen, KV und BV) werden zunächst im Wege einfacher Auslegung interpretiert. Dazu stehen die verbale, systematische, historische und objektiv-teleologische Interpretation gleichwertig zur Verfügung.[16] Zunächst wird der Wortsinn erfasst (*Verbalinterpretation*) und die Norm dann im Kontext des Gesetzes betrachtet (*systematische Interpretation*). Bleibt der Inhalt der Sollensanordnung weiterhin unklar wird auf die Absicht des historischen Gesetzgebers zurückgegriffen (*historische* oder *subjektive Auslegung*).[17] Bringt auch dieser Auslegungsvorgang kein Ergebnis, ist zu fragen, welchen objektiven Zweck die Regelung zum Zeitpunkt der Anwendung sinnvollerweise hat (*objektiv teleologische Interpretation*).[18] Absolute Grenze der Auslegung bleibt aber der noch mögliche Wortsinn der Norm. **18**

Darüber hinaus kennt die Rechtswissenschaft weitere Methoden der Erfassung des Inhalts von Rechtsnormen: die **ergänzende Rechtsfortbildung**[19] Darunter hat **19**

---

[15] Zudem bestehen diverse andere Systematisierungen, auf die im gegebenen Rahmen nicht weiter eingegangen wird.

[16] Die angegebene Reihenfolge wird aber aus praktischen Erwägungen eingehalten. Jedenfalls ist im Zweifel auf die einfachere und verlässlichere Methode vorrangig abzustellen; *Koziol/Welser*, Grundriss des bürgerlichen Rechts I[13], 22.

[17] Dafür werden die sog (Gesetzes-)Materialien verwendet, bspw die Erläuternden Bemerkungen (Erl) zu einer Regierungsvorlage (RV) oder der Bericht des parlamentarischen Ausschusses, in dem das Gesetz (damals) verhandelt und beraten wurde (AB).

[18] Die objektive Interpretation ist durchaus kritisch zu behandeln, ist doch die Feststellung derartiger Inhalte letztlich wertend und damit immer auch subjektiv.

[19] Methodisch genau betrachtet liegt idF keine *Auslegung* (einer bestehenden Vorschrift), sondern *Rechtsfortbildung* vor. Dazu eingehend *Bydlinski*, Juristische Methodenlehre und Rechtsbegriff[2] (1991) 472.

die *Lückenfüllung* durch *Analogie*[20] die größte praktische Bedeutung. Hiebei werden die Rechtsfolgen eines geregelten Tatbestandes auch auf (normativ) an sich nicht erfasste Sachverhalte angewendet. Voraussetzung einer Analogie ist die Feststellung einer Lücke. Darunter wird das Vorliegen eines *planwidrigen* Regelungsbedarfs verstanden. Dies ist der Fall, wenn die Regelung eines Sachbereichs keine Bestimmung für eine Frage enthält, die im Zusammenhang mit dieser Regelung an sich geregelt sein müsste.[21] Die Planwidrigkeit und der Regelungsbedarf müssen allerdings anhand objektiver Kriterien, insb anhand der Absicht des Gesetzes und dem ihm innewohnenden Zweck erfassbar sein. Außerhalb einer derartigen echten Lücke liegt ein rechtlich schlicht unerheblicher Sachverhalt vor (unechte Lücke). Ist eine (echte) Lücke festgestellt, wird der Rechtsfolgenteil der verwandten Rechtsnorm auf den ungeregelten Sachverhalt angewendet.[22]

So ordnet § 862a ABGB an, dass für die Wirksamkeit der Annahmeerklärung beim Vertragsschluss der Zugang maßgebend ist. Für sonstige Willenserklärungen fehlt eine solche Regelung, obwohl sie notwendig und zu erwarten wäre. Daher wird die Rechtsfolge des § 862a ABGB im Wege einer Gesetzesanalogie (*per analogiam*) auf sämtliche Willenserklärungen wie zB die Kündigung des Arbeitsvertrages (Rz 409) angewendet.

Ebenso sieht § 1014 ABGB vor, dass der Auftraggeber dem Auftragnehmer sämtliche mit der Erledigung des rechtsgeschäftlichen Auftrages verbundenen Aufwendungen zu ersetzen hat. Mangels vergleichbarer Regelung und nach Feststellung einer Lücke wird diese Vorschrift auch analog auf jene Fälle angewendet, in welchen der AN in Erfüllung seines Arbeitsvertrags selbst Aufwendungen tätigt (sog *Risikohaftung* des AG, bspw verwendet der AN eigene Betriebsmittel, die beschädigt werden; dazu unten Rz 305).

2. Willenserklärungen und Verträge

20 Im Gegensatz zu Gesetzestexten, die aus Gründen der Rechtssicherheit hpts unter „objektiven" Gesichtspunkten auszulegen sind, orientiert sich die inhaltliche Erfassung von Willenserklärungen und Verträgen stärker am Parteiwillen. Eine *ausschließliche* Orientierung am Willen des Erklärenden (Willenstheorie) würde aber zu unzumutbaren Erschwernissen im Geschäftsverkehr führen. Daher wird iS der Vertrauenstheorie nach objektiven Kriterien darauf abgestellt, wie der redliche Erklärungsempfänger eine Willenserklärung verstehen darf. Primär ist zwar auch hier der Wortsinn in seiner gewöhnlichen Bedeutung relevant. Allerdings ist „nicht an dem buchstäblichen Sinne des Ausdrucks zu haften, sondern die Absicht der Parteien zu erforschen und der Vertrag so zu verstehen, wie es der Übung des redlichen Verkehrs entspricht" (§ 914 ABGB).

Diese **einfache Vertragsauslegung** greift somit auch auf die Erklärungs-, Verkehrs- und Vertragssitte zurück; stellt also darauf ab, welche „Gebräuche" im Verkehrskreis üblicherweise bestehen.[23]

---

[20] Eingehend *Bydlinski*, Methodenlehre², 472. Daneben besteht ua ein der Analogie verwandtes Instrument, die teleologische Reduktion, die im gegebenen Rahmen ausgeklammert bleiben soll.

[21] *Koziol/Welser*, Grundriss des bürgerlichen Rechts I¹³, 27.

[22] Dabei wird zwischen Gesetzesanalogie (nur eine Bestimmung wird fruchtbar gemacht) und Gesamt- oder Rechtsanalogie (Rechtsfolgen mehrerer Vorschriften werden auf den ungeregelten Sachverhalt angewendet) bzw der Lückenfüllung unter Anwendung der natürlichen Rechtsgrundsätze nach § 7 ABGB unterschieden.

[23] Vgl im Detail *Koziol/Welser*, Grundriss des bürgerlichen Rechts I¹³, 107 ff mwN.

Damit sind einmal die Fälle der **Fehlbezeichnung** erfasst. Steht im Zentrum der Verkaufsverhandlungen eine Weinsammlung und einigen sich die Parteien auf den Verkauf derselben zu einem bestimmten Preis, bezeichnen diese übereinstimmend aber als „Bibliothek" so schadet dies dem Vertrag nicht. Trotz Fehlbezeichnung kommt ein Kaufvertrag über die Vinothek zustande (*falsa demonstratio non nocet*). Zudem wird im Rahmen der Verkehrssitte berücksichtigt, was üblicherweise zwischen Parteien eines Vertrags vereinbart wird; bspw wird davon ausgegangen werden können, dass die Lohnzahlung heutzutage bargeldlos durch Überweisung erfolgt.

Kann mit diesen Methoden kein Erklärungs(Vertrags-)inhalt festgestellt werden, wird auf die **ergänzende Auslegung** zurückgegriffen. Treten nach Geschäftsabschluss Konfliktfälle auf, die von den Parteien nicht bedacht und auch nicht geregelt sind, so ist zu fragen, was redliche und vernünftige Parteien für diesen Fall vereinbart hätten.[24] Viele vertragliche Nebenpflichten werden im Wege dieser Methode ermittelt. Dabei sind auch die Vorschriften des § 915 ABGB zu berücksichtigen, wonach sich bei bloß einseitig verbindlichen Geschäften (bspw Schenkung) der Verpflichtete im Zweifel die geringere Last auferlegen wollte. Demgegenüber ist bei zweiseitig verpflichtenden Geschäften davon auszugehen, dass eine undeutliche Vertragsregelung zum Nachteil desjenigen gereicht, der sich der Formulierung bedient hat.[25] 21

So wird bspw trotz der ausdrücklichen Vereinbarung des Arbeitsortes in einer Kaufhausfiliale bei deren Stilllegung von der Zulässigkeit der Versetzung in eine andere (in zumutbarer Entfernung liegende) Filiale im Wege ergänzender Auslegung ausgegangen, da die Vertragsparteien den Fall der Filialschließung im Abschlusszeitpunkt nicht bedacht haben.[26]

Lässt sich mit Hilfe dieser Auslegungsregeln kein eindeutiger vernünftiger Inhalt des Rechtsgeschäfts ermitteln, ist das Geschäft wegen **Unbestimmtheit** nichtig, dh unwirksam.[27] 22

G. Methodische Besonderheiten im Arbeitsrecht

Im Arbeitsrecht bestehen teilweise Abweichungen von allgemeinen methodischen Regelungen. Diese sind in der persönlichen Abhängigkeit des AN von seinem AG begründet und dienen dem Ausgleich des faktisch vorhandenen Ungleichgewichts. So finden sich im Arbeitsrecht typischerweise zwingende Rechtsvorschriften.[28] Nur in wenigen Fällen handelt es sich dabei um absolut zwingendes Recht: In diesem Fall können die Vertragsparteien durch Vereinbarung überhaupt keine abweichenden Regelungen setzen. Vielmehr sind arbeitsrechtliche Vorschriften typischerweise bloß relativ oder einseitig zwingend (unabdingbar). In diesem Fall kann nur zu Gunsten des AN eine abweichende vertragliche Vereinbarung getroffen werden. Dadurch ist das Arbeitsrecht, 23

---

[24] *Koziol/Welser*, Grundriss des bürgerlichen Rechts I[13], 108.

[25] Dies gilt in der Praxis va für von einem Vertragspartner verwendete Vertragsformulare sowie für sog *Allgemeine Geschäftsbedingungen* (AGB), die in jedem Fall vertraglich vereinbart werden und zumeist dem „eigentlichen" Vertrag gar nicht beiliegen, sondern auf deren Existenz regelmäßig nur verwiesen wird.

[26] Vgl OGH ZAS 2001/8 (zust *Korn*); krit *Wachter*, Grenzen des Weisungsrechtes in Bezug auf Art und Ort der Tätigkeit, DRdA 2001, 495 (504); *Gerlach,* Neues zum Arbeitsort, ecolex 2001, 131.

[27] *Koziol/Welser*, Grundriss des bürgerlichen Rechts I[13], 107, 128.

[28] Unter zwingenden Rechtsvorschriften versteht man Vorschriften, von denen Parteien eines Vertrages durch Vereinbarung überhaupt nicht oder nur zT abgehen können.

insb das Individualarbeitsrecht, in erheblichem Maße der privatautonomen Gestaltung entzogen.[29]

24 Überdies ist in der Praxis bei der Auslegung der arbeitsrechtlichen Rechtsquellen auf die typische Unterordnung des AN abzustellen. Dies führt dazu, dass im Wege einer systematischen Erfassung des Gesamtzusammenhanges bei Unklarheiten des Inhalts einer Rechtsnorm im Zweifel oftmals zu Gunsten des AN entschieden wird; ist doch der AN in der Regel schutzwürdiger als sein ihm regelmäßig wirtschaftlich überlegener AG. Dies ergibt sich in vielen Fällen auch durch die Unklarheitenregel des § 915 ABGB, dernach eine undeutliche Vertragsregelung zum Nachteil desjenigen gereicht, der sich der Formulierung bedient hat, da der Vertragsinhalt oftmals vom AG vorgegeben wird.

25 So reduziert sich die *Vertragsfreiheit* (als Abschluss- und Inhaltsfreiheit[30]) des AN in der Praxis oft auf die schlichte Möglichkeit, einen Arbeitsvertrag anzunehmen oder nicht. Der Inhalt des Vertrages steht zumeist außerhalb der Disposition des AN, weil Tätigkeit und insb Gehalt aus Sicht des AG gar nicht disponibel sondern vorgegeben sind. Überdies determinieren Gesetz, KV und BV Arbeitsverträge detailliert.

H. Arbeitsrecht – Systemfragen

1. Einleitung

26 Innerhalb der Rechtsordnung befasst sich das Arbeitsrecht als Fach der Rechtswissenschaften mit jenem Teil des Rechtsregimes, das unselbständig Erwerbstätige erfasst: **Arbeitsrecht ist das Sonderrecht der unselbständig Erwerbstätigen.**

Die durch die **persönliche Abhängigkeit** des unselbständig Beschäftigten entstehenden Ungleichgewichte im faktischen Abwicklungsverhältnis (siehe Rz 43) werden durch eine Reihe von arbeitsrechtlichen Sondervorschriften ausgeglichen. Diese betreffen primär den AN, in einer Reihe von Fällen regeln sie allerdings auch die Rechtsposition des AG.

27 Als Sonderrecht regelt das Arbeitsrecht allerdings nicht ausschließlich die Rechtsbeziehungen zwischen AG und AN. Zwar gehen arbeitsrechtliche Vorschriften aufgrund der Rechtsregel *lex specialis derogat legi generali*[31] sonstigen Rechtsvorschriften vor. Dennoch ruht das System der arbeitsrechtlichen Regelungen in den allermeisten Fällen auf dem Fundament der allgemeinen Rechtsregeln.

So finden sich bspw im Dienstnehmerhaftpflichtgesetz (DHG) Sonderbestimmungen für eine Mäßigung des Schadenersatzes, den der AN dem AG zu leisten hat, wenn er bei Erbringung der Dienstleistung Betriebsmittel des AG beschädigt. Für das Verständnis dieses Sonderrechts sind aber Kenntnisse des allgemeinen Schadenersatzrechts nach ABGB unerlässlich. Können sich demgegenüber BR und Betriebsinhaber über den Abschluss einer erzwingbaren BV nicht einigen, entscheidet auf Antrag die Schlichtungsstelle. Diese Entscheidung ergeht in Bescheidform, wofür abseits der Sondervorschriften Kenntnisse des allgemeinen Verwaltungsrechts notwendig sind.

---

29 Diese Systematik ist vor allem für den durch die „Sonderrechtsquellen" des Arbeitsrechts (wie KV und BV) vorgegebenen Stufenbau der arbeitsrechtlichen Rechtsordnung von Bedeutung. Dazu vgl unten Rz 113 ff, 164 ff.

30 Unter *Abschlussfreiheit* wird die Macht verstanden, frei zu entscheiden, ob und mit wem überhaupt ein Vertrag geschlossen wird. Demgegenüber erfasst die *Inhaltsfreiheit* die Möglichkeit, den Inhalt eines geschlossenen Vertrags im Einvernehmen mit dem Partner selbst zu gestalten. Beide Vertragsfreiheiten sind Grundpfeiler einer privatautonomen Rechtsordnung.

31 Die Spezialregelung verdrängt die generelle Regelung.

Im Gegensatz zum Unternehmensrecht als Sonderrecht der Unternehmer, das ausschließlich die privatrechtlichen Rechtsbeziehungen in diesem Sachbereich regelt, beinhaltet das Arbeitsrecht sowohl privatrechtliche als öffentlich-rechtliche Vorschriften. Zudem tritt es wegen der oftmaligen (relativ) zwingenden Rechtswirkungen seiner Vorschriften in einen stärkeren Kontrast zu den allgemeinen einschlägigen Regelungen und ist in erheblichem Maße Gruppenrecht, das stärker von materiellen Ordnungsprinzipien durchdrungen wird.[32] 28

2. Geschichte des Arbeitsrechts

Die Entstehung von arbeitsrechtlichen Sondervorschriften, die allgemeine einschlägige Regelungen modifizierten, begann im 19. Jahrhundert. Regelmäßig hatten diese Vorschriften das Ziel, den wirtschaftlich und faktisch unterlegenen Beschäftigten Schutz vor bestimmten Gefahren des Arbeitsverhältnisses zu bieten. So beinhaltet die (an sich gewerberechtliche) GewO 1859 einige arbeitsrechtliche Bestimmungen, die heute noch für Arbeiter in Geltung stehen. Im Koalitionsgesetz 1870 finden sich Vorschriften, die bestimmte Verabredungen von AG oder AN verbieten. Die Entwicklung des Individualarbeitsrechtes wurde durch das Handlungsgehilfengesetz 1910, aus dem eine Reihe von Bestimmungen in das Angestelltengesetz 1921 (AngG) übernommen wurden, beschleunigt. Auch die III. Teilnovelle zum ABGB 1916 enthielt diverse, für die damalige Zeit fortschrittliche, arbeitsrechtliche Bestimmungen. Nach 1918 wurde eine ganze Reihe arbeitsrechtlicher Gesetze erlassen: Hervorzuheben sind das Betriebsrätegesetz 1919, das Gesetz über die Errichtung von Einigungsämtern und über kollektive Arbeitsverträge 1920 sowie das bereits erwähnte AngG 1921. Die in dieser Ära geschaffenen arbeitsrechtlichen Institutionen, etwa KV, Schlichtung und demokratische Betriebsverfassung, wurden in die 2. Republik übernommen. Bereits 1947 wurde ein Betriebsrätegesetz und ein Kollektivvertragsgesetz erlassen. Zuletzt entfaltete der österreichische Gesetzgeber in den siebziger Jahren umfangreiche legistische Aktivitäten, die große Bereiche des österreichischen Arbeitsrechtes systematisch kodifizierten: Hervorzuheben sind das Arbeitsverfassungsgesetz 1974 (ArbVG), das Entgeltfortzahlungsgesetz 1974 (EFZG), das Urlaubsgesetz 1976 (UrlG) und andere. Als aktuelle Errungenschaft ist etwa die Regelung der „Abfertigung neu" im betrieblichen Mitarbeitervorsorgegesetz (BMVG) aus 2002 zu nennen. 29

In jüngerer Zeit sind jene Regelungen zu erwähnen, die nach dem EU-Beitritt Österreichs am 1. 1. 1995 europarechtliche Vorschriften in das österreichische Recht transformierten. Obwohl das österreichische Arbeitsrecht, und dabei im Speziellen die Schutzbestimmungen, einschlägige europarechtliche Vorschriften oftmals erfüllt oder gar übererfüllt, waren in manchen Bereichen Anpassungen notwendig: So wurden das Arbeitnehmerschutzgesetz (ASchG), das Mutterschutzgesetz (MSchG), das Gleichbehandlungsgesetz (GleichbG) ua im Rahmen des Beitritts zu EWR bzw EU umfangreich novelliert. Zudem wurden im Arbeitsvertragsrechtsanpassungsgesetz 1993 (AVRAG) durch europarechtliche Vorgaben erforderliche Vorschriften für den praktisch bedeutsamen Betriebsübergang innerstaatlich in Kraft gesetzt.

3. Einteilungsfragen

Traditionell wird das Arbeitsrecht in das kollektive und individuelle Arbeitsrecht gegliedert. Das Individualarbeitsrecht befasst sich mit dem zweipersonalen (individu- 30

[32] *Löschnigg*, Arbeitsrecht[10], 1.2.

ellen) Verhältnis der Arbeitsvertragsparteien, also AG und AN. Das Individualarbeitsrecht ist hauptsächlich Privatrecht, beinhaltet aber auch das Arbeitnehmerschutzrecht, das in der Vollziehung aber öffentlich-rechtlich determiniert ist.[33] Das Kollektivarbeitsrecht hingegen regelt das Verhältnis von Gruppen (Kollektiven) von AN bzw AG. Es beinhaltet das Verbändewesen (gesetzliche und freiwillige Interessenvertretungen), das Recht des KV sowie die Betriebsverfassung.

4. Verfassungs- und europarechtliche Rechtsquellen

31 Nach den Kompetenzartikeln des Bundes-Verfassungsgesetzes 1920 (B-VG) sind Gesetzgebung und Vollziehung im Bereich des Arbeitsrechts Bundessache (Art 10 Abs 1 Z 11 B-VG).[34] Ausgenommen davon sind land- und forstwirtschaftliche Arbeiter sowie Vertragsbedienstete der Länder und Gemeinden, für welche die Gesetzgebung und Vollziehungskompetenz dem jeweiligen Bundesland zufällt.[35]

32 Die Regelungsmacht des österreichischen Gesetzgebers ist allerdings seit dem Beitritt zur **europäischen Union** am 1. 1. 1995 materiell beschränkt. So kommt der Gemeinschaft in weiten Bereichen des Arbeits- und Sozialrechts Rechtsetzungskompetenz zu. Dabei ist insb zwischen *Verordnungen*, die in den einzelnen Mitgliedstaaten ohne weiteren Umsetzungsakt unmittelbar anwendbar sind und sog *Richtlinien* (RL) zu unterscheiden, die von den Mitgliedstaaten innerstaatlich insb durch eigene Gesetze umzusetzen sind. Weiters ist in diesem Zusammenhang die Rechtsprechung des europäischen Gerichtshofs (EuGH) von Bedeutung, weil sie unmittelbar rechtsverbindlich in den Mitgliedstaaten wirkt. Zudem sind einige Vorschriften des EU-Vertrages (EUV) bzw des Vertrages über die Arbeitsweise der Europäischen Union (AEUV) unmittelbar anwendbar.

So enthält bspw Art 157 AEUV (ex-Art 141 EG) den Grundsatz des gleichen Entgelts für Männer und Frauen. Die praktisch höchst bedeutsame RL 2001/23/EG über die Wahrung von Ansprüchen der AN beim Übergang von Unternehmen, Betrieben oder Unternehmens- oder Betriebsteilen („Betriebsübergangs-RL") enthält Regelungen über die Stellung der AN beim Betriebsübergang. Neben dem Recht des Betriebsübergangs finden sich einschlägig europarechtliche Vorschriften vor allem im Bereich des AN-Schutzes sowie im Gleichbehandlungsrecht: bspw die RL 76/207/EWG zur Verwirklichung des Grundsatzes der Gleichbehandlung von Frauen und Männern („Gleichbehandlungs-RL").

Diese Vorschriften sind durch den österreichischen Gesetzgeber transformiert worden: So finden sich die Vorschriften der Betriebsübergangs-RL im Arbeitsvertragsrechtsanpassungsgesetz (AVRAG, Rz 552). Vorschriften der Gleichbehandlungs-RL finden sich im Gleichbehandlungsgesetz (GlbG, Rz 375). Daneben hat Österreich vor allem im Bereich des AN-Schutzrechtes europarechtliche Vorschriften bereits vor dem Beitritt erfüllt bzw übererfüllt, sodass in diesen Bereichen nur wenig Umsetzungsbedarf entstanden ist.

---

[33] Derartige Vorschriften werden typischerweise von hoheitlich handelnden, staatlichen Behörden überprüft und Verstöße mit öffentlich-rechtlichen Rechtsinstituten sanktioniert. Dazu vgl unten im Detail Rz 309 ff.

[34] Siehe *Spielbüchler,* Vertragsrecht, Arbeitsvertragsrecht und Vertragsbedienstetenrecht. Eine kompetenzrechtliche Studie, in FS Strasser (1993) 341 mwN.

[35] Teilweise kommt dem Bund gem Art 12 B-VG in diesen Fällen die Kompetenz zur Grundsatzgesetzgebung zu, während die Erlassung von Durchführungsgesetzen und die Vollziehung Landessache sind.

Hinzuweisen ist darauf, dass die europarechtlichen Vorschriften innerstaatlichem, entgegenstehenden Recht regelmäßig vorgehen, sodass es im Falle eines Verstoßes gegen europarechtliche Regelungen durch innerstaatliche Normen dazu kommt, dass das innerstaatliche Recht verdrängt und somit unanwendbar wird (**Anwendungsvorrang des Europarechts**).[36] Außerdem sind innerstaatliche Gesetze, die der Umsetzung von Europarecht dienen, so auszulegen, dass sie diesem entsprechen („europarechtskonforme Interpretation"). So ist bspw für den Begriff des „Betriebsübergangs" in Österreich das von der EuGH-Rspr geprägte Verständnis von Bedeutung (Rz 553). 33

Durch den Anwendungsvorrang des Europarechts entsteht das strukturelle Problem, dass das Rechtssystem der EU dem Prinzip der **Rechtsrichtigkeit** Vorrang vor dem Prinzip der **Rechtssicherheit** einräumt. Während nach österreichischem Recht eine Regelung solange in Geltung steht, daher anzuwenden und durchsetzbar ist, solange sie nicht vom Verfassungsgerichtshof aufgehoben wird (Rechtssicherheit), ist dem europarechtlichen Rechtssystem der formale Aspekt von Geltung und Aufhebung weniger wichtig. Vielmehr ist – gänzlich unabhängig davon, ob die innerstaatliche Norm noch in Geltung steht oder nicht – jedenfalls das insofern höherrangige Europarecht anzuwenden. 34

Von übergeordneter Bedeutung sind weiters die Vorschriften über die **Koalitionsfreiheit**. Aus dieser resultiert das Recht, Vereinigungen zur Wahrung und Förderung von AN- und AG-Interessen zu bilden, diesen beizutreten, zwischen Koalitionen zu wählen und sich koalitionsgemäß zu betätigen (*positive Koalitionsfreiheit*). Dieser steht die sog *negative Koalitionsfreiheit* gegenüber – also das Recht, vom Beitritt zu Koalitionen Abstand zu nehmen.[37] Verfassungsrechtlich ist die Koalitionsfreiheit in Art 12 Staatsgrundgesetz 1867 (StGG) sowie in Art 11 Europäische Menschenrechtskonvention (EMRK) geschützt, wenngleich sich diese nicht spezifisch auf Koalitionen (insb Gewerkschaften) sondern allgemein auf Vereinigungen zur Verfolgung gemeinsamer Zwecke beziehen. Auf einfachgesetzlicher Ebene ist arbeitsrechtlich das Koalitionsgesetz 1870, das Antiterrorgesetz sowie § 235 Landarbeitsgesetz (LAG) zu erwähnen. 35

5. Arbeitsrecht bei Auslandsberührungen

Abseits der sonstigen innerstaatlichen Rechtsvorschriften, die unten im jeweiligen Sachzusammenhang erörtert werden, sind jene Vorschriften zu erwähnen, die Rechtsverhältnisse mit Auslandsberührung regeln. Für Kollisionsfragen ist nunmehr die sogenannte **Rom I-Verordnung** (Rom I-VO) ausschlaggebend, die das vorher relevante (völkerrechtliche) Übereinkommen über das auf vertragliche Schuldverhältnisse anzuwendende Recht (EVÜ) in ein europarechtliches Regelungsinstrument überführte.[38] Die Rom I-VO bevorrangt insofern die Privatautonomie, als sie Rechtswahlklauseln Priorität einräumt. Die Rechtswahl muss gem Art 3 Rom I-VO entweder ausdrücklich sein oder sich mit hinreichender Sicherheit aus den Bestimmungen des Vertrages oder den Umständen des Falles ergeben. Die Grenzen der zulässigen **Rechtswahl** geben die *zwingenden* Bestimmungen jenes Rechts vor, das mangels einer Rechtswahl anzuwen- 36

---

36 VwGH RdW 1996, 486; DRdA 2002, 135 (*Schwarz*) – Verhältnis ArbVG und Statut der Beamten der EG; *Griller*, Der Anwendungsvorrang des EU-Rechts, ecolex 1996, 639.

37 Dazu vgl die Nachweise bei *Löschnigg*, Arbeitsrecht[10], 2.4.

38 Die Rom I-VO ist nach ihrem Art 28 für nach dem 17.12.2009 abgeschlossene Verträge anzuwenden, auf davor abgeschlossene ist weiterhin das – inhaltlich im wesentlichen gleiche – in Österreich generell transformierte EVÜ anwendbar. Zu den Unterschieden siehe bspw *Wurmnest*, Das neue Internationale Arbeitsvertragsrecht nach der Rom I-Verordnung, EuZA 2009, 481.

den wäre.[39] Hiebei handelt es sich typischerweise um das Recht jenes Staates, das ohne Rechtswahl anzuwenden wäre (vgl Art 8 Rom I-VO). Dieses Recht richtet sich danach, wo der AN gewöhnlich seine Arbeit verrichtet. Demnach ist unter dem „**gewöhnlichen Arbeitsort**" jener Ort zu verstehen, an dem nach Absicht der Parteien der Schwerpunkt der Arbeitsleistung liegen soll.[40] Nach dem *Ausstrahlungsprinzip* bleibt das Recht des gewöhnlichen Arbeitsorts auch maßgebend, wenn der AN an einen anderen Arbeitsort in einem anderen Staat entsandt wird. Die Entsendung kann auch mehrere Jahre dauern, wesentlich ist vor allem der Rückkehrwille, der den Schwerpunkt der Tätigkeit im Entsendungsstaat belässt.[41]

Verrichtet der AN seine Arbeit gewöhnlich nicht in ein und demselben Staat, so ist das Recht jenes Staates maßgebend, in dem sich die **Niederlassung** befindet, die den AN eingestellt hat (Art 8 Abs 3 Rom I-VO). Ergibt sich allerdings aus der Gesamtheit der Umstände, dass das Arbeitsverhältnis eine engere Verbindung zu einem anderen Staat als jenem des gewöhnlichen Arbeitsortes oder der Niederlassung aufweist, dann kommt auch das Recht dieses anderen Staates zur Anwendung. Diese sog „Ausweichklausel" ermöglicht eine flexible Erfassung bei multinationalen Einsatzorten.

37 Die Rom I-VO ist nur in privatrechtlicher Hinsicht bedeutsam (Art 1), sodass sie lediglich für arbeitsvertragliche Fragen relevant ist (**Arbeitsvertragsstatut**). Für die Frage der öffentlich-rechtlichen Schutzbestimmungen (sog „Eingriffsnormen") bleibt das Recht des Beschäftigungsortes (Staates) weiterhin ausschlaggebend (**Territorialitätsprinzip**).[42] Auch der betriebsverfassungsrechtliche Kündigungs- und Entlassungsschutz unterliegt nach der Rspr dem Territorialitätsprinzip.[43]

---

[39] Bspw für Arbeitsverhältnisse mit österreichischem Anknüpfungspunkt die Pflicht des AG zur Zahlung einer Abfertigung gem § 23 AngG bzw zur Zahlung von Beiträgen nach dem BMSVG.

[40] Dazu vgl *Ganglberger*, Gewöhnlicher Arbeitsort iSd EVÜ trotz Nichtantritt der Arbeit? RdW 2000, 160.

[41] Siehe OGH DRdA 1999, 467 (*Burgstaller*); ausführlich *Kodek/Rebhahn* (Hrsg), Zuständigkeit bei grenzüberschreitenden Arbeitsrechtsfragen; *Rebhahn*, Entsendung von Arbeitnehmern in der EU – arbeitsrechtliche Fragen zum Gemeinschaftsrecht, DRdA 1999, 173; vgl auch *Egger*, Der praktische Fall – Rechtsprobleme bei grenzüberschreitenden Arbeitsverhältnissen, DRdA 1999, 150; OGH 9 ObA 150/05g – Vertreter.

[42] Dazu bspw OGH DRdA 1998, 183 (*Hoyer*); ecolex 2009, 891 – Bewilligungspflicht von Arbeitskräfteüberlassung aus dem Ausland.

[43] Vgl OGH DRdA 1996, 420 (*Mattl*); RdW 1996, 78 (*Rebhahn*) jeweils mwN.

II. Arbeitsvertrag und Arbeitnehmerbegriff

A. Wesen und Merkmale

In einer liberalen Rechtsordnung wie der österreichischen ist Grundlage jeder Leistungsabwicklung im privatrechtlichen Bereich die *selbstbestimmt eingegangene vertragliche* Bindung. Daher ist auch im Arbeitsrecht nur eine wirksame, schuldrechtliche Vereinbarung zwischen AN und AG[44] Ausgangspunkt der tatsächlichen Leistungserbringung: der Arbeitsvertrag[45]. 38

Damit unterscheidet sich das privatrechtliche einmal vom öffentlich-rechtlichen Arbeitsverhältnis, wo die Leistungserbringung auf (antragsbedürftigem, einseitigem) hoheitlichem Ernennungsakt beruht (Beamte; bei Vertragsbediensteten bleibt aber eine privatrechtliche Vereinbarung Grundlage der Tätigkeit). Auch sonstige einseitig angeordnete Tätigkeiten, bspw im Rahmen des Strafvollzugs oder des Wehrdienstes, gründen sich nicht auf Vertrag. 39

Der **Arbeitsvertrag** ist demgegenüber durch die tatsächliche (wechselseitige) Leistungserbringung im Rahmen der Vertragserfüllung gekennzeichnet.[46] Eng damit verwandt ist das *sozialversicherungsrechtliche Beschäftigungsverhältnis* nach § 4 ASVG, dessen Rechtsfolgen nur durch das faktisch gelebte Verhältnis ohne Rücksicht auf die schuldrechtliche Grundlage eintreten.[47] 40

Im Arbeitsvertrag verpflichtet sich der AN dem AG zur persönlichen Leistungserbringung in persönlicher Abhängigkeit. Entgeltlichkeit besteht zwar in der überwiegenden Zahl der Fälle, ist aber nicht notwendigerweise Voraussetzung eines Arbeitsvertrags. Im Zweifel gilt gem § 1152 ABGB jedenfalls ein angemessenes Entgelt als vereinbart.[48] Typischerweise bestehen im (regelmäßig entgeltlichen) Arbeitsvertrag Haupt- und Nebenpflichten. An Hauptpflichten stehen sich Arbeitspflicht[49] und Entgeltzahlungspflicht gegenüber. Daneben existiert allerdings eine Fülle an Nebenpflichten („Fremdinteressenwahrungspflichten" – Treue- und Fürsorgepflicht, Rz 256 ff)[50], deren besondere qualitative Ausbildung gerade für das Arbeitsverhältnis typisch ist. 41

Der Arbeitsvertrag ist ein **Dauerschuldverhältnis**. Es wird auf bestimmte oder unbestimmte Zeit eingegangen. Im Gegensatz zu Zielschuldverhältnissen ist seine Existenz von Erfüllungshandlungen unabhängig. Daher bedarf die Beendigung eines gesonderten (empfangsbedürftigen) Rechtsgeschäfts bzw muss bereits bei Abschluss des Vertrages in Form einer Befristung vereinbart werden. 42

---

44 Für die manchmal – insb bei gesellschaftsrechtlich für den AN unüberschaubaren Konstellationen – auftretende Frage, wer AG ist, kommt es auf den redlichen Empfängerhorizont des AN an; vgl OGH RdW 1999, 545.

45 Dazu grundlegend *Tomandl*, Wesensmerkmale des Arbeitsvertrages (1971); *Bydlinski*, Arbeitsrechtskodifikation und allgemeines Zivilrecht (1969). Bei Unwirksamkeit dieses Vertrags verbleiben – abseits § 29 AuslBG – bloß die allgemeinen bereicherungsrechtlichen Rückabwicklungsbehelfe, wobei das Ausmaß und die Feststellung strittig ist; dazu *Bydlinski*, Lohn- und Kondiktionsansprüche aus zweckverfehlenden Arbeitsleistungen, FS Wilburg (1965) 45.

46 Vgl etwa *Marhold/Friedrich,* Österreichisches Arbeitsrecht 9; typischerweise werden viele arbeitsrechtliche Vorschriften erst im Zusammenhang mit dem gelebten Arbeitsverhältnis relevant.

47 Dazu *Brodil/Windisch-Graetz*, Sozialrecht in Grundzügen[6] 34; strittig etwa OGH RdW 2004/389 – Expeditaushilfe.

48 Die Vereinbarung eines unangemessenen Entgelts oder sogar Unentgeltlichkeit ist möglich (*Krejci*, in Rummel[3], § 1152 Rz 30).

49 Besteht gar keine Arbeitspflicht liegt kein Arbeitsvertrag vor (OGH RdW 1999, 547).

50 *Brodil*, in Mazal/Risak, Das Arbeitsrecht, Kap X Rz 1.

43 Der AN schuldet aus dem Arbeitsvertrag keinen Erfolg sondern das uneingeschränkte *Zurverfügungstellen seiner Arbeitskraft*. Dabei ist er – aufgrund der damit verbundenen engen personalen Verflechtungen – in **persönlicher Abhängigkeit** tätig. Wichtigstes Merkmal ist die **Weisungsunterworfenheit** des AN.[51]

Weisungsunterworfenheit eines Vertragspartners ist im Rahmen von Vertragsverhältnissen zwar nicht atypisch – so unterliegt auch der Werkunternehmer Weisungen seines Bestellers hinsichtlich Art, Umfang etc der Hauptleistung. Abseits dieser **sachlichen** Weisungsunterworfenheit ist der Vertragspartner idR allerdings frei. Insb kennen sonstige Vertragsverhältnisse keine **persönliche** Weisungsunterworfenheit, die die Gestaltungsfreiheit des AN bei Erbringung der Dienstleistung weitgehend ausschalten. Gerade diese Form einseitiger Gestaltungen ist aber für den Arbeitsvertrag typisch: so kann der AG seinen AN anweisen, die Arbeit in ganz bestimmter Weise zu verrichten, dabei bestimmte Arbeitsabläufe oder sogar Bekleidungsvorschriften einzuhalten (bspw Bankmitarbeiter).[52] Daher ist va die Bindung an persönliche Weisungen ein Merkmal des Arbeitsvertrags.

Eng damit verbunden ist für den Arbeitsvertrag die **Einordnung** des AN **in die** organisatorische und hierarchische **Struktur des Betriebs** des AG. Dabei ist die Bindung an betriebliche Ordnungsvorschriften (Arbeitszeiten, Schichtpläne, Arbeitsort oder Produktionsabläufe ua) charakteristisch. Im Rahmen von Überwachung und Durchsetzung solcher innerbetrieblicher Ordnungsvorschriften unterliegt der AN zumeist auch einer **Kontrolle** und ist dem AG **disziplinär verantwortlich**.

43a Die **wirtschaftliche Abhängigkeit** ist für den Arbeitsvertrag nur insofern von Bedeutung, als der AN regelmäßig nicht mit eigenen Betriebsmitteln, sondern mit Produktionsmitteln des AG tätig wird. Nicht hingegen kommt es darauf an, ob der AN von seinem Arbeitseinkommen zur Bestreitung seines Lebensunterhaltes (wirtschaftlich) abhängig ist, obgleich dies der tragende Grund für die Entwicklung des Arbeitsrechts war. Aus Gründen der Zweckmäßigkeit (bspw kann nicht jedem AG die Ermittlung der persönlichen Vermögensverhältnisse seiner AN auferlegt werden oder würde ein AN nach einem Lottogewinn oder einer Erbschaft aus dem Schutzbereich herausfallen) wird lediglich auf die typischerweise damit einhergehende dargestellte persönliche Abhängigkeit abgestellt. Wesentlich ist somit, dass der AN für die Zeit des „Zurverfügungstehens" über seine Arbeitskraft nicht mehr frei verfügen kann, er somit seine Selbstbestimmung (im Rahmen des Arbeitsvertrages, zB montags von 08.00–17.30) aufgibt. Er ist insofern „unfrei", dh fremdbestimmt und damit persönlich abhängig.

44 Grundlage und Ausgangspunkt dieser persönlichen Abhängigkeit ist typischerweise auch eine **höchstpersönliche Arbeitspflicht** des AN. Obwohl § 1153 ABGB abweichende Regelungen zulassen würde, ist davon auszugehen, dass die engen Bezüge zwischen AG und AN eine Vertretungsmöglichkeit nur in Ausnahmefällen erlauben.[53] Um zu vermeiden, dass ein generelles *Vertretungsrecht* oder das *Recht zur Ablehnung einzelner Arbeitseinsätze* „pro forma" zum Ausschluss der AN-Eigenschaft vereinbart wird, judiziert der OGH, dass für dessen rechtliche Relevanz die tatsächliche wiederholte Ausübung erforderlich ist bzw bei objektiver Betrachtung zu erwarten sein muss, dass eine solche Nutzung erfolgt.[54]

---

51 *Krejci*, in Rummel[3], § 1151, Rz 40 f.

52 Zulässiges Verbot des Tragens einer auffallenden Goldkette (OGH DRdA 2000, 142 [*Firlei*]).

53 *Löschnigg*, Arbeitsrecht[10], 4.1; eine ausdrückliche gesetzliche Ausnahme findet sich in § 17 HausbG; zu Vertretungsbefugnis und AN-Eigenschaft vgl OGH ecolex 1999, 790; zuletzt OGH ecolex 2008,456; vgl *Korn*, Der „selbst ernannte" Arbeitnehmer, ASoK 2005, 2.

54 OGH DRdA 2009, 406 (*Mosler*).

Diese intensive Ein- und Unterordnung des AN in den Betrieb des AG führt naturgemäß zu **engen wechselseitigen personellen Bezügen**. Verschiedentlich wurde das Arbeitsverhältnis daher als personenrechtliches Gemeinschaftsverhältnis bezeichnet.[55] Konsequenz dieser – heute nicht mehr vertretenen – These bleibt aber, dass der Arbeitsvertrag neben den Hauptleistungspflichten va durch die Nebenpflichten charakterisiert wird (dazu unten Rz 256 ff). **45**

Die dargelegten Merkmale müssen allerdings nicht alle zusammen, dh kumulativ vorliegen, damit ein Arbeitsvertrag besteht und das Rechtsverhältnis dem Arbeitsrecht unterliegt. Vielmehr kann im Rahmen eines *beweglichen Systems* das Überwiegen eines Merkmals das Fehlen anderer Merkmale ausgleichen.[56] Der Arbeitsvertrag und der damit einhergehende AN-Begriff sind daher als sog **Typusbegriffe** anzusehen, der die mannigfaltigen Gestaltungsmöglichkeiten zu erfassen hilft. Auch kommt es nicht auf die Bezeichnung des Vertragsverhältnisses durch die Vertragspartner an, sondern ist die tatsächliche Ausgestaltung der gegenseitigen Rechtsbeziehungen im Einzelfall ausschlaggebend.[57] **46**

So ist ein unselbständiger Handelsvertreter im Gegensatz zum Schichtarbeiter am Fließband naturgemäß nur wenig in die Betriebsorganisation eingegliedert und unterliegt nur einer verdünnten Form der Aufsicht und Kontrolle. Selbiges gilt für AN höherer Organisationsebenen, die selbst Leitungsfunktionen wahrzunehmen haben. Ebenso werden AN mit besonderen (bspw wissenschaftlichen oder künstlerischen) Fähigkeiten in ihrer Arbeitsgestaltung höchst frei sein, weil dem AG schlicht das Wissen fehlt, um diese AN näher zu determinieren. Kristallisationspunkt bleibt somit oftmals die Weisungsunterworfenheit des AN, selbst wenn sie bloß theoretischer Natur ist. Sodann reicht diese **„stille Autorität“** des AG aus, um das Rechtsverhältnis dem Arbeitsrecht zu subsumieren.[58]

B. Abgrenzung zu anderen Vertragstypen

Bereits im ABGB befinden sich die Regelungen über den Dienst-/Arbeitsvertrag in einem gemeinsamen 26. Hauptstück („Von Verträgen über Dienstleistungen – Dienst- und Werkvertrag“, §§ 1151 ff ABGB). Diese Vorschriften haben nach wie vor (subsidiäre) Geltung für Arbeitsverträge, sofern Spezialgesetze (zB AngG) nicht Abweichendes anordnen. Allerdings können Arbeits- oder Dienstverträge eine so unterschiedliche Ausgestaltung erfahren, dass in zweifelhaften (Grenz-)Fällen jeweils zu prüfen ist, inwieweit die Regelungen des ABGB über Arbeitsverträge noch Anwendung finden können.[59] **47**

1. Freier Dienstvertrag

Vom Arbeitsvertrag zu unterscheiden ist der im AGBG nicht geregelte sog freie Dienstvertrag. Er entspricht in wesentlichen Strukturen dem Arbeitsvertrag und ist ebenso ein Dauerschuldverhältnis auf Grund dessen Dienstleistungen erbracht werden (deshalb „Dienstvertrag“). Allerdings sind die Merkmale persönlicher Abhängigkeit **48**

---

[55] Eingehend *Tomandl/Schrammel*, Arbeitsrecht 2⁶, 185 mwN.

[56] *Bydlinski et al* (Hrsg), Das bewegliche System im geltenden und künftigen Recht (1986); dieses methodisch flexible System geht auf *Wilburg* zurück. Zur Anwendung der Methode auf die Abgrenzung zwischen Arbeitsvertrag und freiem Dienstvertrag OGH ecolex 2002, 371.

[57] Zuletzt OGH ecolex 2008, 456.

[58] *Löschnigg*, Arbeitsrecht^{10}, 4.1.

[59] *Mayer-Maly/Marhold*, Arbeitsrecht I, 31; *Tomandl*, Welchen Nutzen bringt ein neuer Dienstnehmerbegriff?, ZAS 2008, 100.

nur schwach oder gar nicht ausgeprägt, weshalb der DN insofern „frei" ist.[60] Dies ist insb dann der Fall, wenn der freie DN den Ablauf der Arbeit selbst regeln und jederzeit ändern kann, keiner Anwesenheitspflicht unterliegt oder sich beliebig vertreten lassen kann.[61] Die Vereinbarung einer generellen Vertretungsbefugnis schließt die persönliche Abhängigkeit nur dann aus, wenn das Vertretungsrecht tatsächlich genutzt wird oder bei objektiver Betrachtung zu erwarten ist, dass eine solche Nutzung erfolgt.[62] Auf freie Dienstverträge sind nur jene arbeitsrechtlichen Normen (analog) anzuwenden, die nicht vom persönlichen Abhängigkeitsverhältnis des AN ausgehen.[63]

Typische freie Dienstverträge umfassen Tätigkeiten, zu welchen der DN auf Zeit ohne persönliche Abhängigkeit verpflichtet ist, bspw Konsulentenverhältnisse[64], (nebenberufliche) Tätigkeit als Rettungsarzt[65], als Werbeleiter[66], Sprachlehrer[67], Werbemittelverteiler und Kontrollore[68], Fachhochschullektoren[69], Vereinsarzt, Rechtsberater etc. Auch freie Handelsvertreter sowie Vorstandsmitglieder von AG oder einer Sparkasse sind idR freie DN.[70] Die Unterscheidung ist im Sozialversicherungsrecht weniger von Bedeutung, weil nunmehr sämtliche Formen von Erwerbstätigkeit versicherungspflichtig sind.[71]

2. Werkvertrag

49 Vom Werkvertrag unterscheidet sich der Arbeitsvertrag dadurch, dass der Werkunternehmer dem Werkbesteller die Herstellung eines bestimmten Erfolges und nicht das bloße Bemühen schuldet. Damit handelt es sich um ein Zielschuldverhältnis, das mit Leistungserfüllung beendet wird. Der Werkunternehmer ist selbständig tätig und hat grundsätzlich für die ordnungsgemäße Werkerstellung Gewähr zu leisten.

So schuldet zB ein Tischler die Herstellung eines Kastens, ein Installateur die Reparatur einer Heizung etc im Rahmen von Werkverträgen. Allerdings können diese Tätigkeiten auch innerhalb abhängiger Arbeitsverträge verrichtet werden („Haustischler oder -installateur"). Ob sich das Rechtsverhältnis als Arbeits- oder Werkvertrag darstellt, ist anhand der vorgegeben Kriterien jeweils im Einzelfall zu prüfen.

Für die praktische Unterscheidung von (freien) Dienstverträgen ist bedeutsam, dass beim Werkvertrag der Leistungsgegenstand regelmäßig bereits derart genau („individuell konkret") im Vertrag selbst umschrieben ist, dass weitere Konkretisierungen

---

60 *Löschnigg*, Arbeitsrecht[10], 4.2.2; grundlegend *Strasser*, Abhängiger Arbeitsvertrag oder freier Dienstvertrag, DRdA 1992, 93; *Wachter*, Der sogenannte freie Dienstvertrag, DRdA 1984, 405.

61 *Engelbrecht/Gruber/Risak*, Werkverträge und atypische Dienstverträge (2002) 31.

62 OGH DRdA 2004, 171; ecolex 2008, 456.

63 Darunter fallen insb die Kündigungsfristen und -termine; vgl auch OGH DRdA 1998, 36 (*Mazal*); DRdA 2003, 578; (9 Ob A 15/03a) eingehend *Gruber*, Freier Dienstvertrag und Arbeitsrecht, ASoK 2000, 306 u 344. In sozialrechtlicher Hinsicht unterliegen freie Dienstnehmer seit 1.1.2008 der Arbeitslosenversicherung, haben Anspruch auf Insolvenzentgeltsicherung und Krankengeld und unterliegen der Abfertigung Neu. Schließlich sind sie nunmehr auch Mitglieder der Arbeiterkammer, siehe dazu *Oberhofer*, Neue Regeln für freie Dienstnehmer, ZAS 2008, 115.

64 Die bloße Bezeichnung als Konsulentenverhältnis führt naturgemäß nicht eo ipso zur Annahme eines freien Dienstvertrages; *Löschnigg*, Arbeitsrecht[10], 4.2.2 mwN.

65 OGH DRdA 1992, 294 (*Löschnigg*).

66 OGH RdW 1999, 488.

67 OGH RdW 1999, 673.

68 OGH RdW 1999, 99.

69 OGH ecolex 2008, 353.

70 Siehe weitere Nachweise bei *Krejci*, in Rummel, ABGB[3] § 1151 Rz 84.

71 Dazu eingehend *Brodil/Windisch-Graetz*, Sozialrecht in Grundzügen[5], 35 ff mwN.

durch Weisungen nicht erforderlich sind (bspw Anfertigung und Lieferung einer Holztreppe). Demgegenüber ist die Leistung in Dienstverträgen bloß gattungsmäßig umschrieben („generell abstrakt" – Schreibarbeiten, Kanzleidienste oder auch Tischlerarbeiten) und wird im „gelebten Rechtsverhältnis" durch einzelne Weisungen des AG abgerufen.[72]

3. Auftrag

Vom Auftrag oder Bevollmächtigungsvertrag unterscheidet sich der Arbeitsvertrag dadurch, dass der Auftrag regelmäßig rechtsgeschäftliche Tätigkeiten umfasst, während der Arbeitsvertrag bloß tatsächliche Verrichtungen beinhaltet.[73] Allerdings sieht bereits § 1151 Abs 2 ABGB vor, dass der Arbeitsvertrag auch die Verrichtung rechtsgeschäftlicher Tätigkeiten beinhalten mag. **50**

§ 1151 Abs 2 ABGB bildet eine wesentliche Grundlage für die sog *Kombinationstheorie* für die Behandlung gemischter Verträge.[74] Im Gegensatz zur *Absorptionstheorie* wären somit auf den „Bevollmächtigungsteil" neben jenen des Arbeitsrechts Vorschriften der Stellvertretung anzuwenden. Die Kombination von Vollmacht und Arbeitsvertrag entspricht den Konstellationen der Praxis, wo AN oftmals auch bevollmächtigt sind, im Namen und auf Rechnung des AG Rechtsgeschäfte mit Dritten abzuschließen. Typische (reine) Auftragsverhältnisse sind bspw Verträge mit einem Hausverwalter[75] oder einem Rechtsanwalt[76]. Von einer Mischform ist demgegenüber bei einem Vertrag mit einem Architekten auszugehen, in dessen Rahmen der Architekt auch zur Bauüberwachung sowie zu bestimmten Vertretungshandlungen befugt ist.[77] **51**

4. Mietvertrag

Berührungspunkte mit Bestand- oder Mietverträgen finden sich dort, wo dem AN zusätzlich zum Geldlohn eine Wohnung bereitgestellt wird. Umgekehrt kann mit der Miete eines Bestandgegenstandes auch die Verpflichtung zu bestimmten Dienstleistungen verknüpft sein.[78] In diesen Fällen muss das Rechtsverhältnis je nach Parteienvereinbarung bzw -absicht sowie nach dem wirtschaftlichen Zweck als Arbeits- oder Bestandvertrag erfasst werden. Dabei ist letztlich wieder auf die typischen Merkmale des Arbeitsverhältnisses (insb persönliche Abhängigkeit) abzustellen.[79] **52**

Problematisch ist zumeist, inwieweit derartige (Elemente von) Bestandverträge(n) unter das MRG fallen (§ 1 Abs 2 Z 2); dabei spielen naturgemäß die Kündigungsmöglichkeiten die größte Rolle.[80]

---

[72] Vgl dazu *Mazal*, Freier Dienstvertrag oder Werkvertrag? ecolex 1997, 277; siehe auch im Zusammenhang mit dem AuslBG *Bachler*, Einsatz von Werkverträgen im Ausländerbeschäftigungsrecht, ZAS 2002, 1; OGH infas 2003 A 23 – Werkverträge von Zeitungszustellern keine echten Arbeitsverträge; VwGH DRdA 2007, 288 – Tätigkeit einer Aerobic-Trainerin ist kein Werkvertrag, da es an einem gewährleistungstauglichen messbaren Erfolg der Tätigkeit fehlt.

[73] *Radner*, in Mazal/Risak, Das Arbeitsrecht, Kap I Rz 58.

[74] Dazu vgl *Aicher*, in Rummel, ABGB[3] § 1055 Rz 7; *Mayer-Maly/Marhold*, Arbeitsrecht I, 33.

[75] OGH ZAS 1982, 217 (*Mayer-Maly*).

[76] OGH RZ 1969, 69.

[77] OGH ÖJZ 1966, 435.

[78] Siehe auch § 28 MRG, § 13 HausbG; vgl *Löschnigg*, Arbeitsrecht[10], 4.2.3.

[79] *Löschnigg*, Arbeitsrecht[10], 4.2.3.

[80] Dazu *Wolf*, Zur Kündigung von Dienstwohnungen, ecolex 1997, 790 mwN; vgl auch die Nachweise bei *Löschnigg*, Arbeitsrecht[10], 4.2.3.

5. Gesellschaftsvertrag

53 Vom Gesellschaftsvertrag unterscheidet sich der Arbeitsvertrag durch das Fehlen der prinzipiellen gesellschaftsrechtlichen Gleichordnung. Vielmehr ist der Arbeitsvertrag durch ein System der *Über-* bzw *Unterordnung* geprägt, das sich primär in Weisungsbefugnis bzw -befolgungspflicht manifestiert.

54 Berührungspunkte finden sich im Bereich von Gewinnbeteiligungen. Zwar bestehen solche auch im Arbeitsrecht[81], eine Überwälzung des (gesamten) unternehmerischen Risikos auf einen AN ist aber unzulässig, während (auch) der Arbeitsgesellschafter nicht nur Gewinne, sondern auch Verluste zu tragen hat.[82]

6. Tätigkeiten im Rahmen von Vereinen, Ehe oder Lebensgemeinschaft

55 Bei sonstigen Tätigkeiten, die im Rahmen von Vereinen, Ehen oder Lebensgemeinschaften verrichtet werden, ist zu prüfen, inwieweit eine Verpflichtung zur abhängigen Leistungserbringung besteht. Erfolgt die Leistung bloß im Rahmen der „normalen" Vereinsmitgliedschaft oder in Erfüllung der sittlichen bzw familienrechtlichen Pflichten, besteht kein Arbeitsvertrag.[83]

C. Sonderformen im Arbeitsverhältnis

56 Mit der hier dargelegten Methodik sind auch die mannigfachen Gestaltungen „moderner" Arbeitsformen zu erfassen. So ist bei Telearbeit oder job-sharing immer zu prüfen, inwieweit Beschäftigung in persönlicher Abhängigkeit vorliegt.[84] Nur dann unterliegt das Rechtsverhältnis dem arbeitsvertraglichen Regime. Bei Fehlen eines oder mehrerer Merkmale eines Arbeitsvertrages sind sodann andere Rechtsverhältnisse – wie freier Dienstvertrag oder Werkvertrag – zu prüfen. So kann dennoch ein Arbeitsvertrag und damit ein Arbeitsverhältnis vorliegen, wenn bestimmte Arbeitsstunden einzuhalten sind und eine entsprechende Kontrolle durch den AG vorliegt.[85]

57 Davon zu unterscheiden sind **Heimarbeiter** iSv § 2 Abs 1 lit a HeimAG, welche, ohne Gewerbetreibende zu sein, in eigener Wohnung mit Herstellung, Bearbeitung ua von Waren beschäftigt ist. Heimarbeiter sind keine AN, weil es ihnen an persönlicher Arbeitspflicht und Abhängigkeit mangelt.[86] Damit handelt es sich um Selbständige, die aufgrund ihrer faktischen Position besonderem gesetzlichen – dem Arbeitsrecht nachempfundenen – Schutz unterliegen. Sie unterfallen dem HeimAG, soferne sie keine höherqualifizierten Dienstleistungen erbringen. Verrichten sie allerdings qualifizierte

---

81 ZB der BV-Tatbestand des § 97 Abs 1 Z 16 ArbVG.

82 Vgl die Darstellung bei *Tomandl*, Wesensmerkmale 127.

83 OGH RdW 1999, 487 = DRdA 1999, 476 (*Resch*) ua; dazu auch eingehend *Mayer-Maly/Marhold*, Arbeitsrecht I, 3 mwN; allerdings besteht gem § 98 ABGB ein Anspruch auf angemessene Abgeltung der Mitwirkung eines Ehegatten am Erwerb des anderen. Im Zweifel ist bei Ehegatten von Familiendiensten in Erfüllung familiärer Beistandspflichten auszugehen – OGH ecolex 2001/285.

84 Vgl *Andexlinger*, Telearbeit aus Arbeitgebersicht, ecolex 1996, 382; *Trost*, Der Arbeitnehmer in eigener Wohnung, ZAS 1991, 181; *Melzer-Azondanloo*, Tele-Arbeitsrecht (2001).

85 OGH Arb 7935.

86 OGH Arb 5957, 6689; vgl auch *Löschnigg*, Arbeitsrecht[10], 4.3.3.2.

Tätigkeiten wie bspw über einfache Abschreibarbeiten hinausgehende Übersetzungstätigkeiten, sind sie keine Heimarbeiter iSd HeimAG.[87]

Ausbildungsverhältnisse wie **Lehrverträge** sind grundsätzlich Arbeitsverträge, da persönliche Abhängigkeit vorliegt.[88] Hinsichtlich der Lehrverträge sieht das Berufsausbildungsgesetz (BAG) Sonderbestimmungen vor. Keine AN sind hingegen „echte" Ferialpraktikanten und Volontäre ohne Arbeitspflicht, die sich gemäß ihrer Studienordnung gewisse praktische Fähigkeiten aneignen.[89] **57a**

Gem § 51 Abs 3 Z 2 ASGG unterliegen Personen, die, ohne in einem Arbeitsverhältnis zu stehen, im Auftrag und für Rechnung bestimmter anderer Personen Arbeit leisten und wegen ihrer wirtschaftlichen Unselbständigkeit als **arbeitnehmerähnlich** anzusehen sind, der Gerichtsbarkeit der Arbeits- und Sozialgerichte. Daneben genießen arbeitnehmerähnliche Personen die Haftungserleichterungen des DHG (Rz 299 ff), den Schutz des AÜG (Rz 59 ff) sowie des GlBG (Rz 375) und unterliegen nach der Rspr dem KautSchG.[90] **58**

Arbeitnehmerähnlichkeit ist wesentlich durch **wirtschaftliche Unselbständigkeit** gekennzeichnet, die den Erwerbstätigen auch ohne Vorliegen eines Arbeitsverhältnisses einem AN soweit annähert, dass der Gesetzgeber die Rechtsfolgen von ASGG und DHG auch auf diese Personen erstreckt hat. Welcher Art die rechtliche Verbindung ist spielt keine Rolle. Es kommt hpts darauf an, dass der Beschäftigte in seiner wirtschaftlichen Selbstbestimmung iS seiner Entschluss- oder Entscheidungsfähigkeit auf ein Minimum beschränkt ist.[91]

D. Arbeitskräfteüberlassung

Als Arbeitskräfteüberlassung bezeichnet man die **Überlassung von AN zur Arbeitsleistung an Dritte** (zB wird für die Dauer der Erkrankung einer Sekretärin eine Ersatzarbeitskraft von einem Arbeitskräfteüberlassungsunternehmen zur Verfügung gestellt). **Überlasser** ist, wer Arbeitskräfte zur Arbeitsleistung an Dritte vertraglich verpflichtet. **Beschäftiger** ist, wer Arbeitskräfte eines Überlassers zur Arbeitsleistung für betriebseigene Aufgaben einsetzt. Wesentlich ist dabei, dass der überlassene AN lediglich einen Arbeitsvertrag zum Überlasser aufweist, nicht jedoch zum Beschäftiger.[92] Der Beschäftiger wiederum steht nur zum Überlasser, der insb das Weisungsrecht in einem gewissen Umfang an diesen abtritt, in einer Vertragsbeziehung, nicht jedoch zum AN selbst („Dienstverschaffungsvertrag").[93] **59**

---

[87] VwSlg NF 8307; vgl auch *Shubshizky*, Das Heimarbeitsverhältnis, RdW 1999, 87.

[88] Eingehend *Radner*, Die (arbeits-)rechtliche Stellung von Praktikanten und Volontären, DRdA 2001, 3 u 128.

[89] Vgl *Radner*, in Mazal/Risak, Das Arbeitsrecht, Kap I Rz 94 ff; siehe ua OGH RdW 1990, 26; ZAS 1997, 15 (krit *Risak*); RdW 2001/108; ASoK 2003, 58.

[90] OGH DRdA 1990, 214 (*Jabornegg*); OGH RdW 1999, 488 – freier DN als arbeitnehmerähnliche Person.

[91] *Löschnigg*, Arbeitsrecht[10], 4.3.3.1; typische von der Rspr herangezogene Kriterien sind etwa nur wenige Geschäftspartner (Auftraggeber), keine nennenswerte eigene unternehmerische Struktur, wobei die (eigene) menschliche Arbeitsleistung im Vordergrund steht oder ein Wettbewerbsverbot (bspw Privatlehrer, Tankstellenpächter, uU auch Rechtsanwalt oder Kassenarzt; vgl OGH Arb 9518, 9829).

[92] OGH ecolex 2008, 563 – Ausnahmsweises Vertragsverhältnis zwischen Beschäftiger und Arbeitskraft.

[93] Für die Beurteilung, ob eine Überlassung von Arbeitskräften vorliegt, ist der wahre wirtschaftliche Gehalt und nicht die äußere Erscheinungsform des Sachverhalts maßgebend (§ 4 Abs 1 AÜG).

60 Zum Schutz dieser überlassenen AN („Leih-AN“) wurde das **Arbeitskräfteüberlassungsgesetz (AÜG)**[94] geschaffen, um sowohl etwaige Nachteile in arbeitsvertraglicher, arbeitnehmerschutz- und sozialversicherungsrechtlicher Hinsicht zu verhindern, als auch Regelungen zur Vermeidung arbeitsmarktpolitischer nachteiliger Entwicklungen zu treffen (§ 2 AÜG). Arbeitskräfte iSd AÜG sind **AN** und **arbeitnehmerähnliche Personen.**[95]

61 Für jede Überlassung von Arbeitskräften gilt, dass keine Arbeitskraft ohne ihre ausdrückliche Zustimmung überlassen werden darf (§ 2 Abs 2 AÜG). Durch den Einsatz überlassener Arbeitskräfte darf für die AN im Beschäftigerbetrieb keine Beeinträchtigung der Lohn- und Arbeitsbedingungen sowie keine Gefährdung der Arbeitsplätze bewirkt werden (§ 2 Abs 3 AÜG). Das AÜG enthält auch Klarstellungen hinsichtlich des AN-Schutzes: Gem § 6 AÜG gilt für die Dauer der Beschäftigung im Betrieb des Beschäftigers der Beschäftiger als AG im Sinne der AN-Schutzvorschriften (zum Entgeltanspruch überlassener Arbeitskräfte siehe Rz 250).

Hinsichtlich der Haftung stellt § 7 AÜG klar, dass das **Dienstnehmerhaftpflichtgesetz** (DHG, Rz 299 ff) und das **Organhaftpflichtgesetz** sowohl zwischen dem Überlasser und der überlassenen Arbeitskraft als auch zwischen dem Beschäftiger und der überlassenen Arbeitskraft gelten.

E. Arbeiter – Angestellte

62 Innerhalb der Gruppe der durch echten Arbeitsvertrag Beschäftigten wird im österreichischen Arbeitsrecht traditionell zwischen *Arbeitern* und *Angestellten* unterschieden.[96] Diese Unterscheidung ist im Individualarbeitsrecht va in den Bereichen der Entgeltfortzahlung im Krankheitsfall (Rz 265 ff), den Kündigungsfristen und -terminen (Rz 412 f) sowie im Entlassungsrecht von Bedeutung.[97] Auch im Kollektivarbeits- bzw Betriebsverfassungsrecht wird unterschieden: So unterliegen Arbeiter und Angestellte unterschiedlichen KV, was sich auch in (kollektivvertraglich) unterschiedlich geregelten Kündigungsfristen und -terminen manifestiert. Die Differenzierung in der Betriebsverfassung bewirkt eine Teilung der Belegschaft in die Gruppe der Arbeiter und jene der Angestellten mit unterschiedlicher Vertretung (Rz 91). Zuletzt bestehen bedeutsame Unterschiede im Sozialversicherungsrecht. So unterliegen Arbeiter und Angestellte einmal unterschiedlichen Beitragssätzen. Zudem erfolgt in der Pensionsversicherung eine Trennung, wobei im Bereich der Erwerbsunfähigkeit (Invalidität, Berufsunfähigkeit) wesentliche Unterschiede bestehen.[98]

---

[94] Beachte dabei insb die teilweise Ausnahme vom Anwendungsbereich des AÜG in § 1 AÜG; zum AÜG allgemein siehe *Mazal,* Arbeitskräfteüberlassung (1988); *Geppert,* AÜG-Kommentar (1989); *Sacherer/Schwarz,* Arbeitskräfteüberlassungsgesetz (2006); OGH ZAS 2008, 77 (*Gerlach)* zur Zulässigkeit auch dauerhafter Überlassung.

[95] Siehe zum Begriff der „arbeitnehmerähnlichen Person“ oben Rz 58.

[96] Diese Unterscheidung verliert auch in der aktuellen politischen Debatte zunehmend ihre sachliche Rechtfertigung und erscheint unter den modernen Arbeitsbedingungen in vielen Bereichen nicht nachvollziehbar. Vgl dazu jüngst die umfangreiche Darstellung von *Drs,* Arbeiter- und Angestellte – Verfassungsrechtliche Aspekte arbeitsrechtlicher Ungleichbehandlung (1999).

[97] Vgl die §§ 26 ff AngG bzw §§ 82 f GewO; Rz 423 ff.

[98] Auf die sozialversicherungsrechtlichen Unterschiede kann hier nicht näher eingegangen werden; vgl dazu *Brodil/Windisch-Graetz,* Sozialrecht in Grundzügen[6], 139 mwN.

1. Angestellte nach § 1 AngG

Der Angestelltenbegriff ist in § 1 AngG gesetzlich geregelt. Gem Abs 1 leg cit gilt das AngG für das Dienstverhältnis von Personen, die im Geschäftsbetrieb eines Kaufmannes vorwiegend zur Leistung kaufmännischer (Handlungsgehilfen) oder höherer, nicht kaufmännischer Dienste oder zu Kanzleiarbeiten angestellt sind. Damit ist der Angestelltenbegriff abschließend umschrieben; den von diesem Tatbestand nicht erfassten Restbegriff bilden die Arbeiter. Überdies sind vom Angestelltenbegriff nicht nur AN im Betrieb eines Kaufmanns, sondern gem § 2 AngG eine Reihe von weiteren Unternehmen (zB Vereine, Rechtsanwälte) erfasst. 63

a) Kaufmännische Dienste

Kerntatbestand des Angestelltenbegriffes ist die Verrichtung kaufmännischer Dienste. Daneben sind auch nicht kaufmännische Dienste erfasst, sofern sie höherer Art sind, sowie im Betrieb eines Kaufmanns verrichtete Kanzleiarbeiten[99]. Kaufmännische Dienste sind ein Ausschnitt jener Tätigkeiten, die normalerweise von einem Kaufmann verrichtet werden und eine gewisse kaufmännische Ausbildung benötigen. Diese Tätigkeiten bedürfen einer fachlichen Durchdringung der Arbeitsaufgabe; sie müssen von (zumindest ansatzweise zu tätigenden) kaufmännischen Entscheidungen getragen sein. Darunter versteht man die selbständige Anpassung an Marktsituationen, die sich entweder in der Preisgestaltung, im Wareneinkauf, in der Verwaltung des Bestellwesens oder auch in einem entsprechend qualifizierten Beratungsgespräch manifestiert. Darüber hinaus zählen selbstverständlich auch höhere Verkaufs- oder Marketingtätigkeiten zur Verrichtung kaufmännischer Dienste. Zudem sind auch „verkaufsfernere“ Tätigkeiten, die mit der Verwaltung eines kaufmännischen Unternehmens zu tun haben, erfasst, wozu bspw Buchführung, Geldgebarung, Warenüberprüfung oder EDV-Arbeiten zu zählen sind.[100] 64

b) Höhere nichtkaufmännische Dienste

Höhere nichtkaufmännische Dienste zeichnen sich durch Anforderungen an eine größere Selbständigkeit, Eigenständigkeit und Denkfähigkeit, höhere Intelligenz, Genauigkeit und Verlässlichkeit sowie eine entsprechend höhere fachliche Durchdringung der Arbeitsaufgaben aus. Ohne dass eine bestimmte formale Ausbildung vorausgesetzt wird, sind entsprechende Vorkenntnisse, Schulungen oder eine über ganz kurze Zeiträume hinausgehende Einarbeitungszeit notwendig, sodass nicht jede Ersatzkraft binnen kurzer Zeit die Arbeit bewältigen kann.[101] An den Begriff der höheren nichtkaufmän- 65

[99] Die an sich einfacheren Kanzleiarbeiten sind deswegen im Angestelltenbegriff beinhaltet, um nach der historischen Konzeption des Angestelltenrechts alle im Geschäftsbetrieb eines Kaufmanns befindlichen AN dem einheitlichen Regime des Angestelltenrechts zu unterlegen.

[100] Dazu unter anderem OGH DRdA 1984, 43 (*Löschnigg*); OGH Arb 9749; vgl auch *Löschnigg*, Arbeitsrecht[10], 4.3.2.2.2 mwN.

[101] Das Spektrum von möglichen Angestelltentätigkeiten in diesem Bereich ist weit: Als Beispiele werden Werkmeister, Vorarbeiter (OGH Arb 8601; anders Arb 6982), Partieführer, Fahrlehrer, qualifizierte Musiker, Objektleiter von Reinigungsfirmen (OGH RdW 2001, 489) etc angesehen (vgl *Martinek/Schwarz*, AngG[7], 74 ff mwN). Strittig waren etwa Fußballer (dazu vgl *Tomandl/Schrammel*, Die Rechtsstellung von Vertrags- und Lizenzfußballern, JBl 1972, 234; anders *Holzer*, Das Dienstrecht der Lizenzfußballer im ÖFB, DRdA 1972, 63); nach OGH wbl 2004/307 = DRdA 2005, 268 (*Wolfsgruber*) sind Fußballer als Arbeiter zu qualifizieren. Siehe auch den weiten Bereich, wo „höherwertige“ Facharbeiter in den Angestelltenbegriff hineinragen: So ist nach OGH RdW 1995, 435 ein Oberkellner, dem „normale“ Kellner unterstehen, und dem zudem noch Kompetenzen im Hinblick auf die Dienstzeiteinteilung zukommen ist, kein Angestellter; anders OGH ecolex 1999, 714 – Rezeptionschef.

nischen Dienste darf allerdings kein unverhältnismäßig strengerer Maßstab als an jenen der kaufmännischen Dienste angelegt werden.[102]

c) Kanzleiarbeiten

66 Der Begriff „Kanzleiarbeit" umfasst im Wesentlichen Schreibarbeiten, die über das bloße Abschreiben hinausgehen. Darüber hinaus sind auch andere Kanzleiarbeiten (dh Büroarbeiten), die typischerweise im Rahmen von Registratur oder Administration in einem kaufmännischen Betrieb anfallen, somit Sekretariatsarbeiten erfasst. Dabei scheiden allerdings einfachste und untergeordnete Verrichtungen sowie manuelle Arbeiten, die von jedermann mit Pflichtschulbildung geleistet werden können, aus.[103]

d) Mischtätigkeiten

67 Wesentlich für das Vorliegen von Angestelltentätigkeit ist die *faktisch ausgeübte* Beschäftigung.[104] Daher ist es unerheblich, welchen Inhalt die arbeitsvertraglich vereinbarten Dienste haben, sofern der AN nur tatsächlich Angestelltentätigkeiten verrichtet. Bei sog *Mischtätigkeiten* kommt es grundsätzlich auf das quantitative Verhältnis zwischen verrichteten Arbeiter- und Angestelltentätigkeiten an. Das zeitliche Überwiegen der einen oder anderen Tätigkeit führt zur Zuordnung des betroffenen AN zur einen oder anderen Gruppe der Beschäftigten. Bloß in Ausnahmefällen kann auch eine quantitativ geringfügige Angestelltentätigkeit dennoch zur Angestellteneigenschaft führen, wenn die Angestelltentätigkeit für den AG erheblich größere Bedeutung hat.[105]

68 Die Praxis kennt auch Arbeiter, die aufgrund vertraglicher Vereinbarung als Angestellte behandelt werden. Derartige **Angestellte ex contractu** (*Ehrenangestellte, Vertragsangestellte)* verrichten zwar faktisch Arbeitertätigkeiten, werden allerdings aufgrund vertraglicher Vereinbarung soweit als Angestellte behandelt, als entsprechendes Angestelltenrecht für die Betroffenen günstiger als das Arbeiterrecht ist. Die Grenzen der Anwendbarkeit von Arbeiterrecht geben zwingende gesetzliche oder kollektivvertragliche Bestimmungen vor. In einer entsprechenden Vereinbarung muss überdies nicht das gesamte Angestelltenrecht übernommen werden, auch die vertragliche Vereinbarung der Anwendbarkeit bloß einzelner Bestimmungen ist zulässig.[106] In der *Betriebsverfassung* zählen Angestellte ex contractu gem § 41 Abs 3 ArbVG allerdings nur dann zur Gruppe der Angestellten, wenn sie mit dem AG die Anwendung des gesamten AngG sowie die Anwendung des betreffenden KV zuzüglich einer Einstufung in der Gehaltsordnung dieses KV *unwiderruflich* vereinbart haben.[107]

---

[102] Vgl *Löschnigg*, Arbeitsrecht[10], 4.3.2.2.2 mwN.

[103] Etwa die Tätigkeit eines Büroboten; vgl OGH Arb 6146, Arb 8442; VwGH ZAS 1976, 149 (*Spielbüchler*); jüngst bejahend OGH RdW 2001/109 – Computerkraft; weitere Nachweise zudem bei *Löschnigg*, Arbeitsrecht[10], 4.3.2.2.2.

[104] Grundlegend OGH Arb 9685.

[105] Bspw wenn jemand neben der Verrichtung von Arbeitertätigkeiten wie Lagerarbeiten auch für die Verwaltung der Lagerbestände per EDV zuständig ist und diese Lagerhaltung erheblich größere Bedeutung als die manuell verrichteten Arbeitertätigkeiten hat; siehe OGH infas 1993, A 147; Arb 11.364; Arb 11.461.

[106] Vgl *Löschnigg*, Arbeitsrecht[10], 4.3.2.2.2; aus der Vereinbarung der Anwendbarkeit des AngG resultiert nicht notwendigerweise automatisch die Anwendung des entsprechenden Angestellten-KV (OGH RdW 1994, 214; ASoK 1997, 194).

[107] Nach VwGH VwSlgNF 8396 hat die Vereinbarung des AngG zur Folge, dass Arbeiter auch sozialversicherungsrechtlich als Angestellte anzusehen sind.

2. Sonderformen von Angestellten

Der Begriff des Angestellten darf allerdings nicht mit dem in Sondergesetzen vorkommenden Begriff des leitenden Angestellten verwechselt werden. Sowohl das ArbVG als auch das Arbeitszeitgesetz (AZG) nehmen leitende Angestellte aus ihrem Geltungsbereich aus. So schließt § 36 Abs 2 Z 3 ArbVG leitende Angestellte, denen *maßgebender Einfluss auf die Führung des Betriebes* zusteht, aus dem Geltungsbereich des II. Teiles des ArbVG (Betriebsverfassung) aus. Damit soll gewährleistet werden, dass AN, die *materielle AG-Aufgaben* wahrnehmen und damit im Betrieb das Gegenüber des BR darstellen (bspw Personalchefs), keinen Einfluss auf die Belegschaftsorganisation haben.[108] Ebenso unterliegen gem § 1 Abs 2 Z 8 AZG leitende Angestellte, denen *maßgebliche Führungsaufgaben selbstverantwortlich übertragen* sind, nicht dem Regime des AZG und können als verantwortlich Beauftragte für die Einhaltung der AN-Schutzvorschriften bestellt werden (§ 23 ArbIG, Rz 312). Für diese AN ist der Schutz durch das AZG nicht notwendig bzw besitzen diese ausreichende Anordnungsbefugnisse um die Einhaltung der Schutzvorschriften sicherzustellen[109]. Diese Begriffe des leitenden Angestellten sind allerdings nicht deckungsgleich, es hängt vom Zweck des jeweiligen Gesetzes ab, wer als leitender Angestellte anzusehen ist. Typischerweise ist bspw der Begriff des AZG weiter, umfasst also bereits Angestellte in (mittleren) Leitungsfunktionen, die aus dem Geltungsbereich des ArbVG noch nicht hinausfallen.[110] **69**

Daneben finden sich in einigen **Sondergesetzen** Regelungen für *sonstige Angestellte*. So regelt das Gutsangestelltengesetz (GAngG) den Tätigkeitsbereich für land- und forstwirtschaftliche Betriebe. Das Hausbesorgergesetz (HausbG 1970) regelt Rechte und Pflichten von Hausbesorgern.[111] Das Hausgehilfen- und Hausangestelltengesetz (HausgG 1962) erfasst wiederum jene AN, die Dienste für die Hauswirtschaft des DG oder für Mitglieder seines Hausstandes zu leisten haben. Im Bereich des privaten Haushalts ist weiters das Hausbetreuungsgesetz (HbeG-G) zu nennen, mit dem insb arbeitszeitrechtliche Sonderbestimmungen im Zusammenhang mit der Betreuung von Personen erlassen wurden. Für angestellte Medienmitarbeiter enthält das Journalistengesetz (JournG 1920) einschlägige Regelungen[112]; Ähnliches gilt gemäß Schauspielergesetz (SchauspG 1922) für das Arbeitsverhältnis von Schauspielern aufgrund eines Bühnendienstvertrages.[113] **70**

---

108 So soll der Personalchef schlicht nicht passiv legitimiert für die Betriebsratswahlen sein; bspw OGH RdW 1999, 98 – Geschäftsleiter. Der OGH stellt dabei grundsätzlich auf Entscheidungskompetenzen in Personalsachen ab, nämlich darauf, ob die Führungskraft über Kündigungen, Entlassungen, Aufnahmen ohne Rücksprache mit Vorgesetzten entscheiden kann – zuletzt OGH RdW 2002/671 – Leiter der Prüfstelle einer Sparkasse kein leitender Angestellter; zur Kündigungsanfechtung vgl OGH RdW 1999, 484.

109 VwGH ZfVB 1999/1907; vgl *Stärker*, in Mazal/Risak, Das Arbeitsrecht, Kap IX Rz 93, 100 f.

110 Vgl dazu OGH DRdA 1993, 461 und 463 (jeweils *Grillberger*); siehe auch OGH DRdA 1993, 39 (*Mosler*).

111 Das HausbG ist jedoch auf nach dem 30. 6. 2000 abgeschlossene Verträge nicht mehr anzuwenden (§ 36 Abs 5 HausbG).

112 Zum Anwendungsbereich des JournG OGH RdW 1999, 546.

113 Abweichende Regelungen finden sich ebenso für Vertragsbedienstete, Pharmazeuten, Kinder- und Jugendliche, sowie Lehrlinge und andere Auszubildende; darauf kann in diesem Zusammenhang nicht eingegangen werden. Gesonderte Erörterungen finden sich im jeweiligen Sachzusammenhang.

3. Arbeiter

71 Wie erwähnt umfasst der Arbeiterbegriff als Restbegriff jene AN, die keine Angestelltentätigkeiten verrichten. Einschlägige Regelungen für Arbeiter enthalten die Gewerbeordnung 1859 (GewO), die nach wie vor in Geltung stehende Bestimmungen über gewerbliche Hilfsarbeiter enthält. Daneben sind auf Arbeiter auch Regelungen des ABGB (§ 1151 ff) subsidiär anwendbar. Zudem finden sich für manche Arbeiter spezielle Vorschriften, die die insofern allgemeinen Vorschriften der GewO verdrängen: So unterliegen Land- und Forstarbeiter, sowie Bergarbeiter einschlägigen Spezialgesetzen[114]. Für Bäckereiarbeiter finden sich Spezialvorschriften in BäckAG 1996; für Bauarbeiter enthält das Bauarbeiter-Urlaubs- und Abfertigungsgesetz (BUAG) Spezialvorschriften mit eingeschränktem Geltungsbereich.

[114] Vgl das LArbG sowie das BergAG 1919.

III. Die Belegschaftsorganisation

A. Die Betriebsverfassung

1. Der fachliche Geltungsbereich

Das Arbeitsverfassungsgesetz (ArbVG) enthält in seinem ersten Teil die kollektive Rechtsgestaltung (KV, Satzung, Mindestlohntarif, Lehrlingsentschädigung und grundlegende Bestimmungen über die BV) und in seinem zweiten Teil die Betriebsverfassung. Darunter versteht man die *rechtliche Ordnung der Interessenvertretung der AN innerhalb der Betriebe, Unternehmen und Konzerne*. Der betriebsverfassungsrechtliche Teil des ArbVG findet grundsätzlich auf Betriebe aller Art Anwendung. **72**

Ausgenommen sind insb nichtstaatliche Betriebe der Land- und Forstwirtschaft[115], staatlicher Verwaltungsstellen[116], der Post AG und der Telekom Austria AG[117]. Außerdem sind die betriebsverfassungsrechtlichen Bestimmungen auf private Haushalte[118] nicht anwendbar.

In **Kleinstbetrieben**, dh in Betrieben in denen dauernd nicht mehr als vier stimmberechtigte AN[119] beschäftigt sind, können keine Organe der AN errichtet werden (§ 40 Abs 1 ArbVG). Hier findet daher keine betriebsverfassungsrechtliche Mitbestimmung statt.[120] **73**

2. Grundbegriffe

Der persönliche Geltungsbereich des Betriebsverfassungsrechts wird durch den **betriebsverfassungsrechtlichen Arbeitnehmerbegriff** abgegrenzt. Nur diese Personen können an der BR-Wahl teilnehmen, werden vom BR vertreten und unterliegen BV.[121] Arbeitnehmer iSd Betriebsverfassungsrechts sind gem § 36 Abs 1 ArbVG „alle im Rahmen eines Betriebes beschäftigten Personen einschließlich der Lehrlinge und der Heimarbeiter ohne Unterschied des Alters." Es kommt somit neben der persönlichen Abhängigkeit vor allem auf die faktische Einbindung in die betriebliche Organisation an. Anders als beim arbeitsvertraglichen AN-Begriff (Rz 38) ist jedoch der Rechtsgrund unbeachtlich, womit sich Unterschiede ergeben. **74**

So sind zB auch Beamte (ihre Arbeitserbringung gründet auf einem hoheitlichen Bestellungsakt)[122], illegal beschäftigte Ausländer (kein gültiger Arbeitsvertrag) sowie Leih-AN (kein Arbeitsvertrag zum beschäftigenden Betriebsinhaber)[123] in betriebsverfassungsrechtlicher Hinsicht als AN anzusehen. Auf der anderen Seite sind gewisse Personen, obwohl sie uU aufgrund eines Arbeitsvertrages im Betrieb beschäftigt sind, vom

---

115 § 33 Abs 2 Z 1 ArbVG; siehe *Cerny/Gahleitner/Kundtner/Preiss/Schneller*, ArbVG-Komm[4] § 33 Erl 2.

116 § 33 Abs 2 Z 2 ArbVG; es gelten die Personalvertretungsgesetze.

117 § 33 Abs 2 Z 3 ArbVG; es gelten eigene Betriebsverfassungsgesetze: Post-BVG.

118 § 33 Abs 2 Z 5 ArbVG.

119 Zur Stimmberechtigung siehe unten Rz 95.

120 Siehe dazu *Tomandl*, Betriebsverfassungsrechtliche Fragen des Kleinstbetriebes, ZAS 1981, 123; zum Schicksal des Betriebsrates bei Herabsinken der Arbeitnehmeranzahl unter fünf, siehe *Grießer*, Untergang des Betriebsrates im Kleinstbetrieb?, RdW 2000, 291 und *Tomandl/Schrammel*, Arbeitsrecht 1[6], 83.

121 Siehe dazu *Naderhirn/Trost*, Der Personalist als Arbeitnehmervertreter, DRdA 2004, 73.

122 VwGH Arb 6803; ebenso zu Landesvertragsbediensteten OGH DRdA 2007/48.

123 OGH DRdA 1991, 352 (*Geppert*); ZAS 1988, 95 (*Schnorr*); zu überlassenen AN und Betriebsverfassung siehe insb *Mazal*, Personalbereitstellung und Betriebsverfassung, RdW 1987, 375 mwN.

Geltungsbereich der Betriebsverfassung ausgenommen. Dies erfolgt insb deshalb, da bei diesen eine unterschiedliche Interessenausrichtung als beim Rest der Belegschaft besteht. Es handelt sich dabei gem § 36 Abs 2 ArbVG um Mitglieder jenes Organs, dass zur gesetzlichen Vertretung einer juristischen Person berufen ist (insb Geschäftsführer einer GmbH) sowie um leitende Angestellte, denen maßgeblicher Einfluss auf die Führung des Betriebes zusteht (siehe Rz 69).

75 Als **Belegschaft** wird die Gesamtheit aller AN in einem Betrieb/Unternehmen/Konzern bezeichnet. Diesen Betriebs-/Unternehmens-/Konzernbelegschaften kommt Teilrechtsfähigkeit zu, dh ihnen sind bestimmte im ArbVG geregelte Rechte eingeräumt, deren Ausübung die Errichtung entsprechender Organe (BR, Zentral-BR, Konzernvertretung) voraussetzt.

76 Da sich der arbeitsvertragsrechtliche und der betriebsverfassungsrechtliche AN-Begriff nicht in allen Bereichen decken, verwendet das ArbVG für das „Gegenüber" der Belegschaft auch konsequenterweise nicht den Ausdruck „Arbeitgeber" sondern „**Betriebsinhaber**". Der Betriebsinhaber ist die Person oder Personengruppe, auf dessen/deren Rechnung und Gefahr der Betrieb geführt wird, also der Unternehmer.[124]

B. Die Ebenen der betriebsverfassungsrechtlichen Mitbestimmung

77 Zur Ausübung der Mitwirkungsrechte der Belegschaft sieht das ArbVG unterschiedliche betriebsverfassungsrechtliche Organe vor. Die Begriffe Betrieb – Unternehmen – Konzern werden in diesem Zusammenhang zur Bezeichnung der unterschiedlichen Ebenen der Mitbestimmung verwendet. Bezugspunkt ist dabei in erster Linie der Betrieb. Erst wenn auf betrieblicher Ebene Belegschaftsorgane errichtet wurden, stellt sich die Frage, ob uU auf übergeordneter Ebene weitere Organe zu errichten sind.

1. Der Betrieb

78 Als **Betrieb** definiert § 34 Abs 1 ArbVG jede „Arbeitsstätte, die eine organisatorische Einheit bildet, innerhalb der eine physische oder juristische Person oder eine Personengemeinschaft mit technischen oder immateriellen Mitteln die Erzielung bestimmter Arbeitsergebnisse fortgesetzt verfolgt, ohne Rücksicht darauf, ob Erwerbsabsicht besteht oder nicht.

Aus dieser gesetzlichen Definition ergeben sich als **Elemente des Betriebes**: (1) die Arbeitsstätte als ein Ort, an dem es zum zielbewussten Einsatz von AN kommt, (2) die organisatorische Einheit, (3) der Betriebsinhaber, (4) die Betriebsmittel, (5) die fortgesetzt verfolgte Tätigkeit (auf Dauer eingerichtet[125]), (6) die Erzielung bestimmter Arbeitsergebnisse sowie (7) keine Rücksichtnahme auf den Erwerbszweck.

79 Von besonderer Bedeutung ist das gesetzliche Kriterium der **organisatorischen Einheit** anhand dessen der Betrieb vor allem nach unten hin vom *unselbständigen*

---

[124] Zum Betriebsinhaberbegriff siehe OGH ZAS 1994, 158 = DRdA 1995, 48; jüngst OGH DRdA 2010, 144 [*Mayr*]; *Tomandl*, in Tomandl, ArbVG-Komm § 34 Rz 8 mzN.

[125] VwGH ZfVB 1984/ 3229; OGH ARD 4554/4/94; ZAS 1994, 158; *Strasser*, in Strasser/Jabornegg/Resch, ArbVG § 34 Rz 6.

Betriebsteil abgegrenzt wird. Diese organisatorische Einheit kommt nach der Rspr[126] in dreifacher Weise zum Ausdruck:

- in der Einheit des Betriebsinhabers,
- in der Einheit des Betriebszwecks und
- in der Einheit der Organisation.

Die Zusammenfassung der Betriebsmittel und der AN zu einer organisatorischen Einheit erfolgt durch den Betriebsinhaber, die ihm zugeordneten Arbeitsstätten stecken somit den äußersten Rahmen des Betriebes ab. Hat eine Arbeitsstätte mehrere Inhaber, kann ein Betrieb nur dann angenommen werden, wenn sich diese zu einer Einheit zusammengeschlossen haben (**Einheit des Betriebsinhabers**).[127]

Mit der **Einheit des Betriebszwecks** wird umschrieben, dass in der in Frage kommenden Arbeitsstätte ein einheitlicher Zweck verfolgt werden muss. Es handelt sich dabei um den unmittelbaren, insb technischen Zweck, der letzten Endes in der Erzielung von Arbeitsergebnissen zum Ausdruck kommt.[128]

Die für die Abgrenzung zum unselbständigen Betriebsteil wesentliche **Einheit der Organisation** kommt darin zum Ausdruck, dass die in Betracht kommende Arbeitseinheit unter einheitlicher Organisation arbeitet, dh dass ihr ein gewisses Maß an ***Selbständigkeit*** im Hinblick auf die Erreichung des Betriebszwecks eingeräumt wurde. Es ist dabei letztlich zu fragen, inwieweit der Betriebsinhaber Kompetenzen an den der Einheit vorstehenden leitenden Angestellten (siehe Rz 69, 74) delegiert hat. Dessen Selbständigkeit ist noch nicht entscheidend beeinträchtigt, wenn bestimmte administrative, kaufmännische oder wirtschaftliche Agenden getrennt in einer Zentrale für eine Reihe von Betriebsstätten gemeinsam geführt werden. Insb geht der Betriebscharakter nicht deshalb verloren, weil Personalangelegenheiten für mehrere Betriebe gemeinsam von der Unternehmensspitze bearbeitet werden. Entscheidend ist somit, dass die Führungskräfte in der Arbeitsstätte bei Tagesfragen zur Erfüllung des technischen Zwecks dieser Arbeitsstätte Entscheidungsfreiheit besitzen (zB Koordination der AN, Anordnung von Überstunden).[129] Es schadet der Betriebseigenschaft deshalb nicht, wenn die Einstellung von AN bzw die Beendigung von Arbeitsverhältnissen und die Lohn- und Gehaltsabrechnung durch die Personalabteilung des Unternehmens vorgenommen wird, hingegen ist es wesentlich, dass zB der konkrete Arbeitseinsatz, die Urlaubseinteilung sowie die Anordnung von Überstunden etc im Betrieb erfolgt. Ein weiters Indiz für die Betriebseigenschaft ist auch, dass das Ergebnis des dortigen Arbeitsvorganges eine,

---

126 VwGH Arb 8674, 9453; DRdA 1974, 83; OGH Arb 10.525; ZAS 1994, 158; DRdA 1996, 297 (*Runggaldier*); im Anschluss an *Strasser*, in Strasser/Jabornegg/Resch, ArbVG § 34 Rz 7 ff.

127 Dieses Problem stellt sich insb beim gemeinsamen Betrieb mehrerer Unternehmen; dazu OGH DRdA 1997, 115 (*Kirschbaum*); *Gahleitner*, Zum Betriebsbegriff – Betriebsleitung durch mehrere Unternehmen, DRdA 1995, 18; *Grießer*, Gemeinsamer Betrieb, Mitbetriebsinhaber und Konzernverhältnis – Versuch einer sachenrechtlichen Bestimmung, DRdA 1996, 484; *Tomandl*, Verwirrungen um den Betriebs- und Unternehmensbegriff, ZAS 1994, 149.

128 EA Linz Arb 8053; VwGH Arb 8545; EA Linz Arb 9291; OGH Arb 10.525; aA *Pircher*, Betrieb und Unternehmen, DRdA 1996, 127, 206; *dies*, Anm zu OGH 8 Ob A 219/97, ZAS 1998, 173, die unter Berufung auf die wirtschaftlichen Mitwirkungsbefugnisse gem §§ 108 und 109 ArbVG von einem wirtschaftlichen Betriebszweck – einem dem Betrieb eigenen Unternehmensgegenstand – ausgeht.

129 EA Linz Arb 8053; EA Innsbruck Arb 8073, VwGH DRdA 1974, 83 ff; Arb 9453; OGH Arb 10.525; DRdA 1996, 229; OGH RdW 2001, 686; DRdA 2002, 144 (*Naderhirn*); OGH DRdA 1999/22 [*Runggaldier*]; OGH DRdA 2010, 144 [*Mayr*] – Autobahnmeisterei selbständiger Betrieb, da sachlich und örtlich abgegrenzter Wirkungsbereich; *Strasser*, in Strasser/Jabornegg/Resch, ArbVG § 34 Rz 10 mwN.

wenn auch beschränkte, Abgeschlossenheit und Unabhängigkeit von anderen Betriebsvorgängen aufweist (***Eigenständigkeit***).[130]

80 Die **räumliche Entfernung** mehrerer Organisationseinheiten stellt gem der hM bloß ein Hilfsargument für das Vorliegen zweier selbständiger Betriebe dar.[131]

Dies ergibt sich aus § 35 Abs 1 ArbVG, wonach Arbeitsstätten, in denen dauernd mehr als 50 AN beschäftigt werden und die nicht alle Merkmale eines Betriebes aufweisen, einem solchen durch Gerichtsurteil **gleichgestellt** werden können, wenn sie räumlich vom Hauptbetrieb weit entfernt sind und sie hinsichtlich Aufgabenbereich und Organisation eine Eigenständigkeit besitzen, die der eines Betriebes nahe kommt.[132] Da die räumliche Entfernung Voraussetzung für die Gleichstellung einer Arbeitsstätte mit einem Betrieb ist, kann sie nicht gleichzeitig Merkmal des Betriebsbegriffes sein. Der räumlichen Entfernung kommt jedoch insofern eine gewisse Bedeutung zu, als im Zweifel iSd Zielsetzungen des ArbVG auf eine Einheit abzustellen ist, in deren Rahmen eine wirksame Tätigkeit der Belegschaftsvertretung, insb was die Ausübung der Mitwirkungsrechte betrifft, tatsächlich möglich sein soll.[133]

81 Weist eine Arbeitsstätte die genannten Kriterien nicht auf, so handelt es sich bei ihr um einen (unselbständigen) **Betriebsteil**, welcher erst zusammen mit anderen Betriebsteilen einen Betrieb bildet. Dies hat zur Folge, dass nicht für den einzelnen Betriebsteil, sondern nur für den Betrieb ein BR errichtet werden kann. Um Unklarheiten zu beseitigen, kann die Betriebseigenschaft im Zweifel gerichtlich festgestellt werden (§ 24 Abs 2 und 3 ArbVG).

2. Das Unternehmen

82 Im Unterschied zum Betrieb wird das Unternehmen durch das ArbVG nicht definiert. Für das Betriebsverfassungsrecht ist das Unternehmen auch nur dann von Bedeutung, wenn mehrere Betriebe im Rahmen eines Unternehmens zusammengefasst sind. § 40 Abs 4 ArbVG normiert nämlich, dass wenn ein Unternehmen mehrere Betriebe umfasst **(gegliedertes Unternehmen),** die eine wirtschaftliche Einheit bilden und die vom Unternehmen zentral verwaltet werden, zusätzliche Organe der AN (va ein Zentralbetriebsrat) einzurichten sind. Der Gesetzgeber nimmt hier keine Definition des Unternehmensbegriffs vor, sondern ordnet lediglich an, unter welchen Voraussetzungen ein Zentralbetriebsrat zu errichten ist.

83 Wie beim Betrieb handelt es sich auch beim Unternehmen um eine organisatorische Einheit. Im Gegensatz zum Betrieb, bei dem die Einheit auf den arbeitstechnischen Zweck ausgerichtet ist, muss diese beim Unternehmen in Bezug auf den kaufmännisch-wirtschaftlichen Zweck gegeben sein (**wirtschaftliche Einheit**).[134] Diese äußert sich in einer einheitlichen kaufmännisch-wirtschaftlichen Leitung. Dafür ist Voraussetzung, dass die in Frage kommenden Betriebe denselben Betriebsinhaber be-

---

[130] OGH Arb 10.525; DRdA 1996, 297 (*Runggaldier*); *Marhold/Friedrich*, Arbeitsrecht 478 mwN.

[131] VwGH DRdA 1974, 83; OGH DRdA 1996, 297 (*Runggaldier*); *Marhold/Friedrich*, Arbeitsrecht 479; *Tomandl/Schrammel*, Arbeitsrecht 1[6], 56 mwN.

[132] Zur Gleichstellung siehe eingehend *Jabornegg*, Den Betrieben gleichgestellte Arbeitsstätten, FS Tomandl (1998) 171.

[133] OGH DRdA 1996, 297 (*Runggaldier*).

[134] EA St. Pölten Arb 6202; EA Linz Arb 8056; EA Linz 9236; VwGH Arb 9601; OGH ZAS 1994, 158; *Schrammel*, Die Belegschaftsorganisation auf Unternehmensebene, FS Frotz (1993) 416; *Marhold/Friedrich*, Arbeitsrecht 482; *Strasser*, in Strasser/Jabornegg/Resch, ArbVG § 34 Rz 15; vgl EB zur RV 840 BlgNR 13. GP 71.

sitzen.[135] Zusätzlich verlangt die hM[136], dass das Unternehmen eine **rechtliche Einheit** auch im Sinne des Handelsrechts bildet.[137] Dies folgt daraus, dass das Unternehmen entsprechend seiner kaufmännisch-wirtschaftlichen Zwecksetzung mit der Außenwelt in Beziehung treten muss und deshalb eine gewisse rechtliche Handlungsfähigkeit erforderlich ist.[138] Diese ist auch durch Gesellschaftsformen, die keine Rechtspersönlichkeit besitzen (OHG, KG, EEG, GesbR), gewährleistet.[139]

Die **Unterscheidung zwischen Betrieb und Unternehmen** ist betriebsverfassungsrechtlich nur dann von Bedeutung, wenn ein Unternehmen mehrere Betriebe, dh Arbeitsstätten, in denen selbständig ein eigener arbeitstechnischer Zweck verfolgt wird, umfasst (§ 40 Abs 4 ArbVG)[140] – **gegliedertes Unternehmen**. Ist dies nicht der Fall, so erscheinen Betrieb und Unternehmen betriebsverfassungsrechtlich als eine Einheit. Auch der einzige Betrieb eines Betriebsinhabers stellt somit ein **ungegliedertes Unternehmen** dar, wobei jedoch als Belegschaftsorgan nur ein BR zu bilden ist, der zur Wahrnehmung der Interessenvertretungsaufgaben auch auf Unternehmensebene zuständig ist.[141] 84

3. Der Konzern

Die dritte vom ArbVG vorgesehene Ebene der Mitbestimmung ist der Konzern, wobei von § 40 Abs 4a ArbVG auf die gesellschaftsrechtlichen Bestimmungen des § 15 AktG und des § 115 GmbHG verwiesen wird. Deshalb ist nach hA[142] vom gesellschaftsrechtlichen Konzernbegriff auszugehen. Danach ist unter einem Konzern eine aus rechtlich selbständig bleibenden Unternehmen zusammengesetzte Wirtschaftseinheit zu verstehen, die kein eigener Rechtsträger, insb keine juristische Person ist.[143] Gem der genannten Gesetzesbestimmungen wird der Konzern als „rechtlich selbständige Unternehmen, die zu wirtschaftlichen Zwecken unter einheitlicher Leitung zusammengefasst sind" (**Gleichordnungskonzern**), definiert.[144] 85

Außerdem gelten in dem Fall, dass ein rechtlich selbständiges Unternehmen auf Grund von Beteiligungen oder sonst unmittelbar oder mittelbar unter dem beherrschenden Einfluss eines anderen Unternehmens steht (zB durch Eigentum an der Mehrheit der Anteile), das herrschende und das abhängige Unternehmen zusammen als Konzern und einzeln als Konzernunternehmen (**Unterordnungskonzern**).[145]

---

[135] *Tomandl*, Verwirrungen um den Betriebs- und Unternehmensbegriff, ZAS 1994, 152.

[136] VwGH Arb 8545, ZAS 1979, 228 ff (*Heinrich*); EA St. Pölten 6202; EA Linz Arb 8056, Arb 9236, Arb 10.006; *Schrammel*, Betrieb und Unternehmen in der österreichischen Arbeitsverfassung, FS Kühne (1984) 350; *Strasser*, in Strasser/Jabornegg/Resch, ArbVG § 34 Rz 15.

[137] EA Linz Arb 8056; EA Linz Arb 9236.

[138] *Floretta/Spielbüchler/Strasser,* Arbeitsrecht II^4, 278.

[139] *Schrammel*, Betrieb und Unternehmen in der österreichischen Arbeitsverfassung, FS Kühne (1986) 350; *Floretta/Spielbüchler/Strasser,* Arbeitsrecht II^4, 278.

[140] Grundlegend VwGH Arb 8181; *Marhold/Friedrich*, Arbeitsrecht 48.

[141] Vgl § 40 Abs 1 iVm Abs 4 ArbVG; *Cerny/Gahleitner/Kundtner/Preiss/Schneller*, ArbVG-Komm § 40 Erl 8; *Tomandl*, Verwirrungen um den Betriebs- und Unternehmensbegriff, ZAS 1994, 150.

[142] OGH DRdA 1995, 134; *Löschnigg*, Arbeitsrecht^{10}, 4.4.4., 8.8.1. mwN; aA *Cerny/Gahleitner/Kundtner/Preiss/Schneller*, ArbVG-Komm § 88a Erl 2.

[143] OGH RdW 1983, 43; *Kastner/Doralt/Nowotny*, Grundriß des österreichischen Gesellschaftsrechts^5 (1990) 31.

[144] Siehe dazu eingehend *Strasser*, Zur Neuordnung der Arbeitnehmerbeteiligung auf Konzernebene, DRdA 1994, 215 f; vgl *Kastner/Doralt/Nowotny*, Grundriß des österreichischen Gesellschaftsrechts^5 32.

[145] § 15 Abs 2 AktG; § 115 S 2 GmbHG.

86 Auch bei der Entsendung von AN-Vertretern in den Aufsichtsrat ist der Konzern von Bedeutung, dies jedoch mit den in § 110 Abs 6 ff ArbVG angeführten Besonderheiten.[146]

87 Bei der **Abgrenzung des Konzerns vom Unternehmen** wird darauf abgestellt, ob eine oder mehrere gesellschaftsrechtliche Einheiten bestehen. Liegt nur eine rechtlich selbständige Einheit vor, die unter einheitlicher Leitung einen wirtschaftlichen Zweck verfolgt, handelt es sich um ein Unternehmen. Bestehen hingegen mehrere rechtlich selbständige Einheiten, die unter einheitlicher Leitung wirtschaftliche Zwecke verfolgen, spricht man von einem Konzern. Das Unterscheidungskriterium ist somit das Vorliegen eines oder mehrerer Rechtsträger.[147] Der OGH erachtet die Möglichkeit eines rechtsträgerübergreifenden Unternehmens als rechtlich unzulässig.[148]

C. Die Organe der Belegschaft

88 Alle jene Personen, die als AN iSd Betriebsverfassung anzusehen[149] und im Rahmen eines Betriebes beschäftigt sind, bilden die (Betriebs-) **Belegschaft**[150]. Durch die Bestimmungen des Betriebsverfassungsrechts wird die Belegschaft organisiert und mit einer Reihe von Rechten ausgestattet. Da sie jedoch nicht die Rechtsfähigkeit einer juristischen Vollperson besitzt, wird sie von der hA als juristische Teilperson angesehen.[151]

89 Insb ist die Belegschaft nicht vermögensfähig. Dafür trägt der Gesetzgeber durch die Einrichtung des **Betriebsratsfonds** Sorge. Es handelt sich dabei um eine mit Rechtspersönlichkeit ausgestattete Vermögensmasse, welche kraft Gesetzes entsteht, wenn den AN Mittel zur Deckung der Kosten des BR (zB Barauslagen im Zusammenhang mit Reisekosten), zur Errichtung und Verwaltung von Wohlfahrtseinrichtungen oder zu Durchführung von Wohlfahrtsmaßnahmen zugewendet werden. Die Haupteinnahmequelle sind die BR-Umlage (max 0,5% des Bruttoarbeitsentgelts) und Zuwendungen durch den AG.[152] Auch der Betriebsinhaber trägt zur Finanzierung bei, da er dem BR gem § 72 ArbVG die zur ordnungsgemäßen Erfüllung seiner Aufgaben erforderlichen Sacherfordernisse (zB Räumlichkeiten, Büroausstattung, Telekommunikation) in einem der Größe des Betriebes und den Bedürfnissen des BR angemessenen Ausmaß unentgeltlich zur Verfügung zu stellen hat.[153]

90 Die Belegschaft benötigt – wie jede andere juristische Person – **Organe**, um handlungsfähig zu sein, dh um durch eigenes Verhalten Rechte und Pflichten begrün-

---

146 Siehe *Kreil,* Mitbestimmung im Konzern (1993) 26; *Löschnigg*, Die wirtschaftliche Mitbestimmung im Konzern und bei der GmbH & Co KG, ZAS 1981, 3 ff; *Löschnigg*, Arbeitsrecht[10], 4.4.4.

147 Rechtspersönlichkeit ist nicht erforderlich; siehe dazu *Floretta/Spielbüchler/Strasser,* Arbeitsrecht II[4], 322; vgl *Cerny/Gahleitner/Kundtner/Preiss/Schneller*, ArbVG-Komm § 88a Erl 2.

148 OGH DRdA 1995, 134 (krit *Marhold*); DRdA 1995, 421; aA *Grießer*, Betriebsverfassungsrecht: Unternehmen und Konzern, ecolex 1994, 36 ff; *ders*, Replik zu Schima „Rechtsträgerübergreifende Unternehmen im österreichischen Betriebsverfassungsrecht?" (RdW 1994, 81), RdW 1994, 178 ff; *Pircher*, Betrieb und Unternehmen, DRdA 1996, 214.

149 Zum betriebsverfassungsrechtlichen AN-Begriff siehe oben Rz 74.

150 Das ArbVG verwendet den Begriff „Arbeitnehmerschaft", siehe zB §§ 38 ff ArbVG.

151 *Tomandl/Schrammel*, Arbeitsrecht 1[6], 63 mwN.

152 Siehe §§ 73–75 ArbVG; *Priewasser*; Der Betriebsratsfonds[4] (1996); *Löschnigg*, Arbeitsrecht[10], 8.12.1.2; zur Gebarung des BR-Fonds OGH DRdA 2003, 447 (*Preiss*).

153 OGH ASoK 2009, 79 – zur Beistellung einer Schreibkraft, Laptop und Mobiltelefon; OGH DRdA 2009, 152 – Ersatzanspruch des BR-Fonds gem § 1042 ABGB für Sacherfordernisse.

den zu können. In jedem Betrieb, in dem dauernd mindestens fünf stimmberechtigte[154] AN beschäftigt sind, sind deshalb Organe der Belegschaft, insb ein BR zu bilden.[155] Es besteht zwar eine diesbezügliche Pflicht, jedoch kein direkter Zwang (zB durch Strafdrohungen) Belegschaftsorgane zu errichten. Insb ist der Betriebsinhaber nicht dazu verpflichtet, für die Organisation der Belegschaft Sorge zu tragen. Es liegt vielmehr in der freien Entscheidung der AN, ob sie von den im ArbVG vorgesehenen Mitwirkungsmöglichkeiten Gebrauch machen wollen oder nicht. Es zeigt sich auch in der Praxis, dass zahlreiche vor allem kleinere betriebsratspflichtige Betriebe über keinen BR verfügen.[156] Ist jedoch kein BR errichtet, so findet keine betriebliche Mitbestimmung statt.

1. Die Belegschaftsvertretung auf Betriebsebene

Im ArbVG sind für jede Betriebsbelegschaft grundsätzlich zwei Organe vorgesehen: ein Organ mit breiter Mitgliedschaft, das die Bestellung des geschäftsführenden Organs vorbereitet, dieses kontrolliert und die Umlagehoheit besitzt (**Betriebsversammlung**) und ein geschäftsführendes und vertretendes Organ (**Betriebsrat**). Gesetzlich ist eine Trennung der Belegschaftsvertretung nach Arbeitern und Angestellten vorgesehen (Betriebe mit getrennter Belegschaft).[157] Für diese AN-Gruppen sind, wenn ihnen jeweils fünf stimmberechtigte AN angehören, jeweils eigene Interessenvertretungen zu errichten (**Gruppenbetriebsräte**). Sie können jedoch auch beschließen, einen gemeinsamen BR zu errichten.[158] Werden getrennte BR errichtet, so ist zur Wahrung der gemeinsamen Angelegenheiten der **Betriebsausschuss** vorgesehen (§§ 76 f ArbVG). 91

a) Die Betriebsversammlung

Bei der Betriebsversammlung (in Betrieben mit getrennter Belegschaft: Gruppenversammlung) sind alle AN im Betrieb zur Teilnahme berechtigt – stimmberechtigt sind hingegen nur jene AN, die das 18. Lebensjahr vollendet haben. Auf die Staatsbürgerschaft kommt es dabei nicht an (§ 49 Abs 1 ArbVG).[159] Die Teilnahme an der Betriebsversammlung begründet zwar einen Anspruch auf Arbeitsfreistellung, nicht jedoch auf Entgeltfortzahlung, es sei denn, KV, BV oder auch der Arbeitsvertrag sehen das vor (§ 47 Abs 1 ArbVG).[160] 92

Wenn ein BR besteht, wird die Betriebsversammlung durch seinen Vorsitzenden **einberufen**. Dies hat zweimal jährlich zu erfolgen bzw dann, wenn es ein Drittel der AN oder ein Drittel der BR-Mitglieder verlangt (§§ 43, 45 Abs 1 ArbVG). Besteht kein BR, so sind zur Einberufung der an Lebensjahren älteste AN oder mindestens so viele AN berechtigt, als BR-Mitglieder zu wählen sind. In Betrieben, in denen mindestens 20 AN beschäftigt sind, kann in diesem Fall – bei Untätigkeit der Belegschaft – auch die gesetzliche bzw freiwillige Berufsvereinigung der AN die Einberufung vornehmen (§ 45 Abs 2 ArbVG, sog subsidiäres Einberufungsrecht). Kommt hingegen ein beste- 93

[154] Siehe zur Stimmberechtigung § 49 Abs 1 ArbVG.
[155] § 40 ArbVG.
[156] Siehe dazu *Tomandl/Risak*, Arbeitsrechtskenntnis und Arbeitsrechtswirklichkeit in Klein- und Mittelbetrieben (1999).
[157] § 40 Abs 2 ArbVG. Zur Unterscheidung Arbeiter/Angestellter siehe Rz 62.
[158] §§ 40 Abs 3, 42 Abs 2 ArbVG.
[159] Zu den für die Beschlussfassung erforderlichen Quoren siehe § 49 Abs 2 und 3 ArbVG.
[160] Siehe den BV-Tatbestand in § 97 Abs 1 Z 11 ArbVG.

hender BR dem Verlangen auf Einberufung einer Betriebsversammlung nicht nach, besteht kein subsidiäres Einberufungsrecht anderer Belegschaftsmitglieder oder einer Berufsvereinigung. In diesem Fall ist bei Gericht die Einberufung der Betriebsversammlung zu begehren.[161]

Die Betriebsversammlung hat im Wesentlichen **Kompetenzen** im Zusammenhang mit der Errichtung des BR (Wahl des Wahlvorstandes, Beschluss auf Errichtung eines gemeinsamen BR), mit dessen Kontrolle (Behandlung von Berichten des BR, Enthebung des BR) und der Finanzhoheit der Belegschaft (Betriebsratsumlage, Wahl der Rechnungsprüfer für den BR-Fonds). Beschlüsse bedürfen idR der Anwesenheit mindestens der Hälfte der stimmberechtigten AN (zumeist fällt nach Zuwarten von einer halben Stunde das Präsensquorum weg) sowie idR der einfachen Mehrheit der abgegebenen Stimmen (Ausnahmen siehe § 49 ArbVG).

b) Der Betriebsrat

94 Der BR umfasst mindestens ein Mitglied, wobei dessen Größe gem § 50 Abs 1 ArbVG mit der Belegschaftsstärke zunimmt. Um zu große Betriebsräte zu vermeiden, verläuft die Zahl der BR-Mitglieder bei steigender Belegschaft jedoch stark degressiv.[162] Die Funktionsdauer beträgt gem § 61 Abs 1 ArbVG vier Jahre.

95 Zur BR-Wahl sind alle (in- und ausländischen) AN, die das 18. Lebensjahr vollendet haben, und die sowohl am Stichtag (Tag der Betriebsversammlung zur Wahl des Wahlvorstandes) als auch am Wahltag im Betrieb beschäftigt sind, **aktiv wahlberechtigt**. **Passiv wahlberechtigt**, dh in den BR wählbar, sind alle AN, die das 19. Lebensjahr vollendet haben und die seit mindestens sechs Monaten im Rahmen des Betriebes oder des Unternehmens, dem der Betrieb angehört, beschäftigt sind (§ 53 Abs 1 ArbVG).[163] In größeren Betrieben (mindestens 150 AN) können zT auch Arbeiterkammer- und Gewerkschaftsfunktionäre in den BR gewählt werden (§ 53 Abs 4 ArbVG).

96 Die **BR-Wahl** läuft in groben Zügen folgendermaßen ab: Durch die Betriebsversammlung wird ein Wahlvorstand gewählt. Diesem obliegt die Vorbereitung und die Durchführung der Wahl.[164] Er hat ua die Wahl in Form der Wahlkundmachung auszuschreiben, eine Wählerliste aufzulegen und die Wahlvorschläge entgegenzunehmen. Wahlvorschläge können von beliebigen Wählergruppen eingebracht werden, wobei zu ihrer Gültigkeit lediglich die Angabe von Wahlwerbern sowie eine entsprechende Anzahl von Unterschriften wahlberechtigter AN erforderlich ist (gs doppelt so viele wie Mandate zu vergeben sind). Die Wahl selbst ist eine gleiche (keine Stimmgewichtung), unmittelbare (keine Wahlmänner), geheime und persönliche (Ausnahme: Wahlkarten) Wahl.[165] Nach Abschluss der Stimmabgabe sind die Stimmen auszuzählen und nach den Grundsätzen des Verhältniswahlrechts auf die einzelnen Wahlvorschläge zu ver-

---

[161] OGH DRdA 2001, 336 (*Trost*); *Obereder*, Zur Zulässigkeit von wilden Betriebsversammlungen, ecolex 1999, 840; aA *Wolf*, Die subsidiäre Einberufung von Betriebsversammlungen, ecolex 1999, 640; *Stärker*, Wer kann Betriebsversammlungen einberufen?, ecolex 2000, 304.

[162] So hat zB der Betriebsrat in einem Betrieb mit zehn AN zwei Mitglieder, ein Betrieb mit 1000 AN hingegen nur 13.

[163] Zum Wegfall der Sechsmonatsgrenze siehe § 53 Abs 5 und 6 ArbVG; zum Ausschluss vom Wahlrecht Abs 3 leg cit. Das Erfordernis der österreichischen Staatsbürgerschaft bzw der eines EWR-Mitgliedstaats ist durch die Novelle BGBl I 2006/4 weggefallen.

[164] Zur Untätigkeit des Wahlvorstandes vgl *Risak*, Rechtliche Konsequenzen der Untätigkeit des Wahlvorstandes, ecolex 2007, 700.

[165] Siehe zur Wahl §§ 54–57 ArbVG sowie die BRWO; *Strasser/Jabornegg*, Die Betriebsratswahl[5] (2000); *Löschnigg*, Arbeitsrecht[10], 8.4.3.1.

teilen. Das Wahlergebnis ist im Betrieb kundzumachen und dem Betriebsinhaber, dem Arbeitsinspektorat sowie den zuständigen AG- und AN-Interessenvertretungen mitzuteilen. Spätestens sechs Wochen nach der Wahl hat die Konstituierung des BR (dh die Wahl des Vorsitzenden und der sonstigen Funktionäre) zu erfolgen. Erst dadurch ist der BR, der durch den Vorsitzenden nach außen vertreten wird, handlungsfähig.

Eine **fehlerhafte Wahl** kann unterschiedliche Folgen haben: Werden elementarste Wahlgrundsätze verletzt oder kommt es zu einer Häufung schwerer Verfahrensmängel (zB telefonische Befragung[166], Wahl eines BR während laufender Tätigkeitsperiode eines bereits gewählten BR[167], Wahl in einem Betrieb mit weniger als fünf AN), so ist die Wahl **nichtig**. Es liegt eine „Nichtwahl" vor, ein BR wurde somit nicht gewählt und hat rechtlich niemals bestanden. Eine diesbezügliche gerichtliche Feststellung kann jederzeit begehrt werden bzw ist die Nichtigkeit jederzeit von Amts wegen von jeder Behörde wahrzunehmen (§ 60 ArbVG). Das Feststellungsurteil hat ex-tunc-Wirkung, dh es wirkt auf den Wahlzeitpunkt zurück. Alle Rechtshandlungen des nichtig gewählten BR sind unwirksam. 97

Bei anderen (weniger gravierenden) Wahlmängeln ist lediglich eine **Anfechtung** möglich. Wird diese nicht innerhalb eines Monats nach Bekanntgabe des Wahlergebnisses vorgenommen, ist der Wahlmangel geheilt und der BR bleibt bis zum Ende seiner Funktionsperiode im Amt. Wegen ***Verfahrensmängeln*** ist jeder Wahlberechtigte bzw jede wahlwerbende Gruppe zur Anfechtung berechtigt, wenn die Möglichkeit besteht, dass ohne den Mangel die Wahl anders ausgegangen wäre (§ 59 Abs 1 ArbVG, zB Nichtzulassung eines gültigen Wahlvorschlages[168]). Bei einer ***unzulässigen Wahl***, dh wenn die Wahl ihrer Art (zB gemeinsamer anstatt getrennter Gruppen-BR) oder ihres Umfangs nach (zu viele oder zu wenige BR-Mitglieder) oder mangels Vorliegens eines Betriebes nicht durchzuführen gewesen wäre, kann neben den vorher angeführten Personen auch der Betriebsinhaber anfechten (§ 59 Abs 2 ArbVG). Führt die Wahlanfechtung zum Erfolg, so wirkt das Urteil ex-nunc, dh mit dem Zeitpunkt der Ungültigerklärung. Davor gesetzte Rechtshandlungen des BR bleiben dadurch unberührt (§ 62 Abs 3 ArbVG). 98

Die **Tätigkeitsdauer des BR endet** mit Ablauf der Funktionsperiode (vier Jahre ab der Konstituierung), bei dauernder Betriebseinstellung, dauernder Funktionsunfähigkeit (Mitglieder sinken unter die Hälfte der zu wählenden), bei Enthebung durch die Betriebsversammlung, durch Rücktritt, durch erfolgreiche Wahlanfechtung, durch dauerndes Absinken der Belegschaft unter fünf AN[169] sowie bei Beendigung der Gleichstellung (§§ 61 f ArbVG).[170] Die **Mitgliedschaft** eines einzelnen AN **zum BR endet** insb bei Beendigung der Tätigkeitsdauer des BR, bei Rücktritt, Ausscheiden aus dem Betrieb, nicht rechtzeitiger Konstituierung[171] oder bei Stattgebung der Klage auf Aberkennung des Mandats (§ 64 ArbVG). 99

---

[166] EA Linz Arb 9360.

[167] OGH ecolex 2001, 135.

[168] EA Klagenfurt Arb 9436.

[169] Strittig; dafür *Tomandl/Schrammel*, Arbeitsrecht 1^6, 83; aA *Grießer*, Untergang des BR im Kleinstbetrieb, RdW 2000, 291; OLG Wien ARD 5130/20/2000.

[170] Beachte auch die Verlängerung der Partei- und Prozessfähigkeit gem § 62a ArbVG (siehe OGH ASoK 2009, 321) sowie die Beibehaltung des Zuständigkeitsbereiches gem §§ 62b und 62c ArbVG und die Fortsetzung der Tätigkeitsdauer gem § 63 ArbVG; siehe dazu Rz 570.

[171] Zur Konstituierung, dh der Wahl der Organe (zB Vorsitzender) siehe § 66 ArbVG und Rz 97.

2. Die Belegschaftsvertretung auf überbetrieblicher Ebene

a) Der Zentralbetriebsrat

100 In Unternehmen, in denen mehrere Betriebe bestehen, ist ein Zentralbetriebsrat (ZBR) zu errichten. Aktiv und passiv wahlberechtigt sind die Mitglieder der in den einzelnen Betrieben errichteten BR. Dabei werden die Stimmen je nach Anzahl der im Betrieb beschäftigten AN gewichtet.[172]

b) Die Konzernvertretung

101 Sind in einem Konzern in mindestens zwei Unternehmen ZBR errichtet, welche mehr als die Hälfte der AN im Konzern repräsentieren, so können diese beschließen, eine Konzernvertretung zu errichten. Dabei entsendet jeder ZBR grundsätzlich zwei Delegierte.[173] Ist in einem Konzernunternehmen ein ZBR nicht zu errichten, so nimmt der Betriebsausschuss bzw der BR dessen Befugnisse wahr.[174]

c) Die Europäische Betriebsvertretung

102 Zur Umsetzung der EU-Richtlinie 94/45/EG[175] wurde ein V. Teil in das ArbVG eingefügt. Durch diese Bestimmungen soll die Mitwirkung der AN bei staatenübergreifenden Unternehmensstrukturen sichergestellt werden. Zur Erreichung dieses Ziels sieht das ArbVG ein besonderes Verhandlungsgremium der AN, einen europäischen BR oder ein Verfahren zur Unterrichtung und Anhörung der AN vor.[176]

d) Die Belegschaftsvertretung bei der Europäischen Gesellschaft

103 Durch die VO 2157/2001/EG sowie in deren Umsetzung das SE-Gesetz (BGBl I 2004/67) wurde europaweit agierenden Gesellschaften die Rechtsform der Europäischen Gesellschaft (Societas Europaea – SE) zur Verfügung gestellt. Bei dieser Gesellschaftsform ist eine eigene Belegschaftsvertretung durch die RL 2001/86/EG vorgesehen, welche im VI. Teil des ArbVG (§§ 208–251) umgesetzt wurde. Ähnlich der Europäischen Belegschaftsvertretung ist nach Verhandlungen des besonderen Verhandlungsgremiums mit dem AG ein SE-BR oder ein anderes Verfahren zur Beteiligung der AN zu schaffen. Kommt keine Vereinbarung zu Stande sieht das ArbVG als „Rückfallslösung" einen SE-BR kraft Gesetzes vor.[177]

---

[172] Siehe §§ 80–88 ArbVG; *Risak,* Ist eine Mehrheit von BR Voraussetzung für eine Zentralbetriebsratswahl?, ZAS 2000, 170 mwN; *Risak*, Ein Rechtsträger – mehrere Zentralbetriebsräte?, RdW 2001/46.

[173] Siehe §§ 80a, 80b ArbVG; *Strasser*, Zur Neuordnung der Arbeitnehmerbeteiligung auf Konzernebene, DRdA 1994, 213; *Schima*, Ausbau der Belegschaftsvertretung im Konzern durch die ArbVG-Novelle 1993, RdW 1993, 308; *Kreil*, Mitbestimmung im Konzern (1993); *Röpke*, Errichtung einer Konzernvertretung, DRdA 2002, 534.

[174] § 88a Abs 8 ArbVG.

[175] Zur RL siehe *Egger*, Das Arbeits- und Sozialrecht der EG und die österreichische Rechtsordnung (1998) 333.

[176] Siehe §§ 171–207 ArbVG; *Köck*, Zur neuen „Europäischen Betriebsverfassung" im Arbeitsverfassungsgesetz, in FS Tomandl (1998) 213; *Marhold/Friedrich*, Arbeitsrecht 532; *Weiß*, Schicksal des Europäischen Betriebsrates bei Veränderungen der Rechtslage und/oder der Konzernstruktur, RdW 2000, 482 ff; *Risak*, in Mazal/Risak, Das Arbeitsrecht, Kap III Rz 101 ff.

[177] *Röpke*; Europäische (Aktien-)Gesellschaft (SE) und Arbeitnehmerbeteiligung, DRdA 2002, 177; *Risak*, Die Arbeitnehmermitwirkung in der Societas Europaea, ecolex 2004, 767; *Gahleitner*, Mitbestimmung in Europa – Der lange Weg zu einem SE-Betriebsrat, DRdA 2005, 550; *Brodil*, Arbeitnehmermitbestimmung, in Straube/Aicher (Hrsg), Handbuch zur Europäischen Aktiengesellschaft (Societas Eurpaea, 2005) 237.

e) Vertretungsorgane für Sondergruppen

Daneben sind für Sondergruppen (Jugendliche unter 18 Jahre, Behinderte) eigene Vertretungsorgane vorgesehen (insb Jugendvertrauensrat, Behindertenvertrauensperson).[178] **103a**

D. Die Rechtsstellung der Betriebsratsmitglieder

Die Mitgliedschaft zum BR ist gem § 115 ArbVG ein Ehrenamt, dh die BR-Tätigkeit hat unentgeltlich zu erfolgen. Die Barauslagen sind durch den BR-Fonds zu tragen, die Sachmittel hat hingegen der Betriebsinhaber beizustellen (§ 72 ArbVG).[179] BR-Mitglieder dürfen einerseits nicht benachteiligt werden, andererseits sollen sie keine Vorteile aus der Mandatsausübung ziehen.[180] Um die Erfüllung der ihnen vom Gesetz übertragenen Aufgaben sicherzustellen und sie vor persönlichen Vergeltungsmaßnahmen des AG zu schützen, besitzen BR-Mitglieder außerdem einen besonderen Kündigungs- und Entlassungsschutz.[181] **104**

Die Ausübung von BR-Agenden hat grundsätzlich außerhalb der Arbeitszeit zu erfolgen. Wenn dies nicht möglich ist, ist das BR-Mitglied von der Arbeitsleistung unter Fortzahlung seines Entgelts freizustellen (Ad-hoc-**Freistellung** gem § 116 ArbVG).[182] Freizeit ist aber nur zur Ausübung der gesetzlich geregelten Befugnisse zu gewähren.[183] Ab einer bestimmten Belegschaftsstärke (mind 151 AN) hat der BR einen Rechtsanspruch darauf, ein oder mehrere Mitglieder des BR dauernd von der Arbeitsleistung unter Zahlung des Entgelts freizustellen (§ 117 ArbVG)[184]. Außerdem ist zum Besuch von Schulungs- und Bildungsveranstaltungen eine Bildungsfreistellung vorgesehen (§§ 118 f ArbVG). **105**

Die Mitglieder des BR sind gem § 115 Abs 4 ArbVG zur **Verschwiegenheit** über die ihnen in Ausübung ihres Amtes bekannt gewordenen Geschäfts- und Betriebsgeheimnisse sowie über die persönlichen Verhältnisse der AN verpflichtet.[185] Bei Zuwiderhandeln begeht das BR-Mitglied eine Verwaltungsübertretung, wobei jedoch nur der Betriebsinhaber zur Stellung eines Strafantrages berechtigt ist (§ 160 Abs 2 Z 4 ArbVG). **106**

---

[178] Siehe allgemein *Petrovic*, Sondervertretungen und ihre Mitwirkungsmöglichkeiten, in Tomandl (Hrsg), Offene Fragen des Betriebsverfassungsrechts (1989) 67. Zu den Organen der Jugendvertretung siehe §§ 123–131 f ArbVG; *Löschnigg*, Arbeitsrecht[10], 8.1.; zur Behindertenvertrauensperson § 22a BEinstG.

[179] Siehe Rz 89.

[180] § 115 ArbVG; zum gesetzlich nicht ausdrücklich normierten Bevorzugungsverbot siehe OGH DRdA 1982, 35 (*Stifter*) = ZAS 1982, 234 (*Heinrich*); ZAS 1992, 131 (*Resch*) = DRdA 1991, 460 (*Andexlinger*); ZAS 1993, 100 (*Trost*) = DRdA 1992, 344 (*Floretta*); ZAS 1999, 135 (*Risak*).

[181] §§ 115, 120–122 ArbVG; zum besonderen Kündigungs- und Entlassungsschutz siehe unten Rz 488.

[182] OGH Arb 8864 – Betriebsratssitzungen sind grundsätzlich außerhalb der Arbeitszeit abzuhalten; siehe umfassend *Köck*, Betriebsratstätigkeit und Arbeitspflicht (1992); *Spielbüchler*, Die Rechtsstellung der Betriebsratsmitglieder, DRdA 1971, 231; *Rauch*, Die Schranken der Amtsfreistellung eines Betriebsratsmitglieds, ASoK 2009, 206 ff.

[183] Keine Freizeitgewährung ua bei gewerkschaftlichen Veranstaltungen zu allgemeinen politischen Themen, Demonstrationen (*Rauch*, ASok 2009, 207) oder Betriebsrätekonferenzen (OGH Arb 9535). Das Betriebsratsmitglied muss beim AG um Freizeitgewährung ansuchen und in groben Umrissen Grund und voraussichtliche Dauer der benötigten Freizeit bekannt geben (OGH 25.5.1994, 9 ObA 72/94).

[184] Eine Teilfreistellung ist dabei jedoch nicht möglich, *Körber/Risak*; Teilfreistellung für Betriebsratsmitglieder?, ASoK 2005, 155.

[185] *Kuderna*, Die Verschwiegenheitspflicht der Betriebsratsmitglieder und ihre Bindung an das Datengeheimnis, in FS Floretta (1983) 577.

107 Der OGH vertritt in einer älteren – uU überholten – Entscheidung, dass ein BR-Mitglied ein öffentlicher Mandatar sei, welchen keine **Haftung** aus seiner Organtätigkeit trifft.[186]

E. Die Befugnisse der Belegschaft

1. Grundsätzliches

108 Das Ziel der Bestimmungen über die betriebliche Interessenvertretung ist die Herbeiführung eines Interessenausgleichs zum Wohle der AN und des Betriebes (§ 39 Abs 1 ArbVG). Dazu wird den Organen der Belegschaft die umfassende Aufgabe, die wirtschaftlichen, sozialen, gesundheitlichen und kulturellen Interessen der Belegschaft zu vertreten, übertragen (§ 38 ArbVG). Die Belegschaftsorgane haben dabei ihre Tätigkeit tunlichst ohne Störung des Betriebes zu vollziehen. Sie sind insb nicht befugt, in den Gang und in die Führung des Betriebes durch selbständige Anordnungen einzugreifen (§ 39 Abs 3 ArbVG).[187]

109 Die **Abgrenzung der Befugnisse** der einzelnen Belegschaftsorgane nimmt § 113 ArbVG vor.[188] Demnach werden die der Belegschaft zustehenden Befugnisse grundsätzlich durch den BR bzw Betriebsausschuss ausgeübt. Für übergreifende Angelegenheiten kommen die Mitwirkungsrechte dem Zentralbetriebsrat sowie auf Konzernebene der Konzernvertretung zu. Der BR kann dem Zentralbetriebsrat mit dessen Zustimmung auch die Ausübung seiner Befugnisse für einzelne oder für bestimmte Angelegenheiten übertragen (§ 114 ArbVG).

109a Die Mitwirkungsrechte der Belegschaft sind **absolut zwingender Natur**, sie können durch Arbeitsvertrag, KV oder BV weder erweitert noch beschränkt werden.[189]

109b Für einzelne Betriebe bzw Unternehmen, welche unmittelbar politischen, koalitionspolitischen, konfessionellen, wissenschaftlichen, erzieherischen oder karitativen Zwecken dienen, auf Medien- und Theaterunternehmen sowie auf Kirchen und Verwaltungsstellen von juristischen Personen öffentlichen Rechts findet ein Teil der Mitbestimmungsrechte (insb in wirtschaftlicher Hinsicht) keine oder nur eingeschränkte Anwendung (**Tendenzschutz**).[190]

2. Einteilung nach Sachbereichen

110 Die Mitwirkungsrechte des ArbVG beziehen sich auf drei verschiedene Sachbereiche:

---

186 OGH Arb 5793; aA die hM *Floretta*, in ArbVG-Handkomm 770; *Marhold/Friedrich*, Arbeitsrecht 568; *Marhold*, Mandatsausübung und Haftpflichtrecht, ZAS 1980, 3.

187 Zum Verbot des Arbeitskampfes im Rahmen der Betriebsverfassung (sog „betriebsverfassungsrechtliche Friedenspflicht") OGH ZAS 2005, 32 (*Rebhahn*); *Cerny*, Zur Frage einer betriebsverfassungsrechtlichen Friedenspflicht, DRdA 2005, 517; *Löschnigg*, Betriebliches Kampfverbot und betriebsverfassungsrechtliche Friedenspflicht, RdW 2005/51.

188 Siehe zB *Risak*, in Mazal/Risak, Das Arbeitsrecht, Kap III Rz 200 ff; *Naderhirn*, in Strasser/Jabornegg/Resch, ArbVG § 113 Rz 1 ff.

189 Siehe OGH DRdA 2001, 170 (*Weiss*) – Verstärkung des Kündigungsschutzes durch BV nichtig; grundlegend *Jabornegg*, Absolut zwingendes Arbeitsverfassungsrecht, in FS Strasser (1983) 367.

190 §§ 132 ff ArbVG; OGH DRdA 2002, 470 (*Kalb*); *Neumayer*, in Strasser/Jabornegg/Resch, ArbVG § 132 Rz 1 ff.

- Mitwirkung in **sozialen Angelegenheiten** (§ 94–97 ArbVG): Angelegenheiten, die eine Mehrzahl von Arbeitnehmer, insb die gesamte Betriebsbelegschaft, betreffen. Es handelt sich dabei um generelle Maßnahmen, wobei das Mitbestimmungsinstrument die Betriebsvereinbarung ist.
- Mitwirkung in **personellen Angelegenheiten** (§§ 98–107 ArbVG): Mitwirkung an personellen Einzelentscheidungen (zB Aufnahme von AN, Versetzungen, Beendigung von Arbeitsverhältnissen);
- Mitwirkung in **wirtschaftlichen Angelegenheiten** (§§ 108–112 ArbVG): Mitwirkung bei der Führung des Unternehmens sowie in Unternehmensorganen.
- Daneben räumt das Gesetz den Belegschaftsorganen **„allgemeine Befugnisse“** ein, die bereichsübergreifender Natur sein können.

Die Mitwirkungsrechte werden im jeweiligen Sachzusammenhang dargestellt, hier ist vor allem auf die **AN-Mitwirkung im Aufsichtsrat** einzugehen.[191] § 110 ArbVG sieht insb für Aktiengesellschaften und Gesellschaften mit beschränkter Haftung (GmbHs) vor, dass für je zwei bestellte Aufsichtsratsmitglieder (Anteilseignervertreter) ein Arbeitnehmervertreter in den Aufsichtsrat zu entsenden ist (drittelparitätische Vertretung der Belegschaft). Die Entsendung erfolgt durch den Zentralbetriebsrat oder, sofern nur ein Betrieb besteht, durch den BR. Die Arbeitnehmervertreter haben grundsätzlich dieselbe Rechtsstellung wie die Anteilseignervertreter (Ausnahmen siehe § 110 Abs 3 ArbVG). Bestimmte Beschlüsse des Aufsichtsrates bedürfen einer doppelten Mehrheit („Aktionärschutzklausel“), dh dass die einfache Mehrheit nicht ausreicht, sondern dass auch die Mehrheit der Anteilseignervertreter zugestimmt haben muss. Es handelt sich dabei vor allem um Beschlüsse über die Bestellung und Abberufung von Mitgliedern des Vorstandes sowie die Wahl des Aufsichtsratsvorsitzenden. 111

3. Einteilung nach der Intensität

Die einzelnen Mitwirkungsrechte greifen unterschiedlich stark in die Entscheidungsfreiheit des AG bzw des Betriebsinhabers ein. Je nach Intensität des Eingriffes lassen sich unterschiedliche Abstufungen feststellen: 112

- **Auskunftsrechte**
  Der Betriebsinhaber muss auf alle Fragen, die ihm vom BR gestellt werden, antworten (zB allgemeines Informationsrecht gem § 91 ArbVG).
- **Informationsrechte**
  Der Betriebsinhaber muss in bestimmten Fällen von sich aus initiativ werden und dem BR unaufgefordert Informationen geben (zB bei Betriebsänderungen, § 109 ArbVG; ebenso gem § 91 Abs 2 ArbVG darüber, welche AN-Daten automationsunterstützt verarbeitet werden)[192].
- **Überwachungsrechte**
  Der Betriebsinhaber muss dem BR die zur Kontrolle der Einhaltung der die AN betreffenden Rechtsvorschriften erforderlichen Möglichkeiten einräumen (zB Zutritt zu bestimmten Räumen oder Einblick in Unterlagen im Zusammenhang mit dem allgemeinen Überwachungsrecht gem § 89 ArbVG).

---

[191] Siehe dazu zB *Risak*, in Mazal/Risak, Das Arbeitsrecht, Kap III Rz 180 ff; *Putzer*, Mitwirkung der Arbeitnehmerschaft im Aufsichtsrat (2005).

[192] Dies ist etwa iZm betrieblichen Telefonanlagen bzw Internet-Zugängen von erheblich praktischer Bedeutung; dazu etwa *Brodil*, Die Registrierung von Verkehrsdaten im Arbeitsverhältnis, ZAS 2004, 17.

- **Beratungsrechte**
  Der Betriebsinhaber ist verpflichtet, den BR anzuhören und mit ihm in einen Meinungsaustausch zu treten (zB allgemeines Beratungsrecht gem § 92 ArbVG, Beratung vor Ausspruch der Kündigung gem § 105 Abs 2 ArbVG, Rz 453 ff).
- **Imparitätische Mitentscheidungsrechte**
  Der BR hat das Recht unmittelbar an einer Entscheidung in einer Minderheitenposition mitzuwirken (zB Mitwirkung im Aufsichtsrat gem § 110 ArbVG).
- **Einspruchs- und Zustimmungsrechte**
  Der BR kann im Rahmen seiner **Einspruchsrechte** bestimmte Entscheidungen des Betriebsinhabers vor einer Behörde anfechten und somit einer Überprüfung zuführen (zB Einspruch gegen die Wirtschaftsführung gem § 111 ArbVG; Kündigungsanfechtung gem § 105 ArbVG, Rz 458 ff).

  Bei den **Zustimmungsrechten** bedarf der Betriebsinhaber zur Durchführung einer in Aussicht genommenen Maßnahme der vorherigen Zustimmung des BR (zB §§ 96, 96a ArbVG: notwendige und notwendig erzwingbare BV, Rz 177–181; § 101 ArbVG: verschlechternde Versetzungen, Rz 242a; § 102 ArbVG: Verhängung von Disziplinarmaßnahmen, Rz 178).
- **Paritätische Mitentscheidungsrechte**
  Beim Abschluss von BV kommt beiden Parteien dasselbe Gewicht zu, da dazu eine Willenseinigung zwischen BR und Betriebsinhaber erforderlich ist (siehe ausführlich Rz 164 ff).

IV. Der Kollektivvertrag

A. Begriff und Bedeutung

Kollektivverträge (KV) sind Vereinbarungen, die zwischen kollektivvertragsfähigen Körperschaften der AG einerseits und der AN andererseits schriftlich abgeschlossen werden (§ 2 Abs 1 ArbVG). Es handelt sich dabei um sog „**zweiseitige korporative Normenverträge**", dh um Vereinbarungen, die gs auf beiden Seiten von Interessenvertretungen (Korporationen) abgeschlossen werden und welche eine einem Gesetz ähnliche Normwirkung entfalten, dh Personen binden, die am Vertragsabschluss nicht beteiligt sind. 113

Die Bedeutung der KV liegt in der Herbeiführung eines **überbetrieblichen Interessenausgleiches** zwischen AN und AG durch die Festlegung von **Mindestarbeitsbedingungen**, die nicht unterschritten werden dürfen.[193] Nicht zu unterschätzen ist die damit verbundene **Friedensfunktion**, da die im KV ausgehandelten Arbeitsbedingungen für eine gewisse Zeit außer Streit stehen.[194] Dies zeigt sich darin, dass von den KV-Parteien organisierte Arbeitskampfmaßnahmen (Streik oder Aussperrung) über im KV geregelte Angelegenheiten als unzulässig angesehen werden, solange der KV nicht beendet wurde.[195] Schließlich profitieren die AG von der **Kartellierung der Lohnkosten** iSd Vereinheitlichung der Mindestlöhne, die nicht unterschritten werden dürfen.[196]

All diese Funktionen können KV erfüllen, da gem § 11 ArbVG ein Großteil ihrer Bestimmungen innerhalb ihres fachlichen, räumlichen und persönlichen Geltungsbereiches unmittelbar rechtsverbindlich ist, dh wie ein Gesetz auf die Arbeitsverhältnisse der nicht am Abschluss beteiligten kv-unterworfenen AN und AG einwirkt **(Normwirkung)**. Diese Wirkung tritt dann nicht ein, soweit KV die Rechtsbeziehungen zwischen den KV-Parteien regeln und insoweit wie ein „normaler" Vertrag wirken **(schuldrechtlicher Teil)**.[197]

Der schuldrechtliche Teil eines KV ist nach den Regeln der Vertragsauslegung (§§ 914, 915 ABGB) zu **interpretieren**, während hinsichtlich seiner normativen Bestimmungen die für Gesetze maßgeblichen Regelungen (§§ 6 f ABGB) heranzuziehen sind.[198] 114

B. Kollektivvertragsfähigkeit

1. Kollektivvertragsfähigkeit kraft Gesetzes

Damit ein Vertrag die dem KV innewohnende besondere Normwirkung entfalten kann, dh dessen Inhalt auch am Abschluss nicht beteiligte Personen binden kann, bedarf 115

---

193 *Tomandl/Schrammel*, Arbeitsrecht 1[6], 122.

194 *Tomandl/Schrammel*, Arbeitsrecht 1[6], 125.

195 *Strasser*, Die Rechtsgrundlage der tariflichen Friedenspflicht, DRdA 1965, 401; *Marhold/Friedrich*, Österreichisches Arbeitsrecht 384.

196 *Marhold/Friedrich*, Österreichisches Arbeitsrecht 385.

197 Zur Einordnung in das Rechtsquellensystem der österreichischen Bundesverfassung siehe *Cerny*, Stellungnahmen des Obersten Gerichtshofes und des Verfassungsgerichtshofes zur Verfassungsmäßigkeit des Kollektivvertrages, DRdA 1973, 103; *Tomandl/Marhold*, Die Koalitionsfreiheit des Arbeitnehmers in Österreich, in *Mosler/Bernhard* (Hrsg), Die Koalitionsfreiheit des Arbeitnehmers (1980) 665.

198 *Kuderna*, Zur Diskussion über die Auslegung kollektivrechtlicher Normen, ZAS 1981, 203; OGH ZAS 1993, 186 (*Strasser*); DRdA 1944, 244 (*B. Schwarz*); RdW 1996, 175; ecolex 2005, 855. Dies gilt auch für Firmen-KV OGH 8 ObA 56/06b.

es einer besonderen Rechtsfähigkeit, die über die allgemeine Fähigkeit von natürlichen und juristischen Personen, Verträge abzuschließen hinausgeht. Diese **KV-Fähigkeit** kommt von Gesetzes wegen nach § 4 Abs 1 ArbVG jenen **gesetzlichen Interessenvertretungen** der AG und der AN zu, denen

- unmittelbar oder mittelbar die Aufgabe obliegt, auf die Regelung von Arbeitsbedingungen hinzuwirken und
- deren Willensbildung in der Vertretung der AG- oder AN-Interessen gegenüber der anderen Seite unabhängig ist.

116 Als wichtigste kollektivvertragsfähige **gesetzliche Interessenvertretungen** sind auf AG-Seite die *Kammern der gewerblichen Wirtschaft* und auf AN-Seite die *Kammern für Arbeiter und Angestellte* (AK) zu nennen. Während erstere in der Kollektivvertragswirklichkeit eine bedeutende Rolle spielen, nehmen die AK ihre KV-Fähigkeit zu Gunsten der Gewerkschaften nicht wahr.

117 Hinsichtlich des Kriteriums der **Gegnerunabhängigkeit** bereiten ständisch eingerichtete Kammern, wie zB die Ärzte-, Apotheker- oder Notariatskammer Probleme, da zu ihren Mitgliedern sowohl selbständige als auch unselbständige Angehörige des jeweiligen Berufsstandes zählen. Nach der Rspr ist die Gegnerunabhängigkeit einer berufsständisch gegliederten Kammer nur dann gewährleistet, wenn die Willensbildung innerhalb der Kammerorganisation getrennt nach AG und AN erfolgt.[199]

117a Nach § 7 ArbVG sind **juristischen Personen öffentlichen Rechts** auf AG-Seite selbst kollektivvertragsfähig, soweit sie nicht für Arbeitsverhältnisse bestimmter Betriebs- oder Verwaltungsbereiche einer anderen kollektivvertragsfähigen Körperschaft angehören (so zB die österreichische Hochschülerschaft für die bei ihr beschäftigten AN).

117b Darüber hinaus hat der Gesetzgeber in **Sondergesetzen** bestimmten **Unternehmen** KV-Fähigkeit eingeräumt (zB der Post- und Telekom AG im Poststrukturgesetz) bzw eigene kv-fähige Körperschaften errichtet (zB Dachverband der Universitäten in § 108 Universitätsgesetz 2002).

2. Kollektivvertragsfähigkeit kraft Verleihung

118 Auf freiwilliger Mitgliedschaft beruhenden Berufsvereinigungen der AG und AN („freiwilligen Berufsvereinigungen") sowie Vereinen ist die KV-Fähigkeit vom Bundeseinigungsamt[200] auf Antrag nach Anhörung der zuständigen gesetzlichen Interessenvertretungen durch einen konstitutiven Verwaltungsakt zuzuerkennen (§ 5 Abs 1 ArbVG).

119 Ein Rechtsanspruch auf Zuerkennung der KV-Fähigkeit an eine **freiwillige Berufsvereinigung** besteht nur dann, wenn sie zwei formelle und zwei materielle Voraussetzungen erfüllt:[201]

---

[199] VfGH ZAS 1980, 190 (*Tomandl*); § 71 ÄrzteG 1998 sieht bspw eine Gliederung der Ärztekammer in eine Kurie der angestellten und der niedergelassenen Ärzte vor und ermöglicht damit die Gegnerunabhängigkeit (*Stärker*, Zur Kollektivvertragsfähigkeit der Ärztekammern nach dem Ärztegesetz 1998, ZAS 2001, 97; abl *Aigner/Kierein/Kopetzki*, Ärztegesetz 1998, Anm 9 zu § 67). Dazu jüngst *Resch*, Die Interessenvertretung der angestellten Ärzte durch die Ärztekammer, RdM 2009/39.

[200] Das Bundeseinigungsamt (BEA) ist eine sozialpartnerschaftlich besetzte kollegiale Bundesbehörde, die beim Bundesministerium für Wirtschaft und Arbeit eingerichtet ist (§§ 141 ff ArbVG). Vgl dazu *Brodil*, in Tomandl (Hrsg), Kommentar zum Arbeitsverfassungsgesetz, § 141 ff. Das BEA ist außerdem für Satzungen, Mindestlohntarife und Lehrlingsentschädigungen zuständig (Rz 159 ff).

[201] *Tomandl/Schrammel*, Arbeitsrecht 1^6, 128.

In **formeller Hinsicht** hat sich die Berufsvereinigung

- nach ihren Statuten zur Aufgabe zu stellen, die **Arbeitsbedingungen** innerhalb ihres Wirkungsbereiches zu **regeln** und
- in ihrer auf die Vertretung der AN- oder AG-Interessen gerichteten Zielsetzung, in einem **größeren fachlichen und räumlichen Wirkungsbereich** tätig zu werden.[202] Die Rspr verlangt jedoch keine umfassende Organisation der Angehörigen eines bestimmten Berufs- oder Wirtschaftszweiges.[203]

An **materiellen Voraussetzungen** muss die Berufsvereinigung

- vermöge der Zahl der Mitglieder und des Umfangs ihrer Tätigkeit eine **maßgebliche wirtschaftliche Bedeutung** erlangen (zB die einzelnen im Österreichischen Gewerkschaftsbund [ÖGB] organisierten Fachgewerkschaften) und
- in der Vertretung der AG- oder der AN-Interessen gegenüber der anderen Seite unabhängig sein (**Gegnerunabhängigkeit**).

Maßgebliche wirtschaftliche Bedeutung liegt dann vor, wenn sich die Tätigkeit der Berufsvereinigung zufolge ihres Gewichts gesamtwirtschaftlich fühlbar auswirkt.[204] Die Gegnerunabhängigkeit einer Koalition ist gegeben, wenn sie von der Gegenseite **wirtschaftlich unabhängig** ist und ihr keine Mitglieder angehören, die gleichzeitig soziale **Gegenspieler** sind.[205]

Voraussetzung für die Zuerkennung der KV-Fähigkeit an **Vereine** ist, dass sie vermöge der Zahl ihrer Mitglieder, des Umfanges ihrer Tätigkeit und der Zahl ihrer AN **120, 121** maßgebende Bedeutung besitzen. Ihre KV-Fähigkeit ist aber insofern beschränkt, als sie sich lediglich auf die bei ihnen beschäftigten AN bezieht und nur so weit reicht, als der Verein nicht für Arbeitsverhältnisse bestimmter Betriebs- oder Verwaltungsbereiche einer kv-fähigen Körperschaft der AG angehört (§ 4 Abs 3 ArbVG). So ist bspw der ÖGB im Kernbereich der AN-Interessenvertretung als Verein kv-fähig, hinsichtlich eines von ihm betriebenen Reisebüros wegen der diesbezüglichen Wirtschaftskammerzugehörigkeit hingegen nicht.

Der Abschluss eines KV durch eine freiwillige Berufsvereinigung führt für die **122** Dauer seiner Geltung und für seinen Geltungsbereich zum Verlust der KV-Fähigkeit der gesetzlichen Interessenvertretung hinsichtlich jener Mitglieder, die der freiwilligen Berufsvereinigung angehören. Damit hat der Gesetzgeber den **Vorrang freiwilliger Berufsvereinigungen** normiert (§ 6 ArbVG).[206]

---

[202] Während *Strasser*, ArbVG-Kommentar § 4 Rz 19 und ihm folgend *Tomandl/Schrammel*, Arbeitsrecht 1[6], 128, die statutarische Zielsetzung genügen lassen, verlangen das (nun nicht mehr zuständige) Obereinigungsamt (ZAS 1984, 110) und *Grillberger*, Voraussetzungen der KV-Fähigkeit freier Berufsvereinigungen, ZAS 1984, 94, neben der statutarischen Aufgabenstellung auch noch eine entsprechende faktische Tätigkeit.

[203] Der VwGH entschied, dass einer Vereinigung von Drei- bis Fünf-Sterne-Hotels die KV-Fähigkeit nicht deshalb verweigert werden darf, weil sie nicht allen AG des Hotelgewerbes offensteht (DRdA 1991, 281 [*Grillberger*]).

[204] Siehe dazu VwGH ZAS 1984, 110, wo eine Vereinigung mit 410 Mitgliedern, die nur ca 1,2% der im Wirkungskreis der Koalition tätigen AN erfasste, als zu unbedeutend angesehen wurde; hingegen wurde vom Obereinigungsamt dem „Verband österreichischer Festspiele" mit nur zwei Mitgliedern (Salzburger und Bregenzer Festspiele) angesichts seiner wirtschaftlichen Bedeutung die KV-Fähigkeit zuerkannt (ZAS 1973, 113 [*Mayer-Maly*]). Offenbar wird auf AG-Seite nicht so sehr auf die Zahl der Mitglieder, sondern vielmehr auf die volkswirtschaftliche Bedeutung geblickt (*Tomandl/Schrammel*, Arbeitsrecht 1[6], 128).

[205] *Tomandl/Schrammel*, Arbeitsrecht 1[6], 128.

[206] *Strasser*, ArbVG-Kommentar § 6 Rz 16.

C. Kollektivvertragsunterworfenheit

123 Die Kollektivvertragsunterworfenheit steckt die Reichweite der normativen Wirkung eines KV ab. Diesbezüglich ist zwischen der sog KV-Angehörigkeit (§ 8 ArbVG, § 2 Abs 13 GewO 1994) und der Außenseiterwirkung (§ 12 ArbVG) zu unterscheiden.

1. Kollektivvertragsangehörigkeit

124 § 8 ArbVG legt die Rahmenbedingungen für die KV-Angehörigkeit fest, indem er ihre Grenzen in zweifacher Weise absteckt: Sie folgt zum einen der Organisationszugehörigkeit von AG und AN und zum anderen dem im KV festgelegten Anwendungsbereich.

a) Organisationszugehörigkeit und deren Substitutionsformen

125 § 8 Z 1 ArbVG (**KV-Angehörigkeit kraft Mitgliedschaft**) stellt den Grundsatz auf, dass derjenige, der einer kv-abschließenden Körperschaft angehört, auch dem KV angehört, den seine Körperschaft abgeschlossen hat.[207] Die KV-Angehörigkeit des AG ist daher ausschließlich durch seine Organisationszugehörigkeit bestimmt.[208] Dabei ist es gleichgültig, ob die Mitgliedschaft schon im Zeitpunkt des Abschlusses des KV bestand oder erst später erworben wurde.[209] Auch ein späterer Verbandsaustritt schadet nicht, da die normative Wirkung auch einen ausgetretenen Verbandsaußenseiter erfasst, wobei für diesen spätere Änderungen des auf diese Weise weiter geltenden KV unbeachtlich sind („*Versteinerungsprinzip*").[210] Im Falle eines Verbandswechsels ist jener KV anzuwenden, der sich aus der aktuellen Verbandsmitgliedschaft ergibt.[211]

126 Auf AG-Seite ist dabei von Bedeutung, dass nach den Bestimmungen des Wirtschaftskammergesetzes (WKG) nicht nur die Landes- und die Bundeskammern kv-fähig sind, sondern auch die Fachgruppen und die Fachverbände, die in der Praxis die KV abschließen. Für die KV-Angehörigkeit ist dabei die faktische Mitgliedschaft des AG bei einer bestimmten Fachgruppe entscheidend, unabhängig davon, ob sie den Bestimmungen des WKG entspricht.[212] Der OGH vertritt nämlich in stRspr, dass es in die Selbstverwaltung der Kammer fällt, die gesetzlichen Bestimmungen über die Mitgliedschaft der AG zu der in Betracht kommenden Kammerorganisation im Einzelfall zu konkretisieren.[213] Die Zuordnung der Kammermitgliedschaft zu den einzelnen Fachgruppen und Fachverbänden kann daher nicht durch die Gerichte entschieden bzw

---

207 *Schrammel*, Die Kollektivvertragsangehörigkeit gem § 8 Z 1 ArbVG, ZAS 1993, 5; *Wolf/Karner*, Kollektivvertragsangehörigkeit bei Verbandswechsel des AG, ecolex 1998, 498.

208 OGH Arb 11.503. Eine Erweiterung des persönlichen Anwendungsbereiches erfolgt im Hinblick auf die Arbeitgeberseite durch die Satzung (Rz 159).

209 *Tomandl/Schrammel*, Arbeitsrecht 1[6], 149.

210 *Rebhahn*, Wechsel des anzuwendenden Kollektivvertrages und Verbandswechsels, RdW 2005, 304; *Holzer*, Kollektivvertragsunterworfenheit des Arbeitgebers bei Verbandsaustritt und Betriebsübergang, in FS Schnorr 126; OGH ecolex 2001, 549 – Verbandsaustritt; aA *Strasser*, ArbVG-Kommentar § 8 Rz 15 mwN des Meinungsstandes.

211 OGH ecolex 2006, 234 – Allerdings darf im Falle eines nicht durch eine Änderung der Geschäftstätigkeit erzwungenen Verbandswechsels (Austritt aus einer freiwilligen Berufsvereinigung und Eintritt in eine andere freiwillige Berufsvereinigung) aufgrund einer analogen Anwendung von § 4 Abs 2 Satz 1 AVRAG das bisher für die regelmäßige Arbeitsleistung gebührende Entgelt nicht geschmälert werden.

212 *Tomandl/Schrammel*, Arbeitsrecht 1[6], 150; aA *Strasser*, ArbVG-Kommentar § 8 Rz 10 mN des Meinungsstandes.

213 OGH DRdA 1988, 245 (*Binder*); DRdA 1990, 344 (*B. Schwarz*); ASoK 1997, 356; DRdA 1997, 304 (*Ch. Klein*); DRdA 2002, 346 (*Resch*).

erzwungen werden.[214] Der VwGH lehnt diese Auffassung ab und steht auf dem Standpunkt, dass die Fachgruppenzugehörigkeit ex-lege entstehe, und jede Behörde diese Frage selbständig als Vorfrage prüfen könne, solange kein **rechtskräftiger** Bescheid einer Landeskammer über die Fachgruppenzugehörigkeit vorliege.[215] Um diese oft als unbefriedigend empfundene Situation zu entschärfen sieht § 137 WKG für Betriebe mit mindestens 250 Beschäftigten die Möglichkeit einer Aufsichtsbeschwerde vor.[216]

Nach § 8 Z 2 ArbVG (**KV-Angehörigkeit kraft Betriebsübergangs**) sind (innerhalb des räumlichen, fachlichen und persönlichen Geltungsbereiches des KV) AG kv-angehörig, auf die der Betrieb oder Teilbetrieb eines gem § 8 Z 1 ArbVG kv-angehörigen AG übergeht.[217] Damit soll die Weitergeltung des KV auch dann gesichert sein, wenn der Erwerber eines Betriebes selbst nicht kv-angehörig ist. Die Weitergeltung tritt somit dann nicht ein, wenn der neue Betriebsinhaber einem anderen KV kraft Mitgliedschaft angehört.[218] Allerdings handelt es sich nur um ein *„statisches Festschreiben"* der Arbeitsbedingungen, da Änderungen des Veräußerer-KV für den Erwerber nicht beachtlich sind.[219] Auch vermag § 8 Z 2 ArbVG – seinem eindeutigen Wortlaut nach – die KV-Angehörigkeit nicht zu vermitteln, wenn der Veräußerer selbst nur gem § 8 Z 2 ArbVG kv-angehörig ist (im Zusammenhang mit einem Betriebs(teil)übergang siehe zu § 4 AVRAG Rz 569). **127**

§ 8 Z 3 ArbVG regelt die KV-Angehörigkeit im Zusammenhang mit der Ausübung von **verbundenen Gewerben** (§ 6 GewO 1994)[220]. Danach sind AG, die im Rahmen eines verbundenen Gewerbes fachübergreifende Leistungen erbringen, hinsichtlich der KV in den ausgeübten Wirtschaftsbereichen kv-angehörig, in denen keine KV-Angehörigkeit nach § 8 Z 1 oder Z 2 ArbVG besteht. Erbringt daher ein AG im Rahmen eines verbundenen Gewerbes fachübergreifende Leistungen, dann besteht KV-Angehörigkeit zu jenem KV, der dem jeweils ausgeübten Wirtschaftsbereich entspricht, gleichgültig ob der AG Mitglied der kollektivvertragsabschließenden Partei und damit kv-angehörig gem § 8 Z 1 und 2 ArbVG ist oder nicht. **128**

Ein weiterer Fall der KV-Angehörigkeit ist nicht im ArbVG, sondern in **§ 2 Abs 13 GewO 1994** geregelt. Diese Bestimmung sieht vor, dass KV, die für Arbeitsverhält- **129**

---

[214] *Schrank*, Kollektivvertragsangehörigkeit und Handelskammermitgliedschaft; dargestellt am Beispiel der Industrie-KV, ZAS 1978, 129; *B. Schwarz*, Zur Kollektivvertragsangehörigkeit von AG als Mitglied der gesetzlichen Interessensvertretungen, DRdA 1986, 279; *Schrammel*, Die Kollektivvertragsangehörigkeit gem § 8 Z 1 ArbVG, ZAS 1993, 5; *Rebhahn*, Amtshaftung wegen falscher Kollektivvertragsangehörigkeit, DRdA 1994, 124.

[215] VwGH 99/04/0062, 99/04/0069; 2001/08/0204.

[216] Siehe dazu *Reiger*, Die Entscheidung über die Fachgruppenzugehörigkeit von Mitgliedern der Handelskammerorganisation, ZAS 1993, 49; *Gahleitner*, Kollektivvertragsangehörigkeit – Neues Verfahren zur Überprüfung, DRdA 1993, 159; *Grießer*, Neues zur Überprüfung der Fachgruppenzugehörigkeit innerhalb der Wirtschaftskammer, DRdA 2001, 215.

[217] *Holzer*, in FS Schnorr 117; *Binder*, Die österreichische Betriebsübergangsregelung – eine geglückte Bedachtnahme auf die europarechtlichen Vorgaben? DRdA 1996, 1.

[218] *Holzer*, in FS Schnorr 117; *Marhold/Friedrich*, Österreichisches Arbeitsrecht 413; verfehlt hingegen OGH DRdA 1999, 23 (krit *Runggaldier)*, wo dieser die Ansicht vertrat, dass kollektivvertragliche Pensionsanwartschaften bei einem durch Betriebsübergang hervorgerufenen KV-Wechsel Bestandteil der Arbeitsverträge werden.

[219] *Holzer*, in FS Schnorr 128; *Jabornegg*, Unternehmensrecht und Arbeitsrecht, DRdA 1991, 116; aA *Resch*, Bemerkungen zur Kollektivvertragsunterworfenheit, JBl 1991, 772.

[220] Verbundene Gewerbe sind Gewerbe, die sich aus zwei oder mehreren Gewerben zusammensetzen und als solche bezeichnet sind (siehe § 94 GewO 1994). Wird die Befähigung für ein Gewerbe, das zu einem verbundenen Gewerbe gehört, im vollen Umfang erbracht, dürfen völlig uneingeschränkt alle in dem Bereich der miteinander verbundenen Gewerbe entfallenden Leistungen erbracht werden (siehe dazu *Filzmoser*, Die GewO-Novelle, RdW 1997, 437).

nisse zu AG gelten, welche ihre Tätigkeit aufgrund von Gewerbeberechtigungen ausüben, auch für Arbeitsverhältnisse zu jenen AG Geltung erlangen, welche diese Tätigkeit ohne die erforderliche Gewerbeberechtigung ausüben (**KV-Angehörigkeit kraft unbefugter Gewerbsausübung** für „Pfuscher"). Damit wird bezüglich eines AG, der unbefugt ein Gewerbe betreibt, die Geltung des für dieses Gewerbe geltenden KV fingiert. Dies gilt ohne Unterschied, ob der AG eine nicht einschlägige oder gar keine Gewerbeberechtigung inne hat.[221] Hingegen erfasst diese Bestimmung jedoch keinesfalls jene Fälle, bei welchen innerhalb ein und derselben Gewerbeausübung die Zugehörigkeit zu Gewerbe oder Industrie fraglich ist.[222]

b) Der fachliche, räumliche und persönliche Geltungsbereich

130 Der KV entfaltet nur innerhalb seines fachlichen, räumlichen und persönlichen Geltungsbereiches Normwirkung. Der **räumliche** Geltungsbereich grenzt jenes Gebiet ab, in dem der KV zur Anwendung gelangt (zB das gesamte Bundesgebiet). Der **persönliche** Geltungsbereich bezeichnet jene Gruppen von AN, die vom KV erfasst werden (zB Arbeiter oder Angestellte). Ein KV kann sich daher örtlich auf ein oder mehrere Bundesländer beschränken oder zB angestellte Geschäftsführer (einer GmbH) bzw Ferialpraktikanten von seinem Anwendungsbereich ausnehmen.[223] Der **fachliche** Geltungsbereich eines KV bestimmt sich nach dem Wirkungsbereich der KV-Parteien, wobei dieser auch eingeschränkt werden kann (zB nur für bestimmte Betriebsarten).[224]

2. Außenseiterwirkung auf AN-Seite

131 Die Rechtswirkungen eines KV treten auch für AN eines kv-angehörigen AG ein, die selbst nicht kv-angehörig sind (§ 12 ArbVG – sog **„Außenseiter"**).[225] Damit werden die Rechtswirkungen des KV kraft Gesetzes auch auf AN ausgedehnt, die nicht Mitglieder der auf AN-Seite auftretenden gesetzlichen oder freiwilligen Berufsvereinigung sind. Die Außenseiterwirkung endet, wenn die AN-Außenseiter kraft Mitgliedschaft (§ 8 Z 1 ArbVG) von einem anderen KV erfasst werden (§ 12 Abs 2 ArbVG).[226] Eine analoge Anwendung des § 12 ArbVG für Außenseiter auf AG-Seite kommt jedoch nicht in Betracht.[227] Sozialpolitischer Zweck der Außenseiterwirkung ist es, eine einheitliche Gestaltung der Mindestarbeitsbedingungen sicherzustellen und das Unterbieten dieser kollektivvertraglichen Arbeitsbedingungen durch nicht organisierte AN zu verhindern.[228]

---

[221] OGH DRdA 1998, 110 (*Resch*).

[222] OGH DRdA 1997, 299 (*Ch. Klein*); DRdA 2002/32 (*Resch*).

[223] Die Kollektivvertragsparteien können den Geltungsbereich eines KV auch auf bestimmte Unternehmen beschränken (OGH DRdA 1999, 29 [*Runggaldier*]), womit „unechte" Firmen-KV möglich werden. Zur Ausnahme von Ferialpraktikanten OGH 9 ObA 66/07g, ZAS-Jud 2009/2.

[224] Siehe dazu *Wolf/Karner*, ecolex 1998, 498: Die Kollektivvertragsfähigkeit korrespondiert mit der Rechtsfähigkeit der Fachgruppen entsprechend den Organisationsvorschriften (vgl *Schrammel*, ZAS 1993, 7). Bei der Ausgestaltung des fachlichen Geltungsbereiches sind die Fachgruppen daher an die jeweiligen Branchen-Grenzen gebunden.

[225] *Schrank*, ZAS 1978, 129; *Mayer-Maly*, Kammermitgliedschaft und Sozialpartnerschaft, JBl 1995, 194.

[226] *Marhold/Friedrich*, Österreichisches Arbeitsrecht 417.

[227] OGH DRdA 1986, 147; DRdA 1997, 299 (*Ch. Klein*).

[228] *Cerny*, ua Arbeitsverfassungsrecht § 12 Erl 2.

D. Kollektivvertragskollision

Kollisionsprobleme treten auf, wenn zwei oder mehrere KV für denselben zeitlichen, örtlichen, fachlichen und persönlichen Geltungsbereich unterschiedliche Normen über denselben Gegenstand enthalten. Das ArbVG geht davon aus, dass jedes Arbeitsverhältnis nur einem KV unterliegen und darüber hinaus innerhalb eines Betriebes auch nur ein KV zur Anwendung kommen soll (Grundsatz der Tarifeinheit). Dabei sind folgende Fallgruppen zu unterscheiden: **132**

1. Vorrang freiwilliger Berufsvereinigungen

Ist ein AG Mitglied sowohl einer gesetzlichen Interessenvertretung (zB Wirtschaftskammer) als auch einer freiwilligen Berufsvereinigung (sog Koalition, zB Sparkassenverband) so ordnet § 6 ArbVG den Vorrang des KV der Koalition an: Schließt diese einen KV ab, so verliert die gesetzliche Interessenvertretung hinsichtlich der Mitglieder der Koalition für die Dauer der Geltung und für den Geltungsbereich des KV ihre KV-Fähigkeit. Mit dem In-Kraft-Treten des KV erlischt der von der gesetzlichen Interessenvertretung abgeschlossene KV. Ein Austritt des AG aus der freiwilligen Berufsvereinigung bewirkt aber nur dann einen KV-Wechsel, wenn für diesen AG ein neuer, auf Mitgliedschaft beruhender KV besteht. Ansonsten bleibt der AG weiterhin dem bisherigen KV gem § 8 Z 1 ArbVG unterworfen (arg „AG [...], die zur Zeit des Abschlusses des KV Mitglieder der am KV beteiligten Parteien *waren* [...]").[229] **132a**

2. Mischbetriebe

Zur mehrfachen KV-Angehörigkeit auf AG-Seite kommt es auch, wenn ein AG mehrere Gewerbe ausübt und dadurch Mitgliedschaften zu mehreren Fachgruppen bzw Fachverbänden der Wirtschaftskammer bestehen, die jeweils einen KV abgeschlossen haben. In diesen Fällen ist fraglich, welcher KV auf das einzelne Arbeitsverhältnis zur Anwendung gelangt. § 9 ArbVG löst dieses Kollisionsproblem nach dem Grundsatz der Tarifeinheit:[230] **133**

- Verfügt ein mehrfach kv-angehöriger AG über **zwei oder mehrere Betriebe**, so findet auf die AN der jeweilige dem Betrieb in fachlicher und örtlicher Beziehung entsprechende KV Anwendung.
- Gleiches gilt, wenn es sich um **Haupt- und Nebenbetriebe** oder um organisatorisch und fachlich abgegrenzte **Betriebsabteilungen** handelt.[231]
- Liegt eine solche organisatorische Trennung nicht vor, so findet jener KV Anwendung, welcher für den fachlichen Wirtschaftsbereich gilt, der für den Betrieb die **maßgebliche wirtschaftliche Bedeutung** hat. Dies ergibt sich insb aus Art und Zweck des Betriebes, der Zahl der beschäftigten AN sowie den Umsatz- und Gewinnverhältnissen[232], kann aber auch durch fakultative BV festgestellt werden (§ 9 Abs 3 ArbVG).

---

[229] *Strasser*, ArbVG-Kommentar § 8 Rz 15 mzN; *Aigner*, in Mazal/Risak, Das Arbeitsrecht, Kap II Rz 51.

[230] *Strasser*, ArbVG-Kommentar §§ 9, 10 Rz 11; OGH DRdA 1983, 283 (*Firlei*).

[231] OGH DRdA 1999, 308 (*Weiß*).

[232] OGH DRdA 1991, 316 (*Resch*); ecolex 2001, 61; VwGH RdW 2008/369 – Casino/Bar. Zur Kollision mit einem kv-freien Raum siehe ZAS 2007/5 (krit *Friedrich*) – Studentenheim.

- Ist die maßgebliche wirtschaftliche Bedeutung eines fachlichen Wirtschaftsbereiches nicht feststellbar, so findet der KV Anwendung, dessen Geltungsbereich unbeschadet der Verhältnisse im Betrieb die **größere Anzahl von AN erfasst** (§ 9 Abs 4 ArbVG).[233]

3. Arbeitnehmer in Mischverwendung

134 Der Grundsatz der Tarifeinheit ist auch dann gefährdet, wenn ein AN in zwei oder mehreren Betrieben eines AG oder einer organisatorisch abgegrenzten Betriebsabteilung beschäftigt wird, für die verschiedene KV gelten. § 10 ArbVG löst dieses Kollisionsproblem dahingehend, dass auf diesen AN jener KV Anwendung findet, der seiner **überwiegend ausgeübten Beschäftigung** entspricht. Dabei kommt es auf das zeitliche Überwiegen an.[234] Wenn eine überwiegende Beschäftigung nicht vorliegt, so findet jener Kollektivvertrag Anwendung, dessen Geltungsbereich unbeschadet der Verhältnisse im Betrieb die größere Zahl von AN des fachlichen Wirtschaftsbereiches erfasst.

4. Außenseiterkollision

135 Wenn ein AG-Verband mit zwei freiwilligen Berufsvereinigungen für denselben räumlichen, persönlichen und fachlichen Geltungsbereich KV abschließt, ist eine sog Außenseiterkollision denkbar, die der Gesetzgeber nicht ausdrücklich geregelt hat. Die hA löst dieses Problem nach der zeitlichen Priorität, dh der KV der freiwilligen Berufsvereinigung, der der AG zuerst beigetreten ist, verdrängt jenen der Berufsvereinigung, der der AG später beitritt.[235]

E. Normwirkung des Kollektivvertrages

136 Die normativen Bestimmungen eines KV wirken gleich einem Gesetz „von außen“ auf den Arbeitsvertrag ein, ohne dessen Bestandteil zu werden.[236] Sie bedürfen daher keiner Transformation in den Einzelarbeitsvertrag und werden auch nicht dessen Inhalt. Sie stellen vielmehr eine eigenständige Rechtsquelle neben dem einzelnen Arbeitsvertrag dar und regeln so das Rechtsverhältnis der Arbeitsvertragsparteien.[237] Deshalb schlagen Änderungen des KV ebenso wie ein KV-Wechsel gs unmittelbar auf das Arbeitverhältnis durch ohne dass es der Zustimmung des einzelnen AN bedarf.[238]

---

233 Zur analogen Anwendung des § 9 ArbVG für den Fall der Kollision eines KV mit einem kollektivvertragsfreien Bereich eines gegliederten Unternehmens, dh für einen Betriebs(teil) für den ein KV nicht besteht, siehe *Tomandl*, Zur Problematik des kollektivvertragsfreien Raums, ZAS 1995, 152; *Weiß*, Tarifeinheit im ungegliederten Mischbetrieb, JBl 1999, 781; OGH ZAS 1995, 158.

234 Vgl OGH Arb 8914.

235 Siehe dazu *Strasser*, ArbVG-Kommentar §§ 9, 10 Rz 22; *Marhold/Friedrich*, Österreichisches Arbeitsrecht 417; *Löschnigg*, Arbeitsrecht[10], 3.3.1.8.

236 OGH Arb 6273; ZAS 1968, 50 (*Mayer-Maly*); Arb 8662; Arb 9914; Arb 11.180.

237 OGH Arb 9914; Arb 10.030; *Binder*, Bedarf es für das Arbeitsrecht einer besonderen Interpretationsmethode?, DRdA 1986, 1; *Jabornegg*, Grenzen kollektivvertraglicher Rechtsetzung und richterlicher Kontrolle, JBl 1990, 205; *Marhold*, Zur Regelungsbefugnis der Betriebspartner, ZAS 1991, 95. Verfehlt ist hingegen die Auffassung des OGH, wonach sich bei Verlust der Kollektivvertragsangehörigkeit des AG kollektivvertragliche Pensionsansprüche in vertragliche Ansprüche umwandeln würden (OGH DRdA 1999, 23).

238 Eine Ausnahme gilt im Falle des KV-Wechsels im Zuge eines Betriebsübergangs, Rz 566 f.

Sofern der KV nichts anderes bestimmt, sind die normativen Bestimmungen eines KV **relativ zwingend**, da sie weder durch BV noch durch Arbeitsvertrag aufgehoben oder beschränkt werden können. Nur für den AN günstigere Regelungen in BV und Einzelvereinbarungen gehen dem KV vor (**Günstigkeitsprinzip** – § 3 Abs 1 ArbVG). Den KV-Parteien ist es jedoch auch möglich den Bestimmungen des KV absolut zwingende Wirkung zu verleihen (sog **Ordnungsprinzip**)[239] oder diese nur dispositiv auszugestalten.[240] **137**

Bei der Prüfung, ob eine BV oder eine Einzelvereinbarung günstiger als der KV ist, sind jene Bestimmungen zusammenzufassen und gegenüberzustellen, die in einem rechtlichen und sachlichen Zusammenhang stehen.[241] Dabei müssen die zusammengehörigen Gruppen von Bestimmungen des Einzelvertrages mit den entsprechenden Bestimmungen des KV verglichen werden (**„Gruppenvergleich"**): Es ist durch Gegenüberstellung der vertraglichen Regelung bzw der fraglichen Bestimmung der BV einerseits und der KV-Bestimmung andererseits zu ermitteln, welche Regelung die günstigere ist. Dabei ist auf jenen Zeitpunkt abzustellen, an dem sich beide Regelungen zum ersten Mal gegenüberstanden.[242] Damit hat der Gesetzgeber klargestellt, dass weder ein punktueller Vergleich noch ein Gesamtvergleich durchzuführen ist. Welche Bestimmungen aber im Einzelfall zu vergleichen sind, bereitet in der Praxis erhebliche Unsicherheiten. Der OGH stellt jedenfalls darauf ab, dass die zu vergleichenden Regelungen denselben Regelungsgegenstand betreffen müssen, betont aber, dass bei der praktischen Anwendung des Günstigkeitsprinzips grundsätzlich auf den Einzelfall abzustellen ist.[243] Bei kollektivrechtlichen Regelungen ist dabei auch der sozialpolitische Zweck zu beachten.[244] **138**

Die Kollektivvertragsparteien haben auch die Möglichkeit, durch eine ausdrückliche Regelung für AN günstigere Regelungen auszuschließen und den normativen Bestimmungen des Kollektivvertrages **absolut zwingenden Charakter** zuzuerkennen. (**„Ordnungsprinzip"**).[245] Sofern hierfür ein sachlicher Grund besteht ist es ebenso zulässig, den Normen eines KV bloß **dispositive Wirkung** zu verleihen, womit die Ein- **139**

---

239 Siehe dazu auch *Kietaibl*, Darf der Kollektivvertrag in bestehende Arbeitsverträge verschlechternd eingreifen?, wbl 2007, 311.

240 OGH WBl 1989, 191 (krit *Grillberger*); ZAS 1991, 63 (tw krit *Resch*) = DRdA 1991, 446 (krit *Jabornegg*); DRdA 1996, 500 (krit *Firlei*); DRdA 1999, 29 (*Runggaldier*); ZAS 2001/19 (*Risak*) = DRdA 2001/44 (*Runggaldier*). AA die wohl hL insb *Jabornegg*, Absolut zwingendes Arbeitsverfassungsrecht, FS Strasser 367 (384); *Firlei*, Flucht aus dem Kollektivvertrag, DRdA 2001, 118 (125).

241 OGH ZAS 1989, 87 (*Holzer*); Arb 10.729; ecolex 2001, 856; siehe auch OGH ZAS 2007/45 (*Wiesinger*) – Berechnungsgrundlage des Überstundenzuschlages.

242 OGH ZAS 1972, 65; vgl *Tomandl/Schrammel*, Arbeitsrecht 1[6], 156 f, wonach für den Vergleich von BV mit KV lediglich zu prüfen ist, ob die Regelung der BV generell günstiger ist.

243 OGH Arb 11.206; infas 1999 A 112, wo die Abgeltung des Urlaubsentgelts mit einem erhöhten laufenden Bezug nicht als günstiger angesehen wurde, jedoch die Einbeziehung der Sonderzahlungen in die laufende Entlohnung als zulässig erachtet wurde. Vgl *Firlei*, Das Problem der Objektivierung des Günstigkeitsvergleiches im österreichischen und deutschen Arbeitsverfassungsrecht, DRdA 1981, 1; *Strasser*, ArbVG-Kommentar § 3 Rz 10; zuletzt OGH ASoK 2002, 420 = RdW 2002/417.

244 OGH DRdA 2007/11 (*Firlei*).

245 Noch nicht abschließend ist die Frage beantwortet, ob der Ausschluss günstigerer Betriebsvereinbarungen oder Einzelvereinbarungen nur für die Zukunft erfolgen kann oder ob auch der Eingriff in bestehende Regelungen zulässig ist. Siehe zum Meinungsstand OGH DRdA 2005, 531 [*B.Trost*].

zelvereinbarung unabhängig davon, ob sie günstiger ist oder nicht, die entsprechende Bestimmung des Kollektivvertrages verdrängt.[246]

F. Abschluss, Hinterlegung und Publikation des Kollektivvertrages

140 Wie bereits der Definition des KV in § 2 Abs 1 ArbVG zu entnehmen ist, bedarf der Abschluss eines KV der Willenseinigung der Kollektivvertragsparteien in schriftlicher Form (Rz 113). Eine unterschriebene Ausfertigung des KV ist nach seinem Abschluss unverzüglich beim Bundesministerium für Wirtschaft und Arbeit zu hinterlegen (§ 14 ArbVG). Dieses hat den KV-Abschluss innerhalb einer Woche nach Hinterlegung im „Amtsblatt zur Wiener Zeitung" kundzumachen.

Sofern der KV keine Vorschriften über seinen **Wirksamkeitsbeginn** enthält, beginnt seine Wirkung mit dem auf die Kundmachung folgenden Tag. Erfolgt keine Publikation, so entfaltet der KV keine Normwirkung.[247] Zur Information der AN hat der kollektivvertragsunterworfene AG den KV binnen drei Tagen nach dem Tag der Kundmachung im Betrieb aufzulegen und darauf in einer Betriebskundmachung hinzuweisen (§ 15 ArbVG). Unterlässt er dies, kann er auf Antrag des BR von der Bezirksverwaltungsbehörde nach § 160 ArbVG bestraft werden. KV können bei den Arbeits- und Sozialgerichten eingesehen werden.

G. Beendigung von Kollektivverträgen

141 Enthält der KV keine Vorschrift über seine Geltungsdauer (zB Befristung oder Bedingungen), so kann er (erst) nach Ablauf eines Jahres von jeder vertragsschließenden Partei unter Einhaltung einer Frist von mindestens drei Monaten zum Letzten eines Kalendermonats gekündigt werden (§ 17 Abs 1 ArbVG). Die **Kündigung** bedarf zu ihrer Rechtswirksamkeit der schriftlichen Form und hat durch eingeschriebenen Brief zu erfolgen. Mit Ausnahme der Schriftform können im KV davon abweichende Kündigungsbestimmungen festgelegt werden.

142 Neben der Kündigung kann der KV – wie jedes andere Dauerschuldverhältnis – durch die Abschlusspartner **einvernehmlich aufgelöst** oder einseitig **aus wichtigem Grund** beendet werden.[248]

143 Darüber hinaus tritt gem § 17 Abs 3 ArbVG bei **Verlust der KV-Fähigkeit** einer freiwilligen Berufsvereinigung (§ 5 Abs 3 ArbVG) die Beendigung des KV auf Grund des Gesetzes ein.

144 Der von einer gesetzlichen Interessenvertretung abgeschlossene KV **erlischt** für die Mitglieder einer freiwilligen Berufsvereinigung mit dem Tage, an dem ein von dieser Berufsvereinigung abgeschlossener KV in Wirksamkeit tritt (§ 6 ArbVG).

---

[246] OGH ARD 5560/8/2005; *Tomandl,* Dispositive Kollektivvertragsbestimmungen in Österreich, in FS Floretta 639; ihm folgend OGH DRdA 1991, 446 (*Jabornegg*) = ZAS 1991, 63 (krit *Resch);* DRdA 1996, 500 (*Firlei*); DRdA 1999, 29 (*Runggaldier).*

[247] VwGH Arb 8.534; *Lenz,* Ein Streit um die Kundmachung von Kollektivverträgen, DRdA 1982, 56.

[248] Zur Beendigung aus wichtigem Grund siehe *Marhold/Friedrich,* Österreichisches Arbeitsrecht 437.

H. Nachwirkung von Kollektivverträgen

Die Rechtswirkungen eines KV bleiben nach seinem Erlöschen für Arbeitsverhältnisse, die unmittelbar vor seinem Erlöschen durch ihn erfasst wurden, so lange aufrecht, als für diese Arbeitsverhältnisse nicht ein neuer KV wirksam oder mit dem betroffenen AN nicht eine neue Einzelvereinbarung abgeschlossen wird (§ 13 ArbVG). Mit dem Erlöschen des KV enden daher die schuldrechtlichen Ansprüche und Verpflichtungen, nicht aber die Wirkungen seines auf den Arbeitsvertrag einwirkungsfähigen, normativen Teiles. Der Sinn der Nachwirkung liegt darin, eine kollektivvertragslose Phase zu überbrücken.[249] Durch den bloßen Nichtabschluss eines neuen KV soll niemand, der vorher kv-unterworfen war und somit auf dessen Regelungen vertraut hat, den Rechtswirkungen der kollektiven Rechtsquelle entzogen werden. 145

Voraussetzung der Nachwirkung ist nur, dass der anzuwendende **KV erlischt**. Im Unterschied zur BV ist es daher unerheblich, ob der KV durch Kündigung oder durch einvernehmliche Auflösung aufgehoben wird (siehe Rz 189). 146

Keine Nachwirkung tritt ein, wenn der AG oder AN aus dem Geltungsbereich des KV ausscheiden. Dies gilt auch dann, wenn für dieses Arbeitsverhältnis kein neuer KV wirksam wird.[250] Für den Betriebsübergang auf einen nicht-kv-unterworfenen AG gelten die Sonderbestimmungen des § 8 Z 2 ArbVG bzw § 4 Abs 1 AVRAG (Rz 127, 568). Beim KV-Wechsel durch Wechsel der Mitgliedschaft zu einer freiwilligen AG-Interessenvertretung ist § 4 Abs 2 Satz 1 AVRAG (Rz 567) analog anzuwenden. Das bisherige kv-liche Entgelt für die Normalarbeitszeit darf daher nicht geschmälert werden.[251] 147

Die Nachwirkung ist eine **abgeschwächte Normwirkung** in zweierlei Hinsicht: 148

- Der bloß nachwirkende erfasst **neu eintretende AN nicht**.
- Er kann auch **durch (neue) ungünstigere BV und Einzelverträge abbedungen** werden, er wirkt somit nicht mehr relativ zwingend, sondern dispositiv.

Die Nachwirkung **endet** jedenfalls dann, wenn ein neuer KV in Geltung tritt, der für denselben Regelungsbereich dieselben Regelungsgegenstände wie der erloschene KV regelt. Werden jedoch im neuen KV nicht alle Materien des alten geregelt, ist durch Interpretation zu ermitteln, ob der neue KV als Ersatz des alten anzusehen ist. Nur in diesem Fall endet die Nachwirkung vollständig.[252]

I. Der Regelungsinhalt von Kollektivverträgen

1. Schuldrechtlicher Teil

Der schuldrechtliche (obligatorische) Teil eines KV begründet – wie jeder andere Vertrag auch – zivilrechtliche Verpflichtungen zwischen den KV-Parteien. Inhalt können alle Regelungen sein, die nach dem ABGB möglich sind. Auch ohne ausdrückliche Absprache trifft jede KV-Partei die Rechtspflicht, sich um die Realisierung der von ihr vereinbarten KV-Bestimmungen zu bemühen („Durchführungs- und Einwirkungspflicht")[253] sowie alles zu unterlassen, was der Durchsetzung des KV zuwiderläuft („Torpedierungsverbot"). 149

---

249 *Marhold/Friedrich,* Österreichisches Arbeitsrecht 437; vgl *Wolf/Karner*, Kollektivvertragsangehörigkeit bei Verbandswechsel des Arbeitgebers, ecolex 1998, 498.

250 *Tomandl/Schrammel*, Arbeitsrecht 1^6, 161.

251 OGH DRdA 2006/42 (*Grillberger*) = ZAS 2006, 278 (krit *Winkler*).

252 OGH ZAS 1977, 212 (*Tomandl*); *Aigner*, in Mazal/Risak, Das Arbeitsrecht, Kap II Rz 55; *Strasser*, ArbVG-Kommentar § 13 Rz 7.

253 *Tomandl/Schrammel*, Arbeitsrecht 1^6, 134.

2. Normativer Teil

150 Der normative Teil eines KV hat hingegen die Regelung von Arbeitsbedingungen zum Inhalt. Es handelt sich dabei um jene Bestimmungen des KV, die mit Normwirkung (Rz 136) auf den Arbeitsvertrag einwirken. Zu diesen zählen Inhaltsnormen, Sozialplan- und betriebsverfassungsrechtliche Normen sowie Normen über gemeinsame Einrichtungen und Zulassungsnormen. Unzulässig ist die dynamische Verweisung („*auf die jeweils geltende Fassung*") von Normen auf die Regelungen eines anderen Normgebers.[254]

a) Inhaltsnormen (§ 2 Abs 2 Z 2 ArbVG)

151 Der praktisch wichtigste Tatbestand ist jener der sog „Inhaltsnormen". Diese regeln die **gegenseitigen aus dem Arbeitsverhältnis entspringenden Rechte und Pflichten der AG und AN**. Die diesbezügliche Rechtsetzungsbefugnis der KV-Parteien ist in inhaltlicher Hinsicht nicht unbeschränkt, sondern bezieht sich auf alles, was typischerweise regelmäßig wiederkehrender Inhalt von Arbeitsverhältnissen ist (zB Entgelt, Aufwandsersätze, Arbeitszeitfragen, Urlaubsansprüche, etc).[255] In der Praxis enthalten so gut wie alle KV bspw Regelungen über Mindestentgelt, Sonderzahlungen, Kündigungsfristen und -termine für Arbeiter, Verkürzung der wöchentlichen Normalarbeitszeit oder erhöhte Zuschläge für die Überstundenarbeit an Sonn- und Feiertagen bzw in der Nacht. Andererseits können jedoch weder Regelungen über den Abschluss von Dienstverträgen (sog „*Abschlussnormen*" wie zB Formerfordernisse),[256] noch Regelungen über die Verwendung des dem AN zustehenden Entgelts, wie etwa die Verpflichtung des AN zur Leistung von Beiträgen zu betrieblichen Pensionsmodellen, normativ wirken, da diese nicht typischer Arbeitsvertragsinhalt sind.[257]

b) Kollektivvertragsbestimmungen für ausgeschiedene AN (§ 2 Abs 2 Z 3 ArbVG)

152 Von der Regelungsbefugnis der KV-Parteien sind auch Ansprüche bereits ausgeschiedener AN umfasst. Dabei können jedoch gem § 2 Abs 2 Z 3 ArbVG lediglich aus dem Arbeitsverhältnis entspringende kollektivvertragliche Ansprüche ausgeschiedener AN durch KV verändert werden.[258] Die Begründung neuer Ansprüche ist hingegen nicht möglich (siehe aber sogleich die Ausnahme für „Sozialplannormen").[259] Dieser insb für Pensionsregelungen wichtigen Regelungsbefugnis unterliegen ausschließlich kollektivvertragliche Ansprüche, während ein durch Arbeitsvertrag oder BV begründeter Anspruch der kollektivvertraglichen Änderung entzogen ist.[260] Diese Beschränkung bewirkt, dass nur die KV-Parteien – im Rahmen der guten Sitten[261] und insbesonders unter

---

[254] *Strasser*, in FS Floretta, Dynamische Verweisung in Kollektivverträgen, 627 ff; OGH DRdA 2005, 150 [*Runggaldier*] – eine unzulässige dynamische Verweisung liegt nur dann vor, wenn der Inhalt eines Regelungskomplexes eines anderen Normgebers durch bloßes Zitat zum Vollzugsinhalt der eigenen Regelung gemacht wird.

[255] Eingehend *Runggaldier*, Grenzen der Regelungsbefugnis der Kollektivvertragsparteien, DRdA 2008, 479. Vgl OGH ZAS 1983, 101 (*Geppert*) = DRdA 1983, 178 (*Wachter*); OGH ZAS 1993, 61 (*Strasser*).

[256] *Strasser*, ArbVG-Kommentar § 2 Rz 28; *Tomandl/Schrammel*, Arbeitsrecht 1^5, 133; OGH DRdA 1985, 123 (*Holzer*); ZAS 1984, 103 (*Holzer*).

[257] OGH DRdA 1992, 300 (*Resch*).

[258] OGH DRdA 1996, 422; *Resch*, Pensionisten und Betriebsratszuständigkeit, RdW 1999, 663.

[259] OGH DRdA 1991, 294 (*Firlei*).

[260] OGH DRdA 1999, 29.

[261] OGH SZ 63/144.

Beachtung des Gleichheitssatzes (Rz 158, 368) – das, was sie einmal gegeben haben auch wieder nehmen können.

c) Sozialplannormen (§ 2 Abs 2 Z 4 ArbVG)

Sozialpläne treffen Maßnahmen zur Verhinderung, Beseitigung oder Milderung der Folgen einer Betriebsänderung,[262] sofern diese für alle oder erhebliche Teile der Belegschaft wesentliche Nachteile mit sich bringt.[263] Sie können sowohl Regelungsgegenstand eines KV als auch einer (erzwingbaren) BV sein.[264] Die Regelungen eines kollektivvertraglichen Sozialplanes zählen zu seinem normativen Teil, wenn sie Rechte und Pflichten der Arbeitsvertragsparteien festlegen. In Sozialplänen können auch Rechte und Pflichten bereits aus dem Arbeitsverhältnis ausgeschiedener AN begründet werden.[265] 153

d) Betriebsverfassungsrechtliche Normen (§ 2 Abs 2 Z 5 ArbVG)

Die Regelungskompetenz, in KV betriebsverfassungsrechtliche Normen vorzusehen ist gs beschränkt, da die Betriebsverfassung abschließend und absolut zwingend geregelt ist.[266] Der OGH hat daher bereits mehrfach klargestellt, dass die KV-Parteien keine Regelungsbefugnis zur Organisation der Betriebsverfassung und zur Erweiterung der Mitbestimmungsrechte der Belegschaft haben, und daher dem entgegenstehende Regelungen nichtig sind.[267] Durch KV können daher lediglich Art und Umfang der Mitwirkungsbefugnisse der Belegschaft bei Durchführung von Sozialplanmaßnahmen und von Maßnahmen zur menschengerechteren Arbeitsgestaltung geregelt werden. 154

e) Gemeinsame Einrichtungen der Kollektivvertragsparteien (§ 2 Abs 2 Z 6 ArbVG)

Durch KV können gemeinsame Einrichtungen der KV-Parteien nicht nur mit bloß schuldrechtlicher Wirkung, sondern auch mit normativer Wirkung vorgesehen werden[268] (zB Verpflichtung zur Einrichtung von Pensionskassen[269]). 155

f) Zulassungsnormen (§ 2 Abs 2 Z 7 ArbVG)

Durch KV können auch sonstige Angelegenheiten geregelt werden, deren Regelung durch Gesetz dem KV übertragen wird. Diese Regelung ist überflüssig: Auch ohne diese Bestimmung könnte der Gesetzgeber die KV-Parteien an anderer Stelle zur Rege- 156

---

262 Zum Begriff der Betriebsänderung siehe § 109 ArbVG und Rz 184c.

263 Siehe dazu umfassend *Krejci*, Der Sozialplan. Ein Beitrag zu Recht und Praxis der Betriebsvereinbarung (1983); *Wolf*, Die Sozialplan-Betriebsvereinbarung, in *Körber-Risak/Wolf*, Die Betriebsvereinbarungen vor der Schlichtungsstelle (2009) 229.

264 Siehe zu den erzwingbaren BV Rz 179 ff.

265 *Strasser*, ArbVG-Kommentar § 2 Rz 45; *Krejci*, Der Sozialplan 64; *Marhold/Friedrich*, Österreichisches Arbeitsrecht 405; *Tomandl/Schrammel*, Arbeitsrecht 1[6], 137; aM *Holzer*, Strukturfragen des Betriebsvereinbarungsrechts (1982) 56.

266 *Jabornegg*, Absolut zwingendes Arbeitsverfassungsrecht, in FS Strasser 379; *Jabornegg*, Grenzen kollektivvertraglicher Rechtssetzung und richterliche Kontrolle, JBl 1990, 209; *Runggaldier*, Keine Erweiterung von Mitwirkungsrechten des Betriebsrates durch Kollektivvertrag?, RdW 1997, 77.

267 OGH DRdA 1996, 388 (*Jabornegg*); RdW 1996, 373.

268 *Martinek*, Die gemeinsamen Einrichtungen der Kollektivvertragsparteien, in FS Strasser 431.

269 *Tomandl/Schrammel*, Arbeitsrecht 1[6], 137; *Marhold/Friedrich*, Österreichisches Arbeitsrecht 407.

lung und damit zur Normsetzung ermächtigen.[270] Bislang wurde von dieser Möglichkeit insb im Arbeitszeitrecht ausgiebig Gebrauch gemacht (siehe hiezu Rz 318 ff).

J. Grundrechtsbindung der Kollektivvertragsparteien

157 Die KV-Parteien sind bei der Gestaltung der normativ wirkenden Bestimmungen eines KV an die verfassungsrechtlich gewährleisteten Grundrechte gebunden.[271] Hiebei ist nach der Rspr des OGH lediglich von einer mittelbaren Drittwirkung im Wege der Konkretisierung der wertungserfüllungsbedürftigen Generalklauseln des Zivilrechtes (insb der Gute-Sitten-Klausel des § 879 ABGB) auszugehen.[272] Die KV-Parteien haben daher sowohl beim Abschluss, als auch im Rahmen ihrer Befugnis einen abgeschlossenen KV wieder zu ändern und die getroffenen Regelungen zu verschlechtern, die Grundrechte zu beachten.[273]

158 Durch die Rspr wurde bislang der verfassungsrechtliche **Gleichheitsgrundsatz** sowie der Eingriff in das **Eigentumsrecht** und die **Erwerbsfreiheit** berücksichtigt. Der OGH erblickte eine Verletzung des Gleichheitssatzes durch Bestimmungen, die eine AN-Gruppe ohne sachlichen Grund schlechter stellt als eine andere.[274] Die Grundrechtsbindung haben die KV-Parteien auch bei einer verschlechternden Änderungen von Arbeitsbedingungen zu berücksichtigen, wobei bei einem Eingriff in auf KV beruhende Pensionsanwartschaften nicht nur der verfassungsrechtliche Gleichheitssatz, sondern auch der Eigentumsschutz in Betracht kommt.[275] Der OGH hat in einer jüngeren Entscheidung die von der Judikatur des VfGH entwickelten Grundsätze zum Eigentumsschutz, wonach bloße Eigentumsbeschränkungen zulässig sind, soweit sie durch das öffentliche Interesse sachlich gerechtfertigt sind und den Wesensgehalt des Grundrechts nicht berühren, auf die einen Betrieb betreffenden Regelungen übertragen und ausgeführt, dass das Sachlichkeitsgebot nur bei Vorliegen von berücksichtigungswürdigen Interessen des Betriebes erfüllt sein kann. Ein Eingriff in einzelvertragliche Regelungen sei unter dem Gesichtspunkt der Verhältnismäßigkeit daher nur dann sachlich zu rechtfertigen, wenn ansonsten der Fortbestand des Betriebes gefährdet wäre.[276]

K. Substitutionsformen des Kollektivvertrages

1. Die Satzung

159 Nach § 18 ArbVG kann dem normativen Teil eines KV oder bloß einzelnen seiner normativen Bestimmungen außerhalb seines Geltungsbereiches durch das Bundeseinigungsamt[277] rechtsverbindliche Wirkung zuerkannt werden (Satzung). Durch die Sat-

---

270 *Strasser*, ArbVG-Kommentar § 2 Rz 50.

271 Grundlegend OGH DRdA 1993, 369 (*Resch*).

272 *Floretta/Spielbüchler/Strasser*, Arbeitsrecht II³, 141; ihm folgend OGH ZAS 1995, 12 (*Schrammel*); RdW 1997, 416; DRdA 1999, 32 (*Runggaldier*); *Schrammel*, ZAS 1995, 12; *Runggaldier*, Kollektivvertragliche Mitbestimmung bei Arbeitsorganisation und Rationalisierung (1983) 120 und die ältere Rspr (OGH Arb 6684) vertreten die Auffassung, dass der KV unmittelbar an die Grundrechte gebunden ist; zu sittenwidrigen Inhalten OGH DRdA 2001, 430 (*Resch*).

273 OGH DRdA 1999, 34.

274 OGH Arb 11.172; DRdA 1991, 206; DRdA 1991, 275; Arb 11.350; DRdA 2008/4 (*Resch*) – unterschiedliche Gehaltstafeln nach Betriebsübergang

275 OGH DRdA 1993, 369 (*Resch*).

276 OGH Arb 11.752.

277 Das Bundeseinigungsamt ist eine sozialpartnerschaftlich besetzte kollegiale Bundesbehörde, die beim Bundesministerium für Wirtschaft und Arbeit eingerichtet ist, siehe dazu *Brodil*, in Tomandl, ArbVG, §§ 141 ff ArbVG.

zungserklärung wird der KV somit auch außerhalb seines räumlichen, persönlichen und fachlichen Geltungsbereiches rechtsverbindlich.[278] Ein KV darf gem Abs 3 leg cit nur dann zur Satzung erklärt werden, wenn

- der zu satzende KV gehörig kundgemacht ist und in Geltung steht;
- der zu satzende KV oder der Teil eines solchen überwiegende Bedeutung erlangt hat. Dies ist dann zu bejahen, wenn die überwiegende Zahl der in Betracht kommenden Arbeitsverhältnisse dem zu satzenden KV unterliegt.[279]
- die von der Satzung zu erfassenden Arbeitsverhältnisse im Verhältnis zu jenen, die dem KV unterliegen im Wesentlichen gleichartig sind und
- die von der Satzung zu erfassenden Arbeitsverhältnisse nicht schon durch einen KV erfasst werden.[280]

2. Der Mindestlohntarif

Mit dem ebenfalls vom Bundeseinigungsamt (siehe FN 273) zu erlassenen Mindestlohntarif können zwingend Mindestentgelte und Mindestbeträge für den Ersatz von Auslagen festgesetzt werden (§ 22 Abs 1 ArbVG).[281] Der Mindestlohntarif ist als Verordnung iSd Art 139 B-VG zu qualifizieren.[282] Er darf nur für Gruppen von AN festgesetzt werden, für die ein KV *mangels Vorliegens einer kv-fähigen Körperschaft auf AG-Seite* nicht abgeschlossen werden kann. 160

Bereits die bloße Existenz einer kv-fähigen Körperschaft auf AG-Seite schließt die behördliche Festsetzung eines Mindestlohntarifes aus (§ 22 Abs 3 ArbVG).[283] Sowohl KV als auch Satzungen setzen für ihren Geltungsbereich den Mindestlohntarif außer Kraft. Eine Ausnahme besteht lediglich für General-KV (§ 24 Abs 3 ArbVG 2. Satz).

Die Bestimmungen eines Mindestlohntarifes sind unmittelbar rechtsverbindlich und mit einseitig zwingender Wirkung ausgestattet. Eine günstigere einzelvertragliche Regelung ist somit möglich, nicht jedoch das Unterschreiten des im Mindestlohntarif festgelegten Entgeltniveaus. 161

Bei der Festsetzung von Mindestentgelten sind insb die Angemessenheit in Bezug auf das Verhältnis von Arbeitsleistung und Entgelt, die wirtschaftliche Leistungsfähigkeit der betroffenen Betriebe[284] sowie die Entgeltbemessung in verwandten Wirtschaftszweigen zu berücksichtigen (§ 23 ArbVG). Hiebei handelt es sich um solche Wirtschaftszweige, deren Betriebe ähnliche Strukturen aufweisen und deren Arbeitsverrichtungen weitgehend übereinstimmen. 162

---

278 *Tomandl/Schrammel*, Arbeitsrecht 1[6], 170.

279 *Strasser*, ArbVG-Kommentar § 18 Rz 14 mN der älteren Rspr; *Schrammel*, Probleme der Satzung von Kollektivverträgen, ZAS 1998, 135.

280 Ein General-KV wie bspw jener über die Berechung des Urlaubsentgelts gem § 6 Abs 4 UrlG steht einer Satzung nicht entgegen (§ 18 Abs 4 ArbVG).

281 Siehe dazu *Marhold/Friedrich*, Österreichisches Arbeitsrecht 443; *Tomandl/Schrammel*, Arbeitsrecht 1[6], 175; *Löschnigg*, Arbeitsrecht[10], 3.3.3.; *B. Trost*, Kollektivvertragsautonomie und behördliche Festsetzung von Mindestlöhnen, DRdA 2005, 122.

282 VfGH Slg 5291; OGH Arb 9429.

283 OGH ZAS 2000, 145 (*Strasser*); ZAS 2008, 180 (*Melzer-Azodanloo*).

284 *Marhold/Friedrich*, Österreichisches Arbeitsrecht 444.

3. Die Lehrlingsentschädigung

163 Ebenfalls vom Bundeseinigungsamt ist die Lehrlingsentschädigung gem §§ 26 ff ArbVG auf Antrag einer kv-fähigen Körperschaft festzusetzen, wenn für den betreffenden Wirtschaftszweig kein KV wirksam ist. Hingegen kommt es – anders als bei der Satzung – auf das Nichtvorliegen einer kv-fähigen Körperschaft auf AG-Seite nicht an, der Gesetzgeber erachtet die Gruppe der Lehrlinge insoweit als schutzbedürftiger.[285] Bei der Festsetzung ist auf die Höhe der Lehrlingsentschädigung für gleiche, verwandte oder ähnliche Berufe, allenfalls auf den Ortsgebrauch Bedacht zu nehmen.

[285] Beachte auch die Regelung des § 17 Abs 2 BAG, welche die Vereinbarung einer Lehrlingsentschädigung auf vertraglicher Ebene nach unten hin mit jener der für gleiche, verwandte oder ähnliche Lehrberufe geltenden Lehrlingsentschädigung und im Zweifelsfalle mit dem Ortsgebrauch beschränkt; dazu *Berger/Fida/Gruber*, BAG-Kommentar (1994) Rz 23 ff zu § 17.

V. Die Betriebsvereinbarung

A. Begriff und Bedeutung

Das ArbVG definiert Betriebsvereinbarungen (BV) als schriftliche[286] Vereinbarungen, die vom Betriebsinhaber einerseits und dem BR (Betriebsausschuss, Zentralbetriebsrat oder Konzernvertretung) andererseits in Angelegenheiten abgeschlossen werden, deren Regelung durch Gesetz oder KV der BV vorbehalten ist (§ 29 ArbVG). Bei BV handelt es sich um sog „**einseitig korporative Normenverträge**", dh um Vereinbarungen, die auf einer Seite, jener der AN von einer Interessenvertretungen (Korporation, hier: grundsätzlich dem BR) abgeschlossen werden und welche eine einem Gesetz ähnliche Normwirkung entfalten, dh Personen binden, die am Vertragsabschluss nicht beteiligt sind (dazu sogleich Rz 165). 164

Die BV kann ihrem Wesen nach als „KV auf Betriebsebene" angesehen werden. Sie weist jedoch insb im Hinblick auf die Regelungsbefugnis (bei der BV nicht in Form einer Generalklausel der Inhaltsnormen [Rz 151] sondern nur eingeschränkt auf punktuelle Regelungsbereiche [Rz 175] geregelt) sowie in Hinblick auf Zustandekommen, Beendigung und Nachwirkung wesentliche Unterschiede auf.

Die Bestimmungen einer BV sind innerhalb ihres Geltungsbereiches **unmittelbar rechtsverbindlich („Normwirkung")**, soweit sie nicht die Rechtsbeziehungen zwischen den Vertragsparteien regeln (§ 32 Abs 1 ArbVG). Das ArbVG unterscheidet somit – ebenso wie beim KV – zwischen einem **normativen Teil** und einem **schuldrechtlichen Teil** der BV. 165

BV sind ähnlich dem KV kollektive Vereinbarungen mit normativer Wirkung. Aus der Normwirkung folgt ebenso wie beim KV die Drittwirkung des Grundrechtes auf Eigentum und des Gleichheitssatzes.[287] Im Unterschied zum KV steht aber nicht die Regelung von Mindestarbeitsbedingungen im Vordergrund. BV zählen zu den wichtigsten Instrumenten der Mitbestimmung der Belegschaft auf der betrieblichen Ebene bzw im Unternehmen. Es handelt sich um generelle Mitwirkungsrechte, durch die die Leitungsmacht des Betriebsinhabers empfindlich beschränkt werden kann.[288] Dabei hat der Gesetzgeber ein abgestuftes System der Intensität der Mitbestimmung vorgesehen und die Leitungsmacht des Betriebsinhabers je nach Regelungsgegenstand im unterschiedlichen Ausmaß eingeschränkt. BV sind andererseits auch ein wichtiges Instrument um Arbeitsbedingungen, wie zB die Arbeitszeit, an die konkreten betrieblichen Erfordernisse anzupassen. Weiters können die KV-Parteien ihre Regelungsbefugnisse an die BV-Parteien übertragen.[289] 166

B. Abschlusskompetenz für Betriebsvereinbarungen

In Betrieben ohne BR ist der Abschluss einer BV nicht möglich.[290] Dabei ist es gleichgültig, ob es sich um einen betriebsratspflichtigen Betrieb oder um einen Be- 167

---

286 Siehe dazu OGH DRdA 2007/14 (*Weiss*) – freie BV bei Verletzung des Schriftformgebots.

287 OGH DRdA 2005, 303 (*Runggaldier*) – Bei der Abänderung einer BV zu Lasten der AN haben die BV-Partner die Grenzen der Verhältnismäßigkeit und der Begründbarkeit zu beachten; DRdA 2007/31 (*Resch*); siehe Rz 157 f.

288 *Tomandl/Schrammel*, Arbeitsrecht 1[6], 181.

289 Siehe ausdrücklich für das Arbeitszeitrecht § 1a Z 1 AZG, ansonsten ergibt sich dies aus § 29 ArbVG. Siehe bspw OGH ecolex 2007/232 – Bonus-BV.

290 OGH SozM III E 75.

trieb handelt, in dem dauernd weniger als fünf AN („*Kleinstbetrieb*") beschäftigt sind. BV kommen nur durch schriftliche Vereinbarung zwischen Betriebsinhaber und den die Belegschaft vertretenden Organen rechtswirksam zustande. Abschlusspartner sind somit der Betriebsinhaber[291] und die Belegschaft vertreten durch ihre Organe (insb den BR).

168 Ist ein **Betriebsausschuss** errichtet, obliegt diesem gem § 113 Abs 2 Z 4 ArbVG der Abschluss, die Änderung und Aufhebung von BV, deren Geltungsbereich alle im Betriebsausschuss vertretenen AN-Gruppen erfasst. In gegliederten Unternehmen können BR bzw Betriebsausschuss dem **Zentralbetriebsrat** mit dessen Zustimmung die Befugnis zum Abschluss von BV übertragen (§ 114 ArbVG). Damit ist es möglich, dass in sämtlichen Betrieben eines gegliederten Unternehmens einheitliche BV abgeschlossen werden können. Ohne Delegation ist der Zentralbetriebsrat jedoch idR unzuständig, dh es kommt keine gültige BV zu Stande. Sie kann jedoch als freie BV Rechtswirkungen entfalten (Rz 192).[292]

In den Angelegenheiten der §§ 96, 96a und 97 ArbVG, die die Interessen der AN mehr als eines Unternehmens betreffen, kann der Zentralbetriebsrat der **Konzernvertretung** mit deren Zustimmung die Ausübung seiner eigenen und ihm übertragenen Befugnisse übertragen, soweit derartige Angelegenheiten nicht ohnedies gem § 113 Abs 5 ArbVG in die Kompetenz der Konzernvertretung fallen.

C. Wirksamkeitsbeginn von Betriebsvereinbarungen

169 BV sind vom Betriebsinhaber oder vom BR im Betrieb aufzulegen oder an sichtbarer, für alle AN zugänglicher Stelle anzuschlagen (§ 30 ArbVG). Daraus folgt, dass die **Kundmachung** Voraussetzung für den Eintritt der normativen Wirkung ist.[293]

170 Enthält die (kundgemachte) BV keine Bestimmung über ihren **Wirksamkeitsbeginn**, so tritt ihre Wirkung mit dem auf den Tag der Unterzeichnung folgenden Tag ein. Nach Wirksamwerden der BV ist vom Betriebsinhaber den für den Betrieb zuständigen gesetzlichen Interessenvertretungen der AG und der AN je eine Ausfertigung der BV zu *übermitteln*. Bei Unterbleiben der Übermittlung wird der Wirksamkeitsbeginn der BV allerdings nicht berührt (bloße Ordnungsvorschrift).

D. Rechtswirkungen von Betriebsvereinbarungen

171 Soweit die Bestimmungen der BV nicht die Rechtsbeziehungen zwischen den Vertragsparteien **(schuldrechtlicher Teil)**[294] regeln, sind sie gem § 31 Abs 1 ArbVG unmittelbar rechtsverbindlich **(normativer Teil)**. Die normativen Teile einer BV wirken – gleich einem Gesetz oder einem KV – auf den Arbeitsvertrag unmittelbar ein, ohne dessen Bestandteil zu werden (Normwirkung).

---

[291] Zur Abschlussbefugnis auf Seiten des Betriebsinhabers siehe OGH ecolex 2007/405 – Flugsicherungsstelle/Arbeitszeitfestlegung.

[292] Siehe zum praktisch bedeutsamen Fall von Pensions-BV *Gerlach*, Ausgewählte betriebsvereinbarungsrechtliche Probleme bei der Auslagerung von Direktzusagen, ZAS 2006/11.

[293] OLG Wien Arb 10.794; *Wachter*, Gedanken zur Publikation arbeitsrechtlicher Vorschriften im Betrieb, ZAS 1976, 168; zu Kundmachung und deren ausreichender „Aufrechterhaltung" OGH ZAS 2001, 170 (*Risak*).

[294] Siehe zum schuldrechtlichen Teil einer BV *Schwarz*, Obligatorische und normative Dimension der BV, in FS Strasser (1983) 465.

Die Rspr nimmt an, dass sich auf einer BV beruhende **Pensionszusagen** mit Ausscheiden des AN aus dem Betrieb in vertragliche Ansprüche umwandeln.[295] Auf BV basierende betriebliche Pensionsmodelle können durch nachfolgende BV zwar für die noch im Betrieb beschäftigten AN, nicht aber auch mit Wirkung für die schon ausgeschiedenen AN (verschlechternd) abgeändert werden.[296] Sozialplannormen gelangen hingegen auch auf ausgeschiedene AN zur Anwendung.[297] 172

Die Bestimmungen des normativen Teils einer BV können durch Einzelvertrag zu Ungunsten der AN weder aufgehoben noch beschränkt werden (§ 31 Abs 3 ArbVG, **relativ zwingende Wirkung**).[298] Abweichende Einzelvereinbarungen sind nur dann gültig, wenn sie für den AN günstigere Regelungen enthalten oder Angelegenheiten betreffen, die durch die BV nicht geregelt sind. Für die Frage, ob im Einzelfall eine Vereinbarung mit dem AN günstiger ist, ist das bereits vom KV bekannte Günstigkeitsprinzip des § 3 ArbVG anzuwenden.[299] Nach neuerer Rspr ist es auch möglich fakultativen BV (Rz 185) durch Vereinbarung lediglich dispositive Wirkung zu verleihen.[300] 173

Ebenso wie der normative Teil eines KV ist auch jener der BV nach den für die Interpretation von Gesetzen geltenden Regelungen auszulegen (§§ 6, 7 ABGB).[301] Die Bestimmungen des schuldrechtlichen Teils sind hingegen nach den für die Vertragsauslegung geltenden Regeln (§§ 914, 915 ABGB)[302] zu interpretieren. 174

E. Regelungsinhalt von Betriebsvereinbarungen

Eine zulässige BV kann gem § 29 ArbVG nur Angelegenheiten betreffen, die den BV-Partnern zur Regelung zugewiesen wurden.[303] Die Regelungsbefugnis der BV reicht nur so weit, als eine gesetzliche oder kollektivvertragliche Ermächtigung besteht.[304] Damit kommt der BV im Unterschied zum KV keine umfassende Kompetenz zur Regelung von Arbeitsbedingungen zu. Als Grundlage für den Abschluss von BV kommt nicht nur das ArbVG sondern die gesamte Rechtsordnung in Frage, soweit sie auf Gesetzen im formellen Sinn beruht (siehe sogleich).[305] Im Vordergrund stehen aber die in den §§ 96, 96a und 97 ArbVG genannten Regelungsgegenstände, die Regelungen mit generellem Charakter zur Gestaltung der Arbeitsbedingungen – uU sogar gegen den Willen des Betriebsinhabers[306] – auf betrieblicher Ebene bzw im Unternehmen oder Konzern ermöglichen. Zu nennen sind auch die Ermächtigungen im AZG (§§ 4 Abs 3, 175

---

[295] OGH DRdA 1995, 499 (krit *Marhold)*; DRdA 2003, 275 (*Weiss*); *Friedrich*, Zur Regelungskompetenz der Betriebsvereinbarung für ausgeschiedene Arbeitnehmer – Die stille Abkehr von der Wandlungstheorie bei Betriebspensionen?, ASoK 2009, 46, erblickt in der Entscheidung OGH 28.8.2008, 9 ObA 52/07y eine Abkehr von der bisherigen Judikatur.

[296] So bereits OGH ZAS 1989, 94 (*Tomandl*).

[297] OGH DRdA 1995, 499 (*Marhold*).

[298] OGH Arb 10.783; eine absolut zwingende Wirkung wie beim KV (§ 3 Abs 1 ArbVG) ist nicht vorgesehen.

[299] Siehe Rz 137 f.

[300] OGH ZAS 2001/19 (*Risak*) = DRdA 2001/44 (*Runggaldier*).

[301] OGH Arb 7419; Arb 10.735 = ZAS 1990, 151 (*Adamovic*); Arb 11.416.

[302] OGH DRdA 1990, 338 (*Strasser*).

[303] OGH Arb 6831.

[304] OGH ZAS 1990, 60 (*Valentic)* = DRdA 1991, 45 (*Eypeltauer)*; nach OGH ZAS 2001, 170 (*Risak*) kann die BV auch dispositives Recht setzen; zur Sittenwidrigkeit OGH ZAS 2001, 111 (*Tomandl*).

[305] OGH Arb 9660 – Aufteilung der Cagnotte („Trinkgeldtopf" für AN eines Glückspielkonzessionärs) gem § 27 Glückspielgesetz durch BV.

[306] Zur Erzwingbarkeit von BV siehe Rz 179 ff.

4a Abs 3, 4 b Abs 2, 5 Abs 2 Z 2, 11 Abs 2 und 19c Abs 2), UrlG (§ 2 Abs 4), EFZG (§ 2 Abs 8) und BPG (§ 3 Abs 1). Angelegenheiten, in denen ein KV die BV zur Rechtsetzung ermächtigt, müssen ausdrücklich und konkret bezeichnet werden, wobei derartige Ermächtigungsnormen wegen des Vorrangs des KV nicht extensiv interpretiert werden dürfen.[307]

176 Eine Vereinbarung über einen unzulässigen Regelungsgegenstand, wie etwa eine überkollektivvertragliche Bezahlung, entfaltet keine normativen Wirkungen.[308] Sie kann allerdings als Grundlage für einzelvertragliche Ergänzungen dienen (**„freie BV“**, Rz 192 ff).

F. Arten von Betriebsvereinbarungen

176a Das ArbVG unterscheidet – je nach Qualität und Intensität der Mitwirkungsrechte – einmal zwischen Maßnahmen, die ohne Abschluss einer BV gar nicht gesetzt werden dürfen und bezeichnet diese Mitwirkungskompetenzen als (1., 2.) **notwendige BV**. Dem stehen Maßnahmen gegenüber, die auch ohne Mitwirkung des BR gesetzt werden können, einer Regelung durch BV aber zugänglich sind. Allenfalls abgeschlossene BV werden als **fakultative BV** bezeichnet.

Zudem ist in beiden Kategorien zwischen **BV mit bzw ohne Rechtsschutz** zu unterscheiden. Grundsätzlich ist bei Nichteinigung der Partner der BV eine dennoch durchgeführte Maßnahme entweder rechtswidrig (notwendige BV) oder auch ohne Mitwirkung des BR möglich (fakultative BV). In einigen – beide BV-Kompetenzen betreffenden – Fällen sieht das Gesetz allerdings vor, dass die mangelnde Einigung (Zustimmung) durch Spruch der Schlichtungsstelle[309] ersetzt werden kann („ersetzbare Zustimmung“). Da jeder der BV-Partner in diesen Fällen den Abschluss/die Schaffung einer BV erzwingen kann, bedient sich die Dogmatik des Begriffes der **erzwingbaren BV**.

1. Notwendige Betriebsvereinbarungen (§ 96 ArbVG)

177 Die Gruppe der notwendigen BV ist dadurch gekennzeichnet, dass sie Regelungsinhalte betreffen, die zu ihrer Rechtswirksamkeit der Zustimmung des BR bedürfen. Fehlt der erforderliche Konsens, kann ihn der Betriebsinhaber nicht durch Vereinbarungen mit den betroffenen AN substituieren. Dennoch getroffene Einzelvereinbarungen sind unwirksam.[310] Eine Ausnahme ist in § 10 AVRAG vorgesehen, der den Tatbestand des § 96 Abs 1 Z 3 ArbVG in das Individualarbeitsrecht transformiert und im betriebratslosen Betrieb für die Vornahme von Kontrollmaßnahmen ieS die einzelvertragliche Zustimmung der AN erfordert.

---

[307] OGH ZAS 1990, 60 *(Valentic)* = DRdA 1991, 45 (*Eypeltauer).*

[308] OGH ZAS 1990, 60 (*Valentic*) = DRdA 1991, 45 (*Eypeltauer*); vgl OGH Arb 11.240; hinsichtlich der Unzulässigkeit der Vereinbarung eines Betriebsurlaubes OGH Arb 10.743.

[309] Eine Schlichtungsstelle ist eine für einen konkreten Streit hinsichtlich einer BV beim zuständigen Arbeits- und Sozialgericht zu errichtende kollegiale unmittelbare Bundesbehörde (§§ 144 ff ArbVG). Ihr gehören ein Berufsrichter und jeweils zwei Mitglieder der AN- und der AG-Seite an.

[310] *Löschnigg*, Arbeitsrecht[10], 3.3.6.4.

a) Betriebliche Disziplinarordnungen (Z 1)

Disziplinarmaßnahmen sind alle Maßnahmen des Betriebsinhabers zur Wahrung oder Wiederherstellung der betrieblichen Ordnung, mit denen dem AN ein – rechtlich zulässiger – Nachteil zugefügt oder zumindest angedroht wird. Dabei kommen nicht nur Maßnahmen, die für den Arbeitnehmer unmittelbare rechtliche oder wirtschaftliche Nachteile bewirken in Betracht (zB Geldstrafen, Verlust von Biennalsprüngen, Entzug einer freiwilligen Leistung[311], sondern auch solche, durch die lediglich die sozialen Interessen des Arbeitnehmers beeinträchtigt werden, zB die Erteilung einer Rüge oder eines Verweises.[312] Die Verhängung einer Disziplinarmaßnahme im Einzelfall ist nur zulässig, wenn sie in einem KV oder in einer BV vorgesehen ist. Sie bedarf weiters, sofern darüber nicht eine mit Zustimmung des BR eingerichtete Stelle entscheidet, der Zustimmung des BR (§ 102 ArbVG). **178**

Die Rspr sieht **weder Entlassungen und Kündigungen noch Versetzungen** als **Disziplinarmaßnahmen** an, da für diese eigene Mitwirkungsbefugnisse des BR vorgesehen sind (§§ 101, 105 ff ArbVG).[313] **178a**

b) „Qualifizierte" Personalfragebögen (Z 2)

Als Personalfragebogen sind alle Schriftstücke anzusehen, die Fragen an den AN enthalten und diesem mit der Aufforderung übergeben werden, sie ausgefüllt zurückzugeben.[314] Bloße mündliche Fragen sind somit nicht von diesem BV-Tatbestand erfasst. Enthalten diese Fragebögen nicht nur allgemeine Daten zur Person (zB Sozialversicherungsnummer, Name, Geburtsdatum) sowie Angaben über die fachliche Voraussetzung für dessen beabsichtigte Verwendung, sondern zusätzliche Daten, die geeignet sind, dem AG Informationen über persönliche Umstände oder Meinungen eines einzelnen AN zu verschaffen, an dessen Geheimhaltung dieser ein Interesse haben könnte (sog „qualifizierte" im Gegensatz zu „schlichten" Personalfragebögen), so bedarf ihre Einführung oder Änderung der Zustimmung des BR[315]. Diese kann jedoch absolut unzulässige Fragestellungen, dh jene die in den geschützten Intim- und Privatbereich des AN eingreifen (zB Partei- und Gewerkschaftszughörigkeit, sexuelle Orientierung) nicht „heilen", eine solche BV ist gem § 879 ABGB nichtig. Bei der Beantwortung dieser Frage hat jedenfalls immer eine Interessenabwägung zwischen dem Geheimhaltungsinteresse des AN und dem Informationsinteresse des AG stattzufinden (zB Frage nach (ungetilgten) Vorstrafen bei einem Privatdetektiv). **178b**

Obwohl Einstellungswerber noch keine AN des Betriebes sind und eigentlich noch nicht vom BR vertreten werden, unterfallen im Auswahlprozess eingesetzte Fragebögen diesem BV-Tatbestand, da es sich um den häufigsten und wichtigsten Fall des Einsatzes dieser Formulare handelt.[316] **178c**

c) Die Menschenwürde berührende Kontrollmaßnahmen

Dieser praktische wichtigste Tatbestand notwendiger BV enthält zwei wesentliche Elemente: In einem ersten Schritt ist zu prüfen, ob eine **Kontrollmaßnahme** bzw ein **178d**

---

311 OGH ZAS 1997/8 (*Risak*).
312 OGH ZAS 1995/23 (*Andexlinger*) = DRdA 1996/8 (*Marhold*).
313 OGH DRdA 1995/41 (*Eypeltauer*) = ZAS 1996/5 (*Kürner*); DRdA 1996/50 (*Eypeltauer*).
314 *Posch*, in Mazal/Risak, Das Arbeitsrecht Kap IV Rz 55.
315 OGH DRdA 2005, 362 (*Preiss*).
316 *Tomandl/Schrammel*, Arbeitsrecht 1[5], 190;

technisches System zur Kontrolle der AN vorliegt. Kontrollmaßnahmen sind alle zur Überwachung von AN geeigneten menschlichen Verhaltensweisen und technischen Vorrichtungen, die objektiv-abstrakt zur Kontrolle von AN geeignet sind. Auf die tatsächliche Überwachung bzw die subjektive Absicht des Betriebsinhabers kommt es dabei nicht an.[317] Außerdem sind nur auf Dauer angelegte Kontrollmaßnahmen zustimmungspflichtig, ad-hoc-Kontrollen zB im Zusammenhang mit einem Diebstahl im Betrieb bleiben somit mitbestimmungsfrei.[318]

178e Es sind aber nicht alle Kontrollmaßnahmen mitbestimmungspflichtig, sondern nur solche, die die **Menschenwürde berühren**. Daraus ergibt sich, dass (1.) Kontrollmaßnahmen, die die Menschenwürde nicht einmal tangieren mitbestimmungsfrei bleiben, (2.) Kontrollmaßnahmen, bei denen Aspekte der Würde des Menschen ins Spiel kommen, mitbestimmungspflichtig sind und (3.) Kontrollmaßnahmen, die die Menschenwürde verletzen in jedem Fall unzulässig (sittenwidrig) sind und auch nicht durch eine BV geheilt werden können. Betroffen ist somit nur der schmale Grenzbereich zwischen den Maßnahmen, die die Menschenwürde verletzen und jene, die die Menschenwürde überhaupt nicht berühren.[319] Der Begriff der Menschenwürde ist unter Heranziehung von § 16 ABGB (allgemeines Persönlichkeitsrecht) und der durch die Rechtsordnung geschützten Grundwerte (insb Art 8 MRK – Achtung des Privatlebens, § 1 DSG – Datenschutz) zu konkretisieren, wobei eine umfassende Abwägung zwischen den AN- und AG-Interessen zu erfolgen hat.[320] Dabei ist va zu berücksichtigen, was für Dienstverhältnisse der betreffenden Art typisch und geboten ist sowie welche Alternativen dem AG zur Erreichung seines (zulässigen) Kontrollziels zur Verfügung stehen.

178f Die Rspr hat sich insb mit der **Rufdatenerfassung** bei Telefonanlagen beschäftigt, wobei diese Grundsätze auch auf die Kontrolle der Internet- und E-Mail-Nutzung von AN zu übertragen sind. Der OGH[321] vertritt, dass ein Telefonkontrollsystem, das die Nummern der angerufenen Teilnehmer systematisch und vollständig erfasst selbst dann die Menschenwürde berührt, wenn durch Betätigen einer Taste die Rufnummern bei Privatgesprächen anonymisiert werden können. Verweigert der BR jedoch seine Zustimmung zu einer vom AG angebotenen BV, „wandelt" sich der BV-Tatbestand in jenen einer erzwingbaren BV gem § 96a Abs 1 Z 1 ArbVG (elektronische Personaldatensysteme). Eine Zeitaufzeichnung mittels **Fingerabdruckscannern** soll insb wegen der Sensibilität der dabei erfassten Daten nach der Rspr ebenfalls die Menschenwürde berühren und deshalb mitbestimmungspflichtig sein.[322]

d) Leistungslohnsysteme

178g Soweit eine Regelung durch KV oder Satzung nicht besteht, bedarf die Einführung und die Regelung von Akkord-, Stück- und Gedinglöhnen, akkordähnlichen und sonstigen leistungsbezogenen Prämien und Entgelten, die auf Arbeits-(Persönlichkeits-) Bewertungsverfahren, statistischen Verfahren, Datenerfassungsverfahren, Kleinstzeit-

---

317 VwGH ZAS 1988, 104 (*Marhold*) = DRdA 1988, 458 (*Teichmann*).

318 EA Wien Arb 9955; *Posch*, in Mazal/Risak, Das Arbeitsrecht Kap IV Rz 60.

319 ErlRV 840 BlgNR 13. GP.

320 OGH WBl 2002/353 (*Thiele*) = DRdA 2003/37 (*Preiss*) = ZAS 2004, 40 (*Brodil*); vgl auch *Mazal*, Whistleblowing – kollektivarbeitsrechtliche Aspekte, ecolex 2009, 1033; *Riesenkampf*, Die arbeitsrechtliche Zulässigkeit der Installation von Videokameras in Ladenlokalen, ecolex 2007, 743.

321 OGH WBl 2002/353 (*Thiele*) = DRdA 2003/37 (*Preiss*) = ZAS 2004, 40 (*Brodil*). Anders noch die überholte Rspr des VwGH ZAS 1988/12 (*Marhold*) = DRdA 1988/23 (*Teichmann*). Eingehend *Brodil*, Die Kontrolle der Nutzung neuer Medien im Arbeitsverhältnis, ZAS 2004, 156 mzN.

322 OGH DRdA 2008/26 (*Mosler*).

verfahren oder ähnlichen Entgeltfindungsmethoden beruhen, sowie der maßgeblichen Grundsätze (Systeme und Methoden) ebenfalls einer notwendigen BV. Der Zielsetzung, den AN vor „Selbstausbeutung" bzw Überforderung durch solche Entgeltsysteme zu schützen, entsprechend sind nur solche Leistungsentgelte erfasst, die auf einem objektiv nachvollziehbaren Bewertungsverfahren beruhen[323] und die unmittelbar mit der Arbeitsleistung des AN verknüpft sind, sodass sie zu kurzfristigen Entgeltschwankungen führen können (strittig).[324] Jedenfalls fallen nach der Rspr des OGH Provisionsregelungen nicht unter diesen BV-Tatbestand.[325]

2. Notwendig erzwingbare Betriebsvereinbarungen (§ 96a ArbVG)

Die notwendig erzwingbaren Regelungsgegenstände bedürfen ebenfalls der Zustimmung durch den BR. Allerdings kann die mangelnde Zustimmung der Belegschaftsvertretung durch Entscheidung der Schlichtungsstelle ersetzt werden (deshalb auch „ersetzbare Zustimmung" genannt). Die Entscheidung der Schlichtungsstelle hat die Rechtswirkungen einer BV. 179

Die im Einzelfall beim zuständigen Arbeits- und Sozialgericht zu errichtende Schlichtungsstelle (§ 144 ArbVG) ist eine unabhängige kollegiale (ein Berufsrichter und jeweils zwei Mitglieder von AG- und AN-Seite) Verwaltungsbehörde, deren Beschlüsse vor dem VwGH nicht bekämpfbar sind.[326] Die Entscheidung der Schlichtungsstelle ist als *janus*köpfiger Verwaltungsakt zu qualifizieren, da sie in Bescheidform ergeht, aber gegenüber den AN als Verordnung wirkt.[327] 180

Der Zwangsschlichtung zugänglich ist die Einführung von Systemen der automationsunterstützten Ermittlung, Verarbeitung und Übermittlung von personenbezogenen Daten des AN, die über die Ermittlung von allgemeinen Angaben zur Person und fachlichen Voraussetzungen hinausgehen (**elektronische Personaldatensysteme**). Eine Zustimmung ist nicht erforderlich, soweit die tatsächliche oder vorgesehene Verwendung dieser Daten über die Erfüllung von Verpflichtungen nicht hinausgeht, die sich aus Gesetz, Normen der kollektiven Rechtsgestaltung oder Arbeitsvertrag ergeben (§ 96a Abs 1 Z 1 letzter Satz ArbVG, zB Führung von Arbeitszeitaufzeichnungen, Lohnverrechnung). Der zweite Tatbestand umfasst die Einführung von Systemen zur Beurteilung von AN des Betriebs, sofern mit diesen Daten erhoben werden, die nicht durch die betriebliche Verwendung gerechtfertigt sind (**Personalbeurteilungssysteme**). Nach der jüngeren Jud ist dabei eine Interessenabwägung zwischen dem Persönlichkeitsrecht des AN und den konkreten betrieblichen Interessen vorzunehmen.[328] 181

---

323 OGH DRdA 1982/17 (*Holzer*); infas 1994, A 4 – von der subjektiven Beurteilung des Vorgesetzten abhängige Prämien. Nunmehr zT abweichend OGH 9 ObA 144/07b, DRdA 2009/22 (*Jabornegg*) = ARD 5921/5/2008 = infas 2/2009 A 11; dazu krit *Engelbrecht*, Leistungsbezogene Entgeltfindung nur mehr mit Zustimmung des Betriebsrats?, RdW 2009, 28; *Peschek*, Ist Entgeltbestimmung nun weitgehend Betriebsratssache?, ecolex 2009, 64.

324 *Schrank*, Betriebsvereinbarungen über Leistungsentgelte, in Tomandl (Hrsg), Probleme des Einsatzes von Betriebsvereinbarungen 81; *Risak*, Notwendige Betriebsratsmitbestimmung bei Zielerreichungsprämien?, RdW 2007, 738; aA bspw *Binder*, in Tomandl, ArbVG § 96 Rz 99 jeweils mzN.

325 OGH infas 2000, A 5; *Strasser*, Geltung des § 96 ArbVG für Provisionsregelung?, DRdA 1993, 93.

326 VfGH 11. 12. 1997, G 13/97, V 95/97-20.

327 *Tomandl/Schrammel*, Arbeitsrecht 1[6], 183.

328 OGH 9 ObA 95/08y, DRdA 2010/8 (*Jabornegg*).

3. Fakultative erzwingbare Betriebsvereinbarungen (§ 97 Abs 1 Z 1 bis 6a ArbVG)

182 Die in § 97 Abs 1 Z 1 bis Z 6a ArbVG aufgezählten Materien können gs auch Gegenstand von Einzelvereinbarungen sein bzw sogar tw auch durch Weisung angeordnet werden. Sowohl die Belegschaftsvertretung als auch der Betriebsinhaber haben die Möglichkeit, die Schlichtungsstelle anzurufen, um eine derartige BV zu erzwingen, wenn ein Konsens über den gewünschten Abschluss (bzw Abänderung oder Aufhebung) nicht erzielt werden kann, und eine Regelung durch KV oder Satzung nicht vorliegt (§ 97 Abs 2 ArbVG). Es handelt sich somit um erzwingbare BV. Die in der Praxis wichtigsten Tatbestände sind folgende:

a) Allgemeine betriebliche Ordnungsvorschriften (Z 1)

183 Direkt aus dem Arbeitsvertrag ergibt sich ein Weisungsrecht des AG hinsichtlich des Verhaltens des AN über die Art und Weise der Erbringung der Arbeitsleistung und damit auch sein Verhalten innerhalb des Betriebes. BV können dabei nur hinsichtlich genereller Verhaltensregeln abgeschlossen bzw erzwungen werden. Diese können bspw Rauch- und Alkoholverbote, Bekleidungsvorschriften, Meldepflichten oder auch die Pflicht, Personalausweise sichtbar zu tragen, umfassen.[329]

b) Auswahl der Mitarbeitervorsorgekasse (Z 1b)

184 § 9 Abs 1 BMSVG sieht für die Veranlagung der Abfertigung „neu" Mitarbeitervorsorgekassen (Rz 525c) vor, deren Auswahl durch erzwingbare BV zu erfolgen hat. Weitere Regelungen zB hinsichtlich der Veranlagung sind von diesem BV-Tatbestand nicht erfasst.[330]

c) Arbeitszeit (Z 2)

184a Gem § 19c AZG hat die Festlegung der Lage der Normarbeitszeit durch Vereinbarung zwischen AG und AN zu erfolgen (Rz 331 ff), sofern dies nicht durch kollektive Normen geregelt ist. § 91 Abs 1 Z 2 ArbVG sieht vor, dass über die generelle Festsetzung des Beginns und Endes der täglichen (Normal-)Arbeitszeit, deren Verteilung auf die einzelnen Wochentage sowie über Dauer und Lage der Arbeitspausen, eine fakultativ erzwingbare BV abgeschlossen werden kann. Im AZG finden sich konkrete Verteilungsmodelle (Rz 333, zB Durchrechnung, Gleitzeit), die ebenfalls unter diesen Tatbestand fallen, weswegen sie uE erzwungen werden können.[331]

d) Abrechnung und Auszahlung der Bezüge (Z 3)

184b Durch BV kann die Art und Weise der Abbrechung der Bezüge (Entgelt und Aufwandsersätze), nicht jedoch deren Berechnung selbst geregelt werden. Das ArbVG spricht ausdrücklich Zeit und Ort der Auszahlung an, geregelt werden kann jedoch auch

---

[329] VwGH ZAS 1994, 66 (*Beck-Managetta*); *Preiss*, in Cerny ua, ArbVG § 97 Erl 5 mwN und Beispielen.

[330] *Posch*, in Mazal/Risak, Das Arbeitsrecht, Kap IV Rz 79a; *Resch*, in Mayr/Resch, Abfertigung Neu (2002) §§ 9, 10 Rz 13.

[331] *Strasser*, Zu den Rechtsgrundlagen für Betriebsvereinbarungen im Arbeitszeitgesetz, WBl 1995, 396; *Risak/Jöst/Patka*, Praxishandbuch Gleitzeit (2008) 67.

der Abrechnungszeitraum und Auszahlungstermine sowie die Art der Auszahlung (bar oder durch Überweisung auf ein Konto des AN).

e) Sozialpläne (Z 4)

§ 109 ArbVG sieht bei Betriebsänderungen, die wesentliche Nachteile für zumindest erhebliche Teile der Belegschaft mit sich bringen, vor, dass in Betrieben mit dauernd mindestens 20 AN Maßnahmen zur Verhinderung, Beseitigung oder Milderung dieser Folgen durch BV geregelt werden können (sog Sozialplan). Betriebsänderungen sind gem § 109 Abs 1 ArbVG insb Betriebseinschränkungen oder -stilllegungen, Massenkündigungen (Rz 480), Veränderungen in der Betriebsstruktur oder Betriebsverlegungen. Wesentliche Nachteile können demnach Personalabbau, Verlängerung der Anfahrtswege, Versetzungen, Änderungen von BV oder KV oder Verdiensteinschränkungen sein. Sozialpläne können – anders als sonst – auch die Rechtsverhältnisse ausgeschiedener AN regeln.[332] Typischer Inhalt von Sozialplänen sind Umschulungsmaßnahmen, Kündigungsverzichte des AG bzw Einschränkung der Kündigungen auf konkrete Listen, Fahrtkostenzuschüsse, erhöhte Abfertigungszahlungen und Überbrückungshilfen.[333] **184c**

d) Betriebsmittelnutzung (Z 6)

Diesem Tatbestand unterfallen Benutzungsregelungen für Betriebseinrichtungen und Betriebsmittel jeglicher Art wie zB Parkplätze, Dienstwägen, Telefon und Handy oder die PC-Nutzung (insb Internet und E-Mail). Erfasst ist jedoch nur die dienstliche Nutzung, Regelungen über die Privatnutzung können nicht Bestandteil einer BV sein.[334] **184d**

4. Fakultative Betriebsvereinbarungen (§ 97 Abs 1 Z 7–26 ArbVG)

In § 97 Abs 1 Z 7–26 ArbVG sind Regelungsgegenstände aufgezählt, die Gegenstand einer fakultativen BV sein können. Soweit hier keine Einigung der Vertragspartner zustande kommt, können mit den einzelnen AN Vereinbarungen getroffen werden bzw die Maßnahmen mittels Weisung umgesetzt werden; die Möglichkeit der Anrufung der Schlichtungsstelle besteht nicht. Als wesentliche Tatbestände sind folgende herauszugreifen:[335] **185**

a) Grundsätze für den Urlaubsverbrauch (Z 10)

Darunter ist lediglich eine Richtlinienkompetenz iSe generellen Ordnung des Urlaubsverbrauches (zB Verfahren für die Inanspruchnahme des Urlaubs und die Festlegung von Urlaubsperioden, die Mindestbesetzung einer Abteilung oder Prioritäten bei **185a**

---

332 OGH RdW 1995, 356.

333 Dazu eingehend *Krejci*, Der Sozialplan (1983); *Reiner*, Die dogmatischen Grundlagen zum Sozialplan im Kontext, in Resch (Hrsg), Sozialpläne als Instrumente zur Krisenbewältigung (2010) 17 ff; *Preiss*, in Cerny ua, ArbVG § 97 Erl 9.

334 Anders die wohl hA *Preiss*, in Cerny ua, ArbVG § 97 Erl 11; *Floretta/Spielbüchler/Strasser*, Arbeitsrecht II^4, 400 mwN. Es empfiehlt sich daher eher in den Arbeitsverträgen auf Richtlinien des AG zu verweisen, zB *Posch*, Richtlinie zur PC-Nutzung, ZAS 2003, 240, 286.

335 Hinsichtlich der hier nicht genannten Tatbestände siehe eingehend *Preiss*, in Cerny ua, ArbVG § 97 Erl 13 ff; *Posch*, in Mazal/Risak, Das Arbeitsrecht, Kap IV Rz 97 ff.

der Urlaubsgewährung für AN mit Kindern bzw längerer Betriebszugehörigkeit) zu verstehen, nicht aber Ausgestaltung des materiellen Inhalts des Urlaubsanspruchs oder die Festlegung konkreter Urlaubstermine für einzelne AN wie insb ein verbindlicher Betriebsurlaub.[336] Das UrlG enthält ebenfalls einen BV-Tatbestand hinsichtlich der Umstellung des Urlaubsjahres vom Arbeitsjahr auf das Kalenderjahr (§ 2 Abs 4 UrlG).[337]

b) Entgeltfortzahlung für Betriebsversammlungen (Z 11)

185b Gem § 47 Abs 1 ArbVG sind AN zwar für die Teilnahme an einer Betriebsversammlung dienstfrei zu stellen, ein Entgeltfortzahlungsanspruch besteht jedoch kraft Gesetzes nicht. Dieser sowie damit im Zusammenhang stehende Fahrtkostenvergütungen können jedoch durch BV geregelt werden.

c) Aufwandsersatz (Z 12)

185c Dieser Tatbestand erfasst die Vergütung jener Aufwendungen, die der AN im Interesse des AG erbracht hat, nicht jedoch das Entgelt (zum Begriff siehe Rz 247). Die BV kann dabei insb Diäten und Kilometergelder als auch Verrechnungsmodalitäten und Abrechungsfristen festlegen.

d) Zuwendungen aus besonderen betrieblichen Anlässen („Jubiläumsgelder“, Z 15)

185d BV können nur in sehr eingeschränktem Ausmaß über Entgeltfragen abgeschlossen werden: Neben den Zuwendungen aus besonderen betrieblichen Anlässen („Jubiläumsgelder“) sind Leistungslohnsysteme (§ 96 Abs 1 Z 4 ArbVG, Rz 178g) und Gewinnbeteiligungen (§ 97 Abs 1 Z 16 ArbVG) den BV-Parteien zur Regelung freigegeben. Jubiläumsgeldern muss ein besonderer betrieblicher Anlass zugrunde liegen, worunter insb sowohl Firmen- als auch AN-Jubiläen fallen können.[338] Zu beachten ist dabei, dass der OGH darunter weiters nur solche Sonderprämien versteht, die bei aufrechtem Dienstverhältnis alle fünf Jahre oder noch seltener zustehen, weil nur dann von einem „besonderen betrieblichen Anlass“ bzw einem „Jubiläum“ gesprochen werden kann. Ein nach einer gewissen Dienstzeit jährlich zustehendes Treuegeld fällt ebenso wenig unter diesen BV-Tatbstand[339] wie eine monatliche Treueprämie.[340]

e) Gewinnbeteiligung (Z 16)

185e Systeme der Gewinnbeteiligung sind Regelungskomplexe, die Rechtsansprüche der AN auf Beteiligung am wirtschaftlichen Erfolg des Unternehmens, insb deren Voraussetzungen und Berechnung vorsehen. Es sind damit jedoch nicht alle Erfolgsentgelte erfasst, sondern nur solche die als Maßgrößen auch die Ausgabenseite im Unternehmen

---

[336] OGH infas 1996, A 58; Arb 10.743; *Preiss*, in Cerny ua, ArbVG § 97 Erl 16; *Posch*, in Mazal/Risak, Das Arbeitsrecht, Kap IV Rz 101f.

[337] *Engelbrecht*, Betriebsvereinbarung über die Umstellung des Urlaubsjahres, ZAS 2004, 47; zur Umstellung durch Einzelvertrag OGH DRdA 2004/18 (*Pfeil*); *Kallab/Obereder*, Umstellung des Urlaubsjahres – Neue Rechtslage?, DRdA 2004, 183.

[338] OGH Arb 10.039; DRdA 1988/5 (*Strasser*); DRdA 2001/1 (*Jabornegg*) = ZAS 2000/8 (*Standeker*). Nach zu weiter Ansicht von *Preiss*, in Cerny ua, ArbVG § 97 Erl 21 können auch Fertigstellungsprämien und Bilanzgelder durch BV geregelt werden.

[339] OGH Arb 11.755 = ecolex 1999/48.

[340] OGH infas 1997, A 66.

berücksichtigen, nicht aber Größen wie Produktionswert, Umsatz, Investitionsvolumen, Produktivität pro Arbeitnehmer, Marktanteil etc.[341]

f) Pensions-BV (Z 18, 18a und 18b)

Im Zusammenhang mit Betriebspensionen können alle Formen betrieblicher Altersvorsorge durch BV geregelt werden: durch Z 18 insb direkte Leistungszusagen, dh durch den AG selbst zu erbringende Betriebspensionen, durch Z 18a Pensionskassen-Zusagen (Rz 540) sowie durch § 18b die betriebliche Kollektivversicherung (Rz 540m). Bei zweiteren sieht das BPG ohnehin zwingend eine BV mit einem gesetzlichen Mindestinhalt vor (§ 3 BPG). Besonderheit der BV über Pensionskassen und die betriebliche Kollektivversicherung ist weiters, dass sie nur hinsichtlich neu eintretender AN gekündigt werden können (§ 97 Abs 4 ArbVG, Ausnahme § 31 Abs 7 ArbVG bei Betriebsaufnahmen Rz 580). **185f**

g) Rahmenbedingungen für den Wechsel zur Abfertigung „neu“ (Z 26)

Im Zusammenhang mit der Abfertigung „neu“ sieht § 97 Abs 1 Z 26 ArbVG die Möglichkeit der Regelung von Rahmenbedingungen für den Wechsel in das neue Abfertigungs-System vor (Rz 525e). Es können dabei – ähnlich dem Urlaubsverbrauch (Rz 185a) – nur generelle Regelungen für den Übertritt vorgesehen werden, der Wechsel selbst kann jedoch nur durch Einzelvereinbarung erfolgen. **186**

G. Beendigung von Betriebsvereinbarungen

Jede BV kann durch einvernehmliche Auflösung, den Eintritt einer vereinbarten Bedingung, Zeitablauf und aus wichtigem Grund beendet werden.[342] Eine Beendigung tritt auch ex-lege mit Verlust der Betriebsidentität ein, zB wenn der Betrieb dauernd stillgelegt wird.[343] Ersatzlos und ohne Nachwirkung fällt auch eine kollektivvertragsabhängige BV weg, wenn der ihr zugrunde liegende KV unanwendbar wird.[344] Zum Schicksal der BV bei Umstrukturierungen siehe Rz 576 ff. **187**

Hinsichtlich der Beendigung durch **Kündigung** ist zwischen den einzelnen Typen von BV zu unterscheiden: **188**

- Unbefristet abgeschlossene **fakultative BV** können nach der allgemeinen Regelung des § 32 Abs 1 ArbVG – mangels abweichender Vereinbarung von Kündigungsfristen und -terminen – zum Monatsletzten unter Einhaltung einer dreimonatigen Kündigungsfrist schriftlich gekündigt werden.
- **Notwendige BV** können, soweit sie keine Vorschriften über ihre Geltungsdauer enthalten, von jedem der Vertragspartner jederzeit ohne Einhaltung einer Frist schriftlich gekündigt werden. Bei Wegfall des BR – nicht nach Ablauf seiner Funktionsperiode – enden notwendige BV automatisch.[345]

---

[341] OGH ASoK 1999, 269; siehe auch *Löschnigg*, Die Vereinbarung erfolgsabhängiger Entgelte, DRdA 2000, 467.
[342] *Tomandl/Schrammel*, Arbeitsrecht 1[6], 207.
[343] *Schwarz*, Probleme sozialer und personeller Mitbestimmung im Betrieb, DRdA 1975, 72.
[344] OGH SZ 73/211; ecolex 2006, 234.
[345] *Tomandl/Schrammel*, Arbeitsrecht 1[6], 208.

- **Erzwingbare** bzw **notwendig erzwingbare BV** können aufgrund der ausdrücklichen Anordnung des § 32 Abs 2 ArbVG überhaupt nicht gekündigt werden. Strittig ist, ob eine Vereinbarung von Kündigungsregelungen durch die Vertragspartner zulässig ist.[346]
- **Pensions-BV** iSd § 97 Abs 1 Z 18, 18 a und 18b ArbVG können vom Betriebsinhaber eines **aufzunehmenden** Betriebes oder Betriebsteiles unter Einhaltung einer bloß **einmonatigen** Kündigungsfrist für die von einer solchen Maßnahme betroffenen AN gekündigt werden (§ 31 Abs 7 ArbVG). Die Kündigung einer Pensionskassen-BV sowie einer BV über die betriebliche Kollektivversicherung ist jedoch gem § 97 Abs 4 ArbVG nur hinsichtlich jener Arbeitsverhältnisse wirksam, die nach dem Kündigungstermin begründet werden.[347]

H. Nachwirkung von Betriebsvereinbarungen

189 Erlischt eine BV durch Kündigung, bleibt ihre normative Wirkung für Arbeitsverhältnisse, die unmittelbar vor ihrem Erlöschen durch sie erfasst waren, solange aufrecht, als für diese nicht eine neue BV wirksam oder mit den betroffenen AN nicht eine neue Einzelvereinbarung abgeschlossen wird (**„Nachwirkung“** iSd § 32 Abs 3 ArbVG). Eine gekündigte BV verliert allerdings ihre (relativ) zwingende Wirkung und unterliegt der Disposition durch Einzelvertrag. Damit ist auch der Abschluss von ungünstigeren Einzelvereinbarungen zulässig.

190 Im Unterschied zum KV entfaltet die BV **nur** im Fall ihrer **Kündigung** Nachwirkungen. Wird die BV auf sonstige Weise beendet, tritt keine Nachwirkung ein. Die Ablehnung einer „Verlängerungsautomatik“ (zB „Die BV gilt bis xx. Die Geltungsdauer verlängert sich um weitere vier Jahre, wenn nicht einer der beiden Vertragspartner bis spätestens drei Monate vor Beendigung der BV schriftlich die Absicht bekundet, eine Verlängerung der Gültigkeitsdauer nicht anzustreben“) stellt keine Kündigung dar und führt auch nicht zu einer Nachwirkung.[348] Für **notwendige** BV schließt § 96 Abs 2 ArbVG sogar eine Nachwirkung aus.

191 Eine **Besonderheit** besteht nach dem Übergang, der rechtlichen Verselbständigung, dem Zusammenschluss und bei der Aufnahme eines Betriebsteils (§ 31 Abs 4–7 ArbVG), da in diesen Fällen eine (verschlechternde) Einzelvereinbarung erst nach Ablauf eines Jahres abgeschlossen werden darf. Die Kündigung einer Pensionskassen-BV (§ 97 Abs 2 Z 18a ArbVG) ist überhaupt nur für die vor ihrem Außerkrafttreten erfassten AN unwirksam.

---

346 *Holzer*, Strukturfragen des Betriebsvereinbarungsrechts 32; aA *Strasser*, ArbVG-Kommentar § 32 Rz 9.

347 Zum in der Lehre äußerst umstrittenen Zusammenwirken dieser beiden Bestimmungen siehe *Schima*, in *Mazal/Risak*, Das Arbeitsrecht, Kap VII Rz 87 mN des Meinungsstandes.

348 Zur freien BV OGH DRdA 2000, 26 (krit *Jabornegg*).

VI. „Freie“ Betriebsvereinbarung und Betriebsübung

A. Die „freie“ Betriebsvereinbarung

Vereinbarungen zwischen dem BR und dem Betriebsinhaber über einen unzulässigen Regelungsgegenstand, dh in einer Angelegenheit, die weder durch Gesetz oder KV einer Regelung durch BV vorbehalten ist (insb über Entgelt über die engen Grenzen des § 97 Abs 1 Z 15, 16 ArbVG hinaus, zB ein Bilanzgeld), die das (Schrift-)Formgebot für eine BV nicht einhalten oder welche von einem unzuständigen Belegschaftsorgan abgeschlossen werden (zB einem Zentral-BR, an den die Abschlusskompetenz nicht delegiert wurde) sind **unwirksam**.[349] Obwohl sie nicht die spezifischen Rechtswirkungen einer BV (*Normwirkung* und *Nachwirkung*) entfalten, kann ihre tatsächliche Anwendung zu **schlüssiger Ergänzung der Einzelarbeitsverträge** führen:[350] Gibt nicht nur der AG, sondern auch die Gesamtheit der AN durch ihr Verhalten eindeutig zu erkennen, dass sie sich an die Bestimmungen einer solchen freien BV halten wollen, dann besteht nach der Rspr kein Grund, an ihrer schlüssigen Unterwerfung unter die dort getroffenen Vereinbarungen und damit an einer entsprechenden Ergänzung der Einzelarbeitsverträge zu zweifeln. Somit wird der dem einzelnen AN bekannt gegebene und von ihm stillschweigend zur Kenntnis genommene oder der tatsächlich beachtete Inhalt einer freien BV gem § 863 ABGB schlüssig als **Vertragsschablone** zum Inhalt des Einzeldienstvertrages.[351] In seiner neueren Rspr berücksichtigt der OGH jetzt verstärkt auch den kollektiven Charakter der freien BV, wenn er bei deren Auslegung auf den Willen des BR und des Betriebsinhabers abstellt[352] und bei einem entsprechenden Änderungsvorbehalt deren Abänderung im Einvernehmen mit dem BR zulässt.[353] Es ist somit zu berücksichtigen, dass diese Vertragsbestandteile nicht einzeln ausgehandelt werden, sondern auf einer Vereinbarung von AG und BR beruhen. Man muss daher jenes Verständnis unterstellen, das den Betriebsparteien bei Auslegung der BV objektiv zuzusinnen ist.[354] 192

Eine freie BV gilt nicht nur für jene AN, die bereits im Zeitpunkt des Abschlusses beschäftigt waren. Auch **neu eintretende AN** werden von den Rechtswirkungen einer freien BV erfasst, wenn sie mit Grund davon ausgehen können, dass eine allgemein und regelmäßig angewandte freie BV auf sie in gleicher Weise und unter gleichen Voraussetzungen wie bei allen anderen vergleichbaren AN auch auf sie angewendet wird.[355] Für neu eintretende AN kann die Wirkung einer freien BV jedoch durch ausdrückliche Vereinbarung ausgeschlossen werden.

---

349 OGH Arb 9832; RdW 2001, 482 (*Burger-Ehrnhofer*); DRdA 2004, 238 (*Wachter*); *Marhold*, Einzelvertragliche Bezugnahme „freier“ Betriebsvereinbarungen, RdW 1987, 129; siehe dazu auch *Karner*, in Mazal/Risak, Das Arbeitsrecht, Kap VI Rz 16.

350 OGH DRdA 1983, 85 (*Steindl*); DRdA 1993, 23 (*Kerschner*) ua; vgl auch OGH DRdA 2000, 26 (*Jabornegg*).

351 Kritik und alternative Lösungsansätze bei *Tomandl/Schrammel*, Arbeitsrecht 1[6], 236 ff.

352 OGH wbl 2005/230 = DRdA 2005, 531 (*Trost*); OGH 16.6.2008, 8 ObA 39/09f; siehe auch *Risak*, Neues zur „Freien“ BV, ZAS 2005/25.

353 OGH RdW 2005/779.

354 OGH 16.6.2008, 8 ObA 39/09f.

355 OGH ZAS 1982, 10 (krit *Tomandl*); RdW 2001, 482 (*Burger-Ehrnhofer*): demnach bleibt der Zusammenhang zwischen der vom AG wiederholt gewährten Leistung und den damit verbundenen Bedingungen auch dann gewahrt, wenn neu eintretende AN hievon nicht ausdrücklich in Kenntnis gesetzt wurden, sich diese aber hätten verschaffen können.

193 Da die freie BV Bestandteil der Einzelarbeitsverträge geworden ist, besteht **keine** Möglichkeit der **kollektiven Beendigung** gegenüber dem BR. Es ist jedoch möglich, die Einzelarbeitsverträge im Wege einer *Änderungskündigung* (Rz 414) oder im Einvernehmen so zu verändern, dass die freie BV nicht mehr deren Bestandteil ist.[356] Enthält die freie BV Beendigungsvorschriften, so werden auch diese Inhalt des Einzelarbeitsvertrages (zB in Form eines Teilkündigungsrechts). Die Pflicht zur Leistungserbringung auf Grund der freien BV kann in diesem Fall im Wege der Teilkündigung des Arbeitsvertrages beendet werden. Die Beendigungserklärung muss dabei gegenüber jedem einzelnen AN und nicht gegenüber dem BR ausgesprochen werden.[357] In letzter Zeit scheint der OGH auch Formen „kollektiver" Beendigungen freier Betriebsvereinbarungen zuzulassen.[358]

B. Die Betriebs- und Individualübung

194 Verhaltensweisen, die sich im Laufe der Zeit in einem Betrieb einspielen, wie Zusatzleistungen an AN, auf welche ursprünglich kein Rechtsanspruch bestand (zB Weihnachtsgeschenk), die Duldung von AN-Verhalten (zB die frühere Beendigung der Arbeit am Freitag um 30 Minuten) oder die Verrichtung von Tätigkeiten durch den AN, wozu er vertraglich nicht verpflichtet ist (zB Kassiererin reinigt auch den Waschraum), werfen insb in zwei Fällen rechtliche Probleme auf:

1. Einzelne AN fühlen sich zu Unrecht davon ausgeschlossen und fordern ebenfalls zB Einbeziehung bei der Leistungsgewährung;
2. der AG möchte eine Veränderung oder den Entfall einer solchen Verhaltensweise herbeiführen, womit die AN nicht einverstanden sind. Damit wird die Frage nach Bindung durch solches faktisches Verhalten für die Zukunft aufgeworfen.

Die erste Problematik wird in Österreich im Zusammenhang mit der Gleichbehandlung diskutiert und im Kapitel zur arbeitsrechtlichen Gleichbehandlungspflicht behandelt (Rz 387). Die zweite wird unter dem Titel „Betriebs- und Individualübung" erörtert, wobei als „Individualübung" die nur gegenüber einem einzigen oder einzelnen AN geübten, als „Betriebsübung" die gegenüber der gesamten Belegschaft geübten Verhaltensweisen bezeichnet werden.

195 Die Betriebsübung kann als regelmäßige Wiederholung gleichförmiger Verhaltensweisen, welche den AN sowohl belasten (zB Erbringung nicht arbeitsvertraglich geschuldeter Leistungen) als auch begünstigen (zB Weihnachtsgeschenk, Jahresbonus) können, umschrieben werden. Die Betriebsübung ist grundsätzlich ein bloßes Faktum ohne rechtliche Bedeutung, kann jedoch – ähnlich der freien BV – im Wege einer konkludenten, dh **schlüssigen Vertragsergänzung** Bestandteil der Einzelarbeitsverträge werden. Dabei wird die regelmäßige gleichförmige Verhaltensweise (zB jährliche Zuerkennung von Weihnachtsgeld durch den AG) als stillschweigendes Offert zur Vertragsergänzung betrachtet, welches durch die Entgegennahme der Leistung (zB des Weihnachtsgeldes) vom Vertragspartner ebenfalls konkludent angenommen wird.[359] Eine

---

[356] Siehe dazu auch *Strasser*, Kommentar zu OGH, DRdA 1988, 127 (130) – konkludenter Teilkündigungsvorbehalt bei jeder freien BV; *Brodil*, Sonderprobleme beim Betriebsübergang, ecolex 1992, 647 – Beendigung bei Wegfall des Betriebes.

[357] OGH DRdA 2000, 26 (*Jabornegg*).

[358] Bspw OGH DRdA 2005, 531 (*Trost*), OGH ZAS 2006/40 (*Runggaldier*). Siehe auch *Kietaibl*, in Tomandl (Hrsg), ArbVG Kommentar, § 29 Anm 34 ff.

[359] *Floretta/Spielbüchler/Strasser*, Arbeitsrecht I^4, 253 mit zahlreichen Beispielen der Rspr; siehe jüngst zu Rauchpausen *Rauch*, Gewohnheitsrecht und Rauchpausen, ASoK 2003, 2.

Verhaltensweise ist dann als regelmäßig wiederkehrend anzusehen, wenn der Vertragspartner berechtigterweise darauf vertrauen kann, diese Leistung auch in Zukunft zu erhalten.[360] Dies ist grundsätzlich nach der dritten vorbehaltlosen Gewährung der Fall.[361] Wird eine Leistung in wechselnder Höhe gewährt, so ist davon auszugehen, dass diese dem Grunde nach zusteht, der AG jedoch ein Gestaltungsrecht hinsichtlich der Höhe besitzt, welches er jedoch nur im Rahmen von Treu und Glauben ausüben darf.[362] Bei **neu eintretenden AN** anerkennt der OGH einen Rechtsanspruch die unter bestimmten Voraussetzungen gewährten Leistungen des AG auf Grund einer Betriebsübung zu erhalten, wenn der AN die diesbezüglichen Voraussetzungen erfüllt.[363] Gegenüber diesen kann jedoch bei Eintritt die Geltung der Betriebsübung ausgeschlossen werden.

Hinzuweisen ist darauf, dass der OGH bei sog **betrieblichen Wohlfahrtseinrichtungen** – das sind jene, eine gewisse Organisation und Institutionalisierung aufweisenden Maßnahmen, die der sozialen Sicherheit der AN bzw ihrer wirtschaftlichen, kulturellen und sozialen Förderung dienen (zB Werksbus[364], Betriebszahnarzt[365], Personalkantine[366], Betriebskindergarten[367], Sterbekasse[368]) – nur einen Anspruch der Gesamtheit der Belegschaft und keinen Individualanspruch der einzelnen AN annimmt. Ist nicht in einer BV eine Mitwirkung des BR bei der Auflösung der Wohlfahrtseinrichtung vorgesehen, so kann der AG diese auch gegen den Willen der AN einstellen. In einer jüngeren Entscheidung unterscheidet der OGH jedoch zwischen der Wohlfahrtseinrichtung (zB Betriebskantine) und dem davon uU trennbaren Individualanspruch, der Bestandteil der Einzelarbeitsverträge werden kann (zB verbilligtes Mittagessen).[369] Gegen eine Vertragsergänzung spricht nach Ansicht des OGH mitunter auch, dass bestimmte Begünstigungen nur ganz lose mit der Arbeitsleistung zusammenhängen und erkennbar vorrangig andere Ziele verfolgen („**entgeltferne AG-Leistungen**") Hier ist bei der Frage der konkludenten Vertragsergänzung – im Gegensatz zum Normalfall der Betriebs- und Individualübung – kein großzügiger Maßstab anzulegen (zB begünstigte Benutzung von städtischen Einrichtungen, Zuschüsse zu Theater- und Konzertabonnements).[370] Ebenso verneint der OGH nunmehr das Entstehen einer Übung bei wechselnder Höhe von Sonderzahlungen, die jährlich neu verhandelt wurden.[371] 196

Der AG kann jedoch das Entstehen des Rechtsanspruchs durch das Anbringen eines **Vorbehalts**, der erkennen lässt, dass in Zukunft mit einer gleichartigen Gewährung nicht zu rechnen ist, generell ausschließen.[372] Auch die Zuerkennung nur gegen jederzeitigen **Widerruf** ist möglich. Während beim Unverbindlichkeitsvorbehalt mangels 197

---

360 OGH RdW 2000, 374 – keine betriebliche Übung trotz jahrelanger Freizeitgewährung, da kein Wille des AG sich für die Zukunft zu verpflichten erkennbar war.

361 *Tomandl/Schrammel*, Arbeitsrecht 1[6], 229.

362 OGH ZAS 1990, 157 (*Birkner*) – Personalstrom.

363 OGH RdW 1998, 90, 92 – auf positive Kenntnis kommt es nicht an, sondern auf das „Wissenkönnen" (dazu *Löschnigg*, Arbeitsrecht[10], 6.5.2.8. mwN); siehe die Kritik bei *Tomandl/Schrammel*, Arbeitsrecht 1[5], 226; vgl RdW 2001, 482 (*Burger-Ehrnhofer*).

364 OGH RdW 1989, 312.

365 DRdA 1991, 314 (*Mosler*).

366 OGH DRdA 1999, 49 (*Wachter*).

367 Siehe auch den BV-Tatbestand des § 95 ArbVG; dazu eingehend *Eypeltauer*, Die Mitwirkung des Betriebsrates an betrieblichen Wohlfahrtseinrichtungen, DRdA 1986, 102.

368 OGH DRdA 2002, 30 (*Holzer*).

369 OGH DRdA 1999, 49 (*Wachter*).

370 OGH DRdA 1995, 39 (*Eypeltauer*); DRdA 1997, 27 (*Eypeltauer*).

371 OGH ecolex 2003/147 = ZAS 2004/50 (*Melzer-Azodanloo*); dazu auch *Majoros*, Konkludenz und Betriebliche Übung, ecolex 2003, 351; zuletzt OGH DRdA 2004, 238 (*Wachter*).

372 OGH Arb 7294 – bloße Bezeichnung der Leistung als „freiwillig" reicht nicht aus; siehe auch OGH WBl 1994, 372; vgl OGH RdW 2000, 374.

Rechtsanspruch des AN eine jederzeitige Einstellung möglich ist, ist der Widerruf eine Willenserklärung des AG, die dem AN zugehen muss.

198 Die **Beendigung** der Betriebsübung, welche Bestandteil des Einzelvertrages geworden ist, ist einseitig nur durch Ausübung eines vereinbarten Widerrufs, ansonsten nur im Einvernehmen mit jedem einzelnen AN oder im Wege einer Änderungskündigung (Rz 414) möglich.

199 Es besteht auch die Möglichkeit, eine Betriebsübung, mit der – über die arbeitsvertraglichen Pflichten hinausgehende – Mehrleistungen des AN abgegolten werden („gemischte Betriebsübung"), als **Auslobung** zu deuten. Darunter versteht man gem § 860 ABGB die an einen unbestimmten Personenkreis gerichtete Zusage einer Belohnung für eine Leistung oder einen Erfolg. Der „Vorteil" dieser Lösung besteht darin, dass einerseits für den AN keine Verpflichtung zur Erbringung von Mehrleistungen für die Zukunft eintritt und der AG die Auslobung in derselben Form, in der er sie bekannt gemacht hat, widerrufen kann.[373]

[373] Siehe dazu *Tomandl/Schrammel*, Arbeitsrecht 1^6, 234; *Floretta/Spielbüchler/Strasser*, Arbeitsrecht II^4, 251.

VII. Der Arbeitsvertrag – formelle Aspekte

A. Anbahnung des Arbeitsvertrages

Für die Ausschreibung des Arbeitsplatzes sieht § 9 GlBG ein Gebot der geschlechtsneutralen Stellenausschreibung vor,[374] es sei denn ein bestimmtes Geschlecht ist unabdingbare Voraussetzung für die Ausübung der vorgesehenen Tätigkeit. Dies ist nur dann der Fall, wenn die Beschäftigung ein Tätigwerden von AN des anderen Geschlechts rechtlich oder faktisch ausschließt, zB wenn ein Herrenmodeverkäufer nur männliche Außendienstmitarbeiter anstellen will, da diese die Ware nach dem Verkaufskonzept bei Kundenbesuchen auch selbst tragen sollen.[375] Ebenso verpflichtet § 23 GlBG Stellen im Hinblick auf sonstige Gleichbehandlungsgebote des GlBG in diskriminierungsfreier Weise auszuschreiben. Differenzierungen sind nur möglich, wenn die Eigenschaft eine wesentliche, entscheidende berufliche Anforderung darstellt (dazu eingehend unten Rz 378 ff). Das Zuwiderhandeln kann beim Arbeitsvermittler eine verwaltungsstrafrechtliche Haftung nach § 10 bzw § 24 GlBG begründen. Daneben besteht jedoch kein (abstrakter) Schadenersatzanspruch für Bewerber, die sich von der Bewerbung haben abhalten lassen, es muss auch eine Diskriminierung im Auswahlverfahren stattgefunden haben.[376] **200**

Bereits vor Vertragsschluss haben die potentiellen Vertragspartner nach den Sorgfaltsmaßstäben des **vorvertraglichen Schuldverhältnisses** gewisse Rücksichten auf den Verhandlungspartner zu nehmen.[377] So ist über Art und Umfang des Leistungsgegenstandes sowie über etwaige, der Vertragserfüllung entgegenstehende Hindernisse aufzuklären. Auch darf im Vertragspartner nicht grundlos das Vertrauen erweckt werden, es werde jedenfalls zum Abschluss des Vertrages kommen. Dieser vorvertragliche Informationsfluss, dessen Inhalt wechselseitigen Verschwiegenheitspflichten unterliegt, ist Grundlage von vorvertraglichen Haftungen für Zuwiderhandeln. **201**

Die tatsächliche Ausgestaltung von vorvertraglichen Pflichten bzw Haftung ist im Einzelfall schwierig. In welchem Umfang worüber unaufgefordert oder erst auf Befragen zu informieren ist, bleibt unübersichtlich. Jedenfalls muss eine weibliche Bewerberin über das Vorliegen einer Schwangerschaft unter gar keinen Umständen informieren, weil eine derartige Pflicht wegen der drohenden Nachteile gegen das geschlechtliche Diskriminierungsverbot der RL 76/207/EWG (Gleichbehandlungs-RL) verstößt[378]. Dies wird in konsequenter Fortführung dieser Judikatur wohl auch für die „neuen" missbilligten Motive (etwa sexuelle Orientierung, ethnische Zugehörigkeit oder auch Behinderung) zu gelten haben, es sei denn, diese Eigenschaft stellt eine wesentliche und entscheidende berufliche Anforderung für die Ausübung dieser Tätigkeit iSe sachlichen Rechtfertigung dar).[379] **202, 203**

---

374 VwGH ZfVB 1999/1654 – „General Manager" ist nach allgemeinem Sprachgebrauch männlichen Geschlechts und keine geschlechtsneutrale Formulierung; *Mazal*, Geschlechtsneutrale Stellenausschreibung, ecolex 1992, 573.

375 OGH RdW 2000/474; krit *Gerlach*, Gleichbehandlung bei der Begründung des Dienstverhältnisses, RdW 2000/589.

376 OGH RdW 2000/474; siehe dazu eingehend unten bei Rz 375 ff.

377 Grundlegend *Welser*, Vertretung ohne Vollmacht (1970); vgl auch *Zöllner*, Die vorvertragliche und die nachwirkende Treue- und Fürsorgepflicht im Arbeitsverhältnis, in Tomandl (Hrsg), Treue- und Fürsorgepflicht im Arbeitsrecht (1975) 91.

378 EuGH Rs C-177/88, Slg 1965, 1186 (*Dekker*); dazu etwa *Rebhahn*, in Rebhahn, GlBG (2005) § 9.

379 Dazu auch *Windisch-Graetz*, in Rebhahn, GlBG § 23.

In diesem Zusammenhang wird verschiedentlich von einem „Recht auf Lüge" gesprochen, weil dem Bewerber nicht zugemutet werden kann, eine Frage unbeantwortet zu lassen. Relativ gesichert scheint, dass jedenfalls in einem objektiven Konnex mit dem in Aussicht genommen Vertragsinhalt liegende Hindernisse, auch aus der durch § 16 ABGB geschützten Privatsphäre des AN, bei vorhersehbar drohender Leistungsstörung darzulegen sind (bspw hat der präsumptive Hilfsarbeiter über eine bestehende Bandscheibenverletzung, die das Heben von Lasten unmöglich macht, zu informieren; Selbiges gilt ganz allgemein für den bevorstehenden Antritt einer Freiheitsstrafe uÄ). Immer dann, wenn ein berechtigtes, billigenswertes und schutzwürdiges Interesse des AG vorliegt und dieses gegenüber dem Interesse des AN an der Wahrung seiner Privatsphäre überwiegt, besteht ein **Fragerecht** des AG sowie eine damit einhergehende **Antwortpflicht** des AN.[380] Derartige „private" Informationen dürfen aber vom Verhandlungspartner auch ohne späteren Abschluss nicht weitergegeben werden.[381]

204 Auch §§ 3, 16 GlBG sehen Diskriminierungsverbote bei der Begründung von Arbeitsverhältnissen vor, es ist somit untersagt, Arbeitsverhältnisse aus unsachlichen Gründen nur wegen des Geschlechts oder anderer verbotener Differenzierungen nicht zu begründen (siehe Rz 200). Zuwiderhandeln führt zu Schadenersatzansprüchen der/des Diskriminierten bis zur Gesamtsumme von zwei Monatsgehältern (§ 12 GlBG).[382]

205 Der Ersatz von **Vorstellungskosten** kann in der Regel nur aufgrund vertraglicher (uU konkludenter) Zusage erfolgen, weil die (Vorbereitung der) Teilnahme am rechtsgeschäftlichen Verkehr grundsätzlich eigenfinanziert zu erfolgen hat.[383]

206 Vorverträge iSv § 936 ABGB haben im Arbeitsrecht praktisch keine Bedeutung. Die Vereinbarung, erst in Zukunft einen Vertrag mit feststehendem Inhalt abschließen zu wollen, spielt in der Regel keine Rolle. Ausnahmen finden sich im Bereich sog **saisonaler Aussetzungsvereinbarungen**, bspw in der Bauwirtschaft oder im Fremdenverkehr. Dabei wird vereinbart, dass das Arbeitsverhältnis „unterbrochen" wird, um an einem fixierten Termin nach Ablauf einiger Zeit wieder aufgenommen zu werden. Inwieweit es sich bei solchen Vereinbarungen um eine Beendigung unter gleichzeitiger Vereinbarung der Wiedereinstellung (Wiedereinstellungszusage bzw -vereinbarung) handelt oder um eine bloße Karenzierung – Aussetzung der arbeitsvertraglichen Hauptpflichten Entgelt und Arbeitsleistung – ist strittig.[384]

B. Abschluss und Formerfordernisse

207 Grundsätzlich wird der Arbeitsvertrag als schuldrechtliches Verpflichtungsgeschäft wie jeder andere Vertrag durch die Abgabe zweier deckungsgleicher Willenserklärungen (Angebot und korrespondierende Annahme) geschlossen, wobei die allgemeinen Regelungen über den Abschluss von Verträgen zur Anwendung kommen (§§ 861 ff

---

[380] ZB bei einem AN im Versicherungsaußendienst hinsichtlich einer ungetilgten Verurteilung wegen eines Suchtgiftdelikts (OGH DRdA 2002, 490 [krit *Kallab*]; eingehend *Egermann*, in Mazal/Risak, Das Arbeitsrecht, Kap V Rz 3 ff.

[381] Dazu überblicksweise *Floretta/Spielbüchler/Strasser*, Arbeitsrecht I^4, 134.

[382] Eingehend *Hopf/Smutny*, Diskriminierung auf Grund des Geschlechts bei der Begründung des Arbeitsverhältnisses – Schadenersatz trotz fehlender „Bestqualifikation"?, DRdA 2002, 99; siehe auch OGH RdW 1999, 416 sowie Rz 548; eingehend *Kletečka*, in Rebhahn, GlBG § 12; zuletzt OGH DRdA 2005, 424 (*Eichinger*).

[383] Vgl den Überblick bei *Brodil*, Der Ersatz von Vorstellungskosten, ecolex 1993, 691 mwN; OGH ZAS 1990, 134 (*Reidinger*); LG Innsbruck Arb 11.004.

[384] Vgl dazu ua *Brodil*, Aussetzungsvereinbarungen aus arbeits- und sozialrechtlicher Sicht, ZAS 1996, 37; *ders*, in Mazal/Risak, Das Arbeitsrecht, Kap X Rz 13 jeweils mwN.

ABGB)[385]. Auch im Arbeitsrecht können Willenserklärungen somit nicht nur ausdrücklich, sondern ebenso schlüssig (konkludent) iSv § 863 ABGB abgeschlossen werden. Dafür ist erforderlich, dass ein Verhalten gesetzt wird, das bei Überlegung aller Umstände keinen vernünftigen Grund daran zu zweifeln übrig lässt, dass sich der Erklärende in bestimmter Weise verpflichten will.[386] Solche konkludenten Willenserklärungen spielen vor allem im Bereich von Vertragsänderungen oder -anpassungen eine Rolle; bspw wenn ohne ausdrückliche Erklärung das Tätigkeitsfeld des AN geändert wird und der AN diese Arbeiten „kommentarlos" verrichtet. Wesentlich sind sie auch zur Erklärung der Rechtswirkungen freier Betriebsvereinbarung oder Betriebsübung (Rz 192 ff).

Die vertragsschließenden Parteien müssen voll **geschäftsfähig** sein. Die volle Geschäftsfähigkeit wird mit der Volljährigkeit erreicht, das ist gem § 21 ABGB die Vollendung des 18. Lebensjahres. Ein mündiger Minderjähriger (ab dem vollendeten 14. Lebensjahr) kann sich allerdings gem § 152 ABGB selbständig durch Vertrag zu Dienstleistungen verpflichten. Der Abschluss eines Lehr- oder sonstigen Ausbildungsverhältnisses ist hingegen ohne Zustimmung des gesetzlichen Vertreters nicht möglich (vgl diesbezügliche Regelungen in § 12 BAG). **208**

Der Abschluss eines Arbeitsvertrages ist grundsätzlich an **keine bestimmte Form** gebunden. Er kann mündlich, schriftlich oder durch schlüssige Handlungen erfolgen.[387] Dasselbe gilt grundsätzlich auch für sämtliche Formen der rechtsgeschäftlichen Vertragsänderung bis hin zur Beendigung. In manchen Fällen sehen Sondervorschriften allerdings *Schriftform* vor. Dies geschieht im Sinne einer Warnfunktion grundsätzlich zum Schutz des AN. So sind bspw Lehrverträge[388], die Vereinbarung der Überlassung künftiger Diensterfindungen an den AG (§ 7 PatentG) oder die Bestellung einer Kaution zur Sicherstellung von Schadenersatzansprüchen gegen den AN (§ 1 KautSchG) schriftlich abzufassen. Ein Verstoß gegen manche Schriftformgebote, wie die beiden zuletzt genannten, führt zur Ungültigkeit der vereinbarten Klausel. **209**

Nach Abschluss des Arbeitsvertrages ist dem AN ein **Dienstzettel** oder **Dienstschein** auszufertigen. Hierbei handelt es sich nicht um einen schriftlich errichteten Vertrag, sondern um eine bloße Beweisfunktion erfüllende Bestätigung[389]. Der Dienstzettel wird nicht dadurch zum Dienstvertrag, dh er begründet neue Rechte und Pflichten, dass der AG den AN mit dem Bemerken, seine Unterschrift sei eine „bloße Formsache" zur Unterzeichnung veranlasst.[390] Er hat wesentliche Rechte und Pflichten aus dem Arbeitsvertrag zu beinhalten (vgl § 2 AVRAG, § 6 AngG, § 2 JournalistenG etc). Neben Namen und Anschrift des AG und des AN hat der Dienstzettel typischerweise Angaben über den Zeitpunkt des Beginns des Arbeitsverhältnisses, Dauer der Kündigungsfrist, den Kündigungstermin, den gewöhnlichen Arbeitsort, die Normalarbeitszeit sowie eine allfällige Einstufung in ein generelles (Lohn-)Schema, die vorgesehene Verwendung, **210**

[385] *Koziol/Welser*, Grundriss des bürgerlichen Rechts I[13], 142.
[386] Dazu *Mazal*, Konkludenz im Arbeitsrecht, in Tomandl (Hrsg), Neuere Tendenzen im Arbeitsrecht auf dem Prüfstand (1999) 17.
[387] OGH Arb 9394, Arb 10.173.
[388] Ein Verstoß gegen dieses Schriftformgebot bewirkt jedoch gem § 12 Abs 7 BAG keine Nichtigkeit des Lehrvertrags. Eine vergleichbare Ordnungsvorschrift findet sich in § 4 Abs 1 VBG, wonach einem Vertragsbediensteten ein schriftliche Ausfertigung des Dienstvertrages auszustellen ist.
[389] Zu den Rechtsfolgen eines Verstoßes gegen die Pflicht zur Ausstellung eines Dienstzettels siehe *Gruber*, Mangelhafter Dienstzettel – Nichtigkeit als Rechtsfolge? ecolex 2000, 57; ein Dienstzettelmuster (samt Erläuterungen) findet sich bspw bei *Egermann*, in Mazal/Risak, Das Arbeitsrecht, Kap V Rz 65.
[390] OGH DRdA 2003, 35 (*B. Schwarz*) – Billeteure; DRdA 2003, 58 (*Eichinger*).

den Gehalt, das Ausmaß des jährlichen Erholungsurlaubs ua zu enthalten. Seit 1. 8. 2004 besteht eine Dienstzettelpflicht auch für freie DN (§ 1164a ABGB).

211 Bei Auslandsentsendungen von einer Dauer von mehr als einen Monat hat der Dienstzettel gem § 2 AVRAG weiters Angaben über die voraussichtliche Dauer der Auslandstätigkeit, allfällige zusätzliche Vergütungen und auch über eine allfällige Währung, in der das Entgelt auszuzahlen ist, zu enthalten. Auch jede Änderung der im Dienstzettel aufzuzeichnenden Rechte und Pflichten ist dem AN unverzüglich – spätestens jedoch binnen eines Monats – schriftlich mitzuteilen. Der Dienstzettel ist ebenso wie der Arbeitsvertrag gebührenbefreit.[391] Die Ausstellung eines Dienstzettels kann jedoch unterbleiben, wenn das Arbeitsverhältnis nicht länger als ein Monat dauert oder ein schriftlicher Arbeitsvertrag errichtet und ausgehändigt wurde, der alle für den Dienstzettel wesentlichen Angaben enthält.

C. Inhaltserfordernisse

212 Gegenstand des Arbeitsvertrags können Dienste aller Art sein. Allerdings sind die bürgerlichrechtlichen Grenzen der Möglichkeit und der Erlaubtheit (§§ 878 f ABGB) auch für den Arbeitsvertrag maßgeblich.

Erfasst sind damit die Fälle der tatsächlichen und auch der rechtlichen Unmöglichkeit. Diese muss bereits bei Vertragsabschluss bestanden haben, denn der Eintritt von nachträglicher Unmöglichkeit iSe Unmöglichkeit erst nach Vertragsschluss (zB ein Unfall, der einen AN arbeitsunfähig macht) ist als Leistungsstörung zu qualifizieren und unterliegt anderen Rechtsregelungen. Ein Verstoß gegen die guten Sitten (§ 879 ABGB) und die damit verbundene Unwirksamkeit des Vertrages liegt bspw bei einem „Anstellungsvertrag“ mit einer Prostituierten oder einem „Profikiller“ vor.

D. Arbeitsvertragsabschluss mit Ausländern

1. Grundsätzliches

213 Aus arbeitsmarktpolitischen Gründen und zum Schutz der inländischen AN unterliegt die Beschäftigung von (EU-)Ausländern durch das AuslBG diversen Beschränkungen und Kontrollen.[392] Das AuslBG unterwirft die Beschäftigung von EU-Ausländern einem abgestuften Regime an Eingriffsintensitäten, die mit zunehmender Dauer der Beschäftigung im Inland abnimmt.

214 Grundsätzlich gilt als Ausländer, wer nicht die österreichische oder eine EU- bzw EWR-Staatsbürgerschaft besitzt.[393] Ausgenommen vom AuslBG sind weiters insb Flüchtlinge, Ehegatten und Kinder von Österreichern bzw EU-/EWR-Bürgern, von besonderen Führungskräften oder in diplomatischen/konsularischen Vertretungen Beschäftigte bzw

---

[391] Dazu *Andexlinger,* Dienstzettelpflicht und Gebührenfreiheit, RdW 1994, 109.

[392] Vgl dazu *Schnorr*, AuslBG[4] (1998); *Egermann*, in Mazal/Risak, Das Arbeitsrecht, Kap V Rz 3 ff; *Gerhartl*, Neuerungen im Ausländerbeschäftigungsrecht, ASoK 2008, 218; alle Formulare sind im Internet unter http://www.ams.or.at abrufbar.

[393] Siehe die Übergangsbestimmungen in § 32a AuslBG betreffend die Staatsangehörigen jener Mitgliedstaaten der EU, die am 1. Mai 2004 beitreten, durch die die Staatsbürger der Beitrittsländer – mit Ausnahme jener von Malta und Zypern – weiterhin dem AuslBG unterliegen. Staatsangehörige der Beitrittsländer haben lediglich volle Niederlassungsfreiheit, dh sie benötigen für einen dauernden Aufenthalt in Österreich keinen Aufenthaltstitel. Siehe dazu *Kaun*, EU-Erweiterung und Ausländerbeschäftigung, ZAS 2004, 120.

Ausländer, denen der Status eines subsidiär Schutzberechtigten gem. § 8 AuslG 2005 zuerkannt wurde (§ 1 Abs 2 AuslBG).[394] Als Beschäftigung gilt primär die Verwendung in einem Arbeitsverhältnis (vgl § 2 Abs 1, 2 AuslBG). Allerdings sieht das Gesetz eine Reihe von den Tatbestand erweiternden Regelungen vor. So erfasst das AuslBG auch Beschäftigungen in arbeitnehmerähnlichen Verhältnissen, in Ausbildungsverhältnissen ua.[395] Ein AG darf einen Ausländer nur beschäftigen, wenn ihm für diesen eine Beschäftigungsbewilligung oder Entsendebewilligung erteilt bzw eine Anzeigebestätigung oder eine EU-Entsendebestätigung ausgestellt wurde, oder wenn der Ausländer eine für diese Beschäftigung gültige Arbeitserlaubnis oder einen Befreiungsschein besitzt (§ 3 Abs 1 AuslBG).

2. Beschäftigungsbewilligung

Die Beschäftigungsbewilligung wird von der regionalen Geschäftsstelle des AMS (Arbeitsmarktservice) auf Antrag des AG für einen ganz konkreten Arbeitsplatz ausgestellt (§ 4 AuslBG). Die Beschäftigungsbewilligung erstreckt sich somit nur auf den konkreten Arbeitsvertrag mit dem antragstellenden AG. Andere Beschäftigungen werden von der Beschäftigungsbewilligung nicht gedeckt. Die Erteilung einer Beschäftigungsbewilligung ist überdies von weiteren Faktoren abhängig: Bspw muss die Gewähr gegeben sein, dass der AG die Lohn- und Arbeitsbedingungen einschließlich der sozialversicherungsrechtlichen Vorschriften einhält; dass sich der Ausländer legal in Österreich aufhält; dass keine wichtigen Gründe in der Person des Ausländers vorliegen, wie wiederholte Verstöße infolge einer Ausübung einer Beschäftigung ohne Beschäftigungsbewilligung während der letzten 12 Monate ua (vgl § 4 Abs 3 AuslBG). Die Beschäftigungsbewilligung unterliegt zusätzlich einer österreichweiten Kontingentierung, wodurch die Gesamtzahl ausländischer Arbeitskräfte am österreichischen Arbeitsmarkt begrenzt ist (vgl §§ 4 Abs 6 ff, 12 ff AuslBG). Gemäß § 8 AuslBG[396] ist die Bewilligung mit der Auflage zu verbinden, dass der Ausländer nicht zu schlechteren Lohn- und Arbeitsbedingungen beschäftigt wird, als für die Mehrzahl der bezüglich Leistung und Qualifikation vergleichbaren inländischen AN des Betriebes gelten (§ 8 Abs 1 AuslBG). Überdies ist die Auflage vorzusehen, dass zur Erhaltung der Arbeitsplätze inländischer AN im Falle der Verringerung der Anzahl der Arbeitsplätze einmal die Beschäftigungsverhältnisse der Ausländer vor jenen der Inländer zu lösen sind sowie im Fall der Kurzarbeit Ausländer „bevorzugt“ freizusetzen sind (§ 8 Abs 2 AuslBG).[397] 215

Gemäß § 9 AuslBG ist die Beschäftigungsbewilligung zu **widerrufen**, wenn der Antragsteller im Antrag wissentlich falsche Angaben gemacht oder Tatsachen verschwiegen hat. Gemäß § 7 Abs 6 leg cit **erlischt** die Beschäftigungsbewilligung einmal mit Beendigung der tatsächlichen Beschäftigung sowie im Fall, dass binnen sechs 216

[394] Durch die Novelle BGBl I 78/2007 kam es zu einer deutlichen Erweiterung des Ausnahmetatbestandes Siehe dazu § 1 AuslBG bzw *Gerhartl*, Neuerungen im Ausländerbeschäftigungsrecht, ASoK 2008/6. Weitere Ausnahmen ergeben sich aus europarechtlichen Vorschriften insb für Türken; *Kaun*, Die Freizügigkeit türkischer Staatsbürger nach dem Assoziationsabkommen EWG-Türkei, ASoK 2001, 113; zu den EU-Bürgern der Beitrittsländer siehe FN 392).

[395] Zu Gesellschaftsverhältnissen mit Ausländern vgl VwGH RdW 1999, 734; jüngst OGH NZ 2007, 373 – bewilligungspflichtige Beschäftigung liegt vor, wenn kein wesentlicher Einfluss auf die Geschäftsführung persönlich ausgeübt wird und Arbeitsleistungen erbracht werden, die typischerweise in einem Arbeitsverhältnis geleistet werden.

[396] Die Bestimmung ist somit keine Ermessensbestimmung. Das AMS ist vielmehr verpflichtet derartige Auflagen in der Beschäftigungsbewilligung zu erteilen.

[397] Die Reichweite dieses Gebots, ausländische Arbeitnehmer vor inländischen zu kündigen ist vor allem im Verhältnis zum allgemeinen Kündigungsschutz nach § 105 ArbVG umstritten. Dazu *Brodil*, Kündigungsanfechtung und Ausländerbeschäftigung, ZAS 1996, 181.

Wochen nach Laufzeitbeginn der Bewilligung eine Beschäftigung nicht aufgenommen wird.[398] Die Beschäftigungsbewilligung ist zu **befristen**; sie darf jeweils längstens für die Dauer eines Jahres erteilt werden (§ 7 Abs 1 AuslBG).

217 Die Beschäftigungsbewilligung ist für den Abschluss des Arbeitsvertrages sonstige Wirksamkeitsvoraussetzung. Ohne Einholung einer Beschäftigungsbewilligung wäre der zwischen dem Ausländer und dem inländischen AG abgeschlossene Arbeitsvertrag rechtsunwirksam.[399] Dies hieße insb, dass der AN[400] keinerlei vertragliche (Schadenersatz-)Ansprüche gegen seinen AG hätte, sondern auf bloße bereicherungsrechtliche Ansprüche angewiesen wäre. Um einen derartigen Fall zu verhindern sieht § 29 AuslBG vor, dass der Ausländer, der entgegen den Vorschriften des AuslBG **ohne Beschäftigungsbewilligung beschäftigt** wird, gegen den ihn beschäftigenden AG die gleichen Ansprüche wie aufgrund eines gültigen Arbeitsvertrages hat. Damit soll gewährleistet sein, dass der Ausländer jedenfalls aus arbeitsvertraglicher Sicht nicht schlechter gestellt wird als ein Inländer.[401] Der Wegfall der Beschäftigungsbewilligung macht die Beschäftigung des Ausländers nicht eo ipso rechtswidrig. Vielmehr ist das Arbeitsverhältnis in diesen Fällen vom AG unter Einhaltung der gesetzlichen oder kollektivvertraglichen Fristen und Termine zu beenden.[402]

3. Arbeitserlaubnis

218 War ein Ausländer in den letzten 14 Monaten insgesamt 52 Wochen aufgrund einer Beschäftigungsbewilligung legal beschäftigt, kann er selbst eine Arbeitserlaubnis beantragen (§ 14a AuslBG). Die für höchstens zwei Jahre auszustellende Arbeitserlaubnis berechtigt den Ausländer zur Aufnahme einer Beschäftigung in jenem Bundesland, für welches die Arbeitserlaubnis ausgestellt wurde (§ 14a Abs 2 AuslBG). Wie die Beschäftigungsbewilligung kann auch die Arbeitserlaubnis verlängert und widerrufen werden (vgl die §§ 14e, 14f AuslBG).

4. Befreiungsschein, Daueraufenthalt-EG

219 War der Ausländer während der letzten acht Jahre in Österreich mindestens fünf Jahre legal beschäftigt (Erleichterungen für jüngere Ausländer, insb jene der „zweiten Generation"), ist ihm auf Antrag ein Befreiungsschein auszustellen (§§ 15 ff AuslBG). Der jeweils für fünf Jahre auszustellende Befreiungsschein berechtigt den Ausländer zur Aufnahme jeder Beschäftigung im Bundesgebiet ohne weitere Bewilligung des AMS. Derartige Ausländer sind somit den Inländern am Arbeitsmarkt materiell gleichgestellt. Auch der Befreiungsschein kann verlängert und widerrufen werden.

219a Der mit 1. 1. 2003 eingeführte **Niederlassungsnachweis** wurde durch das Fremdenrechtspaket 2005 durch den Daueraufenthalt-EG ersetzt. Dabei handelt es sich um

---

398 Zum Verhältnis Beschäftigungsbewilligung und Aufenthaltstitel OGH DRdA 1999, 456 (*Schnorr*).

399 Überdies steht insofern verbotene Ausländerbeschäftigung unter Verwaltungsstrafdrohung (§ 28 AuslBG); vgl auch VwGH RdW 1999, 733.

400 Der ja für die Einholung der Beschäftigungsbewilligung gar nicht zuständig ist.

401 Das Gesetz differenziert danach, ob den AG ein Verschulden am Fehlen der Beschäftigungsbewilligung trifft. IdF gebührt dem ausländischen AN eine Art „Kündigungsentschädigung" (vgl § 29 Abs 2 AuslBG).

402 MaW: Für die Dauer der ordnungsgemäßen Abwicklung des Arbeitsverhältnisses bleibt die Beschäftigung auch ohne aufrechte Beschäftigungsbewilligung weiterhin legal (§ 7 Abs 8 AuslBG); siehe dazu OGH infas 2003 A 34.

eine Berechtigung zum Aufenthalt in Österreich, die – ohne eine Bewilligung nach dem AuslBG – zur unbefristeten Niederlassung und zum uneingeschränkten Arbeitsmarktzugang berechtigt. Dieser fremdenrechtliche Aufenthaltstitel wird an sog „aufenthaltsverfestigte" Ausländer (zB seit fünf Jahren in Österreich dauernd niedergelassen und regelmäßiges Einkommen aus einer Erwerbstätigkeit oder Ehegatte/minderjähriges Kind eines solchen Ausländers mit Hauptwohnsitz seit fünf Jahren in Österreich) auf Antrag von der Bezirksverwaltungsbehörde bzw dem Magistrat ausgestellt.[403]

5. Entsandte AN: Beschäftigungsbewilligung, EU-Entsendebestätigung neu

Ausländer, die von einem ausländischen AG ohne einen im Bundesgebiet vorhandenen Betriebssitz im Inland beschäftigt werden, bedürfen grds einer Beschäftigungsbewilligung. Dauern diese Arbeiten nicht länger als sechs Monate, bedürfen Ausländer einer **Entsendebewilligung**, welche längstens für die Dauer von vier Monaten erteilt werden darf (§ 18 Abs 1 AuslBG).[404] Für längere Beschäftigungen benötigen ausländische AN somit eine Beschäftigungsbewilligung, um deren Erteilung der Betriebsinhaber noch vor Ablauf des vierten Monats nach Aufnahme der Beschäftigung anzusuchen hat. **220**

Gemäß § 18 Abs 2 AuslBG ist für ausschließlich kurzfristige Arbeitsleistungen, für die ihrer Art nach inländische Arbeitskräfte nicht herangezogen werden, eine Beschäftigungs- oder Entsendebewilligung nicht erforderlich.[405] Weiters nennt das Gesetz eine Reihe von Ausnahmen von der Bewilligungspflicht, bspw ausländische Beschäftigte im Rahmen zwischenstaatlicher Kulturabkommen oder bei Ensemblegastspielen im Theater.

Seit der Novelle BGBl I 78/2007[406] muss für die Entsendung von Nicht-EWR-Staatsangehörigen (sog Drittstaatsangehörigen), die von einem ausländischen AG mit Betriebssitz in einem Mitgliedstaat der EU zur Erbringung einer vorübergehenden Dienstleistung nach Österreich entsandt werden, keine Anzeige mehr beim AMS erstattet werden, sondern vielmehr eine Meldung an die zentrale Koordinationsstelle im BMF eingebracht werden. Eine **EU-Entsendebestätigung** ist bei Vorliegen der Voraussetzungen nach § 18 AuslBG auszustellen.[407] **220a**

6. Sonstige Bewilligungen nach dem AuslBG

Eine besondere Bewilligung besteht für Schlüsselkrafte (maximal ein Jahr), die über besondere, am inländischen Arbeitsmarkt nachgefragte Ausbildung oder über spezielle Kenntnisse, Fertigkeiten und Erfahrung verfügen (§§ 2 Abs 5, 4 Abs 6 Z 4a, 12 Abs 6 AuslBG).[408] **220b**

---

403 *Egermann*, in Mazal/Risak, Das Arbeitsrecht, Kap V Rz 19a, 27 ff.

404 Für Arbeiten im Baugewerbe kann eine Entsendebewilligung nicht erteilt werden (§ 18 Abs 11 AuslBG).

405 Das Gesetz nennt beispielsweise geschäftliche Besprechungen, Besuche von Messeveranstaltungen und Kongressen etc.

406 Umsetzung des EuGH-Urteils vom 21.9.2006, Rs C-168/04, wodurch eine Neuregelung der EU-Entsendebestätigung erforderlich wurde.

407 Ausführlich dazu *Gerhartl*, Neuerungen im Ausländerbeschäftigungsrecht, ASoK 2008/6; Dazu zT krit in europarechtlicher Hinsicht *Schrammel*, Ausländerbeschäftigung, ecolex 1997, 724.

408 *Egermann*, in Mazal/Risak, Das Arbeitsrecht, Kap V Rz 19b.

(Nur) eine **Anzeigebestätigung** und keine Beschäftigungsbewilligung ist für die Beschäftigung von Ausländern als Ferial- oder Berufspraktikanten bzw als Volontäre erforderlich, wenn diese bis zu drei Monaten im Kalenderjahr dauert (§ 3 Abs 5 AuslBG). Eine Sonderregelung besteht insb hinsichtlich Au-Pair-Kräften, die bei Vorliegen bestimmter Voraussetzungen vom Anwendungsbereich des AuslBG ausgenommen sind.[409]

E. Dauer des Arbeitsvertrags

1. Arbeitsvertrag als Dauerschuldverhältnis

221 Mit Abschluss des Arbeitsvertrages und Beginn des *Abwicklungsverhältnisses* – also der Aufnahme der wechselseitigen Leistungserbringung von Arbeit und Entgelt – tritt der Arbeitsvertrag in sein Erfüllungsstadium. Im Gegensatz zu Zielschuldverhältnissen, die mit wechselseitiger Leistungserbringung gleichsam zerfallen, ist der Arbeitsvertrag somit ein Dauerschuldverhältnis, in dessen Rahmen die Vertragspartner einander die wechselseitige dauernde Leistungserfüllung schulden. Der durch den Arbeitsvertrag beziehungsweise seine Erfüllung geschaffene Dauerzustand bedarf einer (rechtsgeschäftlichen) Beendigung[410].

222 Diese rechtsgeschäftliche Beendigung kann einmal jederzeit durch neuerliche vertragliche Einigung vorgenommen werden. In diesen Fällen spricht man von **einvernehmlicher Auflösung** des Arbeitsverhältnisses. In der Regel werden Arbeitsverhältnisse unbefristet abgeschlossen. Diese können einseitig rechtsgeschäftlich durch Kündigung oder vorzeitige Beendigungserklärung beendet werden (dazu unten Rz 393 ff). Die Beendigung des Arbeitsverhältnisses kann allerdings auch bei Abschluss des Arbeitsvertrages mitvereinbart werden. Wird bei Abschluss bereits ein Endtermin vereinbart, entsteht ein bloß **befristetes Arbeitsverhältnis**, das mit Erreichung des Beendigungstermins ohne weitere rechtsgeschäftliche Willenserklärung beendet wird.

2. Befristete Arbeitsverträge

223 Ein Arbeitsvertrag kann auf verschiedene Art und Weise befristet werden. Einmal kann das Ende des Arbeitsverhältnisses kalendermäßig fixiert sein oder an ein bestimmtes Ereignis anknüpfen.[411]

224 Befristete Arbeitsverträge sind grundsätzlich zulässig.[412] Probleme bereiten mehrfach befristete und aneinandergereihte Arbeitsverhältnisse: Da das Arbeitsverhältnis jeweils ohne Beendigungserklärung mit Fristablauf endet, führt der Abschluss sog **Kettendienstverhältnisse** zur Umgehung diverser arbeitsrechtlicher Vorschriften und wird ohne sachliche Rechtfertigung als sittenwidrig angesehen. So kann die Aneinanderreihung mehrfach befristeter Arbeitsverhältnisse zur Umgehung des Kündigungsschutzes führen. Weiters können dem AN Ansprüche, die vom ununterbrochenen Bestand oder einer gewissen Dauer des Arbeitsverhältnisses abhängen, verloren gehen oder gemindert werden (bspw Abfertigung „alt“ etc). Nach der Judikatur[413] stellt sich im Allgemei-

---

[409] Siehe dazu Ausländerbeschäftigungsverordnung BGBl 1990/606 idF BGBl II 2006/205.
[410] Zur Beendigung unten im Detail Rz 393 ff.
[411] Bspw LG Wien Arb 3638, OGH Arb 6786, Arb 8843, Arb 9563.
[412] Zur Befristung bloß einzelner Teile des Vertrages *Kuderna*, Die Befristung einzelner Elemente des Arbeitsvertrages, DRdA 1999, 329.
[413] Vgl OGH ZAS 1974, 57; Arb 8611; RdW 1994, 317 (*Peschek*); DRdA 1985, 126 (*Pfeil*); RdW 1999, 95 = DRdA 1999, 318 (*Krapf*).

nen bereits bei erstmaliger Verlängerung die Frage nach der sachlichen Rechtfertigung. Je öfter die Aneinanderreihung erfolgt, desto strenger sind die inhaltlichen Anforderungen an die Rechtfertigungsgründe.[414] Dabei spielt es auch keine Rolle, wenn zwischen den einzelnen befristeten Arbeitsverhältnissen längere Unterbrechungen liegen.[415] Fehlt einem Kettendienstverhältnis jede sachliche Rechtfertigung so ist von einem einheitlichen unbefristeten Arbeitsverhältnis auszugehen.[416]

Von einer sachlichen Rechtfertigung ist bspw bei Vorliegen eines bloß vorübergehenden Bedarfs auszugehen. Gleiches gilt für Karenzvertretungen[417], Saisonbetriebe oder im Bereich des Profisports, wo befristete Verträge die Regel sind.[418] Der Umstand, dass zwischen zwei befristeten Arbeitsverträgen ein zeitlicher Abstand liegt, schließt die Beurteilung der aneinander gereihten Verträge als einheitliches Arbeitsverhältnis nicht aus, wenn sich der Sache nach der zweite Vertrag als Fortsetzung des vorangegangenen erweist.[419]

Befristete Dienstverhältnisse können vor Zeitablauf einvernehmlich sowie jederzeit vorzeitig aus wichtigem Grund aufgelöst werden. Eine **Kündigung** ist im befristeten Dienstverhältnis hingegen grundsätzlich unzulässig, es sei denn, die Vertragspartner hätten die Kündigungsmöglichkeit vereinbart (sog „*Höchstbefristung*"). Dabei ist allerdings zu beachten, dass die Kündigungsmöglichkeit im Hinblick auf die vereinbarte Befristungsdauer keine unzulässige Durchbrechung der durch die Befristung gegebenen Bestandfestigkeit des Arbeitsverhältnisses mit sich bringt.[420] **225**

Ein für die **Lebenszeit einer Person** oder für mehr als fünf Jahre vereinbartes Dienstverhältnis kann jedenfalls vom AN nach Ablauf von fünf Jahren unter Einhaltung einer Frist von sechs Monaten gekündigt werden (vgl § 21 AngG, § 18 GAngG, § 1158 Abs 3 ABGB). Dem AG steht jedoch – außer bei deren Vereinbarung – diese Kündigungsmöglichkeit nicht zu. **226**

3. Arbeitsverträge auf/zur Probe

In der Praxis werden Arbeitsverträge zu Beginn oftmals mit der Intention geschlossen, die Eignung des AN zur vereinbarten Leistungserfüllung einer Prüfung zu unterziehen. Wird eine Probezeit vereinbart (Dienstverhältnis *auf* Probe; höchstens ein Monat, vgl § 1158 Abs 2 ABGB, § 19 Abs 2 AngG ua), kann das Arbeitsverhältnis von jedem Vertragsteil ohne Einhaltung von Fristen und Terminen sowie ohne Vorliegen von Gründen jederzeit – auch vor dessen Effektuierung durch Antritt[421] – durch einseitige **227**

---

[414] OGH ecolex 2008, 760.

[415] OGH Arb 8611; RdW 1994, 317 (*Peschek*); RdW 1999, 96 – Saisonbetrieb; DRdA 2009, 424 (krit *Resch*) – Theaterbilleteure.

[416] Siehe auch *Floretta/Spielbüchler/Strasser*, Arbeitsrecht I[4], 354.

[417] Zur Problematik der Befristung auf Dauer der Abwesenheit eines AN OGH ZAS 2009, 37 (*Krömer*).

[418] OGH RdW 1999, 488 – Profifußballer; RdW 2003, 37 – Facharztausbildung; infas 2003. A 34 – Musiker im Zirkusbetrieb.

[419] Vgl OGH Arb 11.199.

[420] Vgl dazu OGH ecolex 2004, 49 – zulässig bei Befristung auf ein Jahr; ZAS 1995, 193 (*Reissner*) – zulässig bei Befristung auf drei Jahre; DRdA 1996, 404 (*Geist*) – unzulässig bei Befristung auf neun Wochen; siehe auch *Geist*, Kündigungsklauseln bei befristeten Arbeitsverhältnissen, ÖJZ 2002, 405; OGH ZAS 2004, 288 – Transitkraft/Taxichauffeuse; dazu *Band*, Befristeter Arbeitsvertrag mit Kündigungsmöglichkeit, ZAS 2004, 270; krit dazu *Tomandl*, Höchstbefristung: eine andere Sichtweise, ZAS 2004, 276.

[421] OGH infas 2003 A 21.

Erklärung gelöst werden. Eine Probezeit oder ein Probedienstverhältnis können grundsätzlich nur am Beginn des Arbeitsverhältnisses vereinbart werden.[422]

228 Ein derartiges Dienstverhältnis auf Probe ist vom **Dienstverhältnis *zur* Probe** zu unterscheiden. Das Dienstverhältnis zur Probe ist ein befristetes Dienstverhältnis, das dem oben aufgezeigten Regime befristeter Dienstverhältnisse unterliegt. Die Erprobung ist dabei nur das rechtlich unerhebliche Motiv. In der Praxis werden Probedienstverhältnisse und Dienstverhältnisse zur Probe kombiniert: Bspw die Vereinbarung eines dreimonatigen Dienstverhältnisses zur Probe, das im ersten Monat als Probedienstverhältnis jederzeit gelöst werden kann.[423]

4. Arbeitsverträge zum vorübergehenden Bedarf

229 Davon weiters zu unterscheiden sind Arbeitsverträge zum vorübergehenden Bedarf. Die Rechtsordnung stellt für derartige Fälle des Bedarfs an kurzfristigen Aushilfskräften in den §§ 1158 Abs 2 ABGB, 20 Abs 5 AngG und 17 Abs 5 GAngG erleichterte Beendigungen zur Verfügung. Es handelt sich somit grundsätzlich um ein Arbeitsverhältnis auf unbestimmte Zeit, dessen Besonderheit sich in einer erleichterten Lösungsmöglichkeit manifestiert, weil während des ersten Monats entweder jederzeit oder mit nur einwöchiger Kündigungsfrist von beiden Vertragspartnern gelöst werden kann.[424]

Nicht zu verwechseln sind derartige Verträge mit Vereinbarungen, bei welchen die Möglichkeit des AN besteht, Beschäftigungsanbote des AG nach seinem eigenen Bedarf abzulehnen („**Beschäftigung nach beiderseitigem Bedarf**"). Nach der Judikatur sind solche Vereinbarungen insoweit unwirksam, als die Vereinbarung das Ausmaß und die Lage der Arbeitszeit von einem völlig der Willkür des AG überlassenen Anbot abhängig macht.[425]

5. Bedingte Arbeitsverträge

230 Arbeitsverträge sind grundsätzlich bedingungsfeindlich, weil die Auflösung des Arbeitsvertrags durch ein zukünftiges ungewisses Ereignis, wobei sowohl dessen Eintritt als auch der allfällige Zeitpunkt des Eintritts unsicher sind, als unzulässig angesehen wird. Derartige auflösende Bedingungen gelten als nicht vereinbart, womit ein unbefristetes Arbeitsverhältnis vorliegt. Im Falle sog *reduziert unsicherer Bedingungen*[426] geht die Judikatur demgegenüber von der Zulässigkeit bedingter Arbeitsverträge aus. Ist nämlich ein fixer Zeitpunkt gegeben, zu dem sich herausstellt, ob das bedingte Ereignis eintritt, so kann der mögliche Beendigungszeitpunkt des Dienstverhältnisses leicht festgestellt werden.[427]

Jedenfalls zulässig sind sog *Willens-* oder *Potestativbedingungen*. Hängt der Eintritt des zukünftigen ungewissen Ereignisses nur vom Willen des anderen Vertragsteils

---

422 OGH Arb 6655.
423 OGH Arb 10.094; RdW 2004, 233; OLG Innsbruck Arb 10.615.
424 Vgl *Löschnigg*, Arbeitsrecht[10], 5.3.4; OGH Arb 8843.
425 OGH ecolex 2004, 201 – betreffend Arbeitsvertrag einer Expeditaushelferin zum Einlegen von Beilagen und Werbungen in Tageszeitungen.
426 Vgl *Löschnigg*, Arbeitsrecht[10], 5.3.5.
427 Vgl OGH ZAS 1992, 160 (*Grassl-Palten*); DRdA 1999, 363 (*Dirschmied*) – Zulässigkeit einer Resolutivbedingung, Abhängigkeit des Arbeitsvertrages von der Gewährung einer Förderung des AMS.

(zumeist des AN) ab, oder steht die Erfüllung der Bedingung im Belieben des AN, so ist eine derartige Vereinbarung bis zur Grenze der Sittenwidrigkeit möglich.[428]

F. Abschlussmängel und rechts-/sittenwidrige Vertragsinhalte

Im Allgemeinen können Verträge gem den §§ 870 ff ABGB wegen Abschlussmängeln, dh insb wegen **Irrtum, Arglist oder Drohung angefochten** werden. Die erfolgreiche Anfechtung bewirkt grundsätzlich einen rückwirkenden Wegfall des Vertrags (*ex tunc*), womit eine allfällig dennoch erfolgte Leistungserbringung nach bereicherungsrechtlichen Grundsätzen rückabzuwickeln ist. 231

Bei Vorliegen eines Willensmangels bei Arbeitsvertragsabschluss lässt die hA und Jud im Gegensatz zum eben dargestellten allgemeinen Schuldrecht eine Anfechtung nicht zu, soweit sie bereits in Vollzug gesetzt wurde. Vielmehr fließt das Recht auf Anfechtung in das Recht auf vorzeitige Auflösung des Arbeitsverhältnisses über.[429] Viele vorzeitige Auflösungstatbestände in arbeitsrechtlichen Sondergesetzen schränken allerdings die Geltendmachung von Willensmängeln bei Vertragsabschluss ein.

So können bspw Arbeiter gem § 82 lit a GewO nur dann wegen Sorgfaltsverletzungen bei Vertragsabschluss entlassen werden, wenn sie den AG bei Abschluss des Arbeitsvertrages durch Vorlage falscher Zeugnisse oder durch Verschweigen eines anderen bestehenden Arbeitsverhältnisses in Irrtum geführt haben. Mittels Umkehrschluss ergibt sich daraus, dass „bloß mündliche Täuschung" bei Vertragsabschluss nicht zur Entlassung berechtigt. Ähnliche, die Geltendmachung von Abschlussmängeln ermöglichende Regelungen finden sich im MSchG, im APSG oder im SchSpG.[430]

Auch bei einem **Verstoß gegen gesetzliche Verbote oder gegen die guten Sitten**, die zur Totalnichtigkeit des Vertrages führen, hat nach allgemeinem Zivilrecht eine bereicherungsrechtliche Rückabwicklung zu erfolgen. Es ist jedoch bei Vorliegen von Nichtigkeitsgründen – bspw die Vereinbarung unerlaubter oder sittenwidriger Arbeitsleistungen („angestellte Prostituierte") – immer nach dem Schutzzweck des übertretenen gesetzlichen Verbotes zu entscheiden, ob der gesamte Vertrag nichtig ist, oder zumindest teilweise Wirksamkeit bestehen bleibt. 232

Im **Arbeitsrecht** ist jedenfalls ein trotz Nichtigkeit dennoch in Vollzug gesetztes (verbotenes) Arbeitsverhältnis solange als wirksam anzusehen, bis sich einer der Vertragspartner auf die Nichtigkeit beruft. Eine derartige Berufung auf die Nichtigkeit bewirkt die Beendigung des Arbeitsverhältnisses für die Zukunft (*ex nunc*).[431] Es ist aber auch hier idR von einer Teilnichtigkeit des Vertrages auszugehen, die zu einem Entfall bloß der unzulässigen Klausel führt bzw ist diese sogar auf das gesetzlich zulässige Ausmaß zu reduzieren (geltungserhaltende Reduktion). So ist zB eine Überstundenverpflichtung bis auf 60 Stunden wöchentlich auf das gesetzlich zulässige Maß von maximal 50 Stunden wöchentlicher Arbeitszeit zu reduzieren (Rz 309). 233

---

[428] Unzulässig, weil sittenwidrig, wäre bspw die Vereinbarung, dass das Arbeitsverhältnis bis zur Verehelichung des AN oder bis zum Eintritt einer Schwangerschaft der AN dauert (sittenwidrige Umgehung des Kündigungsschutzes nach MSchG).

[429] *Löschnigg*, Arbeitsrecht[10], 5.4.5.

[430] Dazu vgl ua für Schwangere und Mütter OGH Arb 8574; Arb 8824; Arb 10.264; weiters OGH Arb 8824; DRdA 1986, 209 (*Petrovic*) = ZAS 1984, 188 (*Müller*).

[431] Vgl *Löschnigg*, Arbeitsrecht[10], 5.4.3 mwN. Zur Nichtigkeit des Lehrvertrags vgl OGH ZAS 1984, 140 (*Müller*). Zur Nichtigkeit eines Arbeitsvertrages mit einem Ausländer vgl oben Rz 217.

G. Rücktritt vom Vertrag

234 Im Gegensatz zur Vertragsanfechtung setzt der Rücktritt einen bestehenden wirksamen und fehlerfreien Vertrag voraus. Im allgemeinen Zivilrecht dient der Rücktritt vom Vertrag dazu, Leistungsstörungen wie bspw die Verzögerung der vereinbarten Leistungserbringung zu sanktionieren (vgl die §§ 918 ff ABGB). Das ABGB regelt den Rücktritt vom Dienstvertrag überhaupt nicht. Ausdrückliche Regelungen finden sich nur in einigen Sondergesetzen.[432] Nach hA ist eine analoge Anwendung dieser sondergesetzlichen Regelungen unzulässig, ein Rücktritt vom Arbeitsvertrag daher nur nach allgemeinen Grundsätzen möglich.

Ein Rücktritt ist nur vor Eintritt des Erfüllungsstadiums möglich, somit dann, wenn der AN den Dienst nicht antritt oder der AG den AN nicht in den Dienst aufnimmt. Nach Setzung einer Nachfrist, die nur entfallen kann, wenn der Rücktrittsgrund in seiner Schwere einem Austrittsgrund (Rz 419) entspricht, kann der leistungsbereite Teil vom Vertrag unter sinngemäßer Anwendung des § 1162b ABGB zurücktreten.[433]

---

432 Vgl § 30 AngG, § 30 GAngG, § 41 SchauspG, § 11 LAG.
433 Vgl OGH DRdA 1988, 346; weiterführend *Krejci*, in Rummel, ABGB[3] §§ 1158 bis 1159c.

VIII. Der Arbeitsvertrag – materielle Aspekte

A. Haupt- und Nebenleistungspflichten

Wie bereits erwähnt ist der Arbeitsvertrag ein *synallagmatischer*, somit ein zweiseitig verpflichtender Vertrag. Nach dem Prinzip *„do ut des"* wird eine Leistung um der Gegenleistung Willen erbracht. MaW: der AN erbringt seine Arbeitsleistung wegen der Entgeltzahlung, der AG erbringt seine Entgeltzahlung wegen der Arbeitsleistung („Ohne Arbeit kein Entgelt"). Das Zurverfügungstellen der Arbeitskraft und die Zahlung des Entgelts sind die wechselseitigen Hauptleistungspflichten aus dem Arbeitsvertrag. **235**

Wie bei jedem anderen Schuldverhältnis bestehen auch im Arbeitsverhältnis zusätzlich wechselseitige **Nebenpflichten**, die auch als *Fremdinteressenwahrungspflichten* bezeichnet werden. Diese Pflichten beinhalten im Wesentlichen das Gebot zur gegenseitigen Rücksichtnahme, also die Verpflichtung die Interessen des Vertragspartners nicht nachteilig zu beeinflussen. Wesentliche Nebenpflichten aus dem Arbeitsvertrag sind auf AN-Seite bspw die Verpflichtung zur Wahrung von Betriebs- und Geschäftsgeheimnissen, das Verbot konkurrenzierende Nebentätigkeiten auszuüben uam. Auf AG Seite stehen demgegenüber die Verpflichtung die Gesundheit des AN zu bewahren oder seine Persönlichkeitsrechte zu schützen. Aufgrund des *engen personalen Einschlags* des Arbeitsverhältnisses verdichten sich diese Nebenpflichten wie in keinem anderen Vertrag. Die wechselseitigen Fremdinteressenwahrungspflichten werden als **Treue-** und **Fürsorgepflicht** bezeichnet. **236**

B. Hauptleistungspflichten

1. Persönliche Arbeitspflicht des AN

Gemäß § 1153 ABGB sind die Dienste in eigener Person zu leisten. Der AN ist also verpflichtet, seine höchstpersönliche Arbeitskraft zur Verfügung zu stellen, was eine Vertretung ausschließt.[434] **237**

a) Umfang der Arbeitspflicht

In welcher Art und Weise und in welchem Umfang der AN seine Arbeitskraft zur Verfügung zu stellen hat, hängt primär von der vertraglichen Vereinbarung ab. In Ermangelung einer ausreichenden vertraglichen Determinierung sind den *Umständen entsprechende, angemessene Dienste* oder dem *Ortsgebrauch* angemessene Dienste zu leisten (vgl § 1153 ABGB, § 6 AngG ua).[435] **238**

Damit ergibt sich folgende Reihenfolge der Prüfung: Der Vertrag bleibt auch dann wesentliche Quelle der konkreten Verpflichtungen, wenn im Hinblick auf die Ausgestaltung der Arbeitsleistung nichts vereinbart worden ist. Dann ist iSv § 914 ABGB auf die Absicht der Arbeitsvertragsparteien sowie auf die Übung des redlichen Verkehrs ab-

---

[434] Die (bloße) Möglichkeit, Hilfstätigkeiten an Dritte weiterzugeben, indiziert für sich allein allerdings noch nicht das Nichtvorliegen eines Arbeitsvertrags (OGH ecolex 1999, 790). Eine Ausnahme findet sich in § 17 HausbG, wonach der Hausbesorger für Zeiten seiner Abwesenheit selbst für einen Ersatz zu sorgen hat; vgl OGH wbl 2004/307.

[435] Siehe auch OGH DRdA 1989, 395 (*Apathy*).

zustellen. Art und Umfang der geschuldeten Dienstleistungen können sich auch schlüssig, bspw in Form einer langjährigen Übung ergeben.[436] Zudem determinieren die *Berufs-* und *Geschäftssitte* das konkrete Arbeitsverhältnis näher. Aus derartigen äußeren Umständen lassen sich im Zweifel Art und Umfang der Verpflichtung zur Leistungserbringung näher bestimmen. Ergänzend sind die Faktoren *Angemessenheit* und *Ortsgebrauch* heranzuziehen.

238a Hinsichtlich des quantitativen Umfanges, dh des Ausmaßes der **Arbeitszeit** (siehe dazu ausführlich unten Rz 318), kommt es in erster Linie auf die Vereinbarung an. Mangels Vereinbarung und anderer Anhaltspunkte ist von einem Vollzeitarbeitsverhältnis auszugehen. Gerade in wirtschaftlichen Krisenzeiten und dem damit einhergehenden verminderten Arbeitsbedarf des AG ist die vorübergehende Reduktion der Arbeitszeit („Einführung von **Kurzarbeit**") von praktischer Bedeutung. Diese wird aus Mitteln der Arbeitsmarktpolitik in Form der Kurzarbeitsbeihilfe gefördert und kann so eine Alternative zu betriebsbedingten Kündigungen darstellen.[437] Bisweilen wird vor dem Pensionsantritt auch **Altersteilzeit** vereinbart, welche unter bestimmten Voraussetzungen ebenfalls aus Mitteln der Arbeitsmarktpolitik gefördert ist und ein „Hinübergleiten" in die Pension ermöglichen soll.[438]

239 Der Arbeitsvertrag gibt jedenfalls die äußerste Grenze der Verpflichtung des AN vor. Nur in **Notfällen** ist der AN verpflichtet, auch außerhalb seiner eigentlichen vertraglichen Verpflichtung liegende Dienstleistungen zu erbringen. Handelt es sich um außergewöhnliche Fälle, so kann dem AN abverlangt werden, aufgrund der ihn treffenden Fremdinteressenwahrungspflicht (Treuepflicht) an sich nicht geschuldete Leistungen zu erbringen.[439] Die Frage der Grenzen der Arbeitspflicht spielt vor allem bei der Feststellung der Verpflichtung zur Leistung von *Überstunden* eine Rolle. Eine Verpflichtung zur Ableistung von Überstunden kann sich naturgemäß bereits aus dem Vertrag ergeben. Ist dort allerdings nichts geregelt, sind KV, BV sowie die ergänzende Vertragsauslegung (Ortsgebrauch, Betriebssitte) und uU die Treuepflicht als Grundlage der Verpflichtung zur Leistung von Überstundenarbeit heranzuziehen.[440]

b) Weisungsrecht des AG und dessen Grenzen

240 Innerhalb der Grenzen der solcherart festgestellten vertraglichen Verpflichtung zur Leistungserbringung kann der AG durch *einseitige Direktion* (Weisung) bestimmen, in welchem Umfang und auf welche Art und Weise der AN seiner Verpflichtung nachzukommen hat. Dieses Weisungsrecht des AG bezieht sich nicht nur auf rein sachliche Weisungen (bspw Art und Umfang der Leistungserbringung), sondern auch auf *persönliche* Weisungen. Demgemäß umfasst das Direktionsrecht auch die Möglichkeit zu be-

---

436 Vgl OGH DRdA 1997, 379 (*Schwarz*). Derartige konkludente Vereinbarungen finden sich vor allem in der zeitlichen Genese eines Arbeitsverhältnisses, bspw wenn durch Beförderungen Tätigkeitsveränderungen schlüssig vereinbart werden (in der Regel auch durch gleichzeitige Gehaltserhöhung). Dann ändert sich der Inhalt des Arbeitsvertrages und damit auch die konkrete Dienstleistungspflicht.

437 Siehe dazu bspw *Hutter*, Kurzarbeit – Ein Weg aus der Krise, ecolex 2009, 249; *Winter/Reiner*, Kurzarbeit, ZAS 2009, 64; *Gleißner/Gruber*, Personalmaßnahmen zur Krisenbewältigung, ZAS 2009, 52.

438 Siehe zu den unterschiedlichen Varianten *Schrank*, Die neue Altersteilzeit, ZAS 2009, 300.

439 So hat der AN in Katastrophenfällen (zB Brand am Werksgelände) auch Löscharbeiten zu verrichten, selbst wenn er normalerweise als Angestellter zu derartigen manuellen Tätigkeiten nicht verpflichtet wäre. Vgl auch die Regelung des § 20 AZG, wonach Verstöße gegen das AZG in derartigen Notfällen nicht rechtswidrig sind.

440 Vgl dazu *Jöst*, Die Verpflichtung der AN zur Überstundenleistung, ZAS 1999, 161; *Cerny/Heilegger/Klein/Schwarz*, ArbeitszeitG, §§ 6–8 Erl2; OGH ZAS 1997, 21 (*Brodil*).

stimmen, wann, auf welche Art und Weise, mit welchen Produktionsmitteln und in welcher Form der AN seine Leitung zu erbringen hat.[441] Einseitige Gestaltungsrechte dürfen vom AG im Rahmen seines Weisungsrechts nur nach billigem Ermessen ohne gröbliche Benachteiligung des AN ausgeübt werden.[442]

Es entspricht der stRspr, dass das Weisungsrecht des AG bei **befristeten bzw unkündbaren Arbeitsverträgen** nicht zu eng begrenzt werden darf, da der AN im Zeitpunkt des Vertragsschlusses nicht damit rechnen durfte, bei einer Änderung der Umstände ein arbeitsloses Einkommen zu erzielen. Deshalb schulden solche AN im Rahmen des Zumutbaren eine erhöhte Flexibilität, um im Falle geänderter Verhältnisse eine organisatorische Anpassung zu ermöglichen.[443]

Überschreitet der AG mit einer Weisung die Grenzen der vertraglich vereinbarten Leistungspflicht des AN so handelt es sich nicht mehr um eine **direktoriale**, sondern um eine **vertragsändernde** Weisung, die als Angebot zur Änderung des Arbeitsvertrags anzusehen ist. Der AN kann ein derartiges Offert entweder ablehnen oder annehmen. Die Annahme kann nicht nur ausdrücklich, sondern auch konkludent (§ 863 ABGB) oder durch schlichte Entsprechung (§ 864 ABGB) erfolgen.[444] **241**

Abseits derartiger Vertragsänderungen kennt die Praxis auch Formen der **Vertragsergänzung**. Dabei wird zusätzlich zum bestehenden Vertrag eine weitere Verpflichtung des AN und/oder des AG vereinbart. Eine große Rolle spielen derartige Vertragsergänzungen im Bereich der freien BV oder der Betriebsübung (dazu oben Rz 192 ff). **242**

Neben der vertraglichen Ebene ist bei der Ausübung des Weisungsrechts bzw bei Vertragsänderungen in Betrieben mit BR der **Versetzungsschutz** gem § 101 ArbVG von Bedeutung: Jede dauernde, dh voraussichtlich mindestens 13 Wochen dauernde Einreihung eines AN auf einen anderen Arbeitsplatz ist dem BR unverzüglich mitzuteilen; auf Verlangen ist darüber zu beraten. Ist mit der Versetzung eine Verschlechterung der Entgelt- oder sonstigen Arbeitsbedingungen verbunden, bedarf sie zu ihrer Rechtswirksamkeit der vorherigen Zustimmung des BR. Diese Zustimmung kann durch Urteil des Gerichts ersetzt werden, wenn die Versetzung sachlich gerechtfertigt ist. Unter *Versetzung* iSd § 101 ArbVG wird jede wesentliche Veränderung der Arbeitsaufgaben, des Arbeitsortes oder eine gravierende Änderung der Arbeitszeit (zB Wechsel zur Schichtarbeit) verstanden.[445] Eine *Verschlechterung der Arbeitsbedingungen* tritt – abgesehen von der ausdrücklich erwähnten Entgeltschmälerung – bei Verlängerung des Anmarschweges, ungünstigerer Umweltbedingungen oder Arbeitszeiten sowie bei einer Verringerung des innerbetrieblichen Einflusses oder Ansehens („Degradierung") ein.[446] **242a**

---

441 Das persönliche Weisungsrecht des AG geht in manchen Bereichen bis hin zu sehr persönlichen Bereichen, bspw Bekleidungsvorschriften. So kann der AG bspw bei Bankangestellten oder Schalterbeamten bestimmen, welche Bekleidung oder Frisur der AN zu tragen hat; Vgl OGH DRdA 2000, 142 (*Firlei*) – Königskette als Krawattenersatz.

442 Ausführlich dazu *Risak*, Einseitige Entgeltgestaltung im Arbeitsrecht (2008).

443 OGH RdW 2000/750; DRdA 2001, 179; *Goricnik*, Weisungsrecht des Arbeitgebers und unkündbare Arbeitsverhältnisse, RdW 2001, 547.

444 Derartige Vertragsänderungen kommen in der Praxis häufig vor. Oftmals sind sie dem AN gar nicht bewusst.

445 OGH DRdA 1980, 390 (*Cermak*); *Brodil*, in Mazal/Risak, Das Arbeitsrecht, Kap X Rz 71; *Drs*, Versetzungsschutz nach veränderter Arbeitszeit?, RdW 2000, 286; zur Rückversetzung nach einer befristeten Beförderung OGH DRdA 2002, 232 (*Kallab*).

446 Insb OGH DRdA 1979/10 (*Mörkelsberger*); *Brodil*, in Mazal/Risak, Das Arbeitsrecht, Kap X Rz 72; *Kietaibl*, Die Versetzung aus arbeitsvertraglicher Sicht, ZAS 2005, 52; *Tinhofer*, Die kollektivrechtlichen Aspekte der Versetzung, ZAS 2005, 59.

c) Recht auf Beschäftigung

243 In engem Zusammenhang mit der Frage der Leistungsverpflichtung steht die Frage nach dem Recht auf Beschäftigung, dh ein (einklagbares) Recht des AN tatsächlich beschäftigt zu werden. Bloß § 21 SchauspielerG bzw §§ 9, 18 BAG kennen eine solche (mittelbare) Pflicht des AG, als ein Schadenersatzanspruch gegeben ist. Ein allgemeines Recht auf Beschäftigung, das zB eine gänzliche Dienstfreistellung unter Entgeltfortzahlung (sog „Suspendierung") verböte, wird von der Rspr jedoch abgelehnt. Bloß in jenen Bereichen, in denen das Unterbleiben der tatsächlichen Beschäftigung zu einem Qualifikationsverlust oder zum Verlust berufsspezifischer Berechtigungen führen würde (zB Ärzte, Piloten, Buslenker, auch Berufsfußballer) wird ein Recht auf Beschäftigung aus dem Arbeitsvertrag tatsächlich bejaht.[447]

d) Arbeitsort

244 Wie der Umfang der Verpflichtung zur Leistungserbringung ergibt sich auch der Arbeitsort in erster Linie aus dem Vertrag, der in der Praxis zumeist eine Versetzungsklausel enthält. Danach kann der AN an einen anderen Arbeitsort versetzt werden, soferne er dadurch in seinen Interessen nicht gröblich benachteiligt wird.[448] Bei manchen Tätigkeiten kann der Arbeitsort hingegen bereits berufsbedingt kaum oder nur schwer feststellbar sein (bspw Vertreter, Bauarbeiter etc).[449] Aber selbst bei einer ausdrücklichen Vereinbarung des Arbeitsortes in einer Kaufhausfiliale ist nach der Rspr bei deren Stilllegung die Versetzung in eine andere (in zumutbarer Entfernung liegende) Filiale zulässig (sog „Folgepflicht des AN").[450]

2. Entgeltpflicht des AG

a) Begriff des Entgelts

245 Die der Arbeitspflicht des AN gegenüberstehende Hauptleistungspflicht des AG ist die Verpflichtung dem AN Entgelt zu leisten. Unter Entgelt wird jede Art von Leistung verstanden, die dem AN für die Zurverfügungstellung seiner Arbeitskraft gewährt wird.[451] Zum Entgelt gehören nicht nur laufender Lohn oder Gehalt, sondern auch die üblichen regelmäßigen oder sonstigen ordentlichen und außerordentlichen Leistungen,

[447] Dazu vgl *Schwarz*, Die Beschäftigungspflicht im Arbeitsverhältnis, in FS Floretta 415; grundlegend *Strasser*, Das Recht des DN auf Beschäftigung, ÖJZ 1954, 60; OGH ZAS 1997, 168 (*Risak*); OGH wbl 2003, 540; OGH DRdA 2003, 536 (*Mazal*); OGH ZAS 2008, 86 (*Thomas*) – Recht auf Beschäftigung eines Berufsfußballspielers; siehe auch *Brodil*, Recht auf Beschäftigung – Möglichkeiten und Grenzen, in Grundei/Karollus (Hrsg) Aktuelle Rechtsfragen des Fußballsports IV (2006) 47; *Pacic*, „Recht auf Beschäftigung" einer überlassenen Arbeitskraft, ecolex 2009, 1075.

[448] Auch eine derartige einseitige Gestaltung kann nur nach Treu und Glauben erfolgen. Im Zusammenhang mit dem gewöhnlichen Wohnort, den familiären Verhältnissen des AN etc kann unter Umständen – bei entsprechender vertraglicher Vereinbarung (zB Arbeitsort Österreich) – auch eine Versetzung im gesamten Bundesgebiet erfolgen; dazu vgl etwa OGH ZAS 1995, 131 (*Vogt*); *Goricnik*, Zur Folgepflicht des Arbeitnehmers bei Betriebsverlegung, RdW 2000, 547; *Mayr*, Betriebsverlegung – Versetzung – Folgepflicht des Arbeitnehmers/der Arbeitnehmerin, ecolex 2002, 295.

[449] Dazu vgl OGH DRdA 1994, 53 (*Spitzl*); Arb 8493, Arb 8565.

[450] OGH ZAS 2001/8 (zust *Korn*); krit *Wachter*, Grenzen des Weisungsrechtes in Bezug auf Art und Ort der Tätigkeit, DRdA 2001, 495 (504); *Gerlach*, Neues zum Arbeitsort?, ecolex 2001, 131.

[451] *Krejci*, in Rummel, ABGB[3] Rz 9 zu § 1152; OGH ZAS 1977, 140 (*Klein*); OGH Arb 9579, Arb 9798.

selbst wenn diese auf die tatsächliche Mehrleistungen des AN abgestellt und daher wie im Falle vom Akkord oder einer Provision variabel sind.[452] Auch Leistungen Dritter können zum Entgeltbestandteil werden, wenn der Arbeitgeber auf die Zahlung entsprechenden Einfluss nimmt und einen Vertrauenstatbestand schafft.[453]

Dem stehen sog *entgeltferne* Leistungen gegenüber. Diese gebühren nicht für die Zurverfügungstellung der Arbeitskraft ieS, sondern werden vom AG erbracht um die sozialen oder kulturellen Interessen des AN zu fördern und liegen deshalb außerhalb des arbeitsvertraglichen Synallagmas (zB vergünstigte Theaterkarten oder Fitnesscenter-Mitgliedschaften).[454] 246

Vom Entgelt zu unterscheiden ist die **Aufwandsentschädigung**. Diese soll bestimmte mit der Arbeitserbringung verbundene Aufwendungen abdecken und gebührt nicht für die Zurverfügungstellung der Arbeitskraft. Als Aufwandsentschädigung ist etwa anzusehen: Kilometergeld für die Benutzung des Privat-Kfz, „Zulagen" für erhöhten Reinigungsaufwand oÄ, Diäten für Dienstreisen, die den erhöhten Mehraufwand abdecken sollen etc. Diese Unterscheidung ist insb für die Entgeltfortzahlung bei Unterbleiben der Arbeitsleistung (Rz 261 ff) von Bedeutung, da Aufwandersätze nicht fortgezahlt werden müssen. 247

b) Entgelthöhe

Der Arbeitsvertrag ist gem § 1152 ABGB nicht notwendigerweise entgeltlich. Zwar kennt die moderne Praxis kaum einmal tatsächlich unentgeltliche Arbeitsverträge[455], allerdings sind sie gesetzlich nicht ausgeschlossen.[456] Sollte nichts anderes vereinbart sein, gilt ein angemessenes Entgelt als bedungen (§ 1152 ABGB). Die Höhe des Entgelts richtet sich somit primär nach der vertraglichen Vereinbarung. In weiten Bereichen regeln KV (Satzung, Mindestlohntarife) allerdings ein „Mindestlohnniveau", das wegen der relativ zwingenden Wirkung des KV nicht unterschritten werden darf.[457] Ein gesetzlicher Mindestlohn besteht jedoch in Österreich nicht. 248

Für **überlassene AN**[458] enthält § 10 AÜG eine Mindestentgeltvorschrift: Die überlassene Arbeitskraft hat Anspruch auf ein **angemessenes, ortsübliches Entgelt**, das mindestens einmal monatlich auszuzahlen und schriftlich abzurechnen ist. Normen der kollektiven Rechtsgestaltung (KV und BV), denen der **Überlasser** unterworfen ist, bleiben unberührt. In erster Linie bestimmt sich das ortübliche Entgelt an Hand des für den Überlasser geltenden KV. Besteht jedoch im Betrieb des Überlassers kein KV, so ist nicht nur nach der Art der Arbeitsleistung ein möglichst sacheinschlägiger KV, sondern auch eine ortsübliche Überzahlung über dem kollektivvertraglichen Mindestentgelt zu be- 249

---

452 *Löschnigg*, Arbeitsrecht[10], 6.5.1; OGH Arb 9579, Arb 9798.

453 ZB Zahlungen von Assistenzgebühren an Krankenschwestern im Belegspital (OGH RdW 1997, 615); zum Trinkgeld siehe *Spielbüchler,* in Floretta/Spielbüchler/Strasser, Arbeitsrecht, Band I 4.

454 Vgl OGH DRdA 1995, 39 (*Eypeltauer*); DRdA 1997, 27 (*Eypeltauer*). Siehe dazu im Zusammenhang mit der Betriebsübung Rz 196.

455 Bei den in der Praxis häufig vorkommenden Volontariaten und unbezahlten Praktika ist die Einordnung als Arbeitsvertrag mangels einer Arbeitsverpflichtung häufig fraglich.

456 Allerdings liegt nach der Rspr bei einer Unterschreitung der kollektivvertraglichen Mindestentgelte von ähnlichen Tätigkeiten um ca die Hälfte eine sittenwidrige Unterentlohnung vor (OLG Graz Arb 10.850).

457 Dazu siehe Rz 113 ff.

458 Zur Arbeitskräfteüberlassung siehe oben Rz 59.

rücksichtigen.[459] Bei der Beurteilung der Angemessenheit ist für die Dauer der Überlassung auf das im Beschäftigerbetrieb vergleichbaren AN für vergleichbare Tätigkeiten zu zahlende kollektivvertragliche Entgelt Bedacht zu nehmen. Das bedeutet, dass der überlassenen Arbeitskraft (für die Zeit der Überlassung) zwingend zumindest die im **KV des Beschäftigerbetriebes** vorgesehenen **Mindestentgelte** zustehen.[460] Ein höherer Grundentgeltanspruch nach Arbeitsvertrag oder Überlasser-KV bleibt unberührt.[461]

c) Entgeltformen

250 Entgelt kann in verschiedenen Formen geleistet werden. Unter Geldlohn versteht man jede in Geld ausgedrückte Zahlung, also auch die bargeldlose Überweisung.[462] Naturallohn ist begrifflich im Sinne eines „Restbegriffes" alles, was nicht Geldlohn ist. Neben in natura geleisteten Sachleistungen (bspw Kohledeputate, Nahrungsmittel, Fleischbezugsgutscheine etc) spielen in diesem Bereich Dienstwohnungen eine wesentliche Rolle.[463] § 78 Abs 4 und 5 GewO sowie § 206a ABGB verbieten das sog Trucksystem. Demnach darf der AN nicht gezwungen werden, Gegenstände seines Bedarfs aus gewissen Verkaufsstätten (des AG) zu beziehen.[464]

251 Strukturell kann zwischen Zeitlohn und Leistungslohn sowie dem Erfolgslohn unterschieden werden, wobei in der Praxis zumeist Mischformen auftreten (zB eine Umsatzprovision, dh die Beteiligung des vom AN erzielten Umsatzes als Entgelt mit Erfolgs- und Leistungskomponenten)[465]:

- **Zeitlohn** bemisst sich nach der Dauer der Arbeit ohne Rücksicht auf den erzielten Arbeitserfolg. Der Zeitlohn wird nach Zeitperioden berechnet, er richtet sich entweder nach Jahren, Monaten, Wochen oder nach Stunden (Stundenlohn). Abgegolten wird die Zurverfügungstellung der Arbeitskraft für einen bestimmten Zeitraum, auf die konkrete Leistung während dieses Zeitraumes kommt es hingegen nicht an.
- Demgegenüber ist für sämtliche Formen des **Leistungslohns** kennzeichnend, dass sich die Höhe des Entgelts nach einem bestimmten vorweg vereinbaren Leistungs- oder Arbeitserfolg richtet[466]. Leistungslohn tritt in verschiedenen Formen auf: „Klas-

---

[459] OGH DRdA 2001, 40 (*Schindler*); DRdA 2002, 307 (*Schindler*). Das Problem ist mittlerweile entschärft, da sowohl für Angestellte sowie für Arbeiter in Arbeitskräfteüberlassungsunternehmen KV gelten.

[460] Dem überlassenen AN gebührt hingegen **nicht** das im Beschäftigerbetrieb übliche **Ist-Lohnniveau**; OGH DRdA 2001, 343 (*Weiss*); *Ritzberger-Moser*, Der Entgeltanspruch der überlassenen Arbeitskraft nach § 10 Abs 1 AÜG, DRdA 1992, 337; *Andexlinger*, Zum Entgelt überlassener Arbeitnehmer als Hauptproblem des AÜG, RdW 1989, 341; *Schrank,* Grundfragen des Entgeltanspruchs überlassener Arbeitnehmer nach § 10 Abs 1 AÜG, ZAS 1991, 52.

[461] *Schindler*, Arbeitskräfteüberlassungs-KV (2003).

[462] Gemäß § 97 Abs 1 Z 3 ArbVG kann über Art und Weise der Abrechnung und insb Zeit und Ort der Auszahlung der Bezüge eine erzwingbare BV abgeschlossen werden (Rz 182).

[463] Dazu *Krejci*, Einige Fragen zum Dienstwohnungsrecht, in Tomandl (Hrsg), Betriebliche Sozialleistungen 121; *Wachter*, Rechtsprobleme bei Dienst-, Natural-, Werks- und Mietwohnungen von AN; zur Abgrenzung vom Bestandvertrag vgl OGH DRdA 1998, 268 (*Eypeltauer*).

[464] *Löschnigg*, Arbeitsrecht[10], 6.5.2.1, 6.5.8.

[465] Siehe dazu *Risak*, Innovative Entlohnungsmodelle, ZAS 2009, 140.

[466] Das bedeutet allerdings noch nicht, dass der AN die Erzielung eines bestimmten Arbeitsergebnisses schuldet. Vielmehr soll Leistungslohn motivationsfördernd wirken. Beachte den notwendigen BV-Tatbestand gem § 96 Abs 1 Z 4 ArbVG (Rz 177 f), worunter Provisionen nicht fallen (OGH RdW 2000/24), aber Zielerreichungsprämien (OGH ZAS 2009, 241 [krit *Schrank*] = DRdA 2009, 307 [zust *Jabornegg*]); aA insb *Risak*, Notwendige Betriebsratsmitbestimmung bei Zielerreichungsprämien?, RdW 2007/760; zu den Rechtsfolgen *Korenjak*, Leistungslöhne: Rechtsfolgen fehlender Zustimmung des BR, ecolex 2009, 886.

sische" Form ist der *Akkord,* bei dem sich die Entgelthöhe nach vom AN erbrachten Arbeitseinheiten richtet.

- Die dritte idealtypische Entgeltform ist jene des **Erfolgslohnes**, wonach sich die Entgelthöhe nach dem wirtschaftlichen Erfolg der Tätigkeit des AN oder insb des Unternehmens bestimmt (zB Gewinnbeteiligung, Aktienoptionen).[467]

In der Praxis werden diese neben dem fixen Zeitlohn bezahlten **variablen Entgeltbestandteile** unterschiedlich bezeichnet: Unterschieden wird traditionell zwischen Provisionen als Beteiligung an vom AN vermittelten Geschäften sowie Prämien und Boni als Belohnung zur Erreichung bestimmter individueller oder gesamtbetrieblicher Ziele. In jüngster Zeit entwickeln sich verstärkt Formen von Entgeltfindungsmethoden, die auf *„Performance Management"-Systemen* beruhen sowie *Gewinnbeteiligungen*, die auch in einer BV geregelt werden können (§ 97 Abs 1 Z 16, Rz 185 f), als Beteiligung der AN am wirtschaftlichen Ergebnis des Unternehmens.[468] Damit verwandt sind Mitarbeiterbeteiligungsmodelle in Form von Aktienoptionen, sog *„Stock Options"*, die ebenfalls als Entgelt zu beurteilen sind.[469] 252

Die in der Praxis überaus häufigen **Sonderzahlungen** (Remunerationen; sog „Weihnachts- und Urlaubsgeld", 13. und 14. Monatsbezug) sind gesetzlich nicht vorgesehen. Wegen ihrer steuerrechtlichen Privilegierung (Rz 255) findet sich dieses „austriacum" jedoch in allen Kollektivverträgen und werden Sonderzahlungen üblicherweise auch außerhalb des Geltungsbereiches von Kollektivverträgen in den Einzelarbeitsverträgen vereinbart.[470] 252a

d) Flexibilisierung von Entgelt-Vorbehalte

Die Arbeitsvertragsparteien können nicht nur durch die Wahl eines Entgeltmodells (Leistungs- und/oder Erfolgslohn) das Entgelt variabel gestalten, sondern dieses auch durch die Vereinbarung von Vorbehalten in dem Sinne flexibilisieren, dass die Entgelthöhe einseitig vom AG an geänderte Verhältnisse angepasst werden kann. Man unterscheidet dabei unterschiedliche Arten von Vorbehalten: 252b

- Durch einen sog **Freiwilligkeits- oder Unverbindlichkeitsvorbehalt**[471] soll klargestellt werden, dass es sich bei einer AG-Leistung um eine freiwillige Leistung ohne Anerkennung einer Rechtspflicht handelt. Auch durch die wiederholte und regelmäßige Gewährung soll kein wie auch immer gearteter Rechtsanspruch für die Zukunft erwachsen und das Entstehen einer Betriebsübung (Rz 194 ff) ausgeschlossen werden. Will der AG die Leistung nicht weiter erbringen, so reicht es aus, dass er ihre Gewährung einfach einstellt.

---

[467] Siehe dazu *Felten*, Arbeitsrechtliche Grenzen ausschließlich erfolgsabhängigen Entgelts, ecolex 2009, 510.

[468] *Löschnigg*, Die Vereinbarung erfolgsabhängiger Entgelte, DRdA 2000, 467. Zu den betriebsverfassungsrechtlichen Aspekten (zwingende Mitbestimmung bei Leistungsentgelten gem § 96 Abs 1 Z 4 ArbVG) siehe Rz 178g.

[469] Dabei handelt es sich um das dem AN eingeräumte Recht, Aktien zu im Voraus bestimmten Konditionen zu einem späteren Zeitpunkt zu erwerben. Dazu *Zehetner/Wolf*, Arbeitsrechtliche Probleme bei Stock Option Modellen, ecolex 2001, 12; *dies*, Stock Options und Beendigung des Arbeitsverhältnisses, ecolex 2001, 16; *Resch*, Arbeitsrechtliche Fragen der Mitarbeiterbeteiligung, in Achatz/Jabornegg/Resch (Hrsg), Mitarbeiterbeteiligungen – Aktienoptionen (2002) 66; OGH Arb 12.324.

[470] Dazu OGH DRdA 1997, 190 (*Schindler*).

[471] Siehe dazu OGH wbl 2009/178; *Risak*, Der Widerrufsvorbehalt, ZAS 2006, 162 mzN.

- Beim **Einmaligkeitsvorbehalt** wird dem AN ein Rechtsanspruch auf eine einmalige Leistung eingeräumt, ein solcher auf erneute Gewährung soll jedoch ausgeschlossen werden, was praktisch insb im Zusammenhang mit Bonuszielvereinbarungen von Bedeutung ist. Der Anspruch entsteht dann auf die jeweils zugesagte Leistung und erlischt mit deren Zahlung.[472]
- Ein **Änderungs-** oder **Widerrufsvorbehalt**[473] gibt dem AG die Möglichkeit, das Entgelt einseitig, dh ohne Zustimmung des AN abzuändern bzw Entgeltteile auch zur Gänze zu widerrufen. Eine besondere Spielart des Änderungsvorbehalts sind sog „Jeweils-Klauseln", dh vertragliche Vereinbarungen, wonach eine bestimmte idR generelle Regelung (zB eine Provisionsordnung, eine Reisekostenrichtlinie) in der jeweils geltenden Fassung Bestandteil des Arbeitsvertrages sein sollen. Derartige Vorbehalte dürfen nur im Rahmen billigen Ermessens ausgeübt werden, dh die betrieblichen Interessen des AG an der Entgeltreduktion (zB wegen massiver Verschlechterung des Geschäftsgangs) sind gegen das Interesse des AN an der Aufrechterhaltung der bisherigen Arbeitsbedingungen abzuwägen.[474]

e) Fälligkeit des Entgelts

253 Die Fälligkeit des Entgelts ist grundsätzlich vertraglich frei vereinbar. Die entsprechenden gesetzlichen Bestimmungen für Arbeiter (§ 77 GewO, § 1154 ABGB) sind disponibel, dh sie greifen nur dann, wenn vertraglich nichts Abweichendes vereinbart wurde. Sie enthalten eine typische Verknüpfung zwischen Fälligkeit und Erfüllung einer bestimmten, periodischen (wöchentlichen, monatlichen) Arbeitsleistung – das Entgelt gebührt somit prinzipiell im Nachhinein.[475] Für Angestellte ist hingegen das Gehalt spätestens am Monatsende zu zahlen (§§ 15, 40 AngG).[476] Das vertraglich vereinbarte Entgelt versteht sich – abseits allfälliger Nettolohnvereinbarungen[477] – regelmäßig als Bruttobetrag.

f) Rückforderung von Übergenüssen

253a Von dem Grundsatz, dass rechtsgrundlos zuviel Gezahltes zurückgefordert werden kann (§ 1431 ABGB), besteht im Arbeitsrecht eine wesentliche Ausnahme: Nach stRspr[478] ist die Rückforderung dann ausgeschlossen, wenn diese Zahlungen vom AN in guten Glauben empfangen und verbraucht wurden.[479] Da die Redlichkeit des AN vermutet wird (§ 328 ABGB), hat der entgeltrückfordernde AG dessen Unredlichkeit zu

---

472 Zur Problematik der Kettenbefristung von Entgeltteilen siehe *Risak*, Ausgewählte Rechtsprobleme von Zielbonusvereinbarungen, ZAS 2008, 196 (197).

473 Siehe dazu ausführlich *Risak*, Einseitige Entgeltgestaltung 243.

474 So bspw OGH Arb 12.366 = JBl 2004, 529 – Datenverarbeitungszulage.

475 Zwingend ist jedenfalls § 1154 Abs 3 ABGB, wonach bei Beendigung des Arbeitsverhältnisses das (ausständige) Entgelt sofort fällig wird; dazu sowie zu Art und Ort der Entgeltzahlung vgl eingehend Arbeitsrecht[10], 6.5.3.3; zur Fälligkeit aus Zeitausgleichsguthaben OGH DRdA 2005, 176 (*Balla*).

476 Entgegenstehende Vereinbarungen sind nichtig – OGH RdW 2002/41.

477 Zu einer (echten) Nettolohnvereinbarung, bei welcher der AG das Steuer- bzw Abgabenrisiko trägt, vgl OGH DRdA 1997, 217 (*Mayr*).

478 Grundsatzentscheidung: OGH Arb 3893 – Judikat 33 (neu); *Karner*, in Mazal/Risak, Das Arbeitsrecht, Kap VI Rz 64 ff; *Thurnhart*, Die Einrede des gutgläubigen Verbrauchs, ZAS 2001, 102; zu den Grenzen *Rauch*, Rückforderungsrecht des Arbeitgebers bei irrtümlicher Zahlung, ASoK 2000, 406.

479 Nicht gutgläubig ist zB ein AN, der vertragswidrige Abrechnungen vorlegt – OGH DRdA, 257 (*Eypeltauer*). Bei nur anteilig zustehenden Sonderzahlungen ist auch ohne Rückzahlungsregel

beweisen, auch muss der AN nicht den Beweis des tatsächlichen Verbrauchs antreten. Diese stark eingeschränkte Rückforderungsmöglichkeit gilt jedoch nicht für die (zu wenig abgeführte) Lohnsteuer.[480]

3. Die steuerrechtliche Behandlung des Entgelts

Bei Einkünften aus nichtselbständiger Arbeit, wozu gem § 25 EStG insb Einkünfte und Vorteile aus einem bestehenden und früheren Dienstverhältnis zählen, wird die Einkommensteuer als Lohnsteuer durch Abzug vom Arbeitslohn erhoben (§ 47 EStG).[481] Die Berechnung, Einbehaltung und Abfuhr der Lohnsteuer obliegt dem AG, welcher auch für die richtige Einbehaltung und Abfuhr der Lohnsteuer haftet (§ 79 f, 82 EStG).[482] Der Lohnsteuersteuersatz ist ein progressiver Staffeltarif; der von Einkommenstufe zu Einkommenstufe steigende Steuersatz (0%–50%) ist jeweils nur auf den Mehrbetrag über der letzten Stufe anzuwenden. Dabei ist die zu ermittelnde Einkommensteuer weiter um verschiedene Absetzbeträge zu kürzen.[483] **254**

Für **sonstige Bezüge** des AN neben dem laufenden Arbeitslohn (zB 13. und 14. Monatsbezug, Belohnungen), beträgt die Lohnsteuer bis zu einem Betrag von € 620,– 0% und darüber – soweit sie ein Sechstel der laufenden Bezüge nicht übersteigen („Sechstelgrenze") – 6% (§ 67 Abs 1 f EStG).[484] Ebenfalls diesem günstigen fixen Steuersatz von 6% unterliegen die gesetzliche oder in einem KV vorgesehene Abfertigung bzw Auszahlungen aus MV-Kassen (§ 67 Abs 3 EStG, überhaupt keine Steuern fallen bei Übertragung des Abfertigungsbetrag an ein Versicherungsunternehmen zur Rentenauszahlung oder an eine Pensionskasse bzw beim Erwerb von Pensionsinvestmentfonds an). Allfällige freiwillige Abfertigungen bzw Abfindungen[485] (nicht die Urlaubsersatzleistung, vgl § 67 Abs 8 lit d EStG), soweit sie ein Viertel der laufenden Bezüge der letzten zwölf Monate nicht übersteigen (Abs 6 leg cit), unterliegen ebenfalls dem fixen Steuersatz. **255**

C. Vertragliche Nebenpflichten

1. Treuepflicht des AN

Wie bereits erwähnt bestehen im Arbeitsvertrag eine ganze Reihe vertraglicher Nebenpflichten, die aufgrund des engen personalen Einschlags des Arbeitsverhältnisses von herausragender Bedeutung sind. Den AN trifft aus dem Arbeitsvertrag eine umfassende Treuepflicht. Es handelt sich allerdings dabei nicht um „Treue in persönlicher **256**

---

ein gutgläubiger Verbrauch ausgeschlossen – OGH RdW 2000/608; ecolex 2009, 983; siehe auch *Wolfsgruber*, Rückforderung von Urlaubsentgelt bei Urlaubsvorgriff, RdW 2002, 166.

480 OGH RdW 1988, 19; *Kuras*, Zwischen Finanzamt und Gericht, ecolex 1990, 562; anders ist dies bei den Sozialversicherungsbeiträgen, siehe *Karner*, in Mazal/Risak, Das Arbeitsrecht, Kap VI Rz 68.

481 Zur sozialversicherungsrechtlichen Behandlung des Entgelts siehe *Brodil/Windisch-Graetz*, Sozialversicherungsrecht[5], 53.

482 Siehe dazu *Doralt/Ruppe*, Steuerrecht I[9] (2007) Rz 727 ff.

483 Eingehend *Doralt/Ruppe*, Steuerrecht I[9], Rz 697 ff.

484 Siehe dazu die LStR 2002 Rz 1070 ff, bezüglich der „Abfertigung neu" Rz 1079a. Die LStR finden sich online unter https://findok.bmf.gv.at/findok/.

485 LStR 2002 Rz 1084 ff; Kündigungsentschädigungen sind gem § 67 Abs 8 lit b EStG nach Abzug eines steuerfreien Fünftels des Betrages mit dem Tarif des Kalendermonats, in dem sie zufließen, zu versteuern (LStR 2002 Rz 1100 ff).

oder ethischer Hinsicht", sondern um eine umfassende Verpflichtung betriebliche Interessen des AG zu schützen.[486] Der Inhalt der Treuepflicht wird aus den diversen in gesetzlichen Bestimmungen angeordneten Pflichten abgeleitet.[487] Derartige Bestimmungen haben hauptsächlich *Unterlassungspflichten* zum Gegenstand, verpflichten also den AN, betriebliche Interessen nachteilig beeinflussende Handlungen zu unterlassen. Dies äußert sich bspw in den in einem Umkehrschluss aus den Entlassungstatbeständen abzuleitenden Verpflichtungen, sich in der Tätigkeit von dritten Personen keine unberechtigten Vorteile zuwenden zu lassen (§ 27 Z 1 AngG) oder keine Geschäfts- oder Betriebsgeheimnisse zu verraten (§ 82 lit e GewO). Nur in wenigen Fällen umfasst die Treuepflicht auch die Pflicht zu einem *positiven Tun*, bspw dann, wenn der AN in Ausnahmesituationen an sich nicht geschuldete Dienste zu leisten hat.[488] Die für die Treuepflicht relevanten Entlassungstatbestände werden unten im jeweiligen Sachzusammenhang erörtert (Rz 423 ff).

257 Wesentliche aus der Treuepflicht erfließende Pflichten des AN sind

- die Beistands- und Anzeigepflicht,
- die Verschwiegenheitspflicht[489],
- das Verbot von der Arbeitserbringung abträglichen Nebentätigkeiten oder Nebenbeschäftigungen und
- der Geschenkannahme, sowie
- als Gehorsamspflicht die Pflicht Weisungen des AG nachzukommen.

Der AN ist somit in umfassender Weise dazu angehalten, die (betrieblichen) Interessen seines Vertragspartners zu wahren und im wahrsten Sinne des Wortes fremde Interessen zu schützen. Dadurch soll einmal die Verminderung der Arbeitsleistung verhindert werden. Zum anderen soll der AG vor einer Konkurrenzierung durch seinen eigenen AN geschützt werden. Für *Angestellte* findet sich zudem im § 7 AngG (**Konkurrenzverbot**) das Verbot, ohne Bewilligung des AG ein selbständiges kaufmännisches Unternehmen zu betreiben oder im Geschäftszweig des AG für eigene oder fremde Rechnung Handelsgeschäfte zu machen. § 7 Abs 2 AngG sieht vor, dass der Angestellte bei Verstößen gegen das Konkurrenzverbot verpflichtet ist, auf Verlangen des AG entweder den Ersatz des verursachten Schadens oder den Eintritt in die abgeschlossenen Geschäfte mit anschließender Rechnungslegung zuzulassen. Für *Arbeiter* fehlt eine diesbezügliche gesetzliche Regelung, ein Verbot der abträglichen Nebentätigkeit ergibt sich aber aus dem entsprechenden Entlassungsgrund des § 82 lit e GewO (Rz 433).

258 Nach hA bestehen Treuepflichten nicht erst mit Eintritt des Arbeitsvertrages in das Erfüllungsstadium. Vielmehr sind schon im **Anbahnungsverhältnis** jene Pflichten relevant, die nicht notwendigerweise den aufrechten Bestand des Arbeitsverhältnisses erfordern. Daher hat der AN auch über bei (letztlich fruchtlosen) Vertragsverhandlungen erfahrene Geschäfts- und Betriebsgeheimnisse in weiterer Folge gegenüber jedem Dritten Stillschweigen zu bewahren.[490] Ebenso „erlischt" die Treuepflicht nicht mit Beendigung des Arbeitsverhältnisses. Auch **nach Beendigung des Arbeitsvertrages**

---

[486] *Löschnigg*, Arbeitsrecht[10], 6.2. Zu Recht wird darauf hingewiesen, dass daher der Begriff *Treuepflicht* veraltet ist, aufgrund seiner Institutionalisierung allerdings verwendet wird.

[487] Dazu insb *Schwarz,* Dauerschuldverhältnis und die Dogmatik arbeitsvertraglicher Treuepflicht, in FS Wilburg 356.

[488] Vgl dazu oben Rz 242.

[489] Zu den Grenzen (Aufdeckung unlauterer Geschäftspraktiken und gesetzwidrigen Verhaltens des AG durch den AN) siehe OGH DRdA 2001, 266 (*Kallab*).

[490] Vgl oben dazu auch Rz 203 über das vorvertragliche Verhältnis.

bestehen manche Verpflichtungen weiter fort: Neben der „nachwirkenden Verschwiegenheitspflicht“ ist hier die Möglichkeit der Vereinbarung einer sog *Konkurrenzklausel* gem § 36 AngG zu erwähnen. Demnach kann mit Angestellten vereinbart werden, dass sie für die Zeit nach Beendigung des Dienstverhältnisses in ihrer Erwerbstätigkeit[491] beschränkt werden (siehe dazu unten Rz 544).

Grundsätzlich gilt im Bereich der Treuepflicht, dass bloß dienstliches Verhalten von dieser Fremdinteressenwahrungspflicht erfasst ist. **Außerdienstlichem Verhalten** des AN kommt in der Regel keine arbeitsrechtliche Relevanz zu. Die Grenze der Treuepflicht ist somit grundsätzlich mit dem Beginn des durch § 16 ABGB geschützten Persönlichkeitsbereichs des AN (Privatbereich, Intimsphäre) zu ziehen. Bloß in wenigen Ausnahmefällen kann der Arbeitsvertrag auch Teile des „Privatlebens“ inhaltlich regeln: So wird ua von einem Berufssportler verlangt werden können, sich gesund zu ernähren oder das Rauchen zu unterlassen. Regelmäßig wird in diesem Bereich allerdings ein strenger Maßstab anzulegen sein. Insb ist zu prüfen, inwieweit ein derartiger Eingriff in die Privatsphäre des AN durch betriebliche oder arbeitsvertragliche Interessen sachlich zu rechtfertigen ist.[492] Aus eben Gesagtem wird ersichtlich, dass Umfang und Qualität der Treuepflicht im Sinne eines beweglichen Systems wesentlich von der konkreten Ausgestaltung des Arbeitsverhältnisses abhängig sind: Während von einem Hilfsarbeiter naturgemäß nur die Minimalerfordernisse der Treuepflicht verlangt werden, kann sich die inhaltliche Ausgestaltung der Fremdinteressenwahrungspflicht bei AN höheren oder höchsten Ranges sehr stark verdichten und bis in Teile des Privatlebens hineinreichen. 259

2. Fürsorgepflicht des AG

Im Gegensatz zur (rein) *betriebsbezogenen* Treuepflicht des AN handelt es sich bei der Fürsorgepflicht des AG um eine *personenbezogene* Fremdinteressenwahrungspflicht. Die Fürsorgepflicht ist nur insoweit mit der Treuepflicht korrespondierend, als sie das Bündel an arbeitsvertraglichen Nebenpflichten auf AG-Seite umschreibt[493]. Im Gegensatz zur Treuepflicht kennt das Gesetz für die Fürsorgepflicht ausdrückliche Vorschriften: § 1157 ABGB, § 18 AngG. Demgemäß ist der Schutz der Gesundheit des AN vorrangiges Ziel der Fürsorgepflicht. So hat der AG grundsätzlich Art und Weise sowie Umstände der Leistungserfüllung des AN so zu gestalten, dass Gesundheit und Eigentum seines Vertragspartners geschützt werden. Diese Verpflichtungen werden durch eine Reihe von Bestimmungen des AN-Schutzes (ASchG, MSchG etc) näher ausgeformt. Da der AN nicht nur seine Arbeitskraft sondern auch seine Person in das Arbeitsverhältnis einbringt, obliegt es dem AG die Persönlichkeitsrechte seines AN zu schützen[494]. 260

[491] Zu den Grenzen einer Konkurrenzklausel vgl OGH RdW 1999, 420.

[492] Bspw kann sich auch grundsätzlich irrelevantes außervertragliches Fehlverhalten im Straßenverkehr ab einer gewissen Intensität nachteilig auf das Arbeitsverhältnis auswirken, wenn der AN in einer besonderen Vertrauensposition tätig ist (dazu OGH DRdA 1998, 443 – Versicherungsmitarbeiter). Zum Problembereich des außerdienstlichen Verhaltens siehe insb *Dusak,* Die arbeitsrechtliche Relevanz außerdienstlichen Verhaltens, RdW 1988, 355.

[493] Sie ist somit keineswegs das reine Gegenstück zur Fürsorgepflicht, weil Fürsorge- und Treuepflicht weder in einer Austausch- oder Wechselbeziehung stehen; vgl OGH ZAS 1995, 85 (*Aigner*).

[494] „Der Mensch hört in der Arbeit nicht auf Mensch zu sein.“

IX. Entgeltansprüche trotz Unterbleibens der Arbeitsleistung

A. Die allgemeine Regelung des § 1155 ABGB

261 Nach der allgemeinen abdingbaren Regelung des § 1155 ABGB behält der AN für nicht zustande gekommene Dienstleistungen einen zeitlich unbegrenzten Entgeltanspruch, wenn der AN an der Erbringung seiner Dienstleistung durch Umstände verhindert worden ist, die der **Sphäre des AG zurechenbar** sind (zB Ausfall von Maschinen, Lieferschwierigkeiten, aber auch Aussperrungen als Mittel des Arbeitskampfes).[495] Voraussetzung ist nur, dass der AN zur Dienstleistung fähig und bereit war. Allerdings muss sich der AN alles anrechnen lassen, was er sich infolge des Unterbleibens der Arbeitsleistung erspart oder durch anderweitige Verwendung erworben oder zu erwerben absichtlich versäumt hat (§ 1155 Abs 2 ABGB). Der AN muss bei Vorhandensein reeller Chancen die Anstrengung unternehmen, sich eine zumutbare Ersatzbeschäftigung zu verschaffen.[496] Diese Anrechnung ist nach der Rspr des OGH sogar bei vorsätzlicher und willkürlicher Verhinderung der Arbeitsleistung durch den AG vorzunehmen.[497] Nur im Falle eines missbräuchlichen Vorgehens des AG verbleibt dem AN der ungeschmälerte Entgeltanspruch.[498]

262 Gründe, die der **Sphäre des AN zuzurechnen** sind, führen hingegen grundsätzlich zu einem Verlust des Entgeltanspruchs („Ohne Arbeit kein Entgelt"). Der Gesetzgeber hat allerdings in zahlreichen Bestimmungen diesen Grundsatz durchbrochen und aus sozialpolitischen Erwägungen eine zeitlich befristete Entgeltfortzahlung durch den AG vorgesehen (zB bei Krankheit, Pflege naher Angehöriger oder bei sonstigen wichtigen persönlichen Gründen).[499]

263 **Streikende AN** haben mangels Leistungsbereitschaft keinen Anspruch auf Entgeltfortzahlung und verletzen ihre Arbeitspflicht auch dann, wenn der Arbeitskampf als kollektive Maßnahme an sich rechtmäßig war.[500] Strittig ist die Fortzahlung des Entgelts in Fällen des Teilstreiks: Die AN erklären sich zwar arbeitsbereit, der AG kann sie aber nicht einsetzen, da der Betrieb durch Streik lahmgelegt wurde.[501] Bei streikbedingter Unmöglichkeit der Beschäftigung ist die vom AN behauptete Leistungsbereitschaft streng zu prüfen.[502] War der Arbeitnehmer leistungsbereit, hat er dennoch keinen Anspruch auf Entgeltfortzahlung, sofern der Streik nicht der Sphäre des AG („politischer Streik") zuzurechnen ist und der AG eine Erklärung abgegeben hat, die angebotenen Dienste nicht in Anspruch zu nehmen.

---

495 *Löschnigg*, Arbeitsrecht[10], 6.9; siehe dazu *Ettmayer*, Leistungsstörungen im Arbeitsverhältnis (2008).

496 OGH 16.12.1997, 9 ObA 114/87; *Gerhartl*, Anrechnung bei Entgeltfortzahlung wegen Arbeitsausfall aus Umständen in der Arbeitgebersphäre, wbl 2007, 14; *Ettmayer*, Die Anrechnung des zu erwerben absichtlich Versäumten nach § 1155 ABGB, JBl 2006, 295.

497 OGH ZAS 1983, 62 [*Schrammel*]; OGH DRdA 2005, 160 [kritisch *Eypeltauer*]; vgl OGH ZAS 1997, 168 *(Risak)*.

498 OGH 5.9.2001, 9 ObA 24/01x – die rechtsmissbräuchliche Vorgangsweise ergibt sich jedoch noch nicht zwangsläufig aus der Tatsache vorsätzlicher Verhinderung allein. Nur im Falle einer grundlosen Dienstfreistellung liegt Rechtsmissbrauch vor – OGH ZAS 1997, 168 *(Risak)*.

499 Siehe sogleich Rz 265 ff.

500 OGH ZAS 1994, 20.

501 Nachweise des Meinungsstandes bei *Tomandl/Schrammel*, Arbeitsrecht 2[6], 357; *Floretta/Spielbüchler/Strasser*, Arbeitsrecht II[4], 224.

502 OGH ZAS 2006/27 (*Tomandl*) = DRdA 2007/9 (*Jabornegg*); *Drs*, Streik: Entgeltfortzahlungsanspruch arbeitswilliger Arbeitnehmer, RdW 2006/230.

Schwierigkeiten bereiten Gründe, die weder dem AG noch dem AN, sondern der **Allgemeinheit** zuzurechnen sind (**„neutrale Sphäre“** – zB Bürgerkrieg, Seuchen).[503] In diesen Fällen besteht grundsätzlich kein Entgeltanspruch des AN. Allerdings tendiert der OGH dazu Naturereignisse wie zB Schneefälle, die dazu führen, dass der AN seinen Arbeitsplatz nicht erreichen kann, der AN-Sphäre zuzuordnen und den Anspruch auf Entgeltfortzahlung wegen Unterbleibens der Arbeitsleistung aus wichtigem persönlichen Grund zu bejahen.[504] **264**

B. Die Entgeltfortzahlung im Krankheitsfall

Voraussetzung für die Entgeltfortzahlung im Krankheitsfall ist die Arbeitsunfähigkeit des AN, die dann vorliegt, wenn der AN aus gesundheitlichen Gründen bzw nur unter der Gefahr einer weiteren Beeinträchtigung seiner Gesundheit nicht in der Lage ist, seiner Arbeitsverpflichtung nachzukommen.[505] Der AG ist auch dann zur Entgeltfortzahlung verpflichtet, wenn diese durch den AN leicht fahrlässig herbeigeführt wurde. Lediglich grobe Fahrlässigkeit und Vorsatz schließen den Entgeltfortzahlungsanspruch des AN aus.[506] **265**

Die Regelungen über die Entgeltfortzahlung im Krankheitsfall wollen den AN wirtschaftlich so stellen, wie dies bei regelmäßigem Verlauf seines Arbeitsverhältnisses der Fall gewesen wäre. Bei der Bemessung des fortzuzahlenden Entgelts ist jenes Entgelt zugrunde zu legen, das dem AN gebührt hätte, wenn keine Arbeitsverhinderung eingetreten wäre (**Entgeltausfallprinzip**).[507] Es sind daher auch Überstundenentgelte oder Provisionen einzubeziehen, wobei die Berechnung nach der festgelegten Arbeitszeiteinteilung erfolgt. Nur wenn das Ausmaß der Arbeitsleistung im Zeitpunkt der Erkrankung nicht feststeht, muss auf das durchschnittliche Einkommen der Vergangenheit zurückgegriffen werden.[508] **266**

Wegen einer Umgehung der Zielsetzungen der Entgeltfortzahlungsbestimmungen jedenfalls unzulässig sind sog **„Anwesenheitsprämien“**, dh Entgeltteile, die nur dann zustehen, wenn der AN seine Arbeitsleistung tatsächlich erbringt.[509] **266a**

Die Entgeltfortzahlung im Krankheitsfall erfolgt nur für einen befristeten Zeitraum. Die Anspruchsvoraussetzungen sind für **Arbeiter** und **Angestellte** teilweise unterschiedlich geregelt: **267**

- **Arbeiter** und **Angestellte** behalten ihren Entgeltanspruch in voller Höhe bis zur Dauer von **sechs Wochen**. Der Anspruch erhöht sich auf die Dauer von
- **acht Wochen**, wenn das Arbeitsverhältnis **fünf** Jahre,

---

503 *Tomandl/Schrammel*, Arbeitsrecht 2^6, 159. Siehe dazu *Gerhartl*, Entgeltfortzahlung: Probleme der neutralen Sphäre, DRdA 2007, 19.

504 OGH Arb 10.702 – wobei unterschieden wird ob nur einzelne AN oder alle deswegen nicht zur Arbeit kommen können; siehe *Rauch*, Entgeltfortzahlungspflicht des AG bei Dienstverhinderung durch Schneechaos? ASoK 1999, 114.

505 *Tomandl/Schrammel*, Arbeitsrecht 2^6, 147; *Cerny/Kallab*, Entgeltfortzahlungsgesetz[3] (1999) 63.

506 *Cerny/Kallab*, Entgeltfortzahlungsgesetz[3], 66.

507 *Floretta/Spielbüchler/Strasser*, Arbeitsrecht I^4, 294; siehe dazu ausführlich *Binder*, Zur Bemessung und Dauer von Entgeltfortzahlungsansprüchen, ZAS 2007/17.

508 OGH DRdA 1989, 53; DRdA 1993, 248; DRdA 2003/45 (*Kallab*) – Durchschnittsprovision auch dann wenn während der arbeitsfreien Zeit keine Provision erwirtschaftet worden wäre; ecolex 2004/299 – Entgeltfortzahlung bei Gleitzeit; *Tomandl*, Die Berücksichtigung von Überstunden im Rahmen der Entgeltfortzahlung, ZAS 1993, 169.

509 So bspw RdA 2006/34 (*Balla*) – Druckwerkzulage.

- **10 Wochen**, wenn es **15** Jahre
- **12 Wochen**, wenn es **25** Jahre

ununterbrochen gedauert hat.

Durch jeweils weitere **vier Wochen** behält der Arbeiter sowie der Angestellte den Anspruch auf das **halbe Entgelt** (§ 1154b Abs 1 ABGB, § 2 Abs 1 EFZG, § 8 Abs 1 AngG).

268 Bei einem **Arbeitsunfall** oder einer **Berufskrankheit** erhöht sich bei **Angestellten** der oben genannte Entgeltfortzahlungszeitraum auf jedenfalls **acht** Wochen (§ 8 Abs 1 AngG). **Arbeiter** haben demgegenüber in diesen Fällen einen zusätzlichen eigenständigen Anspruch von **acht** bzw **zehn** Wochen je Arbeitsunfall oder Berufskrankheit (§ 2 Abs 5 EFZG).

269 Unterschiede bestehen zwischen Angestellten und Arbeitern bei der Frage, wie Folgeerkrankungen zu behandeln sind und nach welchem Zeitraum der Anspruch auf Entgeltfortzahlung wieder in voller Höhe zusteht:

- Bei **Angestellten** wird im Gegensatz zu Arbeitern noch zwischen **Ersterkrankungen** und **Folgeerkrankungen** unterschieden: Als **Folgeerkrankung** gilt jede Arbeitsunfähigkeit, die innerhalb eines Zeitraumes von **sechs Monaten** nach Wiederantritt des Dienstes auftritt.[510] Von einer **Ersterkrankung** wird dann gesprochen, wenn die Arbeitsunfähigkeit nach Ablauf von sechs Monaten eintritt. Im Falle einer Folgeerkrankung wird zunächst der restliche Entgeltanspruch nach § 8 Abs 1 AngG (sog „Topf 1") verbraucht (§ 8 Abs 2 AngG). Wenn dieser Anspruch ausgeschöpft ist, erhalten Angestellte noch einmal für denselben Zeitraum Entgeltfortzahlung, jedoch in halber Höhe (zB bei einer Dienstzeit von weniger als fünf Jahren sechs Wochen das halbe Entgelt und vier Wochen das viertel Entgelt, sog „Topf 2")). Pro Erkrankungsfall steht jedoch Entgeltfortzahlung höchstens nur so lange zu, wie im Falle einer Ersterkrankung (zB bei einer Dienstzeit von weniger als fünf Jahren maximal zehn Wochen lang).[511] Bei einer neuen Ersterkrankung – also nach Ablauf von sechs Monaten nach dem Wiederantritt des Dienstes nach einer Ersterkrankung – gebührt erneut ein voller Grundanspruch.
- 270 Bei **Arbeitern** entsteht dieser Anspruch erst wieder im nächsten Arbeitsjahr. Diese Jahreskontingentierung hat aber uU zur Folge, dass es bei einem durchlaufenden Krankenstand zu einer im Ergebnis doppelt so langen Anspruchsdauer pro Arbeitsunfähigkeit kommen kann.[512]

271 Weder bei Arbeitern, noch bei Angestellten ist eine Wartezeit vorgesehen, sodass der Anspruch auf Entgeltfortzahlung sofort nach Antritt des Dienstes besteht. Die Bestimmungen sind relativ zwingend, dh sie können zu Lasten des AN weder durch Dienstvertrag noch durch KV oder BV aufgehoben werden (§ 40 AngG, § 1164 ABGB, § 6 EFZG).

272 Der AN ist im Falle von Krankheit bzw Unglücksfall verpflichtet, dem AG seine Arbeitsunfähigkeit unverzüglich **mitzuteilen** (§ 8 Abs 8 AngG, § 4 EFZG).[513] Auf Verlangen des AG hat der AN eine **ärztliche Bestätigung** vorzulegen,[514] auf deren Richtig-

---

510 Die Terminologie folgt *Tomandl/Schrammel*, Arbeitsrecht 2[6], 149.

511 So bereits OGH Arb 5289. Diese Beschränkung erklärt sich daraus, da der Topf 1 nur sechs Wochen volle und vier Wochen halbe Entgeltfortzahlung, somit eine Entgeltfortzahlung über maximal zehn Wochen beinhaltet.

512 OGH ZAS 1999, 167 (*Pernkopf*); aA *Rothe*, Neues Jahr – neuer Anspruch, ecolex 2000, 518.

513 Diese Meldung ist an keine Form gebunden, OGH JBl 2004, 397 – Krankenstandsmeldung per SMS.

514 Zu beachten ist, dass das Verlangen des AG im Einzelfall erfolgen muss und eine Vorwegvereinbarung im Dienstvertrag nicht ausreicht; zur Meldepflicht OGH ecolex 2002, 115; *Mazal*, Der

keit er vertrauen kann.[515] Legt der AN trotz Verlangens des AG keine Krankenstandsbestätigung vor oder teilt er dem AG die Arbeitsunfähigkeit nicht unverzüglich mit, dann verliert er für die Dauer der Säumnis nur den Anspruch auf Entgeltfortzahlung. Eine Entlassung kommt nur dann in Frage, wenn besondere Umstände hinzutreten. Dies ist insb dann der Fall, wenn der AN weiß, dass dem AG durch die Unterlassung der rechtzeitigen Meldung ein Schaden entsteht.[516] Im Falle einer unbegründeten Entlassung kann der AG aber das Mitverschulden des AN (Nichtmeldung des Krankenstandes, sodass der AG von einer beharrlichen Dienstpflichtverletzung ausgehen musste) einwenden, was zum Verlust der Kündigungsentschädigung führen kann (§ 32 AngG, Rz 526 ff).

Wird der AN während einer Erkrankung gekündigt, ohne wichtigen Grund entlassen oder tritt er gerechtfertigt aus, so hat der AG die Entgeltfortzahlung auch über das Ende des Dienstverhältnisses hinaus zu leisten (§ 9 AngG, § 5 EFZG).[517] **273**

C. Die Entgeltfortzahlung bei sonstigen persönlichen Gründen

Arbeiter und Angestellte behalten ferner den Anspruch auf das Entgelt, wenn sie durch andere wichtige Gründe als Krankheit oder Unglücksfall, die ihre Person betreffen, **ohne ihr Verschulden während einer verhältnismäßig kurzen Zeit** an der Dienstleistung verhindert sind. Es handelt sich dabei nicht nur um Gründe, die in der Person des AN entstanden sind, sondern auch solche, die nach Recht, Sitte oder Herkommen wichtig genug erscheinen, um ihn von der Arbeitsleistung abzuhalten.[518] Für Angestellte ist dieser in § 8 Abs 3 AngG festgelegte Entgeltfortzahlungsanspruch unabdingbar, während die entsprechende Regelung für Arbeiter in § 1154b ABGB durch KV abbedungen werden kann. **274**

Beispiele: An wichtigen Gründen wurden von der Rspr zB die Vorladung zu einem Gerichtstermin,[519] der Besuch eines Rechtsanwaltes in einer unaufschiebbaren Angelegenheit,[520] die Teilnahme an der Silbernen Hochzeit des Ziehvaters[521] oder die erforderliche Anwesenheit in der Wohnung zwecks Behebung einer Telefonstörung anerkannt.[522] Als weitere Gründe sind Gründe familiärer Natur, wie Geburten, Hochzeiten und Todesfälle sowie die Erkrankung naher Angehöriger aber auch idR die Unmöglichkeit der Erreichung des Arbeitsplatzes wegen eines Streiks der Massenverkehrsmittel[523] ebenso wie die Teilnahme an religiösen Veranstaltungen zu nennen.[524]

Informationsanspruch des Arbeitgebers bei EFZ im Krankheitsfall, ecolex 2010, 118.

515 Zur diesbezüglichen Problematik siehe *Mazal*, Ärztliche Bestätigungen bei Krankenstand, RdW 1989, 273; *Schrank*, Schuldhaftes AN-Verhalten bei Krankenständen und Krankschreibungen, ZAS 2003, 158; *Lesigang*, Strafrechtliche Anmerkungen zur ärztlichen „Lugurkunde", ecolex 2010, 116; zu datenschutzrechtlichen Aspekten *Brodil*, Datenschutzrechtliche Aspekte der Verwendung von Gesundheitsdaten im Arbeitsverhältnis, ecolex 2010, 122.

516 OGH Arb 10.097; ARD 4657/29/95.

517 Zum Beginn des neuen Arbeitsjahres nach Dienstvertragsende OGH DRdA 2007/24 (*Kallab*).

518 OGH DRdA 1993, 45 (*Ritzberger-Moser*).

519 OLG Graz Arb 11.084; OGH ecolex 2004/299 – Ladung als Laienrichter.

520 OGH Arb 10.521.

521 OGH Arb 8194.

522 OGH DRdA 1993, 45.

523 Zur diesbezüglichen Abgrenzung der AN-Sphäre (mit Entgeltfortzahlung) und der neutralen Sphäre (ohne Entgeltfortzahlung, Rz 264) *Rauch*, Verspätungen durch Verkehrsstreiks, Protestversammlungen und Streik, ASoK 2003, 178.

524 OGH RdW 1997, 88 – Trauer-Kaddisch.

Kein Entgeltfortzahlungsanspruch besteht hingegen zB im Fall der Ablegung der Jagdprüfung[525] oder der Teilnahme an einer Protestversammlung.[526]

275 Der Anspruch auf das Entgelt bleibt nur für eine **verhältnismäßig kurze Zeit** erhalten. Darunter ist ein Zeitraum von etwa einer Woche zu verstehen, der in besonders berücksichtigungswürdigen Fällen im Einzelfall überschritten werden kann.[527]

D. Die Pflegefreistellung

276 Unabhängig von der allgemeinen Regelung der Dienstverhinderung bei wichtigen persönlichen Gründen[528] räumt § 16 Abs 1 UrlG AN einen Anspruch auf Fortzahlung des Entgelts bis zum Höchstausmaß der regelmäßigen wöchentlichen Arbeitszeit innerhalb eines Arbeitsjahres ein, wenn ein AN nach Antritt des Arbeitsverhältnisses an der Arbeitsleistung

- wegen der notwendigen **Pflege** eines im gemeinsamen Haushalt lebenden erkrankten nahen Angehörigen (insb Ehepartner/in, Lebensgefährte/in oder Kind)[529] oder
- wegen der notwendigen **Betreuung** seines Kindes (Wahl- oder Pflegekindes) infolge eines Ausfalls einer Person, die das Kind ständig betreut hat aus den Gründen des § 15d Abs 2 Z 1–4 MSchG (Tod, Aufenthalt in einer Heil- und Pflegeanstalt, Verbüßung einer Freiheitsstrafe sowie bei einer anderweitigen auf behördliche Anordnung beruhenden Anhaltung, schwere Erkrankung – „Betreuungsfreistellung")

nachweislich verhindert ist.

277 Darüber hinaus besteht gem Abs 2 leg cit ein Anspruch auf Freistellung von der Arbeitsleistung unter Fortzahlung des Entgelts bis zum Höchstausmaß einer weiteren regelmäßigen wöchentlichen Arbeitszeit innerhalb eines Arbeitsjahres, wenn der AN den einwöchigen Freistellungsanspruch bereits verbraucht hat. Dieser zusätzliche Anspruch gebührt dem AN allerdings nur wegen der neuerlich notwendigen **Pflege** seines im gemeinsamen Haushalt lebenden **erkrankten Kindes** (Wahl- oder Pflegekindes), welches das **12. Lebensjahr noch nicht überschritten** hat.[530]

278 Sind diese Ansprüche auf Pflegefreistellung erschöpft, kann der AN im Falle der notwendigen Pflege seines im gemeinsamen Haushalt lebenden maximal 12-jährigen erkrankten Kindes **Urlaub ohne vorherige Vereinbarung** mit dem AG antreten.[531] Diese Regelung ist eine Durchbrechung des Grundsatzes, wonach der Verbrauch von Urlaub grundsätzlich der vorherigen Vereinbarung mit dem AG bedarf (Rz 290).

---

525 OGH DRdA 1989, 423.
526 OGH RdW 1990, 321.
527 Vgl *Tutschka/Dungl*, Handbuch des österreichischen Arbeitsrechts[4], 310.
528 Zum Verhältnis der beiden Tatbestände zueinander siehe *Naderhirn*, Zum Verhältnis ausgewählter Entgeltfortzahlungstatbestände zueinander, ZAS 2007/18.
529 Siehe zu praktisch bedeutsamen Sonderfällen *Ercher/Rath*, Pflegefreistellung bei Krankenhausaufenthalt des Kindes – Betreuungsfreistellung bei Krankenhausaufenthalt der ständigen Betreuungsperson, ASoK 2006, 175.
530 *Löschnigg,* Der erweiterte Pflegefreistellungsanspruch nach § 16 UrlG, WBl 1993, 74.
531 Siehe OGH RdW 1995, 439.

X. Der Urlaub

A. Allgemeines

Als Urlaub bezeichnet man die bezahlte Freistellung von der Arbeitspflicht gs zu Erholungszwecken. Diese aus der Fürsorgepflicht des AG ableitbare Begründung wird in neuerer Zeit (insb durch die Ausweitung der Dauer) von arbeitsmarktpolitischen Zielsetzungen überlagert, da der Urlaub nunmehr auch der Umverteilung der Arbeit dient.[532] **279**

Der Anspruch auf Urlaub gründet sich auf das **Urlaubsgesetz (UrlG)**, welches für Arbeiter und Angestellte gleichermaßen gilt. Vom Geltungsbereich ausgenommen sind lediglich AN, für die Sondervorschriften bestehen (zB Bauarbeiter, für sie gilt das BUAG) oder deren Arbeitsverhältnisse nicht in die Kompetenz des Bundes fallen (zB Landes- und Gemeindebedienstete). **280**

Die Ansprüche im UrlG sind gem § 12 UrlG **unabdingbar**, dh sie können zum Nachteil des AN nicht abgeändert werden. Außerdem besteht gem § 7 UrlG ein **Ablöseverbot**; Vereinbarungen zwischen AG und AN, die für den Nichtverbrauch des Urlaubes, Geld oder vermögenswerte Leistungen vorsehen, sind unwirksam. **281**

B. Der Urlaubsanspruch

Einem AN gebührt im Urlaubsjahr ein ununterbrochener bezahlter Urlaub.[533] Das Urlaubsausmaß beträgt 30 Werktage und erhöht sich ab einer Dienstzeit von 25 Jahren auf 36 Werktage (§ 2 Abs 1 UrlG).[534] Werktage sind die Wochentage von Montag bis Samstag mit Ausnahme der Feiertage. In der Praxis (insb bei tageweisem Urlaubsverbrauch) wird der Urlaub häufig in *Arbeitstagen*, dh nach jenen Tagen an denen tatsächlich zu arbeiten ist, berechnet und (bei einer 5-Tage-Woche) ein Urlaubsanspruch von 25 bzw 30 Arbeitstagen angenommen. Dies wird dann als zulässig angesehen, wenn dem AN dadurch keine Nachteile erwachsen.[535] **282**

Bei **Teilzeitbeschäftigten**, die nicht an jedem Tag der (5- bzw 6-Tage-)Woche arbeiten, hat eine Umrechnung des Urlaubsanspruches von Werktagen auf tatsächlich geleistete Arbeitstage zu erfolgen, der Urlaubsanspruch steht im Verhältnis zur jährlich zu leistenden Arbeit (zB wer monatlich nur zwei Wochen zu je fünf Arbeitstagen arbeitet, dem stehen 12,5 Arbeitstage als Jahresurlaub zu).[536] **283**

Im ersten Urlaubsjahr **entsteht der Urlaubsanspruch** während der ersten sechs Monate (Wartezeit) lediglich verhältnismäßig mit der zurückgelegten Dienstzeit (zB **284**

---

532 Zur historischen Entwicklung siehe *Tomandl/Schrammel*, Arbeitsrecht 2^6, 165; *Kuderna*, $UrlG^2$, 1.

533 Auch ein gemäß § 117 ArbVG dauernd vom Dienst freigestelltes Betriebsratsmitglied hat Anspruch auf Urlaub, da es sich im Rahmen des Dienstverhältnisses der Interessenvertretungsaufgabe widmen muss, obwohl es diesbezüglich keine Kontrollbefugnisse des AG gibt (siehe dazu OGH 27.5.2008, 8 ObA 20/08m).

534 Zum Zusatzurlaub wegen Nachtschwerarbeit siehe § 10a UrlG; *Floretta/Spielbüchler/Strasser*, Arbeitsrecht I^4, 306.

535 *Cerny*, $Urlaubsrecht^9$, § 2 Erl 8; *Kuderna*, $UrlG^2$, 57 ff; siehe dazu insb OGH DRdA 1991, 285 (*Klein*) – Umstellung auf Arbeitstage bei tageweisem Urlaubsverbrauch; OGH WBl 2003, 389.

536 OGH infas 1998, A 88. Zur Frage der stundenweisen Urlaubsberechnung und -verbrauch OGH DRdA 2004, 248 (*Mosler*); *Gerhartl*, Urlaubsrechtliche Fragen der Teilzeitbeschäftigung, ZAS 2005, 250.

nach viermonatiger Dienstzeit ein Drittel des Jahresurlaubs, dh 10 Werktage), nach sechs Monaten entsteht er in voller Höhe. Ab dem zweiten Urlaubsjahr entsteht der gesamte Urlaubsanspruch bereits mit Beginn des Urlaubsjahres (§ 2 Abs 2 UrlG).

285 Das **Urlaubsjahr** beginnt grundsätzlich mit dem Eintrittstag, dh es entspricht dem Arbeitsjahr. In der Praxis erfolgt häufig eine Umstellung auf das Kalenderjahr. Dabei stellt sich die Frage nach der Behandlung des ersten „Rumpf-Urlaubsjahres". Die vertragliche Umstellung darf jedenfalls für den AN wegen § 12 UrlG (Günstigkeitsprinzip) grundsätzlich nicht nachteilig sein. Es sind nur Vereinbarungen zulässig, die sich zu Gunsten des AN auswirken (zB Vorverlegung des Urlaubsjahres).[537] Lediglich durch KV oder BV kann die Umstellung für den AN innerhalb der in § 2 Abs 4 UrlG gesteckten Grenzen auch ungünstiger geregelt werden.[538]

286 Alle Zeiten, die der AN in unmittelbar vorangegangenen Arbeits- bzw Lehrverhältnissen beim selben AG zurückgelegt hat, sind bei der Erfüllung der Wartezeit und bei der Bemessung des Urlaubsausmaßes und des Urlaubsjahres mitzuberücksichtigen (§ 2 Abs 3 UrlG).[539] Für die Bemessung des Urlaubsausmaßes sind überdies Dienstzeiten beim selben AG, die keine längere Unterbrechung als jeweils drei Monate aufweisen und das Arbeitsverhältnis nicht wegen AN-Kündigung, verschuldeter Entlassung oder unbegründetem Austritt geendet hat, zusammenzurechnen (§ 3 Abs 1 UrlG). Außerdem erfolgt eine gesetzliche Anrechnung von Schulzeiten, inländischen (fremden) Vordienstzeiten und Zeiten selbständiger Tätigkeit uÄ bis zu einem festgelegten Höchstausmaß (§ 3 Abs 2 ff UrlG).

287 Wird eine **Karenz** gem § 15 MSchG bzw § 2 VKG in Anspruch genommen, so wird der Urlaubsanspruch aliquotiert, dh der Urlaub gebührt – soweit er nicht ohnehin bereits verbraucht worden ist – nur in dem Ausmaß, das dem um die Dauer der Karenz verkürzten Dienstjahr entspricht.[540] Ähnliche Bestimmungen enthält § 9 APSG für Zeiten eines **Präsenz- oder Zivildienstes**. Eine über diese gesetzlichen Bestimmungen[541] hinausgehende Aliquotierung durch Zeiten, auf die kein Anspruch auf Entgelt besteht (zB Krankenstände, für die keine Entgeltfortzahlung mehr besteht), ist gem § 2 Abs 2 UrlG ausgeschlossen.[542] Bei Karenzierungen auf Initiative und im überwiegenden Interesse des AN kann uE auf Grund des Günstigkeitsprinzips gem § 12 UrlG der Nichtanfall von Urlaub für diese Zeiträume vereinbart werden.[543]

C. Das Urlaubsentgelt

288 Während des Urlaubs behält der AN seinen Anspruch auf Entgelt (§ 6 Abs 1 UrlG). Dieses ist bei Antritt des Urlaubes für die ganze Urlaubsdauer im Voraus zu be-

[537] OGH DRdA 1990, 266 (*Klein*); DRdA 2004, 246 (*Pfeil*); *Schima*, Die einzelvertragliche Umstellung des Urlaubsjahres auf das Kalenderjahr, JBl 2000, 16; *Vogt*, in Mazal/Risak, Das Arbeitsrecht, Kap XII Rz 117.

[538] *Löschnigg*, Arbeitsrecht[10], 6.10.2.

[539] Beachte aber § 15f Abs 1 MSchG und § 7c VKG, welches eine Anrechnung der Zeiten der Karenz ausschließt; lediglich die erste Karenz ist bis zu zehn Monaten anzurechnen.

[540] Siehe dazu auch *Vogt*, in Mazal/Risak, Das Arbeitsrecht, Kap XII Rz 124.

[541] Siehe auch § 119 Abs 2 ArbVG für Zeiten der Bildungsfreistellung von BR-Mitgliedern.

[542] Siehe dazu *Kuderna*, Die durch das Sozialrechtsänderungsgesetz vorgenommenen Ergänzungen der §§ 2, 9, 10 und 19 des UrlG, DRdA 1996, 465 (466); *Adamovic*, Die Novelle zum Urlaubsgesetz – Eine Verwirrung?, RdW 1996, 118.

[543] *Lind-Leitner*, Urlaubsanspruch trotz Karenzierung?, ecolex 1997, 953.

zahlen (Abs 6 leg cit), nimmt der AN nur einen Teil des Urlaubes in Anspruch, so steht ihm das Urlaubsentgelt nur anteilig zu.[544]

Die Berechnung des Urlaubsentgelts erfolgt nach dem **Entgeltausfallprinzip**: dem AN ist jenes Entgelt zu zahlen, dass ihm gebührt hätte, wenn der Urlaub nicht angetreten worden wäre.[545] So sind zB Überstunden, die auf Grund der Arbeitszeiteinteilung zu erbringen gewesen wären, beim Urlaubsentgelt zu berücksichtigen.[546] Bei **Leistungslöhnen** (zB Akkord-, Stück- und Gedinglöhnen) ist das Urlaubsentgelt nach dem Durchschnitt der letzten 13 voll gearbeiteten Wochen (unter Ausscheidung nur ausnahmsweise geleisteter Arbeiten) zu berechnen (**Durchschnittsprinzip**). Aus den Bestimmungen des UrlG ergibt sich, dass der AN während des Urlaubsverbrauches einerseits keinen Entgeltnachteil erleiden, andererseits aber auch keinen finanziellen Vorteil ziehen soll. 289

D. Der Urlaubsverbrauch

1. Urlaubsvereinbarung

Mit der Entstehung des Urlaubsanspruches ist dessen konkrete zeitliche Lage noch nicht fixiert. Dies bedarf einer (vertraglichen) Vereinbarung zwischen AG und AN. Dabei sind die gesetzlichen Vorgaben, dass der Urlaub nur einheitlich oder in zwei Teilen, wobei einer mindestens sechs Werktage betragen muss (§ 4 Abs 3 UrlG), und dass er außerdem möglichst bis zum Ende des Urlaubsjahres, in dem der Anspruch entstanden ist, verbraucht werden soll (§ 4 Abs 1 UrlG), zu beachten.[547] Eine darüber hinausgehende Urlaubsteilung ist nur dann zulässig und in den gesetzlichen Urlaubsanspruch einzurechnen, wenn sie auf Wunsch des AN zustande gekommen ist.[548] Ferner sind die Erfordernisse des Betriebes und die Erholungsmöglichkeiten des AN gegeneinander abzuwägen (§ 4 Abs 1 UrlG).[549] Wurde der Urlaub einmal vereinbart, so können weder der AN noch der AG diese Vereinbarung einseitig widerrufen. Wichtige Gründe (zB Krankheit, schwerwiegende betriebliche Angelegenheiten) rechtfertigen jedoch sowohl einen Rücktritt von der Urlaubsvereinbarung als auch eine Rückberufung aus dem Urlaub.[550] 290

---

[544] OGH Arb 9889.

[545] § 6 Abs 1–3 UrlG; siehe zB OGH ZAS 1989, 174 (*Andexlinger*).

[546] OGH RdW 1996, 179; infas 2002, A 96.

[547] Auf Verlangen eines jugendlichen AN ist der Verbrauch des Urlaubs im Ausmaß von mindestens zwölf Werktagen für die Zeit zwischen 15. Juni und 15. September zu vereinbaren (§ 32 Abs 2 KJBG).

[548] OGH DRdA 1993, 317 (*Vogt*) – Prüfungsurlaub eines Rechtsanwaltsanwärters; DRdA 1993, 300 (*Eypeltauer*) = ZAS 1993, 214 (*Resch*) – Halbtagesurlaube; siehe auch DRdA 1994, 343 (*Klein*); siehe dazu auch *Vogt*, in Mazal/Risak, Das Arbeitsrecht, Kap XII Rz 141 f; zum stundenweisen Urlaubsverbrauch OGH DRdA 2004, 248 (*Mosler*).

[549] Zum Problem des „Betriebsurlaubes" bzw der „Urlaubssperre" siehe *Floretta/Spielbüchler/Strasser*, Arbeitsrecht I^4, 308; *Löschnigg*, Arbeitsrecht^{10}, 6.10.3., 9.5.3.7. mwN; gem OGH RdW 1989, 230, ist die arbeitsvertragliche Vereinbarung eines zweiwöchigen Betriebsurlaubes zulässig, da dem AN ein ausreichend langer Teil des Urlaubes zum Verbrauch nach individuellen Bedürfnissen verbleibt. In einer BV gem § 97 Abs 1 Z 10 ArbVG können lediglich Grundsätze betreffend den Verbrauch des Erholungsurlaubes geregelt werden (zB eine Regelung wonach nur eine bestimmte Anzahl an AN gleichzeitig Urlaub konsumieren können), eine Festlegung des Urlaubszeitpunkts kann hingegen nicht erfolgen; siehe auch *Trattner*, Praxisfragen zum Betriebsurlaub, ASoK 2002, 377.

[550] OGH DRdA 1985, 197 (*Runggaldier*) – Rückruf; DRdA 1991, 40 (*Csebrenyak*) – Rücktritt von Vereinbarung mit Tischler; vgl auch OGH Arb 10.913 – Erfährt der AG von länger dauernden Erkrankung des AN vor Urlaubsantritt, darf er nicht davon ausgehen, dass der AN Urlaub antreten und verbrauchen will; infas 1997, A 11 – chefärztlich kontrollierter Krankenstand.

2. Konflikte über den Urlaubszeitpunkt

291 Kommt eine Urlaubsvereinbarung weder ausdrücklich noch schlüssig zustande, ist der AN grundsätzlich nicht berechtigt, den Urlaub eigenmächtig, dh ohne Vorliegen einer Urlaubsvereinbarung, anzutreten. Ebenso wenig kann der AG den Urlaubsantritt einseitig anordnen.[551] Dem AN stehen jedoch zur Lösung dieses Konfliktes zwei verschiedene Verfahren zur Verfügung:

- *In allen Betrieben* kann der AN den AG **auf Duldung eines bestimmten Urlaubsantritts klagen,**[552] wobei das Urteil idR erst lange nach dem beabsichtigten Urlaubstermin ergehen wird. Ein einseitiger Urlaubsantritt ist auch im Falle einer Klage nicht vor demVorliegen eines Urteils möglich.[553] Das Gericht hat seiner Entscheidung eine Interessenabwägung zwischen den Betriebserfordernissen und den Erholungsmöglichkeiten des AN zugrunde zu legen.
- Ein anderes Verfahren steht AN *in Betrieben, in denen ein BR errichtet* ist, zur Verfügung (§ 4 Abs 4 UrlG). Davon sind jedoch nur mehr als 12 Werktage dauernde Urlaube, welche dem AG mindestens drei Monate vorher bekannt gegeben wurden, erfasst. Kommt in einem solchen Fall trotz Einschaltung des BR keine Einigung zustande, darf der AN seinen Urlaub **einseitig antreten**, es sei denn, der AG bringt rechtzeitig (frühestens acht und spätestens sechs Wochen vor dem beabsichtigten Urlaubsantritt) dagegen Klage ein.[554]

3. Erkrankung während des Urlaubes

292 Erkrankt ein AN während des Urlaubes, so sind gem § 5 UrlG die auf Werktage fallenden Tage, an denen der AN arbeitsunfähig[555] war, nicht auf das Urlaubsausmaß anzurechnen, wenn der AN (1) die Erkrankung nicht vorsätzlich oder grob fahrlässig herbeigeführt hat und (2) diese länger als drei Kalendertage gedauert hat. Diese Urlaubsunterbrechung tritt auch dann nicht ein, wenn die Krankheit Folge einer dem Erholungszweck widersprechenden Erwerbstätigkeit ist (Abs 2 leg cit).

293 Im Falle der Genesung während des Urlaubes wird dieser **nicht automatisch verlängert**, der Verbrauch des so entstandenen Resturlaubes bedarf einer neuerlichen Vereinbarung.[556]

294 Der AN hat dem AG nach dreitägiger Krankheitsdauer die Erkrankung unverzüglich mitzuteilen und bei Wiederantritt des Dienstes ohne schuldhafte Verzögerung ein

---

551 Zu einer schlüssigen Urlaubsvereinbarung kann es kommen, wenn der AN ohne Vorbehalt einen vom AG angeordneten Urlaub antritt; siehe aber *Schrank*, Einseitige Urlaubsgestaltung in besonderen Ausnahmefällen?, ZAS 2004, 4. Zulässig ist eine Vereinbarung, nach der ein bis zum Ende des Dienstverhältnisses für zwei Jahre vom Dienst freigestellter AN sich ohne datumsmäßige Fixierung verpflichtet, den Urlaub zu verbrauchen (OGH 5.6.2008, 9 ObA 65/08m).

552 OGH DRdA 1984, 132; Arb 10.379.

553 Der einseitige Urlaubsantritt ist allerdings gem § 16 Abs 3 UrlG im Fall der notwendigen Pflege eines im selben Haushalt lebenden, unter zwölfjährigen Kindes möglich. Zum Urlaubsverbrauch während der Kündigungsfrist OGH RdW 2005, 497 (*Peschek*) = DRdA 2005/36 (*Balla*); 9 Ob A 144/05z; *Egermann,* Urlaubsverbrauch in der Kündigungsfrist, ZAS 2004, 8; *Körber*, Urlaubsverbrauch während der Kündigungsfrist – wirklich alles beim Alten?, ecolex 2006, 230. Zu anderen Ausnahmen vom sog „Einvernehmlichkeitsprinzip" siehe *Schrank*, Einseitige Urlaubsgestaltung in besonderen Ausnahmefällen?, ZAS 2004, 4.

554 Siehe dazu *Floretta/Spielbüchler/Strasser*, Arbeitsrecht I[4], 308; *Löschnigg*, Arbeitsrecht[10], 6.10.3.

555 Wäre der AN nicht auf Urlaub, müsste es zu einem Krankenstand kommen.

556 *Löschnigg*, Arbeitsrecht[10], 6.10.6.

ärztliches Zeugnis oder eine Bestätigung des KVTr über den Beginn, die Dauer und die Ursache der Arbeitsunfähigkeit vorzulegen. Bei Erkrankung im **Ausland** ist dem ärztlichen Zeugnis – sollte die Behandlung nicht in einer Krankenanstalt durchgeführt worden sein – überdies noch eine behördliche Bestätigung beizulegen, dass es von einem zur Ausübung des Arztberufes zugelassenen Arztes ausgestellt wurde. Bei Vernachlässigung dieser Pflichten kommt es zu keiner Unterbrechung des Urlaubes (Abs 3 leg cit).

Daneben nimmt die Rspr in analoger Anwendung von § 5 UrlG eine **Unterbrechung** des Urlaubes an, wenn der AN nach allgemeinen Grundsätzen des Vertragsrechts von der Urlaubsvereinbarung zur Gänze zurücktreten könnte (zB Einberufung zum Präsenzdienst[557], Teilnahme an einem Begräbnis oder Eheschließung des Kindes[558]), von diesem Recht aber keinen Gebrauch macht. Dasselbe gilt für den Eintritt der Voraussetzungen einer Pflegefreistellung gem § 16 UrlG während des Urlaubes.[559] 295

4. Verjährung

Der Urlaub ist möglichst bis zum Ende des Urlaubsjahres, in dem der Anspruch entstanden ist, zu verbrauchen (§ 4 Abs 1 UrlG aE). Wird der Urlaub nicht innerhalb von zwei Jahren ab dem Ende des Urlaubsjahres, in dem der Urlaub entstanden ist verbraucht, so verjährt er (§ 4 Abs 5 UrlG).[560] So hat zB ein am 1.1.2010 eingetretener AN bis zum 31.12.2012 Zeit, einen Resturlaub aus dem Jahr 2010 zu verbrauchen. Der im neuen Urlaubsjahr angetretene Urlaub ist zuerst auf den Anspruch des Vorjahres anzurechnen.[561] Die Verjährung des Urlaubsanspruchs setzt allerdings die objektive Möglichkeit des Urlaubsverbrauchs voraus.[562] 296

E. Die Abgeltung nicht verbrauchten Urlaubes

Wird das Arbeitsverhältnis beendet, bevor der AN seinen Urlaub verbraucht hat, gebührt dem AN eine (finanzielle) Abgeltung des nicht verbrauchten Urlaubes in Form der Urlaubsersatzleistung. Dazu siehe unten Rz 513a. 297

---

557 OGH Arb 8034.

558 OGH ARD 4159/21/90; siehe auch *Gahleitner*, Dienstverhinderung – Nichtanrechnung auf Urlaubsausmaß, RdW 1990, 411.

559 OGH ZAS 2004, 34 (krit *Aubauer*).

560 Zur Verlängerung der Verjährungsfrist bei Elternkarenz siehe § 4 Abs 5 2. Satz UrlG; aus anderen Gründen (Krankheit uÄ) siehe OGH infas 1989, A 72; DRdA 2001, 30 *(Kuderna)*; *Köck*, Zur Verjährung nicht verbrauchten Urlaubs, RdW 1988, 96.

561 OGH Arb 10.334.

562 OGH DRdA 2001, 30 (*Kuderna*) – kann ein AN infolge krankheitsbedingter Arbeitsunfähigkeit bis zur Beendigung des Arbeitsverhältnisses seinen Urlaub nicht verbrauchen, dann ist die Verjährung des Urlaubsanspruchs nach den allgemeinen Grundsätzen des ABGB (§§ 1494 ff) seit Beginn des Krankenstandes gehemmt; infas 2002, A 36; DRdA 2009, 3 [*Reissner*] hingegen stellt die Zeit von der Entlassung bis zur gerichtlichen Feststellung, dass das Arbeitsverhältnis weiter besteht, keinen Umstand dar, der den Urlaubsverbrauch objektiv hindern könnte.

XI. Schaden und Haftung im Arbeitsverhältnis

A. Allgemeines zum Schadenersatzrecht

298 Grundsätzlich ist immer dann, wenn ein Schaden rechtswidrig und schuldhaft verursacht wurde Ersatz zu leisten (§§ 1293 ff ABGB).[563] Somit ist zuerst zu untersuchen, ob überhaupt und in welcher Höhe ein Schaden eingetreten ist und von wem dieser verursacht wurde (Kausalität). Das wird im Rahmen der Äquivalenztheorie mit der sog „conditio sine qua non" geprüft: Gefragt wird, ob der Schaden entfiele, wenn man sich das Ereignis, dessen Ursächlichkeit geprüft werden soll, wegdenkt. Entfiele der Schaden, so ist das Ereignis ursächlich. Um völlig untypische Geschehensverläufe auszuschließen, werden nur jene Schäden dem Verursacher zugerechnet, die angesichts des gesetzten Verhaltens üblicherweise „nach dem gewöhnlichen Lauf der Dinge" eintreten. Rechtswidrig ist ein Verhalten immer dann, wenn gegen Gesetz (zB ASchG, die Straßenverkehrsordnung), die guten Sitten, absolut geschützte Rechte (Leben, Gesundheit, Eigentum) oder gegen Vertrag verstoßen wird. Dabei muss der Schaden im Schutzzweck der verletzen Verhaltensanordnung stehen und es dürfen keine Rechtfertigungsgründe (Notwehr, Notstand) vorliegen.

298a Gehaftet wird aber weiters nur dann, wenn **Verschulden** des Schädigers vorliegt, dh ihm das Verhalten vorwerfbar ist. Dabei wird auf die persönlichen Verhältnisse des Schädigers (Anlagen, Fähigkeiten, Ausbildung etc) abgestellt. Ein Verhalten ist dann schuldhaft, wenn es der Schädiger auf Grund seiner Einsichtsfähigkeit und persönlichen Möglichkeiten hätte vermeiden können. Innerhalb des Verschuldens wird zwischen unterschiedlichen Graden unterschieden: *Vorsätzlich* handelt, wer den schädigenden Erfolg voraussieht und diesen wünscht oder zumindest in Kauf nimmt. *Fahrlässig* handelt hingegen jemand, der die gebotene Sorgfalt außer Acht lässt. Er handelt *leicht* fahrlässig, wenn er einen Fehler begeht, der gelegentlich auch einem sorgfältigen Menschen passiert und *grob* fahrlässig, wenn ein solcher einem ordentlichen Menschen in dieser Situation keinesfalls unterläuft.

298b Bei der **Verletzung von Vertragspflichten** besitzt der Geschädigte, weil die Rechtsordnung den Vertragspartnern zumutet auf Rechtsgüter und Positionen ihres Partners mehr Rücksicht zu nehmen, eine begünstigte Position: insb gilt hinsichtlich des Verschuldens eine Beweislastumkehr, dh der vertragsbrüchige Teil muss beweisen, dass ihn kein Verschulden trifft (§ 1298 ABGB).

298c Mitunter sehen gesetzliche Bestimmungen vor, dass auch für fremdes Verschulden gehaftet wird. Insb im Zusammenhang mit dem Arbeitsverhältnis besonders bedeutsam sind die Fälle der **Gehilfenhaftung**: *Erfüllungsgehilfe* ist jede Person, derer sich ein „Geschäftsherr" zur Erfüllung bestehender Schuldverhältnisse (insb Verträge) bedient, wie dies durch den Einsatz von AN im Wirtschaftsleben der Fall ist (zB repariert der Installationsunternehmer idR nicht selbst sondern schickt einen Gesellen). Für das Verschulden des Erfüllungsgehilfen haftet der Geschäftsherr gegenüber dem Gläubiger wie für eigenes (§ 1313a ABGB). Gegenüber allen anderen Personen haftet der Geschäftsherr nur im Rahmen der *Besorgungsgehilfen*haftung. Diesfalls hat er nur dann einzustehen, wenn ihm ein Verschulden bei der Auswahl des Gehilfen unterlaufen ist, nämlich wenn er sich einer

[563] Insb wird im Bereich der Vertragshaftung auch für reine Vermögensschäden gehaftet. Gehilfenfehlverhalten (dazu sogleich) wird unbeschränkt gem § 1313a ABGB zugerechnet. Hinsichtlich des Verschuldens gilt die Beweislastumkehr des § 1298 ABGB, wonach bei Nachweis von Schaden, Kausalität und Rechtswidrigkeit der Prozessgegner beweisen muss, dass ihn kein Verschulden trifft.

untüchtigen oder wissentlich einer gefährlichen Person bedient (§ 1315 ABGB). Untüchtig ist, wer für die zu verrichtende Tätigkeit nicht geeignet ist (insb wegen Veranlagung oder mangelnder Ausbildung wie zB ein Kraftfahrer ohne Führerschein). Die Gefährlichkeit, von der der Geschäftsherr wissen muss, bezieht sich hingegen auf seine allgemeinen menschlichen Qualitäten (zB Pyromanie eines Berufskraftfahrers).

Das Schadenersatzrecht gilt grundsätzlich auch für den **Arbeitsvertrag**. Demgemäß würde jeder AN seinem AG für sämtliche im Rahmen der Leistungserbringung verursachten Schäden haften. Dies gilt nicht nur für Schäden, die der AN dem AG selbst zufügt, sondern auch für jene Schäden, die im Rahmen der Vertragserfüllung Dritten (zB Kunden) entstehen. Es ist ersichtlich, dass auf Grund der persönlichen Abhängigkeit des AN (insb Weisungsunterworfenheit) eine unbeschränkte Schadenersatzpflicht oftmals zu unbilligen Ergebnissen führen würde. So sind dem AN im Rahmen der Vertragserfüllung zumeist Vermögenswerte des AG von großem Wert anvertraut, deren Benützung im Rahmen der hierarchischen Eingliederung nicht nach eigenen Sorgfaltsmaßstäben des AN erfolgt. Diese kontinuierliche Gefährdung aus betrieblicher Sphäre mit zT enormer Schadensgeneigtheit steht zumeist im krassen Missverhältnis zu Einkommen und wirtschaftlicher Lage des AN. Daher wäre eine unbeschränkte Haftung des AN im Arbeitsverhältnis nach allgemeinen Prinzipien unbillig. Der Schadenersatz im Arbeitsrecht unterliegt daher einigen Modifikationen. **298d**

B. Schädigung des Arbeitgebers

Das Dienstnehmerhaftpflichtgesetz (DHG 1965) modifiziert für alle privat- und öffentlich-rechtlichen DN, Lehrlinge, Heimarbeiter und arbeitnehmerähnliche Personen[564] die Haftung im arbeitsrechtlichen Bereich. Die Begünstigungen des DHG kommen allerdings nur in den Fällen zur Anwendung, in welchen der AN den AG oder einen Dritten bei Erbringung der Dienstleistung geschädigt hat[565]. Nicht nach dem DHG sind somit Ersatzansprüche zu beurteilen, die nicht im Rahmen der Erfüllung des Arbeitsvertrages entstanden sind.[566] **299**

Das DHG gilt einmal für Schäden, die der AN dem AG **direkt** zugefügt hat. Zudem erfasst das DHG vom AN verursachte Schäden Dritter, soweit der AG für dieses Fehlverhalten des AN nach den §§ 1313a ff ABGB[567] zum Ersatz herangezogen werden kann (**indirekte** Schädigung). Steht der geschädigte Dritte in gar keiner vertraglichen Beziehung zum AG, wird er aber dennoch vom AN „bei Erbringung der Dienstleistung" geschädigt, so gilt das DHG grundsätzlich[568] nicht (vgl die §§ 3 Abs 2, 3 DHG, siehe aber Rz 305 ff). Hat der AN somit seinem AG oder einem Dritten, dem der AG nach **300**

---

[564] Ausgenommen sind gem § 1 Abs 2 DHG nur DN, soweit sie als Organe nach Art 23 Abs 1 B-VG in Vollziehung der Gesetze dem Rechtsträger einen Schaden zufügen. In diesen Fällen gilt das Organhaftpflichtgesetz.

[565] Zur Frage des sachlichen Geltungsbereiches ausführlich *Schrammel,* Haftungsmilderung „bei" Erbringung der Dienstleistung, ZAS 1985, 203; vgl auch *Kerschner,* DHG-Kommentar[2] (2004).

[566] Bspw der AN erscheint gar nicht zur Arbeit oder tritt unbegründet vorzeitig aus; dazu *Löschnigg,* Arbeitsrecht[10], 6.11.1.1; OGH Arb 9422; ecolex 2007, 962 – Kein Haftungsprivileg bei Privatfahrten.

[567] Dazu Rz 298c; Die Gehilfenhaftung ist insb im Fall der Vertragserfüllung gegenüber Kunden von Bedeutung, wo regelmäßig der AG Vertragspartner des Kunden ist und ein AN des AG als Erfüllungsgehilfe iSv § 1313a ABGB den vertraglichen Verpflichtungen des AG nachkommt.

[568] Durchbrochen wird diese Regel nur durch § 1315 ABGB, wonach der Geschäftsherr (AG) bloß für habituell untüchtige oder (wissentlich) gefährliche (Besorgungs-)Gehilfen auch im allgemeinen Bereich einzustehen hat; Rz 298c.

ABGB selbst ersatzpflichtig wäre, geschädigt, so unterliegt der vom AN zu leistende Schadenersatz den Haftungsmilderungen des § 2 DHG bzw hat er einen Ersatzanspruch gegenüber dem AG für einem Dritten geleisteten Schadenersatz.

301 Der vom AN seinem AG zu leistende Schadenersatzanspruch kann nach DHG herabgesetzt werden. Diese **Mäßigung der Ersatzpflicht** des AN ist einmal auf Fälle *rein fahrlässiger Schädigung* beschränkt; vorsätzliche Schädigungshandlungen (mit Schädigungsabsicht) unterliegen keinesfalls der Mäßigung nach DHG. Zudem besteht für Fälle von **entschuldbaren Fehlleistungen** (culpa levissima) gar **keine DN-Haftung** (§ 2 Abs 3 DHG). Darunter versteht man jenen Grad des Verschuldens, der als geringfügigstes Versehen anzusehen ist, das sich bei Berücksichtigung der gesamten Arbeitslast im Drange des Geschäfts und mit Rücksicht auf die Art und Schwierigkeit der Tätigkeiten ohne weiteres ergeben und nur bei Anwendung außerordentlicher Aufmerksamkeit abgewendet werden kann[569]. Die entschuldbare Fehlleistung stellt das geringstmögliche Verschulden dar, das in diesem eingeschränkten Rahmen zu überhaupt keiner Haftung des AN im Arbeitsverhältnis führt.[570]

302 Für den „Restbereich" der Fahrlässigkeit differenziert das Gesetz zwischen leichter und grober Fahrlässigkeit. Bei **leicht fahrlässiger Schädigung** („minderer Grad des Versehens"[571]) kann das Gericht den Schadenersatz nicht nur mäßigen sondern auch gänzlich erlassen. Demgegenüber ist bei Vorliegen von **grober Fahrlässigkeit**[572] eine Mäßigung bis auf Null ausgeschlossen (§ 2 Abs 1 DHG). In Fällen grober Fahrlässigkeit ist somit, weil es sich um ein beachtliches Abweichen vom Sorgfaltsmaßstab eines ordentlichen AN handelt, jedenfalls eine Form von (wenn auch gemäßigtem) Schadenersatz zu leisten.

303 In § 2 Abs 2 DHG zählt das Gesetz *demonstrativ* eine Reihe von **Mäßigungskriterien** auf. Demnach ist primärer Ansatzpunkt für die Feststellung des Ausmaßes des Schadenersatzes das *Verschulden* des AN. Zudem hat das Gericht auf das Ausmaß der mit der ausgeübten Tätigkeit verbundenen Verantwortung (Z 1), auf das Verhältnis von Entgelthöhe und Gefährdungsgeneigtheit der Tätigkeit (Z 2), auf den Grad der Ausbildung des AN (Z 3), auf die konkreten Arbeitsbedingungen sowie auf die Schadenswahrscheinlichkeit abzustellen (Z 4, 5). Damit soll einerseits gewährleistet werden, dass unter Ausübung des richterlichen Mäßigungsrechts nach billigem Ermessen im konkreten Einzelfall eine sämtliche Faktoren berücksichtigende Entscheidung getroffen wird. Andererseits soll der AN trotz der Haftungsprivilegierung weiterhin dazu verhalten werden, ein „sorgfältiger" AN zu bleiben.[573]

---

569 Dazu *Löschnigg*, Arbeitsrecht[10], 6.11.1.2; KG Wels Arb 9261 – Bedienfehler an einer halbautomatischen Maschine wegen Monotonie des Arbeitsvorgangs; OGH Arb 10.063 – Überschreiten der Toleranzgrenze des üblichen Ausschusses bei Überlastung und Fachkräftemangel; infas 1986, A 71 – trotz Warndreieck und eingeschalteter Warnblinkanlage Übersehen eines am rechten Autobahnrand abgestellten Lkw-Zuges wegen „Einnickens" keine entschuldbare Fehlleistung.

570 Vgl OGH Arb 9869.

571 Leicht fahrlässig handelt zB ein AN bei geringfügigem Überschreiten einer zulässigen Höchstgeschwindigkeit etwa um 10 km/h (OGH Arb 8930) oder der ein Kfz mit einer Geschwindigkeit von 50 km/h bei einer Sicht von 20m und einer schneeglatten Straße lenkt (KG Wiener Neustadt Arb 8319) sowie ein Schulwart, der beim Schließen von Wasserleitungshähnen den bei Installateuren üblichen Trick des Schließens eines Haupthahns nicht anwendet (LGZ Wien Arb 9306).

572 Grob fahrlässig handelt bspw ein schon länger in Ausbildung stehender Rechtsanwaltsanwärter, der annimmt, Arbeitsrechtssachen seien keine Ferialsachen (OLG Graz Arb 10.686), ein AN, der eine Kassa in einem Raum unbeaufsichtigt lässt, in dem sich viele Personen befinden (LGZ Wien SozM I A e 862) sowie ein alkoholisierter Fahrzeuglenker (LGZ Wien Arb 9645).

573 Vgl OGH ZAS 1990, 24 (*Andexlinger*); OGH Arb 9153; zur Mäßigung va bei angestellten Ärzten *Brodil*, Mäßigung der Haftung nach § 2 DHG im ärztlichen Bereich, RdM 1995, 34 mwN.

Die Judikatur bietet ein unübersehbares Feld an Entscheidungen. In Anwendung des demonstrativen Katalogs des § 2 Abs 2 DHG kann festgehalten werden, dass wesentliche Elemente bei der Mäßigung die potentielle Schadensgeneigtheit der Tätigkeit ist (bspw Fernfahrer), diese in Relation zum Entgelt des AN gesetzt werden muss (verdient der AN in Beziehung zur Risikowahrscheinlichkeit wenig, so wird die Mäßigung tendenziell stärker ausfallen und umgekehrt), sowie unter welchen konkreten Arbeitsbedingungen (Zeit- oder Termindruck, Überlastung, bis hin zu Organisationsverschulden des AG) die Tätigkeit zu verrichten ist.

C. Schädigung von Dritten

Neben der direkten Schädigung des AG erfasst das DHG wie in Rz 300 erwähnt **304** auch jene Fälle, in denen der AN Dritte geschädigt hat, solange sie mit dem AG in einer Beziehung stehen, die den AG selbst zum Schadenersatz verpflichtet (insb wegen Erfüllungs- und Besorgungsgehilfenhaftung, Rz 298c). Dafür sieht § 3 Abs 2, 3 DHG Rückgriffsmöglichkeiten im arbeitsrechtlichen Innenverhältnis vor: Wird der AG vom Dritten in Anspruch genommen und leistet er diesem Schadenersatz, so kann er vom AN unter Anwendung der Kriterien des § 2 DHG Ersatz verlangen. Umgekehrt kann der AN, der vom Dritten direkt in Anspruch genommen wird,[574] sodann im Innenverhältnis vom AG unter Anwendung von § 2 DHG Ersatz verlangen. Auch in diesen Fällen unterliegt der Rückgriff (Regress) den Mäßigungskriterien des § 2 DHG. In allen Fällen hat der jeweils in Anspruch Genommene seinem Arbeitsvertragspartner vom Schadenersatzrechtsstreit Mitteilung zu machen bzw im Prozessfall den Streit zu verkünden (vgl §§ 3 Abs 4, 4 DHG). Zudem ordnet § 7 DHG ein Verbot der Aufrechung des Schadenersatzes mit dem Entgelt des DN an, sofern dieser binnen 14 Tagen einer Aufrechnungserklärung widerspricht.

D. Risikohaftung des Arbeitgebers

Vom DHG nicht erfasst bleiben nunmehr folgende zwei Fallkonstellationen:

- Einmal sind Fälle denkbar, in welchen der AN einen **Dritten** schädigt, dieser aller- **305** dings den Schaden mangels Erfüllungs- oder Besorgungsgehilfenhaftung (Rz 298c) nicht beim AG geltend machen kann, weil diesen keine Haftung dem Dritten gegenüber trifft. In solchen Fällen bliebe, weil das DHG unanwendbar ist, der AN dem Dritten uneingeschränkt ersatzpflichtig und könnte gleichzeitig im Innenverhältnis keinen Ersatz vom AG begehren.
- Eine zweite Fallkonstellation betrifft jene Fälle, in welchen der AN sein **Privatei- 306 gentum** bei Erbringung der Arbeitsleistung eingesetzt hat und dieses dabei beschä-

[574] Selbst wenn der AG dem Dritten (Kunden) vertraglich wegen Schlechterfüllung haftet, haftet der AN selbst auch ohne vertragliche Beziehung zum Kunden *deliktisch* selbst. Beschädigt also der Installateursgehilfe bei der Heizungsreparatur in der Wohnung des Kunden einen teuren Teppich, so haftet einmal der AG seinem Kunden für den Schaden am Teppich aus Vertrag, gleichzeitig haftet aber der Installateursgehilfe selbst aus Delikt; er kann ebenso in Anspruch genommen werden wie der AG. Typischerweise wird in der Praxis der regelmäßig wirtschaftlich potentere AG in Anspruch genommen. Zu den ersatzfähigen Kosten zählen auch die Vertretungskosten durch einen Rechtsanwalt, vgl OGH RdW 1999, 744.

digt wird. In diesem Fall müsste der AN den wirtschaftlichen Schaden der Beschädigung oder des Untergangs der Sache zur Gänze selbst tragen.[575]

307 In beiden Fällen wird von der Rspr[576] **§ 1014 ABGB analog** auf den Arbeitsvertrag angewendet (sog Risikohaftung des AG). Es handelt sich dabei um eine Vorschrift aus dem bürgerlich-rechtlichen Auftragsrecht (dh dem rechtlichen Tätigwerden für andere), die eine umfassende Ersatzpflicht des Auftraggebers gegenüber dem Auftragnehmer für von letzterem getätigte notwendige und nützliche Aufwendungen bei der Auftragserfüllung vorsieht[577]. Diese Rechtsfolge wird auf das Arbeitsverhältnis, wo es idR um faktisches Tätigwerden für andere geht, übertragen. Im Ergebnis bedeutet das, dass für die hier interessierenden Fälle der AN von seinem AG Ersatz entweder für den dem Dritten geleisteten Schadenersatz oder für die Beschädigung eigener Sachen verlangen kann. Diese Ersatzpflicht des AG seinem AN gegenüber ist allerdings bei (Mit-)Verschulden des AN an der Schädigung unter sinngemäßer Anwendung der Kriterien von § 2 DHG (Mäßigung, Rz 301) zu sehen, sodass es auch im arbeitsrechtlichen Innenverhältnis zu einem abgestuften Ausgleich kommt. Im Ergebnis gilt im Arbeitsverhältnis ein einheitliches Haftungsregime.[578]

Grundlage für eine derartige Lösung ist der Gedanke, dass der AN in beiden Fällen jeweils im Interesse des AG handelt und diesem das Risiko der Tätigkeiten wirtschaftlich zurechenbar ist, weil ihm auch der wirtschaftliche Nutzen zukommt. Abgestuft im Sinne der Mäßigungskriterien nach § 2 DHG soll sodann der AN in die Lage versetzt werden, den Schaden, der sich anlässlich seiner Leistungserbringung in fremden oder eigenen Rechtsgütern verwirklicht hat, ganz oder zumindest teilweise auf seinen AG zu überwälzen.

E. Haftung bei Arbeitsunfällen

1. Dienstgeberhaftungsprivileg

308 Die allgemeinen Regeln des Schadenersatzrechtes werden vom ASVG wesentlich modifiziert: Nach § 333 Abs 1 ASVG ist der DG dem DN bzw einem freien DN zum Ersatz des Schadens, der diesem durch eine Verletzung am Körper infolge eines Arbeitsunfalles (§ 175 ASVG) oder durch eine Berufskrankheit (§ 177 ASVG) entstanden ist, nur dann verpflichtet, wenn er den Arbeitsunfall (die Berufskrankheit) vorsätzlich verursacht hat.[579] Diese Einschränkung gilt auch gegenüber den Hinterbliebenen des DN, wenn dessen Tod auf die körperliche Verletzung infolge des Arbeitsunfalles oder auf die Berufskrankheit zurückzuführen ist. Die Geschädigten sind in diesen Fällen auf

---

575 Denkbar ist weiters eine Risikohaftung des AG für Personenschäden des AN, siehe *Kerschner/Wager*, Risikohaftung des Arbeitgebers bei Personenschaden des Arbeitnehmers?, DRdA 2001, 568; OGH ZAS 2005, 269 (*Schmaranzer*).

576 OGH DRdA 1984, 32 (*Jabornegg*) = ZAS 1985, 14 (*Schrank*); ZAS 1987, 85 (*Kerschner*); DRdA 1991, 137 (*Kerschner*) = ZAS 1991, 57 (*Oberhofer*) – „Fahrradentscheidung" ua; zur Begründung aus der Fürsorgepflicht, *Löschnigg*, Arbeitsrecht[10], 6.11.2.

577 Dazu allgemein *Bydlinski,* Die Risikohaftung des AG; krit *Tomandl,* Grundlagen und Grenzen der verschuldensunabhängigen Arbeitgeberhaftung, ZAS 1991, 37. Zur Rechtsnatur des § 1014 ABGB als quasi „Gefährdungshaftung" vgl *Strasser,* in Rummel, ABGB[3], Rz 10 zu § 1014 mwN.

578 *Beer*, Risikohaftung bei Verschulden des Arbeitnehmers, ecolex 1991, 44.

579 Zum Begriff des Arbeitsunfalles und der Berufskrankheit siehe *Brodil/Windisch-Graetz,* Sozialversicherungsrecht in Grundzügen[5], 97 ff; OGH ZAS 2004, 88 (*Schmaranzer*) – Der AN hat gegen den AG auch keinen verschuldensunabhängigen Ersatzanspruch gem § 1014 ABGB.

die Leistungen aus der Unfallversicherung beschränkt.[580] Nur wenn der Arbeitsunfall durch ein Verkehrsmittel eingetreten ist, für dessen Betrieb aufgrund gesetzlicher Vorschriften eine erhöhte Haftpflicht (zB Kfz) besteht, findet gem § 333 Abs 4 ASVG das DG-Haftungsprivileg keine Anwendung. In diesen Fällen soll die Haftpflichtversicherung den Schaden tragen.[581]

2. Arbeitskollegenhaftung

Für Personenschäden (nicht Sachschäden), die Arbeitskollegen einander zufügen, **308a** finden sich im Sozialversicherungsrecht ebenfalls Modifikationen des Schadenersatzrechts: § 332 Abs 5 ASVG sieht für Arbeitskollegen eine Haftungsprivilegierung bei fahrlässig verursachten Personenschäden vor; § 333 Abs 4 ASVG enthält für Aufseher im Betrieb eine noch weiter gehende Haftungsprivilegierung. Auf nähere Details kann hier nicht eingegangen werden (Probleme ergeben sich dabei auch im Zusammenhang mit der Entgeltfortzahlung für einen verletzten Arbeitskollegen, ein Schaden, den der AG uU beim schädigenden Arbeitskollegen einfordern kann).[582]

[580] Dazu *Brodil/Windisch-Graetz,* Sozialversicherungsrecht in Grundzügen[5], 122 ff.

[581] Zum Rückgriffsanspruch des Sozialversicherungsträgers siehe OGH ARD 4608/40/94; *Brodil/ Windisch-Graetz,* Sozialversicherungsrecht in Grundzügen[5], 124.

[582] Dazu vgl *Brodil/Windisch-Graetz,* Sozialversicherungsrecht in Grundzügen[5], 123; *Pircher,* Entgeltfortzahlungsfälle: Schadenersatzanspruch des AG gegen den eigenen schädigenden AN, ZAS 1997, 65, jeweils mwN.
Löschnigg, Arbeitsrecht[10], 6.6.4.

XII. Das Arbeitnehmerschutzrecht

A. Allgemeines

309 Das AN-Schutzrecht hat zum Ziel, das Leben, die Gesundheit und die Sittlichkeit des AN zu schützen. Im Gegensatz zum Arbeitsvertragsrecht, welches ein Teil des Privatrechtes ist, gehört das AN-Schutzrecht zum öffentlichen Recht. Während beim Arbeitsvertragsrecht die Rechte und Pflichten aus dem Vertrag von den Vertragspartnern mit Hilfe der Gerichtsbarkeit durchgesetzt werden können, wird im Rahmen des AN-Schutzrechts durch staatliche Intervention mit hoheitlichen Mitteln in den Vollzug des Arbeitsverhältnisses eingegriffen. Das geschieht in der Form, dass Gebote und Verbote aufgestellt und durch staatliche Verwaltungsbehörden überwacht werden. Bei Zuwiderhandeln können Verwaltungsstrafen verhängt werden. Nach § 3 ASchG ist der AG allgemein zu einer entsprechenden Organisation des Betriebes in Bezug auf Sicherheit und Gesundheitsschutz verpflichtet. Insbesondere trifft den AG gem § 14 ASchG eine Unterweisungspflicht bzgl der Schutzmaßnahmen gegenüber den AN. Im Gegensatz zum Privatrecht wird dem Einzelnen kein subjektiver, gerichtlich durchsetzbarer Rechtsanspruch gegen den Vertragspartner eingeräumt, sondern es werden einseitige Pflichten – zumeist des AG – festgelegt. Die öffentlich-rechtlichen Bestimmungen konkretisieren aber in vielen Fällen die privatrechtliche Fürsorgepflicht des AG, sodass diese Bestimmungen auch zu Pflichten aus dem Arbeitsvertrag werden können.[583] Verletzungen der Normen des Arbeitnehmerschutzrechtes stellen uU daher gleichzeitig auch Verletzungen der Fürsorgepflicht des AG dar, da der AG seinen Betrieb gemäß § 1157 ABGB so zu organisieren hat, dass Leben und Gesundheit der AN möglichst geschützt werden.[584]

Es ist darauf hinzuweisen, dass in dem Fall, dass Verbote normiert sind (zB gem § 9 Abs 1 AZG eine tägliche Höchstarbeitszeit von zehn Stunden), diesen nicht entsprechende Bestimmungen im Arbeitsvertrag nichtig sind, da § 879 ABGB festlegt, dass ein Vertrag, der gegen ein gesetzliches Verbot oder gegen die guten Sitten verstößt, unwirksam ist und sich die Vertragsparteien nicht darauf berufen können (dh zB der AG kann eine Verpflichtung zur täglichen Arbeitszeit von zwölf Stunden nicht durchsetzen und einen AN wegen der Weigerung über zehn Stunden zu arbeiten nicht entlassen). Somit haben auch verwaltungsrechtliche Normen Rückwirkungen auf das privatrechtliche Arbeitsverhältnis.

310 Das AN-Schutzrecht kann als der Bestand jener Rechtsnormen definiert werden, die **mittels Androhung von Strafen Arbeitsbedingungen durchsetzen wollen, die Gewähr dafür bieten, dass zentrale Persönlichkeitsgüter wie das Leben, die Gesundheit und die Sittlichkeit der AN möglichst wenig gefährdet** werden.

Man unterscheidet zwischen verschiedenen Gruppen des AN-Schutzes:

- **Technischer AN-Schutz/Gefahrenschutz**[585] – dient unmittelbar dem Schutz des Lebens und der Gesundheit (insb ASchG, siehe Rz 314);
- **Arbeitszeitschutz –** schränkt die zeitliche Inanspruchnahme von AN ein (insb AZG, ARG), dazu siehe eingehend Rz 318;

583 *Löschnigg*, Arbeitsrecht[10], 6.6.4.

584 OGH DRdA 2010, 59 [*Melzer-Azodanloo*].

585 Siehe dazu auch *Stärker*, in Mazal/Risak, Das Arbeitsrecht, Kap IX Rz 2 ff.

- **Verwendungsschutz** – schränkt die Verwendung von bestimmten AN ein, zB von Schwangeren (MSchG, siehe Rz 359), Kindern und Jugendlichen (KJBG[586]).

B. Zur verwaltungsstrafrechtlichen Verantwortlichkeit des AG

Bei einer Verwaltungsübertretung handelt es sich um eine mit Strafe bedrohte rechtswidrige Handlung oder Unterlassung, die schuldhaft begangen wurde.[587] Ist der AG eine natürliche Person, so ist diese Adressat der AN-Schutzbestimmungen und wird auch verwaltungsstrafrechtlich zur Verantwortung gezogen. Da juristische Personen[588], insb mangels der Möglichkeit „Verschulden" aufzuweisen, nicht in gleicher Weise wie natürliche Personen strafrechtlich verantwortlich gemacht werden können, normiert § 9 VStG, dass für die Einhaltung der Verwaltungsvorschriften durch juristische Personen, Personengesellschaften des Handelsrechts oder eingetragene Erwerbsgesellschaften, grundsätzlich strafrechtlich verantwortlich ist, wer zur Vertretung nach außen berufen ist. Unter den *„zur Vertretung nach außen"* Berufenen sind jene natürlichen Personen zu verstehen, die eine Befugnis für die juristische Person zu handeln haben. Wer diese Befugnis innehat, bestimmt sich nach der *„Verfassung"* der juristischen Person, die gesetzlich oder in der Satzung bzw im Gesellschaftsvertrag geregelt ist. **311**

Die zur Vertretung nach außen Berufenen sind gem § 9 Abs 2 VStG dazu berechtigt und – soweit es sich zur Sicherstellung der strafrechtlichen Verantwortlichkeit als erforderlich erweist – auf Verlangen der Behörde verpflichtet, aus ihrem Kreis eine oder mehrere Personen als verantwortlich Beauftragte zu bestellen, denen für das gesamte Unternehmen oder für bestimmte räumlich oder sachlich abgegrenzte Bereiche desselben die Verantwortung für die Einhaltung der Verwaltungsvorschriften obliegt. Für bestimmte **räumlich oder sachlich abgegrenzte Bereiche** des Unternehmens besteht die, in der Praxis häufig wahrgenommene Möglichkeit, auch andere Personen, insb AN, zu **verantwortlich Beauftragten** zu bestellen.[589] Zum verantwortlich Beauftragten kann nur eine Person bestellt werden, die ihren Hauptwohnsitz im Inland hat[590], die strafrechtlich verfolgt werden kann, ihrer **Bestellung nachweislich zugestimmt** hat und der für den ihrer Verantwortung unterliegenden klar abzugrenzenden Bereich eine **entsprechende Anordnungsbefugnis** zugewiesen ist (§ 9 Abs 4 VStG). Zusätzlich normiert § 23 Arbeitsinspektionsgesetz (ArbIG), dass AN für die Einhaltung von AN-Schutzvorschriften nur dann rechtswirksam zu verantwortlich Beauftragten bestellt werden können, wenn sie **leitende Angestellte** sind, denen **maßgebliche Führungsaufgaben selbstverantwortlich übertragen** worden sind.[591] Letzteres ist nach der Rspr bereits dann der Fall, wenn die AN eine Leitungsfunktion ausüben, die es ihnen ermöglicht, für die Einhaltung jener Vewaltungsvorschriften zu sorgen, für deren Einhaltung sie bestellt sind.[592] Damit ist die notwendige Leitungsbefugnis auf das Vorliegen von An- **312**

[586] Siehe dazu *Dirschmied*, KJBG-Kommentar[3] (1999); *Löschnigg*, Arbeitsrecht[10], 12.3.1.
[587] Siehe dazu eingehend *Walter/Mayer*, Verwaltungsverfahrensrecht[8] (2003) Rz 723.
[588] Unter einer „juristischen Person" versteht man ein Gebilde, dass nicht ein Mensch ist (natürliche Person), dem die Rechtsordnung die Eigenschaft zuerkannt hat, Träger von Rechten und Pflichten zu sein (zB GmbH, Fonds, Verein).
[589] Siehe dazu *Stärker*, Die verwaltungsstrafrechtliche Verantwortlichkeit im Unternehmen, ecolex 1998, 150.
[590] Dieses Erfordernis gilt nicht für EWR-Bürger falls die Zustellung sichergestellt ist.
[591] Siehe zu diesem Begriff Rz 69.
[592] VwGH ecolex, 195, 578.

ordnungsbefugnissen reduziert, die § 9 Abs 4 VStG ohnehin verlangt.[593] Die Bestellung ist außerdem erst dann rechtswirksam, nachdem beim zuständigen Arbeitsinspektorat eine schriftliche Mitteilung über die Bestellung samt einem Nachweis der Zustimmung des Bestellten eingelangt ist. Das Gesetz will auf diese Weise vermeiden, dass AN die Verantwortung für den AN-Schutz übertragen wird, die zu seiner Wahrung aufgrund ihrer niedrigen innerbetrieblichen Stellung nicht geeignet sind.[594]

313 Wurde ein verantwortlich Beauftragter bestellt, so sind die zur Vertretung nach außen berufenen Personen nur mehr für solche Taten verwaltungsstrafrechtlich verantwortlich, die sie selbst vorsätzlich veranlasst oder vorsätzlich nicht verhindert haben (§ 9 Abs 6 VStG). Nach § 9 Abs 7 VStG haften juristische Personen für die über ihre zur Vertretung nach außen berufenen Organe oder über einen verantwortlich Beauftragten verhängten Geldstrafen und Verfahrenskosten zur ungeteilten Hand mit den Bestraften. Die juristische Person ist daher im Verwaltungsstrafverfahren als Partei beizuziehen.[595] Eine vorweg vereinbarte Verpflichtung des Unternehmens zur Übernahme von Verwaltungsstrafen eines verantwortlich Beauftragten ist nach der Rspr des OGH nichtig, da dies dem Gesetzeszweck, die Einhaltung von Normen durch Androhung von Strafen zu erreichen, zuwiderläuft. Der Verantwortliche wäre von wesentlichen Unrechtsfolgen befreit und es bestünde eine geringere Motivation sich dem Gesetz gemäß zu verhalten.[596] Zulässig ist allerdings im Einzelfall eine Übernahme der Verwaltungsstrafe im Nachhinein durch das Unternehmen.

C. Gefahrenschutz – ASchG

314 Das Arbeitnehmerschutzgesetz (ASchG)[597] zielt in Umsetzung der einschlägigen EU-Arbeitnehmerschutzrichtlinien im Wesentlichen auf die Gewährleistung von Sicherheit und Gesundheitsschutz der AN ab. Dabei wird von einem dynamischen System des AN-Schutzes ausgegangen, das vor allem den AG zum Aufbau eines betriebsinternen Sicherungssystems verpflichtet.

315 Die **Grundprinzipien** des ASchG sind folgende: **Der erste Schritt ist die Gefahren in seinem Betrieb regelmäßig zu ermitteln, zu beurteilen und zu dokumentieren** (sog „**Evaluierung**“).[598] Diesen Gefahren soll grundsätzlich vorgebeugt werden. Wo sie jedoch unvermeidlich sind, sollen Risken eingeschränkt werden. Dazu dienen vor allem die im ASchG vorgesehenen AG-Pflichten, die in einer Fülle einzelner Gebote betreffend Arbeitstätten (§§ 19 ff ASchG), Arbeitsmittel (§§ 33 ff ASchG), Ar-

---

593 *Stärker*, in Mazal/Risak, Das Arbeitsrecht, Kap IX Rz 101; *Stärker*, Krankenanstalten-Arbeitszeitgesetz[4] (2008) § 12 Erl1.

594 VwGH ÖJZ 1993, 109; siehe weiters den Schuldausschluss gem § 9 Abs 5 VStG – Unzumutbarkeit der Einhaltung verwaltungsstrafrechtlicher Vorschriften wegen besonderer Weisung des AG.

595 VwGH (verstärkter Senat) ZAS 2001, 152 (*Rosenmayr-Klemenz*); *Stärker*, Juristische Person hat im Verwaltungsstrafverfahren gegen ihre Organe Parteistellung, ASoK 2002, 44.

596 OGH JBl 1998, 248; WBl 1993, 157; *Bydlinski*, Privatrechtliches „Überwälzungsverbot“ für Vermögensstrafen und Strafverfahrenskosten, in FS Niederländer (1991) 243.

597 Siehe dazu insb *Stärker*, Arbeitnehmerschutz in Österreich (1997); *ders*, in Mazal/Risak, Das Arbeitsrecht, Kap IX; *Mosler*, Ausgewählte Rechtsfragen aus dem neuen ArbeitnehmerInnenschutzgesetz, DRdA 1996, 361; *Löschnigg*, Arbeitsrecht[10], 12.2.

598 Siehe *Stärker*, Arbeitnehmerschutz in Österreich; *ders*, Die Evaluierungspflicht des AG, in Tomandl (Hrsg), Rechtsfragen des technischen AN-Schutzes (1997) 35; *ders*, Methoden der Gefahrenermittlung am Arbeitsplatz, ecolex 1996, 690; *Novak*, Evaluierung nach dem ASchG, ASoK 1997, 306.

beitsstoffe (§§ 40 ff ASchG), Gesundheitsüberwachung (§§ 49 ff ASchG) sowie Arbeitsvorgänge und Arbeitsplätze (§§ 60 ff ASchG) bestehen.

Hervorzuheben sind folgende Bestimmungen des ASchG:

- AN sind ausreichend über die Gefahren für die Sicherheit und Gesundheit sowie über die Gefahrenverhütung zu **informieren** und nachweislich zu **unterweisen** (§§ 12, 14).
- Ist der AG in einer Arbeitsstätte nicht selbst im notwendigen Umfang anwesend, so hat er eine geeignete **Person** damit zu **beauftragen**, für die Durchführung und Einhaltung der notwendigen Schutzmaßnahmen zu achten (§ 3 Abs 6).
- Der AG hat **sanitäre Vorkehrungen** für seine AN zu treffen (§§ 27 ff): er hat Trinkwasser, Toiletten, Waschgelegenheiten sowie versperrbare Kleiderkästen zur Verfügung zu stellen. Je nach Größe und Art der Arbeit sind auch Wasch- und Umkleideräume sowie Aufenthaltsräume beizustellen.
- Hinsichtlich des **Nichtraucherschutzes** ordnet § 30 ASchG an, dass der AG dafür zu sorgen hat, dass Nichtraucher vor den Einwirkungen des Tabakrauches am Arbeitsplatz geschützt werden, soweit dies nach Art des Betriebes möglich ist. Bei Zusammenarbeit von Rauchern und Nichtrauchern in einem Büroraum oder vergleichbaren Raum, der nur von Betriebsangehörigen genutzt wird, ist das Rauchen verboten. Gem § 12 ff Tabakwesengesetz ist auch das Rauchen in Räumen öffentlicher Orte verboten, dh auch in jenen Büroräumen mit Parteienverkehr.[599]
- Vorgesehen sind auch **AN-Pflichten** in Form von gefahrenvermeidendem Verhalten sowie der Mitwirkung am Gefahrenschutz (§ 15 ASchG).

Zur außerbetrieblichen Kontrolle dienen die **Arbeitsinspektorate** und deren ausübende Organe, die Arbeitsinspektoren. Deren Aufgabenbereich umfasst vor allem die Überwachung der Einhaltung der AN-Schutzvorschriften. Daneben üben sie auch beratende, unterstützende und vermittelnde Funktion im Rahmen ihres Wirkungsbereiches aus und sind zur Zusammenarbeit mit den Belegschaftsvertretungen und den gesetzlichen Interessenvertretungen der AG und AN gesetzlich verpflichtet (vgl § 3 ArbIG).

Zur Erfüllung ihrer Aufgaben wurde der Arbeitsinspektion eine Reihe von **Befugnissen** eingeräumt: Gem § 4 Abs 1 ArbIG sind die Arbeitsinspektoren berechtigt, insb Betriebsstätten und Arbeitsstellen jederzeit zu besichtigen. Ob derartige Amtshandlungen angekündigt werden müssen, liegt im Ermessen der Arbeitsinspektionsorgane. Ausdrücklich unzulässig ist eine Kontrollanmeldung, wenn der Verdacht auf eine schwerwiegende Übertretung oder der Verdacht auf Gefahr für Leben oder Gesundheit der Beschäftigten vorliegt **316**

(§ 18 Abs 2 ArbIG). Stellt die Arbeitsinspektion die Übertretung von AN-Schutzvorschriften fest, so hat sie den AG schriftlich aufzufordern, den vorschriftsmäßigen Zustand innerhalb einer angemessenen Frist herzustellen. Wird vom AG dieser Aufforderung nicht entsprochen, so wird Anzeige an die zuständige Verwaltungsstrafbehörde erstattet. Bei schwerwiegenden Übertretungen hat die Strafanzeige auch ohne vorausgehende Aufforderung zu erfolgen (§ 9 ArbIG). Außerdem ist es möglich, bei der zuständigen Behörde die Vorschreibung erforderlicher Maßnahmen zu beantragen (§ 10 Abs 1 ArbIG). Droht eine unmittelbare Gefahr für das Leben oder die Gesundheit der AN, dann hat das Arbeitsinspektorat mit Bescheid die Beschäftigung von AN zu untersagen bzw die (teilweise) Schließung der Betriebsstätte oder der Arbeitsstelle, die Stilllegung

[599] *Kissich*, Passivrauchen am Arbeitsplatz – Unterlassung und Schadenersatz, Zak 2006/77; *Felten*, Arbeitsrechtlicher Schutz für Raucher, ZAS 2009/34.

von Maschinen oder sonstige Sicherheitsmaßnahmen zu verfügen. Erforderlichenfalls hat das Arbeitsinspektionsorgan auch vor Erlassung eines Bescheides zur Gefahrenabwehr Sofortmaßnahmen an Ort und Stelle zu verfügen und deren Durchführung selbst zu veranlassen (§ 10 Abs 3 und 4 ASchG).

317 Zur innerbetrieblichen Kontrolle der AN-Schutzvorschriften ist einerseits der BR (§§ 89 Z 3, 92a ArbVG) berufen. Andererseits sind Präventivdienste einzurichten. Der AG hat **Sicherheitsfachkräfte** und **Arbeitsmediziner** mit bestimmten Mindesteinsatzzeiten zu beschäftigen und diesen das erforderliche Hilfspersonal und Sachmittel beizustellen (§§ 73 ff ASchG). Es besteht auch die Möglichkeit, diese Aufgaben externen Präventivfachkräften oder Präventivzentren zu übertragen bzw für Arbeitsstätten mit bis zu 50 AN Präventionszentren des zuständigen Unfallversicherungsträgers in Anspruch zu nehmen (§ 78 ASchG). Das ASchG sieht weiters in Betrieben mit mehr als 10 AN die Bestellung von **Sicherheitsvertrauenspersonen** aus dem Kreis der Belegschaft mit Zustimmung des BR (§§ 10 f ASchG)[600] und ab einer Beschäftigtenzahl von mehr als 100 AN die Errichtung von Arbeitsschutzausschüssen (§ 88 ASchG) vor.

---

[600] Siehe dazu *Glawischnigg*, Die Sicherheitsvertrauensperson im „neuen" ASchG, ZAS 1997, 12, 33.

XIII. Das Arbeitszeitrecht

A. Allgemeines

Das Arbeitszeitrecht als Teil des AN-Schutzrechts verhindert die übermäßige Inanspruchnahme des AN durch den AG, um dessen Gesundheit zu schützen. Darüber hinaus dienen die Arbeitszeitbegrenzungen der Sicherung der Freizeit des AN[601] sowie der staatlichen Steuerung des Arbeitsmarktes.[602] 318

Das Arbeitszeitrecht schützt die AN durch **öffentlich-rechtliche Normen**. Die Einhaltung der Arbeitszeitvorschriften wird durch die Arbeitsinspektorate (Rz 315) kontrolliert und ihre Verletzung durch Verwaltungsstrafen sanktioniert (zB §§ 26 ff AZG). Die öffentlich-rechtlichen Normen stecken den äußerst möglichen Rahmen ab, in dem AN zur Arbeitsleistung herangezogen werden können. Inwieweit der AN innerhalb dieses Rahmens zur Arbeitsleistung verpflichtet ist, richtet sich nach dem Arbeitsvertrag bzw den kollektiven Rechtsquellen. Daneben enthält das AZG nicht zum öffentlichen Recht zählende vertragsrechtliche Bestimmungen über die Lage der Normalarbeitszeit, Teilzeitarbeit sowie über die Abgeltung und den Abbau von Zeitguthaben (§§ 19b ff AZG). 319

Die Arbeitszeit betreffende Regelungen finden sich sowohl im **Arbeitszeitgesetz** (AZG) als auch im **Arbeitsruhegesetz** (ARG). Für Dienstnehmer in Krankenanstalten sieht das **Krankenanstalten-Arbeitszeitgesetz** (KA-AZG) Beschränkungen der Arbeitszeit vor.[603] Während das AZG bzw das KA-AZG das Ausmaß der täglichen und wöchentlichen Normalarbeitszeit, sowie die tägliche Mindestruhe regelt, legt das ARG die wöchentliche Mindestruhezeit und die Sonn- und Feiertagsruhe fest. 320

In personeller Hinsicht gilt das AZG für AN die das 18. Lebensjahr vollendet haben,[604] das ARG für AN aller Art.[605] § 1 Abs 2 AZG enthält jedoch zahlreiche Ausnahmen von seinem Anwendungsbereich, wobei insb AN, die in einem Arbeitsverhältnis zu einer Gebietskörperschaft stehen, hervorzuheben sind. 321

Der Geltungsbereich des **KA-AZG** erfasst Angehörige von Gesundheitsberufen und andere Dienstnehmer von Krankenanstalten, deren Tätigkeit sonst zur Aufrechterhaltung des Betriebes in Krankenanstalten ununterbrochen erforderlich ist (§ 1 KA-AZG). 322

Sowohl das AZG/KA-AZG als auch das ARG nehmen von ihrem Anwendungsbereich **leitende Angestellte** aus, denen maßgebliche Führungsaufgaben selbstverantwortlich übertragen sind. Leitende Angestellte sind Angestellte, die sich auf Grund ihrer einflussreichen Position aus der gesamten Angestelltenschaft herausheben und für die der Schutz des Arbeitszeitrechts nicht notwendig ist. Es handelt sich dabei um AN, die ihre Arbeitszeit weitgehend selbst einteilen können und gewöhnlich ein überdurchschnittliches Entgelt beziehen.[606] Leitender Angestellter ist ein AN, dem die selbständige Führung eines Betriebes übertragen ist und dessen Befugnisse Einkauf, Abrechnung, Aufsicht über AN und Betriebsstätte usw umfassen.[607] Ausreichende Führungsaufga- 323

---

[601] So insb der mit BGBl I 2007/61 seit 1.1.2008 eingeführte „Flexibilitäts"-Zuschlag für die Mehrarbeit von Teilzeitbeschäftigten; siehe dazu Rz 351a sowie *Risak*, Der Mehrarbeitszuschlag, ZAS 2007, 253 (258)); *ders*, Aktuelle Probleme des Mehrarbeitszuschlags, ZAS 2009, 309.

[602] *Grillberger*, Arbeitszeitgesetz² (2001) 3.

[603] Siehe dazu Rz 358a ff.

[604] Für jüngere AN sieht das BG über die Beschäftigung von Kindern und Jugendlichen (KJBG) weiter gehende Beschränkungen der Arbeitszeit vor.

[605] § 1 Abs 1 AZG bzw ARG.

[606] OGH ecolex 1993, 846; OGH ecolex 2004, 131 – Primararzt.

[607] OGH Arb 9351; DRdA 1980, 403.

ben liegen aber nicht nur bei selbständiger Leitung eines Betriebes vor, sondern bereits dann, wenn dem leitenden Angestellten Entscheidungen auf kaufmännischem oder technischem Gebiet obliegen.[608]

B. Begriff der Arbeitszeit

324 Arbeitszeit wird als Zeit vom Beginn bis zum Ende der Arbeit ohne Ruhepausen definiert (§ 2 Abs 1 Z 1 AZG). Die Arbeitszeit beginnt zu jenem Zeitpunkt, ab dem der AN dem AG zur Verfügung steht.[609] Wegzeiten, also Zeiten, die der AN für den Weg von der Wohnung zu seinem Arbeitsplatz und zurück benötigt, zählen daher nicht zur Arbeitszeit.[610] Tagesarbeitszeit ist die Arbeitszeit innerhalb eines ununterbrochenen Zeitraums von 24 Stunden (§ 2 Abs 1 Z 2 AZG), Wochenarbeitszeit die Arbeitszeit innerhalb eines Zeitraumes von Montag bis einschließlich Sonntag (§ 2 Abs 1 Z 3 AZG).

325 Vom Arbeitszeitbegriff werden auch Zeiten geringerer Arbeitsintensität erfasst, in denen der AN nicht seine volle Arbeitsleistung zu erbringen hat. Dieser geringeren Inanspruchnahme durch den AG trägt der Gesetzgeber dadurch Rechnung, dass er in solchen Fällen eine Ausdehnung der Normalarbeitszeit bzw der Höchstarbeitszeit zulässt. Zu nennen sind in diesem Zusammenhang Zeiten der **Arbeitsbereitschaft** und **Reisezeiten** (§§ 5, 5a, 20a AZG).

326 Der Begriff der **Arbeitsbereitschaft** wurde mangels gesetzlicher Definition durch die Rechtsprechung geprägt. Danach ist unter Arbeitsbereitschaft eine Form der Arbeitszeit zu verstehen, in der sich der AN an einem vom AG bestimmten Ort zur jederzeitigen Aufnahme der Arbeitsleistung im Bedarfsfall aufzuhalten hat.[611] Für Zeiten der Arbeitsbereitschaft ist es charakteristisch, dass es sich um Zeiten handelt, in denen erfahrungsgemäß häufig mit der Arbeitsaufnahme zu rechnen ist, weshalb sich der AN ständig im arbeitsfähigen Zustand halten muss, um ständig einsatzbereit zu sein.[612] Bspw leisten Apotheker oder Ärzte in Krankenanstalten typischerweise während ihrer Nachtdienste oftmals Arbeitsbereitschaft.[613]

327 Von der Arbeitsbereitschaft sind Zeiten der **Rufbereitschaft** zu unterscheiden, die nicht zur Arbeitszeit zählen.[614] Rufbereitschaft liegt vor, wenn der AN seinen Aufenthaltsort innerhalb einer bestimmten Reichweite selbst wählen kann und nur jederzeit für seinen AG erreichbar sein muss.[615] Im Unterschied zur Arbeitsbereitschaft kann der AN somit über die Verwendung der Zeiten der Rufbereitschaft im Wesentlichen frei

---

[608] OGH DRdA 1993, 463 (*Grillberger*); siehe die etwas engere Rspr des VwGH VwSlg 13.729; ARD 4114/1/89; ZAS 1990, 10; demnach der Ausnahmetatbestand dann erfüllt ist, wenn ein Angestellter wesentliche Teilbereiche eines Betriebes in der Weise eigenverantwortlich leitet, dass er auf Bestand und Entwicklung des gesamten Unternehmens Einfluss nehmen kann.

[609] *Löschnigg*, Arbeitsrecht[10], 6.8.3.; vgl *Grillberger*, AZG[2], 19.

[610] OGH Arb 8565; Arb 8910; Arb 10.280.

[611] OGH Arb 10.059; Arb 10.543; RdW 1995,67; siehe AB 1463 BlgNR XI. GP; vgl *Ch. Klein/B. Schwarz*, Die Neuerungen im Arbeitszeitrecht (1994) 74; *Löschnigg*, Arbeitsrecht[10], 6.8.5.

[612] *Tomandl/Schrammel*, Arbeitsrecht 2[6], 115.

[613] OGH Arb 10.059; Arb 10.543.

[614] AB 622 BlgNR XX. GP 9; *Kandera*, Arbeitszeitflexibilisierung (1999) 148; *Ch. Klein/B. Schwarz*, Die Neuerungen im Arbeitszeitrecht 75; aA *G. Klein*, Neue Aspekte im Arbeitszeitrecht, DRdA 1998, 175.

[615] OGH Arb 8254; Arb 8856; ecolex 1991, 719 (*Mazal*). Eine Verpflichtung zum Eintreffen in der Arbeitsstätte innerhalb von 30 Minuten schadet der Einordnung als Rufbereitschaft nicht – OGH wbl 2007/245.

entscheiden.[616] Für das Vorliegen von Rufbereitschaft ist es somit maßgeblich, in welchem zeitlichen und örtlichen Umfang der AN seinen Aufenthaltsort frei bestimmen kann.[617] Obwohl Rufbereitschaft nicht zur Arbeitszeit zählt, sieht das AZG dennoch Beschränkungen vor (siehe § 20a Abs 1 AZG, § 6a ARG).

§ 20b AZG stellt klar, dass (passive) **Reisezeiten** ebenfalls zur Arbeitszeit zählen.[618] Es handelt sich dabei um Zeiten, in denen der AN im Auftrag des AG vorübergehend seinen gewöhnlichen Dienstort verlässt, um an anderen Orten seine Arbeitsleistung zu erbringen, sofern der AN während der Reisebewegung keine Arbeitsleistung zu erbringen hat. (Aktive) Reisezeiten, in denen der AN Arbeitsleistungen zu erbringen hat, rechtfertigen hingegen **keine** Arbeitszeitüberschreitungen oder Ruhezeitverkürzungen. Daher zählt das Lenken eines Kraftfahrzeuges als Arbeitsleistung, soweit dies auf Anordnung des AG geschieht, während das Reisen mit dem Flugzeug als Reisezeit iSd § 20b Abs 1 AZG einzuordnen ist, sofern der AN während des Fluges keine Arbeitsleistungen – wie zB das Durchsehen von Unterlagen – erbringt.[619] **Nur durch echte Reisezeiten iSd § 20b Abs 1 AZG können die Höchstgrenzen der Arbeitszeit überschritten und die tägliche Ruhezeit verkürzt werden (§ 20b Abs 2–5 AZG)**, die Grenzen der Normalarbeitszeit werden hingegen nicht verändert. **328**

In entgeltrechtlicher Hinsicht ist zwischen Zeiten der **Arbeitsbereitschaft**, **Rufbereitschaft** und **Reisezeiten** zu differenzieren. Auch für **echte Reisezeiten** gebührt mangels Vereinbarung ein gem § 1152 ABGB angemessenes Entgelt. Ist die Bezahlung von **Rufbereitschaften** nicht ausdrücklich kollektivvertraglich bzw im Arbeitsvertrag geregelt, dann gilt nach § 1152 ABGB ebenfalls ein angemessenes Entgelt, welches allerdings deutlich unter jenem für die Normalarbeitszeit liegen wird.[620] Für Zeiten der **Arbeitsbereitschaft** kann im KV bzw Arbeitsvertrag ein geringerer Stundenlohn festgelegt werden, als für Zeiten der Vollarbeit. Sind jedoch keine besonderen Regelungen getroffen, sind Zeiten der Arbeitsbereitschaft in derselben Höhe zu bezahlen wie Zeiten der Vollarbeit. **329**

C. Normalarbeitszeit

1. Allgemeines

Normalarbeitszeit ist jene Arbeitszeit, die keine Überstundenarbeit darstellt.[621] Nach der Grundregel des § 3 Abs 1 AZG beträgt die tägliche Normalarbeitszeit acht Stunden, die wöchentliche Normalarbeitszeit darf 40 Stunden nicht überschreiten. Nach der Generalklausel des § 4 Abs 1 AZG kann der KV eine tägliche Normalarbeitszeit von zehn Stunden zulassen, eine Verlängerung der wöchentlichen Normalarbeitszeit ist hingegen generell nicht möglich. **330**

Überschreitungen lösen grundsätzlich einen Anspruch auf einen Überstundenzuschlag aus (Rz 347). Das AZG sieht jedoch eine Reihe von Möglichkeiten einer ande-

[616] OGH ecolex 1991,719 *(Mazal)*.
[617] VwGH RdW 1992, 187; vgl VwGH ZAS 1994, 136 (*Windisch-Graetz)*.
[618] *Löschnigg*, Probleme der AZG Novelle BGBl I 1997/46, in FS Tomandl (1998) 250; *Schrank,* Flexible Arbeitszeiten: Arbeitszeit- und Ruheausgleiche im neuen Arbeitszeitrecht, in FS Tomandl 346.
[619] *Grillberger,* Die Dienstreise als arbeitsrechtliches Problem, DRdA 1986, 273; *J. Winkler,* Die Dienstreise im Arbeitszeit- und Entgeltrecht, ZAS 1992, 116.
[620] OGH infas 2003, A1 – Handyrufbereitschaft bei Talsperrenverantwortlichem; ecolex 2005, 637 – Unentgeltlichkeit kann vereinbart werden.
[621] *Kandera*, Arbeitszeitflexibilisierung 73.

ren Verteilung der Normalarbeitszeit vor, um die Arbeitszeit abweichend von den unflexiblen Grenzen des § 3 AZG an die Bedürfnisse der betrieblichen Praxis anzupassen und so das Anfallen von zuschlagspflichtigen Überstunden zu vermeiden (Rz 333).

Durch KV können niedrigere als die gesetzlichen Höchstgrenzen festgelegt werden, weshalb viele KV die wöchentliche Normalarbeitszeit auf 38,5 Stunden oder weniger verkürzt haben. Die Differenz zwischen der gesetzlichen und der kollektivvertraglichen Normalarbeitszeit (sog „Differenzstunden") stellt jedoch keine Überstunde iSd AZG dar und ist nur dann zuschlagspflichtig, denn der einschlägige KV dies vorsieht (Rz 342).

Wird die Arbeitszeit durch Arbeitsvertrag weiter verkürzt und liegt diese somit unter jener des AZG und des einschlägigen KV, so liegt Teilzeitarbeit vor (§ 19d Abs 1 AZG, Rz 351). Eine Überschreitung der vertraglich vereinbarten Arbeitszeit führt seit dem 1.1.2008 grundsätzlich zum Anfall eines „Mehrarbeitszuschlages" (siehe Rz 352).

2. Festlegung der Lage der Normalarbeitszeit

331 Gem § 19c AZG bzw für Teilzeitbeschäftigte gem § 19d AZG ist die Lage der Normalarbeitszeit (und ihre Änderung) zwischen AG und AN zu vereinbaren.[622] Eine einvernehmliche Festlegung ist nur dann nicht notwendig, wenn die Lage der Arbeitszeit durch Normen der kollektiven Rechtsgestaltung (KV oder BV) festgesetzt wird (§ 19c Abs 1 AZG).[623]

332 Nur in eng abgesteckten Grenzen kann der AG durch Weisung eine Änderung der vereinbarten Lage der Normalarbeitszeit herbeiführen:

- Diese Möglichkeit muss in der Vereinbarung über die Lage der Arbeitszeit vorgesehen sein[624],
- die Änderung muss aus objektiven, in der Art der Arbeitsleistung gelegenen Gründen sachlich gerechtfertigt sein,
- berücksichtigungswürdige Interessen des AN dürfen dieser Einteilung nicht entgegenstehen und
- die **Änderung** muss dem AN für die jeweilige Woche **mindestens zwei Wochen im Vorhinein mitgeteilt** werden.

Nur in unvorhersehbaren Fällen kann zur Verhinderung eines unverhältnismäßigen wirtschaftlichen Nachteils von der zweiwöchigen Frist abgesehen werden, wenn andere Maßnahmen nicht zumutbar sind. Eine andere Frist kann auch bei Vorliegen tätigkeitsspezifischer Erfordernisse durch KV oder BV festgelegt werden (19c Abs 3 AZG).

3. Andere Verteilung der Normalarbeitszeit

a) Wochendurchrechnung – „Freitag-Frühschluss"

333 Zur Erreichung einer längeren Freizeit, die mit der täglichen oder der wöchentlichen Ruhezeit zusammenhängen muss, kann die Normalarbeitszeit an einzelnen Tagen

---

[622] Zu den Konsequenzen des Fehlens einer Vereinbarung über Ausmaß und Lage der Arbeitszeit OGH DRdA 2005, 417 [*B. Schwarz*].

[623] Der Beginn und das Ende der täglichen Arbeitszeit (und die Lage der Pausen) können insb im Wege einer **erzwingbaren** Betriebsvereinbarung festgelegt werden (§ 97 Abs 1 Z 2 ArbVG iVm § 97 Abs 2 ArbVG, Rz 184a); dies gilt auch für die Arbeitszeit überlassener AN, OGH WBl 2002/382.

[624] OGH DRdA 1999, 280 (*Löschnigg*).

regelmäßig gekürzt und die ausfallende Normalarbeitszeit auf die übrigen Tage der Woche verteilt werden (§ 4 Abs 2 AZG, Wochendurchrechnung – „Freitag-Frühschluss"), wobei die tägliche Normalarbeitszeit **neun Stunden** nicht überschreiten darf.

b) Einarbeiten in Verbindung mit Feiertagen

§ 4 Abs 2 AZG enthält eine Regelung, die das Einarbeiten in Verbindung mit Feiertagen, insb von Fenstertagen ermöglicht. Fällt in Verbindung mit Feiertagen die Arbeitszeit an Werktagen aus, um den AN eine längere zusammenhängende Freizeit zu ermöglichen, so kann die ausfallende Arbeitszeit auf die Werktage von höchstens **13** zusammenhängenden, die Ausfallstage einschließenden **Wochen** (Einarbeitungszeitraum) verteilt werden. Die Arbeit entfällt somit an einem oder mehreren Werktagen, wobei gleichzeitig ein geschlossener Freizeitblock geschaffen wird, der einen Feiertag einschließt (zB der Freitag nach Fronleichnam). Die Normalarbeitszeit darf dabei **zehn Stunden** nicht überschreiten. 334

Der KV kann den Einarbeitungszeitraum auf über 13 Wochen verlängern, wobei jedoch tägliche Normalarbeitszeit neun Stunden nicht überschreiten darf, es sei denn sie wurde auf Grund der Generalklausel in § 4 Abs 1 AZG auf bis zu zehn Stunden ausgedehnt.

c) Vier-Tage-Woche

Durch BV kann bei regelmäßiger Verteilung der gesamten vierzigstündigen Wochenarbeitszeit auf vier Tage[625] („Vier-Tage-Woche") eine **tägliche Normalarbeitszeit** von bis zu **zehn Stunden** zugelassen werden (§ 4 Abs 8 AZG).[626] Ebenfalls durch BV kann zulassen werden, dass die Arbeitszeit an diesen Tagen durch **Überstunden** bis auf **zwölf Stunden** ausgedehnt wird (§ 7 Abs 6 AZG). 335

In **Betrieben ohne BR** besteht ebenfalls diese Möglichkeit der Ausdehnung der Normalarbeitszeit sowie der täglichen Höchstarbeitszeitgrenze: Während für erstere eine schriftliche Einzelvereinbarung notwendig ist (§ 4 Abs 8 AZG) bedarf die Zulassung der Überstunden überdies einer Feststellung der arbeitsmedizinischen Unbedenklichkeit (§ 7 Abs 6 AZG).

4. Mehrwöchige Durchrechnung der Normalarbeitszeit

Sog „Durchrechnungsmodelle" für die wöchentliche Normalarbeitszeit ermöglichen eine ungleichmäßige Verteilung der Normalarbeitszeit über längere Zeiträume (so bspw sog „Jahresarbeitszeitmodelle") und damit eine Vermeidung von Überstunden. Innerhalb eines Durchrechnungszeitraumes kann nämlich die wöchentliche Normalarbeitszeit bis zu einer Höchstgrenze (50 Stunden bzw bei längeren als achtwöchigen Durchrechnungszeiträumen 48 Stunden) ausgedehnt werden, wenn diese im Durchschnitt die gesetzliche wöchentliche Normalarbeitszeit von 40 Stunden bzw die im KV festgelegte niedrigere wöchentliche Normalarbeitszeit nicht überschreitet. Dies wird dadurch erzielt, dass die Mehrarbeit innerhalb des Durchrechnungszeitraumes durch 336

[625] Das vor dem 1.1.2008 bestehende Erfordernis der Zulassung durch KV ist ebenso wie jenes, dass die vier Tage zusammenhängend sein müssen, entfallen.

[626] Beachte jedoch die Bestimmung des § 4 Abs 10 AZG, wonach eine Verlängerung der täglichen Normalarbeitszeit auf zehn Stunden bei einer Viertagewoche für AN in Betrieben, die dem BUAG unterliegen, nicht möglich ist.

Freizeit (1:1) ausgeglichen[627] bzw – wenn vorgesehen – als Zeitguthaben in den nächsten Durchrechnungszeitraum übertragen wird. Für den AG hat ein derartiges Durchrechnungsmodell insb den Vorteil, dass für die ausgeglichenen bzw übertragbaren Leistungen der AN über der ansonsten vorgesehenen wöchentlichen Normalarbeitszeit keine Überstundenzuschläge anfallen.[628] Bei der Verteilung der Arbeitszeit auf die einzelnen Arbeitstage ist § 19c AZG (insb die zweiwöchige Vorankündigungsfrist bei einseitiger Änderung durch den AG, Rz 332) zu beachten.

337 Es bestehen unterschiedliche Regelungen für AN des Handels einerseits (§ 4 Abs 4 – 5 AZG – insb gs kein KV erforderlich) und für **alle** anderen AN andererseits (Abs 6 leg cit – KV erforderlich!).

338 Die tägliche Normalarbeitszeit darf auch bei Durchrechnung der wöchentlichen Normalarbeitszeit neun Stunden nicht übersteigen (§ 4 Abs 4 und 6 AZG). Nach der Generalklausel des Abs 1 leg cit ist eine Ausdehnung der täglichen Normalarbeitszeit durch KV auf zehn Stunden möglich, ebenso die Übertragung von Zeitguthaben in den nächsten Durchrechnungszeitraum (Abs 7 leg cit).

5. Gleitende Arbeitszeit

339 Unter gleitender Arbeitszeit wird eine Arbeitszeiteinteilung verstanden, bei der AN innerhalb eines vereinbarten zeitlichen Rahmens (Gleitzeitrahmen) den Beginn und das Ende der täglichen Arbeitszeit selbst bestimmen können (Gleitzeit) und nur während des übrigen Teils der Arbeitszeit (Block- oder Kernzeit) jedenfalls ihre Arbeit zu verrichten haben.[629] Durch die Möglichkeit sowohl Beginn und Ende der täglichen Normalarbeitszeit sowie idR auch deren Umfang selbst festzulegen, wird dem AN Zeitsouveränität übertragen. Die tägliche Normalarbeitszeit darf dabei zehn Stunden nicht überschreiten, die wöchentliche Normalarbeitszeit darf die 40-Stunden-Grenze im Durchschnitt nur insoweit überschreiten, als Übertragungsmöglichkeiten von Zeitguthaben in die nächste Gleitzeitperiode vorgesehen sind. Nur innerhalb dieser Grenzen fallen keine Überstundenzuschläge an. Ergibt jedoch zB eine rückblickende Betrachtung am Ende der Gleitzeitperiode, dass der Wochendurchschnitt von 40 Stunden überschritten wurde und ist dieser Überhang nicht durch entsprechende Übertragungsmöglichkeiten abgedeckt, so stellen die übersteigenden Stunden (zuschlagspflichtige) Überstunden dar.[630]

340 Zur Einführung der Gleitzeit bedarf es einer **BV**, die die Dauer der Gleitzeitperiode, den Gleitzeitrahmen, das Höchstmaß allfälliger Übertragungsmöglichkeiten von Zeitguthaben und Zeitschulden in die nächste Gleitzeitperiode, und die Dauer und Lage der fiktiven Normalarbeitszeit enthalten muss. Wenn kein BR errichtet ist, genügt eine schriftliche Gleitzeitvereinbarung zwischen AG und AN (§ 4b AZG). Liegt keine BV bzw eine schriftliche Einzelvereinbarung vor, können die Normalarbeitszeitgrenzen

---

[627] Siehe dazu ausführlich *Risak*, Die Behandlung von Zeitkonten, in *Tomandl/Schrammel*, Aktuelle Arbeitszeitprobleme (2008); zur Erzwingbarkeit des Ausgleichs von Zeitguthaben siehe § 19f Abs 1 AZG.

[628] Zur Kontroverse, ob derartige Durchrechnungsmodelle auch bei Teilzeitbeschäftigten zur Verfügung stehen siehe bejahend *Schrank*, Probleme der Teilzeitarbeit, in *Tomandl/Schrammel*, Aktuelle Arbeitszeitprobleme (2008) sowie aA *Schindler*, die AZG-Novelle 2007, in *Resch*, Das neue Arbeitszeitrecht (2008) 37 (53).

[629] Siehe dazu ausführlich *Risak/Jöst/Patka*, Praxishandbuch Gleitzeit (2008).

[630] *Jöst*, Gleitzeit – einige Problemfelder, ecolex 2005, 890; zur Problematik wann bei einer Gleitzeitvereinbarung eine Überstunde vorliegt, siehe *Risak*, Überstunden bei Gleitzeit, ASoK 2004, 307 mwN.

nicht ausgedehnt werden, dh ab der neunten Stunde fallen zuschlagspflichtige Überstunden an.

6. Schichtarbeit

Schichtarbeit liegt vor, wenn an einem Arbeitsplatz innerhalb eines Tages verschiedene AN ihre Tagesarbeit in zeitlicher Aufeinanderfolge absolvieren, sodass die Arbeitszeit des einen AN mit der Ruhezeit des anderen zusammenfällt. Dabei besteht gem § 4a AZG die Möglichkeit, die tägliche und wöchentliche Normalarbeitszeit auszudehnen.[631] Seit 1.1.2008 kann bei Ermächtigung durch KV generell eine Ausdehnung der täglichen Normalarbeitszeit auf 12 Stunden erfolgen („12-Stunden-Schichten") sofern die arbeitsmedizinische Unbedenklichkeit der Arbeitszeitverlängerung für die betreffenden Tätigkeiten von einem Arbeitsmediziner festgestellt wurde.[632] 341

D. Überstunden

1. Begriff und Beschränkungen

Überstundenarbeit liegt vor, wenn die Grenzen der zulässigen wöchentlichen Normalarbeitszeit überschritten werden (gs 40 Stunden), oder die tägliche Normalarbeitszeit, die sich auf Grund der Verteilung der wöchentlichen Normalarbeitszeit ergibt (gs acht Stunden), überschritten wird (§ 6 AZG). Das AZG beschränkt die Erbringung von Überstundenarbeit in mehrfacher Weise:[633] § 9 AZG legt absolute Höchstgrenzen der Arbeitszeit fest, wonach 342

- die **Tagesarbeitszeit zehn Stunden *und***
- die **Wochenarbeitszeit 50 Stunden** grundsätzlich nicht überschreiten darf.[634]

Innerhalb dieser Höchstgrenzen bestehen jedoch noch weitere Beschränkungen: 343

Die Arbeitszeit darf (nur) bei **Vorliegen eines erhöhten Arbeitsbedarfs**

- **wöchentlich um fünf Überstunden** (der KV kann bis fünf und in besonderen Fällen bis zu 10 weiteren Überstunden zulassen, § 7 Abs 2 AZG) und
- zusätzlich um höchstens **60 Überstunden innerhalb eines Kalenderjahres** verlängert werden.
- Wöchentlich sind jedoch **insgesamt nicht mehr als zehn Überstunden** zulässig.

Zusätzlich ist täglich zur Vornahme von Vor- und Abschlussarbeiten eine Verlängerung der Arbeitszeit um eine halbe Stunde (auf maximal zehn Stunden) zulässig (§ 8 AZG). Weitere Ausweitungsmöglichkeiten bestehen insb bei der Vier-Tage-Woche, bei Arbeitsbereitschaft sowie zur Verhinderung eines unverhältnismäßigen wirtschaftlichen Nachteils bzw durch das Arbeitsinspektorat bei Nachweis eines dringenden Bedürfnisses (§ 7 Abs 3–6 AZG).

---

631 Siehe dazu OGH DRdA 1984, 160; *Kandera*, Arbeitszeitflexibilisierung 121 mwN.

632 Siehe dazu *Schrank*, AZG I § 4a Rz 22 ff; *Standecker/Risak/Gether*, Arbeitszeit NEU (2007) 16.

633 Siehe dazu *Jöst*, Die Verpflichtung des Arbeitnehmers zur Überstundenleistung, ZAS 1999, 161.

634 Ausnahmen siehe §§ 4a Abs 3–5a, 4c, 7 Abs 2–6, 8 Abs 2 u 4, 9, 14 Abs 2, 18 Abs 2f, 19a Abs 2 u 6, 20 AZG.

2. Verpflichtung zur Überstundenleistung

344 Nach der Rspr lässt sich eine Pflicht zur Überstundenleistung aus dem AZG nicht ableiten.[635] Als Rechtsgrund für die Verpflichtung zur Leistung von Überstunden kommen eine entsprechende Vereinbarung im Arbeitsvertrag, Gesetz (zB § 59 LArbG), KV oder BV in Betracht.[636] Nur im Falle eines Betriebsnotstandes iSd § 20 AZG oder sonst in außergewöhnlichen Fällen, in denen der für die Überstundenanordnung maßgebende Grund unvorhergesehen und nicht zu verhindern war und andere zumutbare Maßnahmen zur Erreichung des angestrebten Zwecks nicht getroffen werden konnten, wird ausnahmsweise auf Grund der Treuepflicht eine Pflicht zur Überstundenleistung angenommen. Kein derartiger Fall liegt jedenfalls vor, wenn der AG von ihm übernommene Aufträge nicht ohne Überstundenleistung rechtzeitig erfüllen könnte.[637]

345 Besteht grundsätzlich eine Verpflichtung zur Überstundenarbeit, darf der AN nur dann zu dieser herangezogen werden, wenn sie (1.) nach den Bestimmungen des AZG zulässig ist und (2.) **berücksichtigungswürdige Interessen des AN** der Überstundenarbeit **nicht entgegenstehen** (§ 6 Abs 2 AZG).[638] Dabei ist das Interesse des AG an der Überstundenarbeit mit dem Interesse des AN an deren Unterbleiben abzuwägen.[639] Je dringlicher die Überstundenarbeit für den AG ist, desto gravierender müssen die Interessen des AN sein. In Betracht kommen dabei auch bereits getroffene Dispositionen des AN hinsichtlich seiner Freizeitgestaltung, die sich nicht ohne Weiteres rückgängig machen lassen (zB drohender Verfall von Theaterkarten, Kinderbetreuung).[640]

3. Überstundenvergütung

a) Zeitausgleich oder finanzielle Abgeltung?

346 Voraussetzung für die Vergütung von Überstunden ist, dass sich der AG mit ihrer Leistung auf irgendeine Weise einverstanden erklärt.[641] Entweder werden sie durch den AG ausdrücklich angeordnet oder von ihm zumindest geduldet bzw entgegengenommen[642]. Von einer schlüssigen Anordnung von Überstunden ist bereits dann auszugehen, wenn der AG Arbeitsleistungen verlangt, die vom konkreten AN in der Normalarbeitszeit – bei objektiver Betrachtung – nicht erledigt werden können.[643]

347 Gemäß § 10 AZG gebührt für Überstunden ein **Zuschlag von 50%** oder eine Abgeltung durch Zeitausgleich, wobei der Überstundenzuschlag (50%) bei der Bemessung des Zeitausgleiches zu berücksichtigen oder gesondert auszuzahlen ist. KV sehen oftmals darüber hinausgehende Zuschläge (zB für Überstunden in der Nacht oder an Sonn- und Feiertagen) vor. Ob ein Überstundenzuschlag zu bezahlen ist oder ob es zu

---

635 OGH Arb 11.112; Arb 11.399; ZAS 1999, 182.

636 *Löschnigg*, Arbeitsrecht[10], 6.8.8.3.; zur Rolle der BV siehe *Strasser*, Mitbestimmung des Betriebsrates bei der Anordnung von Überstunden, in FS Weissenberg (1980) 343.

637 OGH Arb 10.499; Arb 10.563; Arb 11.112; Arb 11.399; ZAS 1999, 182; aA *Jöst,* Die Verpflichtung des AN zur Überstundenleistung, ZAS 1999, 161; vgl *Brodil*, Kommentar zu OGH, ZAS 1997, 22, der eine Verpflichtung zur Überstundenleistung auch unterhalb der Schwelle des § 20 Abs 1 AZG annimmt; aA *Schindler*, Kommentar zu OGH 9 Ob A 31/98v, DRdA 1998, 425.

638 Siehe auch das jedenfalls bestehende Sonderablehnungsrecht für durch BV zugelassene zusätzliche Überstunden in § 7 Abs 6a AZG.

639 OGH Arb 10.563.

640 Vgl OGH Arb 10.563; ZASB 1991,1; *Risak*, Überstunden bei Gleitzeit, ASoK 2004, 307.

641 Bzw der Regelung durch KV oder BV; vgl *Löschnigg*, Arbeitsrecht[10], 6.8.8.4.

642 OGH Arb 10.451.

643 OGH Arb 10.488; Arb 11.446 ua.

einem Zeitausgleich kommt, überlässt § 10 Abs 2 AZG der Vereinbarung zwischen AN und AG.[644] Fehlt es an einer Vereinbarung, dann gebührt eine finanzielle Abgeltung.

Der Zeitpunkt des **Verbrauchs von Zeitausgleich** für Überstunden ist im Vorhinein – also vor der Leistung der Überstunden – zu vereinbaren. Fehlt eine derartige Vereinbarung und wird der Ausgleich nicht binnen sechs Monaten tatsächlich gewährt, kann der AN die finanzielle Abgeltung der Überstunden verlangen oder unter Beachtung einer vierwöchige Vorankündigungsfrist den Zeitpunkt des Zeitausgleichs einseitig festlegen, sofern nicht zwingende betriebliche Erfordernisse diesem Zeitpunkt entgegenstehen (§ 19f Abs 2 und 3 AZG, der KV kann Abweichendes regeln). 348

Besteht im Zeitpunkt der Beendigung des Arbeitsverhältnisses ein Guthaben des AN an Normalarbeitszeit für das Zeitausgleich gebührt, ist das Guthaben gem § 19e AZG mit einem Zuschlag von 50% abzugelten, sofern der KV nicht Abweichendes regelt.[645]

b) Überstundenpauschale und „All-in-Vereinbarungen"

Grundsätzlich kann auch eine **Pauschalentlohnung** von Überstunden wirksam vereinbart werden. Die Pauschale darf jedoch im Durchschnitt eines längeren Zeitraumes (idR ein Kalenderjahr) nicht geringer sein als die zwingend zustehende Überstundenvergütung.[646] Leistet daher der AN in diesem Beobachtungszeitraum tatsächlich mehr Überstundenarbeit als durch das Pauschale gedeckt ist, kann er das Entgelt für die durch das Pauschale nicht abgegoltenen Überstunden nachträglich begehren.[647] Leistet der AN hingegen weniger Überstunden, so kommt es jedoch zu keiner Nachverrechnung,[648] weshalb aus AG-Sicht die Möglichkeit der Umstellung von der Pauschalentlohnung auf die Einzelverrechnung von Überstunden – in der Praxis oft als „Widerruf des Pauschales" bezeichnet – von besonderer Bedeutung ist.[649] 349

Grundsätzlich können auch Pauschalentlohnungen wirksam vereinbart werden, die für die gesamte Arbeitszeit (einschließlich allfälliger geleisteter Überstunden) ein einheitliches Entgelt festlegen und die ausdrücklich erklären, dass eine gesonderte Entlohnung für allfällige Mehrarbeits- und Überstunden nicht zusteht (sog **„All-in-Vereinbarungen"**).[650] Trotz einer „All-in-Vereinbarung" hat der AN einen Nachverrechnungsanspruch, wenn seine „All-in-Entlohnung" unter das kollektivvertragliche Mindestentgelt herabsinkt; ihm muss somit für die Grundstunde jedenfalls das kollektivvertragliche Mindestentgelt zustehen. 350

644 *Löschnigg*, Arbeitsrecht[10], 6.8.8.4.

645 Siehe OGH DRdA 2005, 444 – Erfasst werden alle Arbeitsleistungen, die im Zeitpunkt ihrer Erbringung nicht als Überstunden zu qualifizieren sind, aber durch die Beendigung des Arbeitsverhältnisses zu einem Guthaben an Normalarbeitszeit geführt haben.

646 OGH Arb 6743; infas A145/1993; ebenso *Löschnigg*, Arbeitsrecht[10], 6.8.8.4.

647 OGH RdW 1986, 51; WBl 1994, 91; RdW 1996, 23.

648 OGH RdW 1996, 23.

649 Kommentierte Musterformulierungen siehe *Wolf*, Überstundenpauschale und All-in-Klausel, ZAS 2003, 93.

650 OGH ARD 4064/22/89; ecolex 2002/21; ZAS 2003, 43 (*Spitzl*); kritisch *J. Winkler*, Überstundenpauschale und „All-in-Klausel", ecolex 1998, 412.

E. Teilzeitarbeit

1. Definition

351 Teilzeitarbeit[651] liegt vor, wenn die vereinbarte Wochenarbeitszeit die gesetzliche Normalarbeitszeit oder eine durch Normen der kollektiven Rechtsgestaltung festgelegte kürzere Normalarbeitszeit im Durchschnitt unterschreitet (§ 19d Abs 1 AZG).[652]

2. Mehrarbeit und Mehrarbeitszuschlag

351a Zur Arbeitsleistung über das vereinbarte Arbeitszeitausmaß (**Mehrarbeit**) hinaus sind teilzeitbeschäftigte AN – analog der Regelung über die Leistung von Überstunden (Rz 345) – gem Abs 2 leg cit nur unter folgenden Voraussetzungen verpflichtet[653]:

- gesetzliche Bestimmungen, Normen der kollektiven Rechtsgestaltung oder der Arbeitsvertrag sehen die Leistung von Mehrarbeit vor,
- Vorliegen eines erhöhten Arbeitsbedarfs oder Vornahme von Vor- und Abschlussarbeiten und
- berücksichtigungswürdige Interessen des AN stehen der Mehrarbeit nicht entgegen.

352 Seit dem 1.1.2008 gebührt für Mehrarbeitsleistungen über das vereinbarte Arbeitszeitausmaß hinaus ein **Mehrarbeitszuschlag** von 25%, wobei KV Abweichendes vorsehen kann (§ 19d Abs 3a AZG). Für die Abgeltung von Mehrarbeit kann auch **Zeitausgleich** vereinbart werden, wobei der Mehrarbeitszuschlag bei der Bemessung des Zeitausgleichs zu berücksichtigen (idR 1:1,25) oder gesondert auszuzahlen ist (Abs 3e leg cit).

Ein Mehrarbeitszuschlag fällt jedoch in folgenden Fällen nicht an:

- Einvernehmliche **Ausdehnung der Arbeitszeit**, wofür jedoch Schriftlichkeit erforderlich ist (Abs 2 leg cit)[654];
- Ausgleich der Mehrarbeitsstunden in Freizeit im Verhältnis 1:1 innerhalb des Kalendervierteljahres oder eines anderen festgelegten Zeitraumes von drei Monaten. (Abs 3f leg cit, sog „**Teilzeitdurchrechnung**“).
- bei **Gleitzeit**: im Durchschnitt kein Überschreiten der vereinbarten Arbeitszeit innerhalb der Gleitzeitperiode. Für nicht innerhalb der Gleitzeitperiode abgebaute Zeitguthaben an Mehrarbeitsstunden steht auch dann kein Zuschlag zu, wenn diese in die nächste Gleitzeitperiode übertragen werden können (§ 19d Abs 3f iVm § 6 Abs 1a AZG).

---

651 Siehe dazu *Resch*, Rechtsfragen der Teilzeitarbeit, DRdA 1993, 97; *Grießer*, Arbeitszeitvereinbarungen im Teilzeitarbeitsverhältnis, DRdA 2001, 16; *Mosler*, Beschäftigung nach Bedarf – arbeitsrechtliche Grenzen der flexiblen Teilzeitarbeit, DRdA 2002, 461; OGH infas 2004, A 24 – Expeditaushilfe.

652 Die gesetzliche Erweiterung dieser Definition, dass einer Norm der kollektiven Rechtsgestaltung auch gleichzuhalten ist, wenn eine durch BV festgesetzte kürzere Normalarbeitszeit mit anderen AN, für die kein BR errichtet ist, einzelvertraglich vereinbart wird, betrifft lediglich einen seltenen Sonderfall. Siehe *Risak*, ZAS 2007, 255; *Schrank*, AZG I § 19d Rz 2.

653 AN in Elternteilzeit können sich nicht zu Mehrarbeit verpflichten (§ 19d Abs 8 AZG), leisten sie diese aber dennoch so gebührt der Mehrarbeitszuschlag; vgl *Risak*, Der Mehrarbeitszuschlag, ZAS 2007, 253 (254).

654 Nach wohl hA ist dieses Schriftformgebot entgegen den ErlRV (141 BlgNR 23. GP 5) konstitutiv; so *Risak*, ZAS 2007, 256; *Schrank*, AZG I § 19d Rz 23.

- Mehrarbeitsstunden welche der Differenz zwischen der kollektivvertraglichen und gesetzlichen Normalarbeitszeit für Vollzeitbeschäftigte (40 Std/Woche) entsprechen (§ 19d Abs 3c AZG, sog „**Differenzstunden**" Rz 330). Diese Regelung kann nur dann zur Anwendung kommen, wenn ein KV die Arbeitszeit verkürzt und keinen Zuschlag für die Differenzstunden vorsieht. Ist ein geringerer Zuschlag für Differenzstunden vorgesehen, so kommt dieser zur Anwendung.

Bei Zusammentreffen mehrerer Zuschläge soll der jeweils höchste Zuschlag zustehen (Abs 3d) und so eine Kumulation von Zuschlägen für dieselbe Mehrleistung ausgeschlossen werden (**Kumulationsverbot**). Dies betrifft insb das Verhältnis zwischen Mehrarbeitszuschlag und Überstundenzuschlag, wenn durch die Mehrarbeit auch die gesetzlichen Grenzen der Normalarbeitszeit überschritten wurden (zB ein teilzeitbeschäftigter AN arbeitet an einem Tag, an dem er sonst nur acht Stunden arbeitet, neun Stunden), und das Verhältnis zwischen gesetzlichem und einem allfälligen kollektivvertraglichen Zuschlag (ein KV sieht für Mehrleistungen in der Nacht unabhängig davon ob dies eine Mehrleistungs- oder eine Überstunde ist, einen Zuschlag von 100% vor). In solchen Fällen gebührt der jeweils höchste Zuschlag (im Beispiel 1: 50%; im Beispiel 2: 100%).

3. Sonstiges

Für die Bemessung von **Sonderzahlungen** (insb Urlaubsgeld und Weihnachtsremuneration, Rz 252) bei Teilzeitbeschäftigten gilt, dass – sofern diese nach dem Ausmaß der Arbeitszeit bemessen werden – die regelmäßig geleistete Mehrarbeit zu berücksichtigen ist (Abs 4 leg cit).

Weiters enthält Abs 6 leg cit ein spezielles **Diskriminierungsverbot** für Teilzeitbeschäftigte (eingehend Rz 385).

F. Ruhezeiten[655]

1. Ruhepausen und tägliche Ruhezeiten

Wenn die Gesamtdauer der Tagesarbeitszeit mehr als sechs Stunden beträgt, ist die **353**
Arbeitszeit durch eine (unbezahlte) **Ruhepause** von mindestens einer **halben Stunde** zu unterbrechen. Im Interesse der AN oder bei Vorliegen betrieblicher Gründe können statt einer halbstündigen Ruhepause auch zwei Ruhepausen von je einer Viertelstunde oder drei Ruhepausen von jeweils zehn Minuten gewährt werden (§ 11 AZG).[656] Da Ruhepausen nicht zur Arbeitszeit zählen, sind sie nicht bei der Ermittlung der Höchstgrenzen der täglichen oder wöchentlichen Normalarbeitszeit zu berücksichtigen und auch nicht zu bezahlen.

Nach Beendigung der Tagesarbeitszeit ist den AN eine ununterbrochene (ebenfalls **354**
unbezahlte) **Ruhezeit von 11 Stunden** zu gewähren (§ 12 Abs 1 AZG).[657]

---

[655] Einen guten Überblick bietet *Stärker*, Ruhezeitenregelungen im Arbeitsrecht, ASoK 2003, 148.

[656] § 11 AZG enthält eine Reihe von Flexibilisierungsmöglichkeiten, die der Zustimmung des BR bzw des Arbeitsinspektorates bedürfen. Das Arbeitsinspektorat hat aber auch die Möglichkeit zusätzliche Arbeitspausen anzuordnen, wenn dies die Schwere der Arbeit oder der sonstige Einfluss der Arbeit auf die Gesundheit der AN erfordert. Hinzuweisen ist auch auf Sonderregelungen für Schicht- und Nachtschwerarbeit (§ 11 Abs 3 und 4 AZG).

[657] Zu den Möglichkeiten der Verkürzung siehe insb §§ 18 Abs 2f (Verkürzung durch KV, Schichtarbeit), 20a (Rufbereitschaft), 20b AZG (Reisezeiten).

2. Wöchentliche Ruhezeit

355 AN haben in jeder Kalenderwoche Anspruch auf eine ununterbrochene Ruhezeit im Ausmaß von mindestens 36 Stunden, in die grundsätzlich der Sonntag zu fallen hat („**Wochenendruhe**" – § 3 Abs 1 ARG).

Die Wochenendruhe muss für alle AN spätestens Samstag um 13:00 Uhr, für AN, die mit unbedingt notwendigen Abschluss-, Reinigungs-, Instandhaltungs- oder Instandsetzungsarbeiten beschäftigt sind, spätestens Samstag um 15:00 Uhr beginnen. Im Fall der Einarbeitung von Fenstertagen hat sie spätestens um 18:00 Uhr zu beginnen.

356 Dieses Beschäftigungsverbot wird von den zahlreichen in §§ 10 bis 18 ARG genannten Ausnahmeregelungen durchbrochen.[658] Wird ein AN nach der für ihn geltenden Arbeitszeiteinteilung während der Zeit der Wochenendruhe – also am Sonntag – beschäftigt, hat er stattdessen in jeder Kalenderwoche Anspruch auf eine ununterbrochene Ruhezeit im Ausmaß von 36 Stunden („**Wochenruhe**"). Die Wochenruhe hat einen ganzen Wochentag einzuschließen (§ 4 ARG).

357 Ein AN, der während seiner wöchentlichen Ruhezeit (Wochenend- bzw Wochenruhe) beschäftigt wird, hat in der folgenden Arbeitswoche Anspruch auf **Ersatzruhe**, die auf seine Wochenarbeitszeit anzurechnen ist. Soweit nichts anderes vereinbart wurde, ist die Ersatzruhe unmittelbar vor der nächstfolgenden Wochen(end)ruhe zu gewähren (§ 6 ARG).

3. Feiertagsruhe

358 An gesetzlichen Feiertagen[659] hat der AN Anspruch auf eine ununterbrochene Ruhezeit von mindestens 24 Stunden, die frühestens um 0:00 Uhr und spätestens um 6:00 Uhr des Feiertages beginnen muss (§ 7 Abs 1 ARG). § 9 Abs 1 ARG stellt klar, dass der AN seinen Entgeltanspruch behält, wenn er wegen eines Feiertages nicht gearbeitet hat. Er erhält jenes Entgelt weiter bezahlt, das er verdient hätte, wenn die Arbeit nicht wegen des Feiertages ausgefallen wäre.[660] Wird ein AN während der Feiertagsruhe beschäftigt, gebührt neben dem Feiertagsentgelt zusätzlich Entgelt für die geleistete Arbeit („Feiertagsarbeitsentgelt").[661]

---

[658] ZB §§ 10 (Ausnahme für bestimmte Tätigkeiten); 10a (Reisezeit); 11 AZG (Ausnahme in außergewöhnlichen Fällen).

[659] Dies sind gem § 7 Abs 2 ARG: 1. Jänner (Neujahr), 6. Jänner (Heilige Drei Könige), Ostermontag, 1. Mai (Staatsfeiertag), Christi Himmelfahrt, Pfingstmontag, Fronleichnam, 15. August (Mariä Himmelfahrt), 26. Oktober (Nationalfeiertag), 1. November (Allerheiligen), 8. Dezember (Mariä Empfängnis), 25. Dezember (Weihnachten), 26. Dezember (Stephanstag). Für Angehörige der evangelischen Kirchen AB und HB, der Altkatholischen Kirche und der Methodistenkirche ist auch der Karfreitag ein Feiertag (Abs 3 leg cit).

[660] *Eibensteiner,* Vergütung eines Feiertages im Krankheitsfall, ecolex 1994, 410; *Vogt,* Replik: Feiertag im Krankheitsfall, ecolex 1994, 631; zum Feiertagsentgelt für Spitalsärzte OGH DRdA 2001, 33 (*B. Schwarz*); OGH ASoK 2002, 289; DRdA 2003, 377 (*Schneller*) – kein Ausgleich für „eingearbeitete Feiertage bei unregelmäßigem Dienst; jüngst OGH ASoK 2005, 404 – Arbeitgeber ist verpflichtet, eine Diensteinteilung vorzunehmen, wie sie für einen Werktag erforderlich gewesen wäre und den im Rahmen der Feiertagsminderbesetzung nicht benötigten Arbeitnehmern den eingeteilten Dienst gemäß § 9 Abs 1 ARG anzurechnen und abzugelten. Die Ausnahme von Feiertagen bei einer regelmäßigen Diensteinteilung widerspricht Sinn und Zweck des § 9 Abs 1 ARG.

[661] Zur Freizeitgewährung zur Erfüllung religiöser Pflichten siehe § 8 ARG.

G. Exkurs: Krankenanstalten-Arbeitszeitgesetz (KA-AZG)

1. Geltungsbereich

Das KA-AZG gilt gem § 1 KA-AZG für sämtliche Beschäftigte – unabhängig davon, ob sie in einem öffentlich-rechtlichen oder privatrechtlichen Dienstverhältnis stehen – in Krankenanstalten[662] sowohl privater als auch öffentlich-rechtlicher Rechtsträger, die entweder als Angehörige von Gesundheitsberufen[663] tätig sind oder deren Tätigkeit sonst zur Aufrechterhaltung des Betriebes ununterbrochen erforderlich ist (zB Reinigungskräfte im Operationssaal). Von seinem Anwendungsbereich sind ebenso wie im AZG/ARG leitende AN ausgenommen, denen maßgebliche Führungsaufgaben selbstverantwortlich übertragen sind (dazu Rz 323). **358a**

2. Höchstgrenzen der Arbeitszeit

a) Tägliche und wöchentliche Arbeitszeit

Die **Tagesarbeitszeit** wird als die Arbeitszeit vom Dienstantritt bis zum Dienstende (ohne die Ruhepausen) innerhalb eines 24-stündigen Zeitraumes definiert (§ 2 Z 1 KA-AZG). Diese darf 13 Stunden nicht überschreiten, sofern nicht verlängerte Dienste (§ 4 KA-AZG, Rz 358c) zulässig sind (§ 3 Abs 1 KA-AZG). **358b**

Als **Wochenarbeitszeit** wird die Arbeitszeit innerhalb des Zeitraumes von Montag bis einschließlich Sonntag verstanden. Sie darf grundsätzlich

- innerhalb eines Durchrechnungszeitraumes von bis zu 17 Wochen im Durchschnitt 48 Stunden und
- in den einzelnen Wochen des Durchrechnungszeitraumes 60 Stunden nicht überschreiten.

b) Verlängerte Dienste

Durch BV[664] bzw in Krankenanstalten, deren Rechtsträger eine Gebietskörperschaft ist, im Einvernehmen mit der Personalvertretung, können längere Arbeitszeiten zugelassen werden („verlängerte Dienste“), wenn **358c**

- dies aus wichtigen organisatorischen Gründen unbedingt erforderlich ist und
- die AN während der Arbeitszeit nicht durchgehend in Anspruch genommen werden, dh Arbeitsbereitschaft (Rz 326) vorliegt.[665]

---

[662] Die Aufzählung in § 1 Abs 1 KA-AZG enthält nicht nur sämtliche Krankenanstalten iSd Krankenanstaltengesetze sondern auch Institutionen, die ausdrücklich nicht als Krankenanstalten gelten (zB Krankenabteilungen in Justizanstalten).

[663] Siehe die abschließende Aufzählung des § 1 Abs 2 KA-AZG. Dies sind insb Ärzte, Krankenschwestern und -pfleger, Hebammen, MTDs sowie Sanitäter.

[664] Diese gelten auch für in öffentlich-rechtlichen Dienstverhältnissen stehende AN einer Krankenanstalt, deren Rechtsträger eine Gebietskörperschaft ist, in der ein BR eingerichtet ist (§ 4 Abs 3 KA-AZG).

[665] Sowohl der BR als auch die Personalvertretung haben das Einvernehmen mit Vertreter/innen der betroffenen AN, die den Verhandlungen beizuziehen sind, herzustellen (§ 3 Ab 3 KA-AZG). Es handelt sich dabei um einen Vertreter der Ärzte und einen Vertreter der anderen Berufsgruppen (dazu *Stärker*, KA-AZG § 3 Erl 7; vgl *Ch. Klein*, KA-AZG § 3 Anm 5 ff).

Eine Verlängerung ist nur insoweit zulässig, als die zu erwartende Inanspruchnahme innerhalb eines Durchrechnungszeitraumes von 17 Wochen im Durchschnitt 48 Stunden pro Woche nicht überschreitet.

Das Ausmaß der höchstmöglichen Verlängerung der Arbeitszeit ist davon abhängig, welcher Berufsgruppe der AN angehört. Während die Verlängerung bei Ärzten/Ärztinnen maximal 32 Stunden bzw bei einem verlängerten Dienst, der an einem Samstagvormittag beginnt, 49 Stunden, betragen darf, ist die Verlängerungsmöglichkeit bei allen anderen AN (zB die Angehörigen des Krankenpflegefachdienstes) mit 25 Stunden beschränkt (§ 4 Abs 4 Z 1 und 2 KA-AZG).[666] Innerhalb eines Durchrechnungszeitraumes von 17 Wochen sind im Monat höchstens sechs verlängerte Dienste pro Monat zulässig, wobei für die Berechnung eine durchgehende Arbeitszeit von mehr als 32 Stunden als zwei verlängerte Dienste zählt (§ 4 Abs 4 KA-AZG).

Die **Wochenarbeitszeit** darf bei verlängerten Diensten innerhalb eines Durchrechnungszeitraumes von 17 Wochen im Durchschnitt 60 Stunden und in den einzelnen Wochen des Durchrechnungszeitraumes 72 Stunden nicht überschreiten.

Die 17-wöchigen Durchrechnungszeiträume können durch BV bzw im Einvernehmen mit der Personalvertretung auf bis zu 26 Wochen ausgedehnt werden (§ 3 Abs 4 KA-AZG). Ebenso können durch BV oder im Einvernehmen mit der Personalvertretung bis zu acht verlängerte Dienste pro Monat zugelassen werden (§ 4 Abs 5 AZG).

3. Überstunden

358d Das KA-AZG enthält für die bei privaten Rechtsträgern von Krankenanstalten (zB eine GmbH) angestellten AN Regelungen über Überstundenarbeit und unterscheidet dabei zwischen Normalarbeitszeit und Überstundenarbeit (§ 5 KA-AZG). Für AN von Gebietskörperschaften überlässt das KA-AZG diese Unterscheidung ausschließlich den dienstrechtlichen Regelungen der jeweiligen Gebietskörperschaft (Beamte des Bundes unterliegen bspw dem BDG und dem GehG).

Innerhalb der absoluten Höchstgrenzen der Arbeitszeit (§§ 3 f KA-AZG) liegt **Überstundenarbeit**

- sowohl dann vor, wenn die **Tagesarbeitszeit** acht Stunden bzw bei einer anderen Verteilung der Arbeitszeit innerhalb der Woche neun Stunden überschreitet,
- als auch dann, wenn die **Wochenarbeitszeit 40 Stunden** übersteigt (§ 5 Abs 1 KA-AZG).[667]

Sind AN durch KV oder Einzelarbeitsvertrag grundsätzlich zur Leistung von Überstundenarbeit außerhalb der festgelegten Arbeitszeiteinteilung verpflichtet, dürfen sie im Einzelfall allerdings nur dann herangezogen werden, wenn berücksichtigungswürdige Interessen der Überstundenarbeit nicht entgegenstehen (§ 5 Abs 2 KA-AZG, siehe Rz 345).

Für Überstundenarbeit gebührt ein **Zuschlag von 50%,** wobei bei Berechnung dieses Zuschlages der auf die einzelne Arbeitsstunde entfallende Normallohn zugrunde zu legen ist (§ 5 Abs 3 KA-AZG).

---

[666] Zur europarechtlichen Beurteilung der Bereitschaftszeiten, Ruhezeiten und länger als 48-stündigen Wochenarbeitszeiten EuGH Rs C-151/02 (*Jaeger*), ZAS 2004, 188 (*Stärker*).

[667] Durch KV bzw für Krankenanstalten, für die mangels Bestehen einer kv-fähigen Körperschaft auf AG-Seite kein KV abgeschlossen werden kann, durch BV, können davon abweichende Regelungen getroffen werden (§ 5 Abs 1 KA-AZG).

Da die vertragsrechtlichen Bestimmungen des AZG für alle bei „privaten" AG beschäftigten AN ebenfalls gelten (§ 19d AZG), sind die Regelungen über die **Mehrarbeit** von Teilzeitbeschäftigten in § 19d AZG (insb jene über den Mehrarbeitszuschlag, Rz 351a) auch auf dem KA-AZG unterliegende AN in von privaten Rechtsträgern geführten Krankenanstalten anwendbar.

4. Ruhepausen und Ruhezeiten

Die Arbeitszeit ist durch eine im Vorhinein festgelegte **Ruhepause** von mindestens 30 Minuten zu unterbrechen, wenn die Gesamtdauer der Arbeitszeit mehr als sechs Stunden beträgt (§ 6 Abs 1 KA-AZG).[668] Verlängerte Dienste von mehr als 25 Stunden sind durch zwei Ruhepausen von jeweils mindestens 30 Minuten zu unterbrechen. Für den Fall, dass die Gewährung von Ruhepausen aus organisatorischen Gründen – etwa weil eine Behandlung Kontinuität erfordert – nicht möglich ist, ist innerhalb der nächsten zehn Kalendertage eine Ruhezeit entsprechend zu verlängern (Abs 3 leg cit). **358e**

Nach der Beendigung der Arbeitszeit ist dem AN eine ununterbrochene **tägliche Ruhezeit** von mindestens elf Stunden zu gewähren (§ 7 KA-AZG).[669] Die nächste Tagesarbeitszeit darf erst nach Verbrauch dieser Mindestruhezeit beginnen. Beträgt die Tagesarbeitszeit zwischen acht und 13 Stunden, dann hat der AN zusätzlich einen Anspruch auf **Ausgleichsruhezeit** im Ausmaß von vier Stunden.[670] Diese ist spätestens innerhalb von zehn Kalendertagen an eine andere Ruhezeit anzuhängen.[671] Bei **verlängerten Diensten** ist als Ausgleichsruhezeit innerhalb der nächsten 17 Kalenderwochen eine Ruhezeit um jenes Ausmaß, um das der verlängerte Dienst 13 Stunden übersteigt, mindestens jedoch um elf Stunden zu verlängern.[672]

5. Ausnahmen in außergewöhnlichen Fällen

In außergewöhnlichen und unvorhersehbaren Fällen finden die Bestimmungen über die Höchstgrenzen der Arbeitszeit, die Ruhepausen und die täglichen Ruhezeiten keine Anwendung, wenn **358f**

- die Betreuung von Patienten nicht unterbrochen werden kann oder
- eine sofortige Betreuung von Patienten unbedingt erforderlich wird

und durch andere organisatorische Maßnahmen nicht Abhilfe geschaffen werden kann.[673]

Durch BV oder im Einvernehmen mit der Personalvertretung können unter bestimmten taxativ aufgezählten Voraussetzungen vorübergehend Arbeitszeitverlängerungen über die für verlängerte Dienste bestehenden Arbeitszeitgrenzen hinaus festgelegt werden (§ 8 Abs 3 KA-AZG).

---

668 *Stärker*, KA-AZG § 6 Erl 1; vgl § 11 Abs 1 AZG.
669 Zur wöchentlichen Ruhezeit siehe §§ 3 und 4 ARG (Rz 354); zum Verhältnis von täglicher und wöchentlicher Ruhezeit siehe *Stärker*, KA-AZG § 7 Erl 10 und *Ch. Klein*, KA-AZG § 7.
670 Siehe dazu insb *Stärker*, KA-AZG, § 7 Erl 1 ff.
671 *Stärker*, KA-AZG, § 7 Erl 5.
672 Zur Berechnung der Ausgleichsruhezeit und zum Verbrauch angesparter Ausgleichsruhezeiten bei verlängerten Diensten siehe *Stärker*, KA-AZG § 7, insb die Formeln und Tabellen.
673 Siehe dazu *Stärker*, KA-AZG § 8; *Ch. Klein*, KA-AZG § 8.

XIV. Der Frauen- und Elternschutz sowie Karenzen

A. Arbeitsverbote und Arbeitsbeschränkungen für Frauen und (werdende) Mütter

359 Grundsätzlich hat der AG gem § 6 ASchG bei der Übertragung von Aufgaben an AN deren Eignung in Bezug auf Sicherheit und Gesundheit zu berücksichtigen, wobei ua auf Konstitution und Körperkräfte Rücksicht zu nehmen ist. Schon aufgrund dieser Bestimmungen dürfen Frauen in spezifisch gefährdenden Bereichen nicht oder nur unter Bedingungen und Einschränkungen beschäftigt werden.[674] Neben diesen allgemeinen Schutzvorschriften spielen Regelungen für Schwangere und Mütter eine bedeutsame Rolle. Das zentrale Gesetz in diesem Bereich ist das Mutterschutzgesetz 1979 (MSchG). Es regelt in umfassender Weise den Schutz von Schwangeren und Müttern bis hin zum arbeitsrechtlichen Anspruch auf Karenz und Teilzeitbeschäftigung nach der Geburt. Soweit Väter Betreuungs- und Erziehungsaufgaben übernehmen, gilt für sie das Väter-Karenzgesetz (VKG).

360 Das MSchG entfaltet für die werdende Mutter umfassenden Schutz und ordnet zudem einen besonderen Bestandschutz bis längstens vier Monate nach der Entbindung an (§ 10 MSchG, Rz 491). Außerdem sieht es eine Ablaufhemmung, dh de facto eine Verlängerung befristeter Arbeitverträge bis zur Schutzfrist (Rz 362) vor, wenn die Befristung nicht sachlich gerechtfertigt ist (§ 10a MSchG, Rz 498a). Werdende Mütter haben, sobald ihnen ihre Schwangerschaft bekannt ist, dem AG hievon unter Bekanntgabe des voraussichtlichen Geburtstermins **Mitteilung** zu machen (§ 3 Abs 4 MSchG).[675] Auf Verlangen des AG haben werdende Mütter eine ärztliche Bescheinigung über das Bestehen der Schwangerschaft und den voraussichtlichen Entbindungszeitpunkt vorzulegen.

361 Das MSchG sieht für Schwangere und Mütter eine Reihe von Beschäftigungsverboten vor:[676] Ein **absolutes Beschäftigungsverbot** im Sinne eines gänzlichen Arbeitsverbotes besteht für werdende Mütter innerhalb der letzten acht Wochen vor und acht Wochen nach der Entbindung (12 Wochen bei Früh-, Mehrlings- und Kaiserschnittgeburt, § 3 Abs 1 MSchG, sog *Schutzfrist*). Über die Acht-Wochen-Frist hinaus darf die Schwangere dann nicht beschäftigt werden, wenn nach einem von ihr vorgelegten Zeugnis eines Arbeitsinspektionsarztes oder eines Amtsarztes Leben oder Gesundheit von Mutter oder Kind bei Fortdauer der Beschäftigung gefährdet wäre (Abs 3 leg cit). Die Acht-Wochen-Frist vor der Geburt bestimmt sich auf Grund eines ärztlichen Zeugnisses. Erfolgt die Geburt früher oder später, als im Zeugnis angegeben, so verlängert bzw verkürzt sich die Frist entsprechend. Ist eine Verkürzung der Acht-Wochen-Frist vor der Geburt eingetreten, so verlängert sich die Schutzfrist nach der Entbindung im Ausmaß dieser Verkürzung.

---

674 Die VO BGBl II 2001/356 ordnet konkretisierend an, dass Frauen gs nicht im untertägigen Bergbau, mit Arbeiten unter Einwirkung von Blei sowie mit besonderer physischer Belastung herangezogen werden. Bei letzteren handelt es sich um Arbeiten, bei denen die ANin einer besonderen physischen Belastung durch Heben, Tragen, Schieben, Wenden oder sonstiges Befördern von Lasten ausgesetzt sind, mit der eine für sie unzuträgliche Beanspruchung des Organismus verbunden ist.

675 Zur Obliegenheit einer Schwangerschaftsuntersuchung vgl OGH ecolex 1998, 864; OGH infas 2006, A 10 – Krankenhausaufenthalt als Hindernis; siehe auch OGH 9 ObA 4/05m; dazu *Rauch*, Auflösung während der Probezeit wegen Schwangerschaft anfechtbar, ASoK 2005, 392.

676 Siehe auch den Überblick bei *Hutter*, Beschäftigungsverbote für Mütter nach der Geburt, ecolex 2009, 621.

Daneben sieht das MSchG in § 4 eine Reihe von **relativen Beschäftigungsverboten**, dh Verbote bestimmter Tätigkeiten für die gesamte Dauer der Schwangerschaft vor: Werdende Mütter dürfen keinesfalls mit schweren körperlichen Arbeiten oder mit Arbeiten in Arbeitsverfahren beschäftigt werden, die nach der Art des Arbeitsvorganges oder der verwendeten Arbeitsstoffe oder -geräte für sie selbst oder für das werdende Kind schädlich sind (zB regelmäßiges Heben von Lasten mit mehr als 5 kg oder die Beschäftigung auf Beförderungsmitteln sowie das Schälen von Holz mit Handmessern). Ähnliche Beschäftigungsverbote gibt es gem § 4a MSchG für Stillende sowie nach der Entbindung. Von großer praktischer Bedeutung sind folgende Einschränkungen: 362

- Die §§ 5 ff MSchG ordnen **Verbote von Nachtarbeit** (dh der Arbeit zwischen 20.00 und 06.00 Uhr) an bzw
- verbieten **Sonn- und Feiertagsarbeit**.
- Ebenso dürfen werdende und stillende Mütter über die gesetzliche oder kollektivvertragliche tägliche Normalarbeitszeit hinaus nicht beschäftigt werden (**Überstundenverbot**).

Weiters hat der AG nach § 8a bzw § 9 MSchG werdenden und stillenden Müttern geeignete **Ruhemöglichkeiten** zur Verfügung zu stellen bzw stillenden Müttern auf Verlangen die zum **Stillen** ihrer Kinder erforderliche Zeit freizugeben.

§ 14 MSchG sieht in aller Regel eine **Entgeltfortzahlung** für den durch Beschäftigungsverbote und sonstige Möglichkeiten des MSchG gegebenen Arbeitsausfall vor. Aus der Bestimmung des § 14 MSchG ergibt sich auch keine Verpflichtung der ANin zu einer Änderung einer vertraglich vereinbarten Arbeitszeit oder vertraglich vereinbarten Tätigkeit.[677] Für die Dauer des absoluten Beschäftigungsverbots besteht ein, den AG entlastender, Anspruch der Mutter auf **Wochengeld** aus der gesetzlichen Krankenversicherung (§ 162 ASVG).[678] Dieses gebührt – ohne die sonst im Sozialversicherungsrecht geltende Begrenzung durch die Höchstbeitragsgrundlage – in Höhe des durchschnittlichen Entgelts, das die Versicherte in den letzten 13 Wochen vor dem absoluten Beschäftigungsverbot verdient hat. 363

B. Elternkarenz und Teilzeitbeschäftigung

1. Karenz

Im Anschluss an eine Geburt (oder Adoption) haben Mütter sowie Väter Anspruch auf Gewährung einer Karenz, die nicht von einer Übereinkunft mit dem AG abhängig ist.[679] Die Inanspruchnahme ist lediglich rechtzeitig bekannt zu geben, die Karenz kann dann einseitig angetreten werden (einseitiger Rechtsgestaltungsanspruch). Dieser arbeitsrechtliche Anspruch gewährt eine Aussetzung (der Hauptleistungspflichten) des Arbeitsvertrags[680] und ist vom Anspruch auf Kinderbetreuungsgeld (nach dem Kinderbetreuungsgeldgesetz – KBGG, Rz 370) zu unterscheiden. Über die im MSchG/VKG vorgesehene Karenz als einseitigen Rechtsgestaltungsanspruch hinaus kann zwischen 364

[677] OGH DRdA 1972, 89 (*Spielbüchler*).
[678] Dazu *Brodil/Windisch-Graetz*, Sozialrecht in Grundzügen[6], 83.
[679] Dazu insb *Knöfler*, MSchG-EKUG[13]; *dies*, Noch einmal der Elternkarenzurlaub, DRdA 1992, 248; *Harrer*, Der Elternkarenzurlaub, DRdA 1992, 104; *ders*, DRdA 1992, 251; *Schrank*, Die Neuerungen beim Eltern-Karenzurlaub, ASoK 2000, 42.
[680] Dh Ruhen von Arbeit und Entgeltzahlung.

AN und AG Karenzurlaub (dh unbezahlte Dienstfreistellung) vereinbart werden, der jedoch nicht den Bestimmungen des MSchG bzw des VKG (insb dem besonderen Kündigungs- und Entlassungsschutz) unterliegt.[681]

365 Gem § 15 MSchG gebührt Müttern auf ihr Verlangen im Anschluss an die Schutzfrist eine mindestens zweimonatige **Karenz** gegen Entfall der Bezüge längstens **bis zum Ablauf des zweiten Lebensjahres des Kindes**. Bei Inanspruchnahme des Karenzurlaubs verlängert sich der besondere Bestandschutz bis zum Ablauf von vier Wochen nach dessen Beendigung (§ 15 Abs 4 MSchG). Die Karenz kann (zweimal) zwischen Mutter und Vater geteilt werden (§ 15a), wobei beide Elternteile gs nur alternativ Karenz in Anspruch nehmen können. Lediglich aus Anlass des erstmaligen Wechsels der Betreuungsperson dürfen Mutter und Vater ein Monat gleichzeitig („überlappend") Karenz nehmen (um diese Zeit verkürzt sich dann der gesamte Karenzanspruch). Es besteht auch die Möglichkeit, drei Monate die **Karenz aufzuschieben** und diese bis zum Ablauf des siebenten Lebensjahres des Kindes (bzw bis zu dessen Schuleintritt) zu verbrauchen (§ 15b MSchG, § 4 VKG). Aufgeschobene Karenz ist grundsätzlich von einer Einigung zwischen AG und AN abhängig, wobei bei Nichteinigung ein gerichtliches Verfahren (auf Initiative des AG) vorgesehen ist. Bringt der AG keine Klage ein, so gilt die Zustimmung als erteilt.[682]

366 Eine Sonderform ist die Karenz bei Verhinderung der Mutter/des Vaters (**Verhinderungskarenz**): Ist die Mutter/der Vater, durch ein unvorhersehbares und unabwendbares Ereignis (insb schwere Erkrankung) für eine nicht bloß verhältnismäßig kurze Zeit verhindert, das Kind selbst zu betreuen, so ist der/dem AN auf ihr/sein Verlangen für die Dauer der Verhinderung, längstens jedoch bis zum Ablauf des zweiten Lebensjahres des Kindes, Karenz zu gewähren (§ 15d MSchG, § 6 VKG).

366a Hinsichtlich der **Beschäftigung während der Karenz** sieht § 15e MSchG/§ 7b VKG vor, dass eine geringfügige Beschäftigung auch bei einem Dritten (ohne Zustimmung des AG) ausgeübt werden darf, dh das gebührende Entgelt im Kalendermonat darf die Geringfügigkeitsgrenze des ASVG (2010 € 366,33) nicht übersteigen. Weiters kann der AN neben seinem karenzierten Arbeitsverhältnis mit seinem AG (bzw mit dessen Zustimmung auch mit einem anderen AG) für höchstens 13 Wochen im Kalenderjahr eine Beschäftigung über die Geringfügigkeitsgrenze hinaus vereinbaren. Wird Karenz nicht während des gesamten Kalenderjahres in Anspruch genommen, kann eine solche Beschäftigung nur im aliquoten Ausmaß vereinbart werden.[683] Die Rechtsfolgen einer Überschreitung dieser Grenzen sind unklar: Jedenfalls tritt ein Wegfall des Kinderbetreuungsgeldes nur bei Überschreiten eines jährlichen Gesamteinkommens idR von € 16.200,– ein (bei der Beihilfe ist jedoch die Grenze von € 5.800,– von Relevanz). Denkbar ist, dass bei Überschreiten der Geringfügigkeitsgrenze der Schutz des MSchG/VKG (insb der besondere Bestandschutz) wegfällt bzw der AN einen Entlassungsgrund setzt.[684]

---

681 *Rauch*, Zur freiwilligen Verlängerung der Karenzzeit für Mütter bzw Väter, ASoK 2002, 106; *Schrank*, ASoK 2000, 47.

682 Dazu eingehend *Schrank*, ASoK 2000, 51.

683 OGH ecolex 2007, 628 – Beurteilung ex post; krit. *Wolfsgruber*, Beschäftigung während der Karenz – ein Paradoxon, ecolex 2007, 621.

684 Vgl § 2 Abs 1 Z 3 KBGG; *Brodil*, in Mazal/Risak, Das Arbeitsrecht, Kap X Rz 21 – fristüberschreitende Beschäftigung (bei einem Dritten) stellt Pflichtverletzung dar; aA *Wolfsgruber*, ZellKom § 15e MSchG Rz 10; *Burger-Ehrenhofer*, Ab 1.1.2002: Das neue Kinderbetreuungsgeld, RdW 2002, 29; *Schäffer/Ziegler*, Aspekte des „Zuverdienstes" im neuen Kinderbetreuungsgeld, ÖJZ 2002, 16 – die alle bei Fristüberschreitung eine Beendigung der Karenzierung und damit des Kündigungsschutzes annehmen; vgl OGH DRdA 2008, 371 (*Thomasberger*).

Zeiten der Karenz zählen kraft gesetzlicher Anordnung (§ 15f MSchG, § 7c VKG) weitgehend nicht als Dienstzeiten für **dienstzeitabhängige Ansprüche** (dh Ansprüche, die sich nach der Dauer des Dienstverhältnisses richten), wobei KV teilweise günstigere Regelungen vorsehen. Die erste Karenz im Dienstverhältnis ist für die Bemessung der Kündigungsfrist, der Dauer der Entgeltfortzahlung im Krankheitsfall, des höheren Urlaubsanspruches bis zum Höchstausmaß von zehn Monaten anzurechnen. Keine Anrechnung erfolgt deshalb jedenfalls bei der Abfertigung (alt) und der Gehaltsvorrückung. Sonderzahlungen (Urlaubsgeld, Weihnachtsremuneration etc) gebühren grundsätzlich nur anteilig, dh mit dem Ausmaß, das der Zeit des Kalenderjahres entspricht, in die keine Karenz gefallen ist. Bei der Bemessung des **Urlaubsausmaßes** kommt es durch die Karenz zu einer anteiligen Kürzung (so gebührt zB bei Inanspruchnahme einer Karenz für vier Monate in diesem Urlaubsjahr nur der um ein Drittel gekürzte Urlaub von 20 Werktagen). Wird Kinderbetreuungsgeld (Rz 370) bezogen, so werden Beiträge in Höhe von 1,53% desselben für die „Abfertigung neu" vom Familienlastenausgleichsfonds gezahlt (§ 7 Abs 4 BMVG). **366b**

2. Teilzeitbeschäftigung

Unabhängig von der Inanspruchnahme von Karenz besteht die Möglichkeit der Teilzeitbeschäftigung. Das MSchG bzw das VKG unterscheiden zwischen dem Anspruch auf Teilzeitbeschäftigung (§ 15h MSchG, § 8 VKG) und der vereinbarten Teilzeitbeschäftigung (§ 15i MSchG, § 8a VKG). Zum besonderen Kündigungs- und Entlassungsschutz bei einer Teilzeitbeschäftigung siehe Rz 491f.[685] **366c**

a) Anspruch auf Teilzeitbeschäftigung (§ 15h MSchG, § 8 VKG)

Mütter sowie Väter haben einen Anspruch auf Teilzeitbeschäftigung längstens bis zum Ablauf des siebenten Lebensjahres oder einem späteren Schuleintritt des Kindes, wenn ihr Dienstverhältnis zum Zeitpunkt des Antritts der Teilzeitbeschäftigung ununterbrochen drei Jahre (Zeiten einer Karenz nach MSchG/VKG werden eingerechnet) gedauert hat und sie in einem Betrieb (§ 34 ArbVG) mit mehr als 20 AN beschäftigt sind. In Betrieben mit bis zu 20 AN kann dieser Anspruch in einer BV (§ 97 Abs 1 Z 25 ArbVG) festgelegt werden (§ 15h Abs 4 MSchG, § 8 Abs 4 VKG). Diese Bestimmungen vermitteln nicht nur einen Rechtsanspruch auf Herabsetzung der Normalarbeitszeit, sondern auch einen Anspruch auf Änderung der Lage der Arbeitszeit: Es muss also nicht unbedingt eine Reduzierung der Normalarbeitszeit erfolgen, sondern es genügt eine Änderung der Lage der Arbeitszeit. Diese Gestaltungsmöglichkeit ergibt sich aus Sinn und Zweck der Bestimmungen über „Elternteilzeit", der darin besteht, dass die zu leistende Arbeitszeit mit den Betreuungspflichten in Einklang zu bringen. Während eines Lehrverhältnisses besteht jedenfalls kein Anspruch auf Teilzeitbeschäftigung. **366d**

Während die Inanspruchnahme der Teilzeitmöglichkeit dem AG lediglich bekannt gegeben werden muss, bedarf es hinsichtlich des Beginns, der Dauer, des Ausmaßes und der Lage der Teilzeitbeschäftigung einer Vereinbarung mit dem AG. Im Rahmen dieser Vereinbarung sind sowohl die betrieblichen Interessen als auch die Interessen des AN zu berücksichtigen. Gelingt binnen zwei Wochen unter Beiziehung des BR keine Einigung, können im Einvernehmen zwischen AN und AG Vertreter der gesetzlichen Interessenvertretungen beigezogen werden. Kommt binnen vier Wochen ab Bekanntgabe keine Einigung zu Stande, kann die AN die Teilzeitbeschäftigung zu den von ihr be- **366e**

[685] Zu den weiteren möglichen Konstellationen siehe § 15 h MSchG; *Brodil*, in Mazal/Risak, Kap X Rz 24.

kannt gegebenen Bedingungen antreten, sofern der AG nicht binnen weiterer zwei Wochen beim zuständigen Arbeits- und Sozialgericht einen Antrag zur gütlichen Einigung (§ 433 Abs 1 ZPO) stellt. Kommt binnen vier Wochen ab Einlangen des Antrags bei Gericht weiterhin keine gütliche Einigung zustande, hat der AG binnen einer weiteren Woche den AN auf Einwilligung in die von ihm vorgeschlagenen Bedingungen der Teilzeitbeschäftigung zu klagen. Verabsäumt es der AG fristgerecht eine entsprechende Klage einzubringen, kann der AN die Teilzeitbeschäftigung zu den von ihm bekannt gegebenen Bedingungen antreten. Das Gericht hat der Klage des AG dann stattzugeben, wenn die betrieblichen Erfordernisse die Interessen des AN überwiegen. Erfolgt eine Klagsabweisung, wird die vom AN beabsichtigte Teilzeitbeschäftigung mit Rechtskraft des Urteils wirksam (§ 15k MSchG, § 8c VKG).[686]

b) Vereinbarte Teilzeitbeschäftigung (§ 15i MSchG, § 8a VKG)

366f Besteht kein Anspruch auf Teilzeitbeschäftigung, kann mit dem AG eine Teilzeitbeschäftigung einschließlich Beginn, Dauer, Ausmaß und Lage längstens bis zum Ablauf des vierten Lebensjahres des Kindes vereinbart werden. Den diesbezüglichen Verhandlungen ist auf Verlangen des AN der BR beizuziehen. Kommt binnen zwei Wochen ab Bekanntgabe des Teilzeitwunsches keine Einigung zustande, so kann der AN den AG auf Einwilligung in die Teilzeitbeschäftigung klagen. Das Arbeits- und Sozialgericht hat die Klage insoweit abzuweisen, als der AG aus sachlichen Gründen die Einwilligung in die begehrte Teilzeitbeschäftigung verweigert hat (§ 15l MSchG, § 8d VKG).

c) Wichtige gemeinsame Bestimmungen (§ 15j MSchG, § 8b VKG)

366g

- Voraussetzung für die Inanspruchnahme einer Teilzeitbeschäftigung ist, dass der AN mit dem Kind im gemeinsamen Haushalt lebt oder eine Obsorge nach den §§ 167 Abs 2, 177 oder 177b des ABGB gegeben ist und sich der Vater/die Mutter nicht gleichzeitig in Karenz befindet.
- Die Teilzeitbeschäftigung kann für jedes Kind nur einmal in Anspruch genommen werden, sie muss mindestens zwei Monate dauern.
- Die Teilzeitbeschäftigung kann frühestens im Anschluss an das Beschäftigungsverbot nach der Entbindung (§ 5 MSchG, Rz 361), einen daran anschließenden Gebührenurlaub oder einer Dienstverhinderung wegen Krankheit angetreten werden. In diesem Fall ist dem AG die Dauer, das Ausmaß und die Lage der Teilzeitbeschäftigung schriftlich bis zum Ende des Beschäftigungsverbotes bekannt zu geben.
- Ist beabsichtigt die Teilzeitbeschäftigung zu einem späteren Zeitpunkt anzutreten, ist dies dem AG einschließlich Beginn, Dauer, Ausmaß und Lage der Teilzeitbeschäftigung **schriftlich** spätestens drei Monate vor dem beabsichtigten Beginn bekannt zu geben.[687] Beträgt jedoch der Zeitraum zwischen dem Ende des Beschäftigungsverbotes und dem Beginn der beabsichtigten Teilzeitbeschäftigung weniger als drei Monate, so ist die Teilzeitbeschäftigung schriftlich bis zum Ende des Beschäftigungsverbotes bekannt zu geben.

---

[686] Zur Durchsetzung *Stech/Ercher*, Geltendmachung und Rechtsdurchsetzung des Anspruchs auf Teilzeitarbeit nach dem Mutterschutzgesetz bzw dem Väter-Karenzgesetz, ASoK 2005, 165; *Risak*, Die Interessenabwägung bei der Elternteilzeit mit Rechtsanspruch, in FS Binder (2010) 411; einen Rspr-Überblick bieten *Sladecek/P. Wolf*, Vier Jahre Elternteilzeit: Resümee erster Erfahrungen, ASoK 2008, 282.

[687] OLG Wien ARD 5783/9/2007 – Lässt sich der Arbeitgeber ohne schriftliche Bekanntgabe auf Verhandlungen ein, gilt dennoch der Kündigungsschutz.

- Der AG ist auf Verlangen verpflichtet, eine Bestätigung über Beginn und Dauer der Teilzeitbeschäftigung oder die Nichtinanspruchnahme der Teilzeitbeschäftigung auszustellen. Der AN hat diese Bestätigung mitzuunterfertigen.
- Die Teilzeitbeschäftigung des AN endet vorzeitig mit der Inanspruchnahme einer Karenz oder Teilzeitbeschäftigung nach dem MSchG/VKG für ein weiteres Kind.

d) Änderung/vorzeitige Beendigung der Teilzeitbeschäftigung (§ 15j Abs 5 und 6 MSchG, § 8b Abs 5 und 6 VKG)

Sowohl AG als auch AN können eine Änderung der Teilzeitbeschäftigung (Verlängerung, Änderung des Ausmaßes oder der Lage) oder eine vorzeitige Beendigung jeweils nur einmal verlangen. Sie haben dies spätestens drei Monate vor der beabsichtigten Änderung oder Beendigung schriftlich bekannt zu geben. **366h**

Handelt es sich um eine **Teilzeitbeschäftigung mit Anspruch** (§ 15h MSchG bzw § 8 VKG) sind zunächst Verhandlungen unter Einbeziehung des BR bzw der gesetzlichen Interessenvertretung zu führen. Kommt binnen vier Wochen ab Bekanntgabe der Änderung durch den AN keine Einigung zustande, kann der AG binnen einer weiteren Woche dagegen Klage beim zuständigen Arbeits- und Sozialgericht erheben. Bringt der AG keine Klage ein, wird die vom AN bekannt gegebene Änderung oder vorzeitige Beendigung der Teilzeitbeschäftigung wirksam. Das Arbeits- und Sozialgericht hat der Klage dann stattzugeben, wenn die betrieblichen Erfordernisse gegenüber den Interessen des AN im Hinblick auf die beabsichtigte Änderung oder vorzeitige Beendigung überwiegen. Dasselbe Verfahren ist bei einer Änderung auf Wunsch des AG anzuwenden. **366i**

Zur Änderung/vorzeitigen Beendigung einer **vereinbarten Teilzeitbeschäftigung** (§ 15i MSchG, § 8a VKG) kann – sofern eine Verhandlungslösung während der ersten zwei Wochen nach Bekanntgabe scheitert – binnen einer weiteren Woche eine Klage auf Änderung oder vorzeitige Beendigung der Teilzeitbeschäftigung beim zuständigen Arbeits- und Sozialgericht eingebracht werden. Das Arbeits- und Sozialgericht hat die Klage dann abzuweisen, wenn die betrieblichen Erfordernisse gegenüber den Interessen des AN im Hinblick auf die beabsichtigte Änderung oder vorzeitige Beendigung überwiegen. Dieses Verfahren gilt sowohl für AG als auch für AN. **366j**

e) Karenz anstelle von Teilzeitbeschäftigung (§ 15m MSchG, § 8e VKG)

Kommt auf dem Verhandlungsweg keine Einigung über die gewünschte Teilzeitbeschäftigung zu Stande, kann der AN dem AG bekannt geben, dass anstelle der Teilzeitbeschäftigung oder bis zur Entscheidung des Arbeits- und Sozialgerichts Karenz, längstens jedoch bis zum Ablauf des zweiten Lebensjahres des Kindes, in Anspruch genommen wird. **366k**

f) Kinderbetreuungsgeld

Seit 2002 steht völlig losgelöst von der Inanspruchnahme der Karenz oder Teilzeitbeschäftigung nach MSchG/VKG Kinderbetreuungsgeld (KBG) nach dem KBGG zu. Dieses gebührt auf Antrag einem Elternteil für die Betreuung eines eigenen bzw adoptierten Kindes oder Pflegekindes unter drei Jahren, wenn er mit diesem Kind in einer Hausgemeinschaft lebt, für dieses Kind Anspruch auf Familienbeihilfe hat und die Einkünfte dieses Elternteiles im Kalenderjahr einen von der gewählten Variante abhängigen Grenzbetrag nicht übersteigen. Für ein Kind ist der gleichzeitige Bezug **366l** von KBG durch beide Elternteile ausgeschlossen. Die Eltern können sich jedoch unabhängig von der gewählten Variante beim Bezug des Kinderbetreuungsgeldes zweimal abwechseln.

366m Seit 1.1.2010 besteht die Möglichkeit zwischen **fünf verschiedenen Varianten** des Kinderbetreuungsgeldes zu wählen, die sich hinsichtlich ihrer Dauer, Höhe des Kinderbetreuungsgeldes und den Zuverdienstgrenzen unterscheiden.[688]

- Pauschal-Variante 1 „30+6“:
  a) € 14,53 täglich bis zur Vollendung des 30. Lebensmonates des Kindes, wenn nur ein Elternteil Kinderbetreuungsgeld bezieht;
  b) € 14,53 täglich bis zum 36. Lebensmonat des Kindes, bei abwechselnder Inanspruchnahme von Karenz der beiden Elternteile und Inanspruchnahme des Kinderbetreuungsgeldes auch durch den zweiten Elternteil für mindestens 6 Monate.
- Pauschal-Variante 2 „20+4“:
  a) € 20,80 täglich bis zum 20. Lebensmonat des Kindes, wenn nur ein Elternteil Kinderbetreuungsgeld bezieht;
  b) € 20.80 täglich bis zum 24. Lebensmonat des Kindes bei abwechselnder Inanspruchnahme von Karenz der beiden Elternteile und Inanspruchnahme des Kinderbetreuungsgeldes auch durch den zweiten Elternteil für mindestens 4 Monate.
- Pauschal-Variante 3 „15+3“:
  a) € 26.60 täglich bis zum 15. Lebensmonat des Kindes, wenn nur ein Elternteil Kinderbetreuungsgeld bezieht;
  b) € 26,60 täglich bis zum 18. Lebensmonat des Kindes, bei abwechselnder Inanspruchnahme von Karenz der beiden Elternteile und Inanspruchnahme des Kinderbetreuungsgeldes auch durch den zweiten Elternteil für mindestens drei Monate.
- Pauschal-Variante 4 „12+2“:
  a) € 33,– täglich bis zum 12. Lebensmonat des Kindes, wenn nur ein Elternteil Kinderbetreuungsgeld bezieht;
  b) € 33,– täglich bis zum 14. Lebensmonat des Kindes, bei abwechselnder Inanspruchnahme von Karenz der beiden Elternteile und Inanspruchnahme des Kinderbetreuungsgeldes auch durch den zweiten Elternteil für mindestens zwei Monate.
- Einkommensabhängiges Kinderbetreuungsgeld „12 + 2“
  a) einkommensabhängig (max € 66,–) täglich bis zum 12. Lebensmonat des Kindes, wenn nur ein Elternteil Kinderbetreuungsgeld bezieht;
  b) einkommensabhängig (max € 66,–) täglich bis zum 14. Lebensmonat des Kindes, bei abwechselnder Inanspruchnahme von Karenz der beiden Elternteile und Inanspruchnahme des Kinderbetreuungsgeldes auch durch den zweiten Elternteil für mindestens zwei Monate.

---

688 Siehe dazu *Rosenmayr*, Kinderbetreuungsgeld 2010, ZAS 2010, 4 sowie die Übersichtstabelle von *Holzmann-Windhofer*, ZAS 2010, 48.

Für alle Pauschalvarianten gilt eine individuelle **Zuverdienstgrenze** von 60% des im Einkommensteuerbescheid ausgewiesenen Einkommens im letzten Kalenderjahr vor der Geburt, in dem kein Kinderbetreuungsgeldbezug vorlag, mindestens jedoch von € 16.200,– im Jahr. Für das einkommensabhängige KBG gilt eine Zuverdienstgrenze von € 5.800,– jährlich. **366n**

Werden die vorgesehenen **Mutter-Kind-Pass-Untersuchungen** (10 Untersuchungen) nicht nachgewiesen, so verringert sich das Kinderbetreuungsgeld Kinderbetreuungsgeld je nach Modell ab dem 25./17./13./10. Lebensmonat um die Hälfte. Für sozial schwache Familien und allein erziehende Elternteile ist ein täglicher Zuschuss von € 6,06 täglich vorgesehen, wobei hier auch der nicht beziehende Elternteil an Zuverdienstgrenzen gebunden ist. **366o**

C. Familienhospizkarenz

Seit 2002 besteht die Möglichkeit der Karenzierung zur Sterbebegleitung und zur Begleitung schwerst erkrankter Kinder (§§ 14a, 14b und 15a AVRAG). Anstelle der Karenzierung (dh der vollen Freistellung von der Arbeit gegen Entfall des Entgeltes) kann der AN auch eine *Herabsetzung seiner Arbeitszeit* oder eine andere Verteilung seiner Arbeitszeit (dh andere Beginn- und Endzeiten) verlangen (idF generell Familienhospizkarenz genannt).[689] **366p**

Anspruchsberechtigt sind Ehe- oder Lebenspartner[690]; Verwandte in gerader Linie (dh insb Eltern, Großeltern, Kinder, Enkel); Verwandte in der Seitenlinie zweiten Grades (dh Geschwister); Wahl- oder Pflegekinder; Schwiegereltern und Schwiegerkinder. Anders als bei der Pflegefreistellung ist ein gemeinsamer Haushalt – außer bei der Begleitung schwersterkrankter Kinder – nicht erforderlich. Der Anspruch auf Hospizkarenz besteht grundsätzlich für die **Dauer** von bis zu drei Monaten, für schwersterkrankte Kinder nunmehr höchstens fünf Monate[691]; der AN kann jedoch eine Ausdehnung auf bis zu sechs Monate verlangen. Die Familienhospizkarenz kann – bei Vorliegen der Anspruchsvoraussetzungen – auch von mehreren Angehörigen gleichzeitig vorgenommen werden. **366q**

Die Hospizkarenz ist schriftlich zu beanspruchen und darf nicht vor Ablauf von fünf Arbeitstagen (bei Ausdehnung der Karenz nicht vor Ablauf von zehn Arbeitstagen) nach Zugang der Bekanntgabe angetreten werden. Die Einwilligung des AG ist nicht erforderlich, entscheidend ist nur die rechtzeitige Bekanntgabe. Ist der AG mit dem Verlangen des AN auf Karenzierung nicht einverstanden, kann er eine Klage einbringen. Der AN kann jedoch die verlangte Karenzierung jedenfalls so lange ein- **366r**

---

689 *Jöst/Risak*, Aktuelle Neuerungen im Arbeitsrecht, ZAS 2002, 97 (102); *Geist*, Begleitung sterbender und schwerst erkrankter Angehöriger: Gesetzliche Neuregelungen, RdW 2002/606; *Brodil*, in Mazal/Risak, Das Arbeitsrecht, Kap X Rz 35a; *Gruber*, Familienhospizkarenz aus arbeitsrechtlicher Sicht, ecolex 2003, 4.

690 Gleichgeschlechtliche Lebensgefährten waren nicht erfasst, *Jöst/Risak*, Aktuelle Neuerungen im Arbeitsrecht, ZAS 2002, 103; krit *Geist*, RdW 2002/606 in FN 9; wegen des Diskriminierungsverbotes aufgrund der geschlechtlichen Orientierung ist nunmehr davon auszugehen, dass auch gleichgeschlechtliche Lebengefährten erfasst sind. Siehe dazu auch VfGH G 87-88/05-12, V 65-66/05-12 – Aufhebung der „Mitversicherungstatbestände" in ASVG bzw GSVG.

691 § 14b AVRAG idF BGBl I 36/2006.

seitig in Anspruch nehmen, als das Arbeits- und Sozialgericht noch nicht entschieden hat.[692]

---

[692] *Mazal*, Familienhospizkarenz – Fragen der Rechtsdurchsetzung, ecolex 2003, 9.

XV. Gleichbehandlungspflichten im Arbeitsrecht

A. Der verfassungsrechtliche Gleichheitsgrundsatz

Der Gleichheitsgrundsatz der Verfassung (insb Art 2 StGG) verbietet unsachliche Differenzierungen. Nach der Rspr des VfGH ist eine Differenzierung nur dann sachlich begründet, wenn sie nach objektiven Unterscheidungsmerkmalen („aus Unterschieden im Tatsächlichen") erfolgt.[693] Der verfassungsrechtliche Gleichheitssatz bindet nur Gesetzgebung und Vollziehung und gewährt überdies nur österreichischen Staatsbürgern und inländischen juristischen Personen ein subjektives Recht. 367

Nach neuerer Rspr findet er auch Anwendung auf **KV** und **BV**[694], die Arbeitsvertragsparteien sind jedoch nicht an ihn gebunden. Dies wird mit der Eigenschaft der KV- bzw der BV-Parteien als Normengeber begründet, wobei von einer mittelbaren Drittwirkung der Grundrechte auszugehen ist. 368

Rechtsfolge der Verletzung des verfassungsrechtlichen Gleichheitsgrundsatzes, der in Form der mittelbaren Drittwirkung im Wege der Generalklauseln des Zivilrechts (§ 879 ABGB) auf KV und BV einwirkt, ist die **Nichtigkeit** der Bestimmung[695], uU auch ein **Gleichstellungsanspruch**.[696] 369

B. Das Gleichbehandlungsgesetz (GlBG)

1. Europarechtliche Grundlagen

Die **Gleichbehandlung von Mann und Frau** im Arbeitsverhältnis nimmt eine herausragende Stellung im europäischen Gemeinschaftsrecht ein. Diente dieses Diskriminierungsverbot anfänglich dazu, Wettbewerbsverzerrungen zu Lasten der Unternehmen zu verhindern, die dieses in einem entwickelten Sozialsystem auf Grund innerstaatlicher Normen bereits zu beachten hatten, so hat die Gleichbehandlung nunmehr eine von wirtschaftspolitischen Zielsetzungen völlig losgelöste eigenständige Bedeutung gewonnen und ist auch ein wesentlicher Motor für diesbezügliche nationale Arbeitsrechtsreformen. Schon Art 2 EGV nennt die Gleichstellung von Mann und Frau als Aufgabe der Gemeinschaft. Nach Art 3 Abs 2 EGV hat diese in allen ihren Tätigkeiten darauf hinzuwirken, Ungleichheiten zu beseitigen und die Gleichstellung von Männern und Frauen zu fördern. Art 141 EGV normiert somit auch den Grundsatz des gleichen Entgelts für Männer und Frauen bei gleicher oder gleichwertiger Arbeit. Damit ist eine Diskriminierung, dh eine unsachliche Schlechterstellung hinsichtlich des Entgelts auf Grund des Geschlechts verboten.[697] Auf Ebene des Richtlinienrechts bestehen zahlreiche RL, wobei vor allem die „Lohngleichheits-RL" 75/117/EWG sowie „Gleichbehandlungsrichtlinie" 76/207/EWG idF RL 2002/73/EG besondere Bedeutung haben.[698] 370

---

693 VfGH VfSlg 10.492, 13.178 ua; siehe dazu *Walter/Mayer*, Verfassungsrecht[10] Rz 1357 mwN; *Holoubek*, Die Sachlichkeitsprüfung des allgemeinen Gleichheitsgrundsatzes, ÖZW 1991, 72.

694 Insb OGH DRdA 1993, 369 (*Resch*); OGH DRdA 1999, 273 (*Firlei*) = ZAS 1999, 143 (*Aigner*).

695 OGH DRdA 2000, 235 (*Runggaldier*).

696 OGH ARD 4499/29/93.

697 Davor fand sich dieses Gleichbehandlungsgebot in Art 119 EVG. Siehe dazu insb *Schrammel/Winkler*, Arbeits- und Sozialrecht der EG 72 ff; *Sturm*, in Mazal/Risak, Das Arbeitsrecht, Kap VIII Rz 3 f.

698 Siehe die Aufzählung der einschlägigen EG-Richtlinien zB bei *Tomandl/Schrammel*, Arbeitsrecht 1[5], 237; *Schrammel/Winkler*, Arbeits- und Sozialrecht der EG 71.

371 Neben der Gleichbehandlung von Mann und Frau besteht auf Grund von Art 13 EGV die Kompetenz der EG geeignete Vorkehrungen zu treffen, um Diskriminierungen aus Gründen des Geschlechts, der Rasse, der ethnischen Herkunft, der Religion oder der Weltanschauung, einer Behinderung, des Alters oder der sexuellen Ausrichtung zu bekämpfen. Auf dieser Grundlage wurde insb die „Antirassismusrichtlinie" RL 2000/43/EG sowie die „Gleichstellungsrahmenrichtlinie" RL 2000/78/EG erlassen. Damit ist neben der geschlechtlichen auch die Diskriminierung wegen der **ethnischen Zugehörigkeit**, der **Religion** oder Weltanschauung, der **sexuellen Orientierung** und des **Alters** sowie der **Behinderung** europarechtlich verboten.[699]

372 In Umsetzung dieser europarechtlichen Vorgaben hat Österreich 2004 das **Gleichbehandlungsgesetz** (GlBG) neu erlassen, das im Gegensatz zum „alten" GleichBG nicht mehr nur die Gleichbehandlung von Mann und Frau im Arbeitsleben zum Inhalt hat, sondern auch die Diskriminierung wegen der ethnischen Zugehörigkeit, der Religion oder Weltanschauung, wegen des Alters oder der sexuellen Orientierung verbietet. Die Gleichbehandlung Behinderter ist im 2005 novellierten Behinderteneinstellungsgesetz (BEinstG) geregelt.[700]

2. Der Geltungsbereich und Aufbau des GlBG

373 Das GlBG gilt für **alle privatrechtlichen Arbeitsverhältnisse** (einschließlich arbeitnehmerähnlicher Personen, Rz 58), ausgenommen sind Arbeitsverhältnisse zu bestimmten Gebietskörperschaften oder auch zum Bund (§§ 1, 16 GlBG).[701] Adressat der Bestimmungen des GlBG sind alle Gestalter von Arbeitsbedingungen, dh neben dem AG insb auch die Parteien der BV und des KV.

374 Das GlBG ist in **fünf Teile** unterteilt:

- Der I. Teil regelt die **Gleichbehandlung von Frauen und Männern** in der Arbeitswelt, wobei auch die Bezugnahme auf den Ehe- oder Familienstand erfasst ist (§§ 3 f GlBG);
- der II. Teil die Gleichbehandlung in der Arbeitswelt ohne Unterschied der ethnischen Zugehörigkeit, der Religion oder Weltanschauung, des Alters oder der sexuellen Orientierung („**Antidiskriminierung**"). Außer der Anknüpfung an unterschiedliche Diskriminierungsgründe unterscheidet er sich wenig vom I. Teil und ist somit in weiten Strecken eine Wiederholung.
- Der III. Teil hat die Gleichbehandlung ohne Unterschiede der ethnischen Zugehörigkeit in sonstigen Bereichen (sog „**Antirassismus**") zum Inhalt. Das Verbot der Diskriminierung (einschließlich der Belästigung) auf Grund der ethnischen Zugehörigkeit gilt auch **außerhalb des Arbeitsverhältnisses** und zwar beim Sozialschutz, einschließlich der sozialen Sicherheit und der Gesundheitsdienste, bei sozialen Vergünstigungen, bei der Bildung sowie beim Zugang zu bzw der Versorgung mit Gütern und Dienstleistungen, die der Öffentlichkeit zur Verfügung stehen, einschließlich von Wohnraum.

---

[699] Dazu *Egger*, Die neuen Antidiskriminierungsrichtlinien der EU, DRdA 2003, 302; *Schindler*, Zur Umsetzung des EU-Rechts in Österreich, Teil 1, DRdA 2003, 402; Teil 2, DRdA 2003, 523; *Winkler*, Die neuen europäischen Gleichbehandlungsregeln, ZAS 2004, 52; *Gerlach*, Gleichbehandlung und Umverteilung, DRdA 2004, 221 jeweils mwN.

[700] Dazu vor allem *Rebhahn* (Hrsg), Gleichbehandlungsgesetz (2005); *Krejci*, Antidiskriminierung, Privatautonomie und Arbeitnehmerschutz, DRdA 2005, 383, 501.

[701] Für Bundesbedienstete gilt jedoch das Bundes-Gleichbehandlungsgesetz, in den Ländern bestehen einschlägige Landes-Gleichbehandlungsgesetze; für AN in der Land- und Forstwirtschaft enthält das GlBG im IV. Teil Grundsatzbestimmungen.

- Der IV. Teil enthält Grundsatzbestimmungen für die Gleichbehandlung in der Land- und Forstwirtschaft, die auf Grund der Kompetenzlage (Art 12 Abs 1 Z 6 B-VG) durch Landesgesetze ausgeführt werden müssen.
- Der V. Teil umfasst Schlussbestimmungen, darunter ua die Pflicht des AG zur Auflegung des GlBG im Betrieb.

3. Die erfassten Diskriminierungsfälle

Das GlBG zielt, anders als sein umfassender Kurztitel vermuten lässt, nicht auf eine umfassende Gleichbehandlung der AN ab, sondern verbietet vielmehr nur die Diskriminierung auf Grund folgender missbilligter Motive:[702] **375**

- **Geschlecht**: Ziel ist die Gleichstellung von Mann und Frau. Eine Diskriminierung unter Bezugnahme auf Ehe- oder Familienstand (dh danach ob ein AN bspw verheiratet, geschieden oder verwitwet ist oder ob er Kinder hat) gilt dabei ebenfalls als Diskriminierung auf Grund des Geschlechts (§§ 3 f GlBG). Dabei ist nicht klar, ob dafür die Regelungen über die mittelbare oder unmittelbare Diskriminierung Anwendung finden, was va hinsichtlich der Rechtfertigung der Ungleichbehandlung eine Rolle spielt.[703]
- **Ethnische Zugehörigkeit**[704]: Untersagt ist damit eine Unterscheidung wegen der Zugehörigkeit zu einer sozialen Gruppe, die sich durch eine besondere kollektive Identität von einer anderen abgrenzt. Diese Identität kann vor allem durch Hautfarbe, Herkunft, Religion, Sprache, Kultur oder Sitten vermittelt werden.[705]
- **Religion** oder **Weltanschauung**: Durch das Nebeneinander der beiden Begriffe hat die Unterscheidung religiöser oder areligiöser Weltanschauungen (zB Atheismus) für das GlBG keine besondere rechtliche Bedeutung, letztlich geht es in beiden Fällen um persönliche Überzeugungen von der Grundstruktur, Modalität und Funktion des Weltganzen. Umstritten ist dabei, ob bzw inwieweit auch die politische Überzeugung beinhaltet ist, wofür die Materialien des GlBG zumindest einen Anhaltspunkt bieten.[706] Das GlBG sieht eine Lockerung des Diskriminierungsschutzes für die Tätigkeit bei Kirchen oder anderen Organisationen vor, die auf religiösen Grundsätzen oder Weltanschauungen beruhen (§ 20 Abs 2).
- **Alter**[707]: Dieses Kriterium wirkt in beide Richtungen, sodass die Unterscheidung durch Anknüpfen an jedes Lebensalter (auch zB das jugendliche) diskriminierend

---

702 Zu den Rechtsfolgen der Mehrfachdiskriminierung siehe *Windisch-Graetz*, Probleme der Mehrfachdiskriminierung in der Arbeitswelt, DRdA 2005, 238.

703 *Rebhahn*, in Rebhahn, GlBG § 3 Rz 41 ff; zu den Rechtfertigungsmöglichkeiten siehe Rz 377f.

704 Das GlBG vermeidet aus verständlichen Gründen den in der AntirassismusRL verwendeten Begriff der „Rasse".

705 *Windisch-Graetz*, in Rebhahn, GlBG § 17 Rz 4 ff.

706 ErlRV 307 BlgNR 22. GP 15; daran anknüpfend *Windisch-Graetz*, in Rebhahn, GlBG § 17 Rz 20 ff. Zu Religion und Feiertagen *K. Mayr*, Feiertage und Diskriminierung aufgrund der Religion im österreichischen Arbeitsrecht, ecolex 2004, 428. Der OGH 24.2.2009, 9 ObA 122/07t bezeichnet neben der „Religion" den Begriff „Weltanschauung" als Sammelbezeichnung für andere Leitauffassungen vom Leben und der Welt als einem Sinnganzen sowie zur Deutung des persönlichen und gemeinschaftlichen Standorts für das individuelle Lebensverständnis. Es handelt sich um Deutungsauffassungen in der Form persönlicher Überzeugung von der Grundstruktur, Modalität und Funktion des Weltganzen (siehe dazu *Gerhartl*, Diskriminierung aufgrund der Weltanschauung, ASoK 2009, 369).

707 *Runggaldier*, Das neue „Antidiskriminierungsrecht" der EU – Bestandsaufnahme und Kritik, in FS Doralt (2004) 511; *derselbe*, Gehaltsstaffelungen nach Dienstalter (Seniorität) gemein-

sein kann. Die Rechtfertigung auch der unmittelbaren Differenzierung auf Grund des Alters wird in § 20 Abs 5 GlBG erleichtert.

- **Sexuelle Orientierung**[708]: Dabei geht es um die Präferenz bei der Auswahl des Sexualpartners, wobei im Wesentlichen die heterosexuelle, homosexuelle und bisexuelle Orientierung davon erfasst ist. Transsexualität wurde schon bisher als Unterfall des Verbots der Diskriminierung auf Grund des Geschlechts geschützt.[709]

376 Nicht im GlBG, sondern in §§ 7a ff BEinstG ist der Diskriminierungsschutz von **AN mit Behinderung** geregelt, auf welchen hier nicht gesondert eingegangen wird.[710] Als Behinderung gilt gem § 3 BEinstG die Auswirkung einer nicht nur vorübergehenden (dh voraussichtlich länger als sechs Monate dauernden) körperlichen, geistigen oder psychischen Funktionsbeeinträchtigung oder Beeinträchtigung der Sinnesfunktionen, die geeignet ist, die Teilhabe am Arbeitsleben zu erschweren. Daneben schützt das Bundes-Behindertengleichstellungsgesetz Menschen mit Behinderung außerhalb der Arbeitswelt, insb beim Zugang zu und der Versorgung mit Gütern und Dienstleistungen, die der Öffentlichkeit zur Verfügung stehen.

4. Der Begriff der Diskriminierung

377 Das GlBG unterscheidet zwischen unmittelbarer und mittelbarer Diskriminierung (§ 5, 19), wobei auch die Anweisung einer Person zur Diskriminierung als Diskriminierung gilt. Diese Unterscheidung ist deshalb wichtig, da bei mittelbarer Diskriminierung die Rechtfertigung der Schlechterbehandlung leichter möglich ist.

Eine **unmittelbare Diskriminierung** liegt vor, wenn eine Person auf Grund eines der im GlBG missbilligten Motive in einer vergleichbaren Situation eine weniger günstige Behandlung erfährt, als eine andere Person erfährt, erfahren hat oder erfahren würde. Die bisher ergangene Rspr hatte sich nur mit der geschlechtsbezogenen unmittelbaren Diskriminierung auseinanderzusetzen und bei unterschiedlichen Löhnen oder unterschiedlichem Anfallsalter von Betriebspensionen für Männer und Frauen eine solche festgestellt.[711] Zulässig ist aber die Unterscheidung bei den Anspruchsvoraussetzungen auf Sozialplanleistungen (Frauen ab 50./Männer ab 60. Lebensjahr). Das Risiko der Arbeitslosigkeit steige fünf Jahre vor dem Pensionsalter besonders an, weshalb auf Grund des unterschiedlichen Pensionsalters für Männer und Frauen keine vergleichbare Situation vorliege.[712]

---

schaftsrechtswidrig? ZAS 2006, 156; *Marhold*, Differenzierung nach dem Alter, in Tomandl (Hrsg), Arbeitsrechtliche Diskriminierungsverbote (2005) 83; *Windisch-Graetz*, in Rebhahn, GlBG § 17 Rz 35; jüngst OGH RdW 2008, 374 – Überstundenabgeltung für Lehrlinge.

708 *Windisch-Graetz*, in Rebhahn, GlBG § 17 Rz 41 ff; *dies*, Das Diskriminierungsverbot aufgrund der sexuellen Orientierung, ZAS 2004, 58; *Karl*, Die Differenzierung nach persönlichen Lebensumständen, in Tomandl, Arbeitsrechtliche Diskriminierungsverbote (2005) 43.

709 EuGH C-13/94, Slg 1999, I-02143 (*P./S.*).

710 Siehe dazu insb *Brodil*, in Rebhahn, GlBG, Anhang II. Der besondere Kündigungsschutz des BEinstG gilt weiterhin nur für begünstigte Behinderte, siehe Rz 505, zum Motivkündigungsschutz für alle Menschen mit Behinderung siehe Rz 465a.

711 EuGH Rs C-262/88, Slg 1990, 1889 (*Barber*); Rs 170/84, Slg 1986/1697 (*Bilka-Kaufhaus GmbH*); Rs 69/80, Slg 1981, 767 (*Worringham*) – AG-Beiträge zu einer Betriebspension; Rs C-379/99 (*Barmer Ersatzkasse*). Zur (verneinten) unmittelbaren Diskriminierung EuGH Rs C-220/02, Slg 2004, I-05907 (ÖGB/GPA) – keine Diskriminierung durch unterschiedliche Anrechnung von Karenz und Präsenzdienst.

712 EuGH C-19/02, Slg 2004, I-11491 (*Hlozek*); OGH ecolex 2005, 555 – Sozialplan; *Sturm*, Geschlechtsdifferenziertes Bezugsalter für Sozialplanleistungen, ecolex 2005, 58; *Urlesberger*, Das unterschiedliche Pensionsantrittsalter als Rechtfertigungsgrund für weitere Ungleichbehand-

Für alle missbilligten Motive außer dem Geschlecht sieht es § 20 Abs 1 GlBG auch bei unmittelbarer Diskriminierung als Rechtfertigung an, wenn das betreffende Merkmal auf Grund der Art einer bestimmten beruflichen Tätigkeit oder der Rahmenbedingungen ihrer Ausübung eine wesentliche und entscheidende berufliche Voraussetzung darstellt und sofern es sich um einen rechtmäßigen Zweck und eine angemessene Anforderung handelt.

Eine **mittelbare Diskriminierung** liegt vor, wenn dem Anschein nach neutrale Vorschriften, Kriterien oder Verfahren Personen, die ein im GlBG aufgezähltes missbilligtes Unterscheidungsmerkmal aufweisen, in besonderer Weise gegenüber Personen die dieses Merkmal nicht aufweisen, benachteiligen können. Eine mittelbare Diskriminierung ist jedoch nicht gegeben, wenn die betreffenden Vorschriften, Kriterien oder Verfahren durch ein rechtmäßiges Ziel sachlich gerechtfertigt und die Mittel zur Erreichung dieses Zieles angemessen und erforderlich sind. **377a**

Die bisherige Rspr hatte sich vor allem mit der mittelbaren Diskriminierung von Frauen auseinanderzusetzen und hat Sonderregelungen für Teilzeitbeschäftigte bzw deren faktische Schlechterbehandlung[713] als solche gewertet (zB niedrigerer Stundenlohn[714], für Aufstieg in höhere Vergütungsgruppe des KV werden mehr Dienstjahre benötigt[715], für eine Zulage muss eine bestimmte Tätigkeit mehr als die Hälfte der Normalarbeitszeit ausgeübt werden[716] oder sog „Leichtlohngruppen" (für Arbeiten, die Anforderungen an höhere körperliche Leistungsfähigkeit stellt, gebührt höheres Entgelt[717]). In diesen Fällen wurde zwar auf ein nicht missbilligtes Kriterium abgestellt (zB Teilzeitbeschäftigung), im Ergebnis wurden aber, da ein überwiegender Prozentsatz der Teilzeitbeschäftigten Frauen waren und Männer bei den Vollzeitbeschäftigten die Mehrheit stellten, Frauen mittelbar diskriminiert.

Gestattet sind sog **„positive Maßnahmen"**, dh Maßnahmen zur Förderung der Gleichstellung von Frauen und Männern bzw mit denen Benachteiligungen wegen eines sonstigen missbilligten Motivs verhindert oder ausgeglichen werden (§§ 8, 22 GlBG).[718] Problematisch sind dabei vor allem sog „Quotenregelungen", wonach bis zum Erreichen eines bestimmten Prozentsatzes zB eines Geschlechts (der Quote), Frauen bevorzugt aufgenommen bzw befördert werden sollen. Dies ist nur dann zulässig wenn männlichen Bewerbern gesichert ist, dass die Bewerbungen Gegenstand einer objektiven Beurteilung sind, bei der ein den weiblichen Bewerbern eingeräumter Vorrang entfällt, wenn Kriterien zu Gunsten des männlichen Bewerbers überwiegen. **377b**

5. Die einzelnen Diskriminierungstatbestände

Das GlBG verbietet die Diskriminierung wegen eines missbilligten Motivs **in allen Phasen des Arbeitsverhältnisses**, nämlich bei der Einstellung, sämtlichen Arbeitsbedingungen (insb Entgelt, freiwillige Sozialleistungen, Aus- und Weiterbildung, **378**

lungen, ZAS 2005, 124 mzN der EuGH-Rspr. Zur Frage der Kündigung siehe *Windisch-Graetz*, Kündigung von Frauen zum Regelpensionsalter – gleichheitswidrig?, ecolex 2004, 431.

713 *Mengl*, Zur Diskriminierung von Teilzeitbeschäftigten in Kollektivverträgen, ecolex 2005, 143.

714 EuGH Rs 96/80, Slg 1981, 911 (*Jenkins*); siehe auch Rs C-278/93, Slg 1996, 1165 (*Freers und Speckmann*) – Entgeltfortzahlung bei BR-Schulungen.

715 EuGH Rs 184/89, Slg 1991, 297 (*Nimz*).

716 OGH WBl 2005/177.

717 OGH ZAS 1996, 86 (*Gahleitner*) = DRdA 1995, 261 (*Kirschbaum*); *Eichinger*, Mittelbare Frauendiskriminierung durch KV-Leichtlohngruppe, RdW 1995, 19.

718 EuGH C-409/95, Slg 1997, I-6365 (*Marschall*); C – Rs C-407/98,Slg 2000, I-5539 (*Abrahamsson*); OGH DRdA 2001, 442 (*Wagner*); *Rebhahn*, in Rebhahn, GlBG § 8 Rz 1 ff; *Sturm*, Positive Diskriminierungen in der Arbeitswelt, DRdA 2003, 481.

beruflicher Aufstieg), der Beendigung[719] sowie bei den Nachwirkungen (Betriebspensionen) des Arbeitsverhältnisses (§§ 3, 17 GlBG).[720] Daneben gilt das Gleichbehandlungsgebot auch in der sonstigen Arbeitswelt, dh beim Zugang zu Berufsberatung sowie der Berufsaus- und -weiterbildung außerhalb eines Arbeitsverhältnisses, der Mitgliedschaft und Mitwirkung in Interessenvertretungen sowie beim Zugang zu selbständiger Erwerbstätigkeit (§§ 4, 18 GlBG).

378a Verboten ist außerdem eine mit einem der missbilligten Motive im Zusammenhang stehende **Belästigung** (§§ 7, 21 GlBG).[721] Diese ist als unerwünschte Verhaltensweise definiert, die die Würde der betroffenen Person verletzt, für diese unerwünscht, unangebracht oder anstößig ist und die für die/den Betroffene(n) ein einschüchterndes, feindseliges, entwürdigendes, beleidigendes oder demütigendes Umfeld schafft. Als besondere Form der geschlechtsbezogenen Belästigung ist die **sexuelle Belästigung** hervorgehoben, dh eine Belästigung im obigen Sinne durch ein der sexuelle Sphäre zugehöriges Verhalten (§ 6 GlBG).[722] Sanktioniert wird dabei nicht nur der Belästiger, egal ob dies der AG, ein Kollege oder ein Dritter ist, sondern auch der AG, der es unterlässt, angemessene Abhilfe zu schaffen, wenn sein AN durch Dritte belästigt wird.[723]

Das GlBG enthält weiters auch ein Gebot zur **geschlechtsneutralen bzw diskriminierungsfreien Stellenausschreibung**, das sich an Arbeitsvermittler und AG richtet (§§ 9, 23 GlBG). Eine Ausnahme ist nur für den Fall vorgesehen, dass das Geschlecht unverzichtbare Voraussetzung bzw das betreffende Merkmal wesentliche und unverzichtbare berufliche Anforderung ist.[724]

6. Die Rechtsfolgen der Diskriminierung

379 Das GlBG sieht je nach Art der Verletzung unterschiedliche **Sanktionen** vor (§§ 12, 26 GlBG, hinsichtlich der Fristen zur Geltendmachung siehe §§ 15, 29 GlBG):

- Ist das Arbeitsverhältnis wegen Verletzung des GlBG **nicht begründet** worden, so ist hinsichtlich des Schadenersatzes danach zu unterscheiden, ob der Stellenbewerber bei diskriminierungsfreier Auswahl die Stelle erhalten hätte oder nicht. Keinesfalls hat der Stellenbewerber einen Anspruch auf Begründung des Arbeitsverhältnisses, sondern nur auf Schadenersatz, wobei dieser im ersten Fall mindestens ein Monatsentgelt beträgt, im zweiten maximal € 500,–.[725]
- Bei Diskriminierung im Zusammenhang mit dem **Entgelt, freiwilligen Sozialleistungen** oder den **sonstigen Arbeitsbedingungen** steht dem betroffenen AN die

---

[719] OGH RdW 2005/847 – Auflösung des Arbeitsverhältnisses einer Schwangeren während der Probezeit; seit derNovelle BGBl I 2008/98 sind nunmehr auch „missbilligte" Maßnahmen iZm der (Nicht-)Verlängerung von befristeten Dienstverhältnissen verpönt (vgl § 12 Abs 7 GlBG).

[720] OGH DRdA 2009, 20 [*Runggaldier*] – Zulässigkeit von Altersgrenzen für die Mitgliedschaft in Betriebspensionssystemen.

[721] Dazu *Gahleitner*, Der Schutz vor Belästigung im Arbeitsverhältnis, ZAS 2007, 148.

[722] Dazu zählen ua bereits das Erzählen freizügiger Witze, anzügliche Bemerkungen über die Figur und Schilderungen über sexuelle Vorlieben und Erlebnisse. Körperliche Kontakte – der unerwünschte Griff auf das Knie – gegen den Willen der betroffenen Person überschreiten im Allgemeinen die Toleranzgrenze (OGH ecolex 2008/353). Bei nicht per se geschlechtsbezogenen Gehässigkeiten ist das Motiv für diese Verhaltensweise ausschlaggebend (OGH ASoK 2009, 78).

[723] *Hopf*, Belästigungsschutz neu, RdW 2004/548; *Posch*, in Rebhahn, GlBG § 6 Rz 1 ff.

[724] *Rebhahn*, in Rebhahn, GlBG § 9 Rz 1 ff; *Windisch-Graetz*, in Rebhahn, GlBG § 23 Rz 1 ff.

[725] OGH DRdA 2005, 424 (*Eichinger*); eingehend *Kletečka*, in Rebhahn, GlBG § 12 Rz 16 ff.

Entgeltdifferenz bzw die freiwillige Sozialleistung oder die Gewährung der gleichen Arbeitsbedingungen zu.[726]

- Bei Diskriminierung im Zusammenhang mit dem **beruflichen Aufstieg** besteht wie bei der Begründung des Arbeitsvertrages kein Anspruch auf tatsächlichen Aufstieg, sondern nur auf eine Ersatzleistung, wobei danach zu unterscheiden ist, ob der AN bei diskriminierungsfreier Auswahl beruflich aufgestiegen wäre. Ist dies der Fall, steht ihm ein Ersatzanspruch in Höhe mindestens der Entgeltdifferenz für drei Monate zu, ansonsten maximal zu € 500,–.
- Im Fall einer (sexuellen) **Belästigung** hat der AN gegenüber dem Belästiger (§ 6 Abs 1 Z 1 GlBG) und, wenn der AG bei Belästigung durch Dritte (zB andere AN) angemessene Abhilfemaßnahmen schuldhaft unterlassen hat (§ 6 Abs 1 Z 2 GlBG), auch gegenüber dem AG Anspruch auf Schadenersatz.[727] Soweit der Nachteil nicht nur in einer Vermögenseinbuße besteht, hat der AN zum Ausgleich der erlittenen persönlichen Beeinträchtigung Anspruch auf *angemessenen* Schadenersatz von mindestens € 400,– (bei sexueller Belästigung mindestens € 720,–).[728]
- Sollte ein AN wegen eines missbilligten Motivs oder wegen der offenbar nicht unberechtigten Geltendmachung von Ansprüchen nach dem GlBG **gekündigt** oder **entlassen** bzw ein befristeter Vertrag diskriminierend nicht verlängert werden, so kann die Beendigung bei Gericht angefochten werden.
- In allen Fällen eines Verstoßes gegen Diskriminierungsverbote des GlBG ist auch der **immaterielle Schadenersatz** iSd erlittenen persönlichen Beeinträchtigung vorgesehen.
- Bei Verstoß gegen das Gebot der **geschlechtsneutralen bzw diskriminierungsfreien Ausschreibung** sind Verwaltungsstrafen vorgesehen, wobei danach unterschieden wird, ob ein AG und ein Arbeitsvermittler diskriminierend ausgeschrieben hat (§§ 10, 24 GlBG).

Ähnlich der Anfechtung der Kündigung wegen eines verpönten Motivs in § 105 Abs 5 ArbVG (Rz 464) sieht auch das GlBG für den Beweis des Diskriminierungstatbestandes vor, dass die **Glaubhaftmachung** ausreicht. Es reicht aus, das Gericht von der Wahrscheinlichkeit des Vorliegens eines bestimmten Sachverhalts zu überzeugen.[729] Dem beklagten AG obliegt es dann zu beweisen, dass es bei Abwägung aller Umstände wahrscheinlicher ist, dass ein anderes von ihm glaubhaft gemachtes Motiv für die unterschiedliche Behandlung ausschlaggebend war oder ein Rechtfertigungsgrund vorliegt.[730] **379a**

7. Verfahren und Behörden

Die Ansprüche nach dem GlBG sind vor den Arbeits- und Sozialgerichten im Klagswege durchzusetzen. Daneben wurde jedoch zusätzlich ein eigenes Verfahren geschaffen und eigene Behörden eingerichtet. Zu erwähnen ist insb die **Gleichbehand-** **380**

[726] OGH DRdA 1999, 295 (*Eichinger*).

[727] Ist der AG eine juristische Person, dann ist dieser bei Belästigung durch ihr vertretungsbefugtes Organ (zB Geschäftsführer einer GmbH) dessen Verhalten gem § 6 Abs 1 Z 1 GlBG unmittelbar zuzurechnen (OGH ecolex 2008/353); zur Bemessung des Schadenersatzanspruchs OGH DRdA 2010, 67.

[728] OGH ZAS 2000, 20 (*Brodil*) = DRdA 2000, 50 (*Eichinger*); ecolex 2001, 622 (*Mazal*); die sexuelle Belästigung bildet im Übrigen einen Entlassungsgrund (DRdA 2001, 176 [*Smutny*]).

[729] *Rechberger*, in Fasching/Konecny, Zivilprozessgesetze^2 III § 274 Rz 1.

[730] Siehe dazu OGH DRdA 2010, 137 [*Eichinger*] – Glaubhaftmachung einer Diskriminierung.

lungskommission (§§ 1 ff GBK/GAW-Gesetz)[731], welche sich va mit Verstößen gegen das GlBG befasst. Zudem sieht das GBK/GAW-Gesetz sowohl eine **Anwältin für die Gleichbehandlung** von Frauen und Männern in der Arbeitswelt als auch Anwälte/Anwältinnen für die Gleichbehandlung in der Arbeitswelt sowie den sonstigen Bereichen vor (vgl die detaillierten Regelungen in den §§ 3 ff GBK/GAW-Gesetz). Das BEinstG sieht in § 7k bei Diskriminierung wegen der Behinderung vor der gerichtlichen Geltendmachung ein zwingendes **Schlichtungsverfahren beim Bundessozialamt** vor.

C. Sonstige gesetzliche Gleichbehandlungsgebote

381 Die Ungleichbehandlung von **BR-Mitgliedern** soll durch das Benachteiligungsverbot des § 115 Abs 3 ArbVG hintangehalten werden, jedoch dürfen diese aus ihrer Funktion auch keine materiellen Vorteile ziehen.[732] Dieses Benachteiligungsverbot ist insb im Hinblick auf Entgeltbedingungen, die Aufstiegsmöglichkeiten und die Versetzung von Relevanz.[733]

382 **Ausländische AN** dürfen gem §§ 8 Abs 1 und 14c Z 2 AuslBG nicht zu schlechteren Lohn- und Arbeitsbedingungen beschäftigt werden, als sie für die Mehrzahl der bezüglich der Leistung und Qualifikation vergleichbaren inländischen AN gelten. Hält sich der AG nicht daran, kann dies zum Widerruf der Beschäftigungsbewilligung oder zur Untersagung der Beschäftigung führen (§§ 9 Abs 2 lit c, 14g AuslBG). Ein aus dem AuslBG direkt abgeleiteter Anspruch des einzelnen AN wird abgelehnt,[734] eine Berufung auf den arbeitsrechtlichen Gleichbehandlungsgrundsatz ist jedoch möglich.[735]

383 Für **AN, die in Österreich von AG ohne Sitz und ohne Mitgliedschaft zu einer kollektivvertragsfähigen Körperschaft in Österreich beschäftigt** werden, ordnet § 7 AVRAG an, dass diesen zumindest jenes gesetzliche bzw kollektivvertragliche Entgelt zusteht, welches vergleichbaren AN von vergleichbaren AG gebührt.[736]

§ 7a AVRAG regelt den Fall, dass ein AN von einem AG **ohne Sitz in einem Mitgliedstaat des EWR** für Arbeiten im Rahmen einer Arbeitskräfteüberlassung oder zur Erbringung einer fortgesetzten Arbeitsleistung nach Österreich **entsandt** wird. In diesem Fall ist § 7 AVRAG (Mindestlohnanspruch) anwendbar (Ausnahme Montageprivileg gem § 7a Abs 4 AVRAG – 3 Monate), außerdem steht Urlaub nach § 2 UrlG für die Dauer der Entsendung zu. In § 7b AVRAG ist der Fall geregelt, dass ein AN von einem **AG mit Sitz in einem anderen Mitgliedstaat des EWR** für Arbeiten im Rahmen einer Arbeitskräfteüberlassung oder zur Erbringung einer fortgesetzten Arbeitsleistung nach Österreich entsandt wird. Diesfalls ist das gesetzliche, kollektivvertragliche oder durch Verordnung festgelegte Entgelt zu zahlen, das am Arbeitsort vergleichbaren AN von vergleichbaren AG gebührt (Ausnahme bei kollektivvertraglichem Entgelt: Montageprivileg – 3 Monate). Außerdem steht Urlaub nach § 2 UrlG für die Dauer der Entsendung

---

[731] Das „alte" GleichbG 1979 wurde mit BGBl I 2004/66 in ein „Bundesgesetz über die Gleichbehandlungskommission und die Gleichbehandlungsanwaltschaft – GBK/GAW-Gesetz" umgewandelt und enthält nunmehr ausschließlich formelles Recht.

[732] OGH ZAS 1999, 135 (*Risak*) = DRdA 1999, 479 (*Chr. Klein*).

[733] Für Sicherheitsvertrauenspersonen, Sicherheitsfachkräfte und Arbeitsmediziner sowie deren Fach- und Hilfspersonal besteht ebenfalls ein Benachteiligungsverbot (§ 9 Abs 2 AVRAG).

[734] *Schnorr*, Kommentar zum AuslBG[3] (1995) 50, 76.

[735] *Löschnigg*, Arbeitsrecht[10], 6.7.1.; zum arbeitsrechtlichen Gleichbehandlungsgrundsatz siehe Rz 387.

[736] Siehe dazu *Holzer/Reissner*, AVRAG-Kommentar 168; *Holzer/Friedrich*, Die Auslegung von § 7 AVRAG aus europarechtlicher Sicht – Kollektivvertragliche Pensionsregelungen als kollektivvertragliches Entgelt im Sinne des § 7 AVRAG, ASoK 2002, 252.

zu (Ausnahme Montageprivileg – 8 Monate), sind die kollektivvertraglich geregelten Arbeitszeiten einzuhalten und ist ein Dienstzettel bereitzuhalten.

Durch diese Bestimmungen des AVRAG sowie des AuslBG soll die Chancengleichheit inländischer Unternehmer und inländischer AN am österreichischen Arbeitsmarkt gegenüber ausländischen Unternehmern (mit uU niedrigerem Lohnniveau) und ausländischen AN (mit uU niedrigeren Lohnansprüchen) gewährleistet werden (Vermeidung des „Lohndumping“[737]).

Das **Betriebspensionsgesetz** (BPG) enthält ein ausdrücklich geregeltes Gleichbehandlungsgebot. Der AG ist gem § 18 Abs 1 BPG verpflichtet, den arbeitsrechtlichen Gleichbehandlungsgrundsatz einzuhalten. Bei Einschränkung und Widerruf von Anwartschaften auf Betriebspensionen und von schon angefallenen Betriebspensionen hat der AG „Leistungs- und Anwartschaftsberechtigte nach ausgewogenen, willkürliche und sachfremde Differenzierungen zwischen AN und AN-Gruppen ausschließenden Grundsätzen“ zu behandeln. Benachteiligungen der Betriebspensionisten gegenüber aktiven AN oder umgekehrt bedürfen daher – unabhängig von Zahlenrelationen[738] – im Falle von Leistungsreduktionen stets einer sachlichen Begründung. Bei Leistungszusagen, die von einer Pensionskasse zu erfüllen sind, muss gem § 18 Abs 2 BPG den AN oder AN-Gruppen des Betriebes eine ausgewogene, willkürliche und sachfremde Differenzierungen aus schließende Beteiligung am Pensionskassensystem ermöglicht werden. Dieses besondere Gleichbehandlungsgebot, welches nicht auf eine Minderheitenposition abstellt, bezieht sich nur auf die Ausgestaltung der Pensionskassenzusage. Dadurch wird in diesen Fällen auch die willkürliche Bevorzugung einer Minderheit ausgeschlossen.[739] Für die Einbeziehung gilt der arbeitsrechtliche Gleichbehandlungsgrundsatz (vertragliche Zusage) bzw der verfassungsrechtliche Gleichheitssatz (KV, BV).[740] Verstöße gegen des Gleichbehandlungsgebot bewirken einen Ausgleichsanspruch der Benachteiligten (§ 18 Abs 3 BPG).[741] 384

Teilzeitbeschäftigte AN[742] dürfen gem § 19d AZG wegen der Teilzeitarbeit gegenüber vollzeitbeschäftigten AN nicht benachteiligt werden, es sei denn, sachliche Gründe rechtfertigen eine unterschiedliche Behandlung. Im Streitfall hat der AG zu beweisen, dass eine Benachteiligung nicht wegen der Teilzeitarbeit erfolgt (Beweislastumkehr).[743] 385

Gem § 8 Abs 1 AVRAG dürfen **AN, die bei ernster und unmittelbarer Gefahr für Leben und Gesundheit einen betrieblichen Gefahrenbereich verlassen**, nicht benachteiligt werden. Dasselbe gilt für AN, die unter Berücksichtigung ihrer Kenntnisse und der zur Verfügung stehenden technischen Mittel selbst Maßnahmen zur Abwehr einer solchen Gefahr treffen, wenn sie die sonst zuständigen Personen nicht erreichen, es sei denn, ihre Handlungsweise war grob fahrlässig. 386

AN mit befristeten Arbeitsverhältnissen dürfen gem § 2b AVRAG gegenüber AN mit auf unbestimmte Zeit abgeschlossenen Arbeitsverhältnissen nicht benachteiligt werden, es sei denn sachliche Gründe rechtfertigen eine unterschiedliche Behandlung.

---

737 Siehe dazu *Binder*, Die Arbeitnehmerentsendung aus EU-/EWR-Staaten nach Österreich unter besonderer Berücksichtigung des Sozialdumpings, DRdA 1999, 1, 100.

738 Siehe dazu beim arbeitsrechtlichen Gleichbehandlungsgrundsatz Rz 389.

739 *Schrammel*, BPG-Kommentar 201.

740 VfGH DRdA 1995, 346 (*Eichinger*) = ZAS 1996, 127 (*Schrammel*).

741 Siehe dazu *Löschnigg*, Arbeitsrecht[10], 6.7.2. mwN; *Heilegger/Schwarz*, in Cerny/Heilegger/Klein/Schwarz (Hrsg), Arbeitszeitgesetz (2008) Erl 14 zu § 19d.

742 Zum Begriff siehe Rz 351.

743 Siehe dazu *Resch*, Rechtsfragen der Teilzeitbeschäftigung unter besonderer Berücksichtigung des ArbBG und EWR, DRdA 1993, 97.

Der AG hat weiters diese AN über frei werdende Arbeitsverhältnisse auf unbestimmte Zeit zu informieren.[744]

D. Der arbeitsrechtliche Gleichbehandlungsgrundsatz

387 Grundsätzlich ist der AG dazu verpflichtet, seine AN im Wesentlichen gleich zu behandeln. Als Ergebnis jahrzehntelanger richterlicher Rechtsfortbildung wird dieser Grundsatz vom OGH als das Gebot an den AG umschrieben, einen oder einzelne AN nicht willkürlich oder aus sachfremden Gründen schlechter als andere AN zu behandeln (arbeitsrechtlicher Gleichbehandlungsgrundsatz).[745] Seine Rechtsgrundlage sieht der OGH vor allem in der Fürsorgepflicht des AG.[746] Durch die Diskriminierung verletzt der AG die vertragliche Pflicht zur Fürsorge für Person und Vermögen des benachteiligten AN.[747] Daraus ergibt sich, dass der arbeitsrechtliche Gleichbehandlungsgrundsatz nur zwischen den Arbeitsvertragsparteien Anwendung findet, nicht aber auf jene von KV und BV, wo der verfassungsrechtliche Gleichheitssatz zu beachten ist.

388 Der arbeitsrechtliche Gleichbehandlungsgrundsatz ist auf die Gesamtheit der Arbeitsbedingungen anzuwenden. Er ist bei der Gewährung überkollektivvertraglichen Entgelts und von Betriebspensionen, bei der Ausübung des Weisungsrechtes sowie bei Betriebsübungen von besonderer Relevanz.

389 Bei der Frage der Vergleichsbasis sind zwei Bereiche zu unterscheiden: Grundsätzlich stellt der arbeitsrechtliche Gleichbehandlungsgrundsatz nur einen **Minderheitenschutz** dar, die benachteiligten AN müssen sich in einer deutlichen Minderheitenposition befinden. Selbst die deutliche Bevorzugung einzelner AN kann keinen Gleichbehandlungsanspruch auslösen.[748]

390 Lediglich im Falle **verbotener Differenzierungskriterien** kommt es auf die Zahl der betroffenen AN nicht an. Als Beispiel lässt sich in diesem Zusammenhang die Schlechterbehandlung wegen der Ausübung betriebsverfassungsrechtlicher Befugnisse nennen.[749]

391 Da nur willkürliche bzw unsachliche Schlechterstellungen verboten sind, stellt sich die Frage nach der **sachlichen Rechtfertigung von Differenzierungsmerkmalen**. (1) Sachlich ist ein Grund gs nur dann, wenn er im Arbeitsverhältnis wurzelt. Umstände in der Privatsphäre können nur dann herangezogen werden, wenn sie Auswirkungen auf den Vollzug des Arbeitsverhältnisses haben. (2) Der Grund muss weiters geeignet sein, die Differenzierung einem objektiven Beobachter begreiflich zu machen, dh ihm muss ein verallgemeinerungsfähiges Prinzip zugrunde liegen. Der AG hat sich in diesem Rahmen an die von ihm selbst aufgestellte Regel zu halten, wobei es ihm jedoch möglich ist, diese abzuändern oder auslaufen zu lassen. Deshalb wird die Anwendung

---

[744] Zu den Konsequenzen dieses aus dem Europarecht stammenden Gleichbehandlungsgebots *Jöst/Risak*, Aktuelle Änderungen im Arbeitsrecht, ZAS 2002, 97; *Sturm*, in Mazal/Risak, Das Arbeitsrecht, Kap VIII Rz 65.

[745] OGH RdW 2002/22; ZAS 1996, 167 (*Binder*) = DRdA 1996, 315 (*Eypeltauer*); RdW 1995, 432; DRdA 1996, 24 (*Mazal*); DRdA 1996, 246; Arb 10.301.

[746] OGH DRdA 1986, 127 (*Schwarz*); DRdA 1996, 24 (*Mazal*); infas 1998, A 13 (Pflicht zur Respektierung des Persönlichkeitswertes der AN; siehe auch die Rspr-Übersicht in *Strasser*, Betriebspension und Gleichbehandlung (1991) 19; zur Fürsorgepflicht siehe allgemein Rz 260.

[747] *Floretta/Spielbüchler/Strasser*, Arbeitsrecht I^4, 339.

[748] OGH DRdA 1986, 7 (*Schwarz*); DRdA 1992, 369 (*Eichinger*); DRdA 1994, 496 (*Csebrenyak*); die E OGH DRdA 1997, 200 geht in Richtung eines Sachlichkeitsgebots.

[749] Dazu eingehend *Tomandl/Schrammel*, Arbeitsrecht 1^6, 249.

allgemeiner zeitlicher Differenzierungskriterien (zB **Stichtagsregelungen**) als zulässig angesehen.[750] Der AG kann zB neu eingetretenen AN eine bisher gewährte Zulage nicht mehr einräumen. Bei der Frage der sachlichen Rechtfertigung kann außerdem auch das Verhalten des schlechter Behandelten eine Rolle spielen.[751] (3) Zuletzt darf das Differenzierungskriterium nicht von der Rechtsordnung abgelehnt werden (zu den verbotenen Kriterien siehe oben).

Kann der AN die Schlechterstellung vor Gericht beweisen[752] und misslingt dem **392**
AG der Gegenbeweis der Sachlichkeit, so hat der **diskriminierte AN Anspruch auf gleichartige Behandlung**. Der AG muss ihm zB den den anderen AN eingeräumten Vorteil (bspw Weihnachtsgeschenk, Betriebspension) ebenfalls gewähren.

---

[750] OGH DRdA 1989, 105 (*Runggaldier*); ZAS 1996, 167 (*Binder*) = DRdA 1996, 315 (*Eypeltauer*); DRdA 2004, 238 (*Wachter*) ua.

[751] OGH Arb 9469; ZAS 1990, 65 (krit *Mayer-Maly*); DRdA 1992, 369 (zust *Eichinger*); siehe auch ZAS 1997, 81 (*Risak*).

[752] Nach Ansicht des OGH DRdA 1992, 369 (*Eichinger*) reicht ein prima-facie-Beweis aus.

XVI. Die Beendigung des Arbeitsvertrages

A. Allgemeines

393 Beim Arbeitsvertrag handelt es sich um ein Dauerschuldverhältnis, während dessen Bestand die Parteien die fortwährende Vornahme von Erfüllungshandlungen schulden. „Zerfällt“ die besondere schuldrechtliche Beziehung zwischen den Vertragspartnern beim *Zielschuldverhältnis* (Kauf, Tausch ua) durch schlichte Erfüllung wieder, bedarf das auf Zeit eingegangene (Dauer-)Schuldverhältnis einer gesonderten (rechtsgeschäftlichen) Beendigung.

394 Je nachdem, ob das Arbeitsverhältnis ohne oder mit Zutun der Parteien endet, wird zwischen **Erlöschen** und **Auflösung** unterschieden. In der Regel muss die Art der Beendigung rechtsgeschäftlich begründet sein; bloß in wenigen Fällen (bspw Tod des AN) endet das Verhältnis tatsächlich ohne rechtsgeschäftliche Erklärung.

395 Eine Beendigung kann einmal bereits bei Vertragsabschluss unter den Vertragspartnern vereinbart werden (**Befristung**). Sie kann zudem jederzeit bei neuerlicher rechtsgeschäftlicher Einigung durch **einvernehmliche Auflösung** (*Aufhebungsvertrag*) erfolgen. Neben diesen zweiseitigen Beendigungsarten und manchen Sondertatbeständen (zB Erlöschen durch Tod des AN) ist aber jeder Vertragspartner berechtigt, das (unbefristete) Arbeitsverhältnis auch rechtsgeschäftlich durch **einseitige**, empfangsbedürftige **Willenserklärung** zu beenden.

396 Bei der einseitigen Beendigung wird zwischen der *ordentlichen* Beendigung unter Einhaltung einer Frist zu einem Termin (**Kündigung**) und der *außerordentlichen* Beendigung (**Entlassung**, **Austritt**) unterschieden. Die Kündigung ist – abseits des allgemeinen und besonderen Bestandschutzes (dazu unten Rz 405) – grundsätzlich begründungsfrei, weil sie dem (negativen) privatautonomen Gestaltungsbedürfnis entspricht. Demgegenüber kann die außerordentliche Beendigung bloß *aus wichtigem Grund* vorgenommen werden.

B. Befristung, Einvernehmen und Sondertatbestände

1. Befristung

397 Das befristete Arbeitsverhältnis endet durch Zeitablauf und bedarf zur Beendigung keines weiteren Rechtsaktes.[753] Befristung und Kündigung schließen einander aus, die Kündigungsmöglichkeit kann allerdings ausdrücklich vereinbart werden.[754] Endtermin ist grundsätzlich der durch Parteienvereinbarung festgesetzte, wobei der Zeitpunkt zumindest nach objektiven Kriterien bestimmbar sein muss.[755]

398 Eine Ausnahme findet sich in § 10a MSchG, wonach durch den Eintritt einer **Schwangerschaft** der **Fristenlauf gehemmt** wird. Damit verlängert sich die Befristung

---

[753] *Engelbrecht*, in Mazal/Risak, Das Arbeitsrecht, Kap XVI Rz 3.

[754] Der OGH macht nur insofern eine Einschränkung, als derartige Vereinbarungen bei kurzen Befristungen unzulässig sind: Sittenwidrig ist die Kündigung eines nur neunwöchigen Arbeitsverhältnisses (wbl 1996, 246); hingegen zulässig, bei einem auf vier Monate befristeten Saisonarbeitsvertrages (DRdA 1997/40 [*Krapf*]; Kündigungsklausel bei einem der Ausbildung dienenden Arbeitsverhältnis unzulässig (infas 2006, A76).

[755] Bspw ist es ausreichend, wenn der Vertrag mit einem Holzfäller mit dem „ersten Schneefall“ befristet ist (OGH Arb 6786). Unzulässig wäre allerdings eine Befristung für die Dauer von Arbeitsbedarf oÄ, weil idF das Unternehmerrisiko sittenwidrigerweise auf den AN überwälzt würde.

kraft gesetzlicher Anordnung um die Zeit zwischen der Mitteilung der Schwangerschaft an den AG und dem Beginn des Beschäftigungsverbotes. Dies gilt allerdings nicht für jene Fälle, in welchen die Befristung gesetzlich vorgesehen oder im Einzelfall sachlich gerechtfertigt ist (bspw Karenzvertretungen im öffentlichen Dienst, Saisonarbeit etc).[756]

Durch die Aneinanderreihung mehrerer befristeter Arbeitsverhältnisse kann der allgemeine Kündigungs- und Entlassungsschutz (Rz 451 ff) umgangen und (zeitabhängige) AN-Ansprüche[757] – gegen zwingendes Recht – verkürzt werden. Daher ist der Abschluss solcher **Kettendienstverträge** nur eingeschränkt bei Vorliegen sachlicher Rechtfertigungsgründe zulässig (siehe dazu Rz 224).

2. Einvernehmliche Lösung

Während bei der Befristung das Einvernehmen über die Beendigung und deren Zeitpunkt bereits bei Vertragsabschluss besteht, kann die spätere Abgabe zweier deckungsgleicher Willenserklärungen, somit ein neuerlicher Vertrag, das Arbeitsverhältnis ebenso beenden. Im Einvernehmen sind die Parteien auch an keine Fristen oder Termine gebunden. Ein derartiger Aufhebungsvertrag[758], eine einvernehmliche Auflösung, sind immer möglich und entsprechen ebenso der Vertragsfreiheit wie der Abschluss des Arbeitsvertrages. Bloß in bestimmten Fällen sehen gesetzliche Sondervorschriften Einschränkungen vor, die ua ein Schriftformgebot iS einer Warnfunktion beinhalten (bspw § 21 MSchG, Rz 498).[759] **399**

Befristung und einvernehmliche Lösung sind strukturell somit insofern vergleichbar, als in beiden Fällen eine Einigung über die Beendigung (Termin) zustande kommt. Im Fall der Befristung erfolgt die Vereinbarung bereits bei Abschluss des Vertrags, bei der einvernehmlichen Beendigung zu einem späteren Zeitpunkt. **400**

Probleme ergeben sich auch bei saisonalen Unterbrechungen. Um Arbeitslosengeld beziehen zu können, wird dabei oftmals eine Beendigung unter gleichzeitigem Abschluss eines neuen Arbeitsvertrags angestrebt. Der OGH sah derartige **Aussetzungsvereinbarungen** zwar lange Zeit als Karenzierungen an. Da dabei allerdings der wahre Wille der Parteien zu erforschen ist, wobei die Absicht, dem AN den Bezug von Arbeitslosengeld zu ermöglichen, nicht außer Acht gelassen werden darf, erscheint auch die Annahme echter Unterbrechungen möglich.[760] **401**

3. Lösung des Probearbeitsverhältnisses

Beim Arbeitsverhältnis auf Probe (vgl § 1158 Abs 2 ABGB, § 19 Abs 2 AngG ua) besteht für beide Teile während zumeist eines Monats („*Probemonat*")[761] die Möglichkeit, das Verhältnis jederzeit ohne Einhaltung von Fristen und Terminen sowie ohne An- **402**

---

[756] Eingehend Rz 498a, zur Umgehung OGH RdW 1997, 356.

[757] Insb Abfertigung, uU auch Urlaubsausmaß ua. Zudem könnte durch Kettendienstverträge auch der allgemeine Bestandschutz nach § 105 ArbVG umgangen werden, als eine Überprüfung der Sozialwidrigkeit durch „eo ipso-Ablauf" des Arbeitsvertrags ausgeschlossen wäre; vgl auch *Löschnigg*, Arbeitsrecht[10], 5.3.1.2.

[758] Vgl *Floretta/Spielbüchler/Strasser*, Arbeitsrecht I[4], 353.

[759] Vgl auch die §§ 10 Abs 7 MSchG, 102 LAG etc. Eingehend *Wachter*, Die einvernehmliche Auflösung des Arbeitsverhältnisses, in FS Floretta (1983) 433.

[760] Dazu eingehend *Brodil*, Aussetzungsvereinbarungen aus arbeits- und sozialrechtlicher Sicht – Betrachtungen zur Unterbrechung des Arbeitsverhältnisses und § 9 AlVG, ZAS 1996, 37; OGH DRdA 2000, 521 jeweils mwN.

[761] Längere Probezeiten finden sich zB in § 18 HausbG oder § 16 GAngG.

gabe von Gründen zu beenden.[762] Damit soll den Partnern ermöglicht werden, einander kennenzulernen und das „gelebte" Rechtsverhältnis auf Übereinstimmung mit den vorvertraglichen Informationen zu prüfen. Diese Lösungsmöglichkeit muss jedoch, wenn nicht im KV vorgesehen, vertraglich vereinbart werden.

Bei in der Praxis vorkommenden längeren „Probezeiten" (bspw drei Monate) handelt es sich regelmäßig um ein auf drei Monate befristetes Arbeitsverhältnis (**Arbeitsverhältnis zur Probe**), das im ersten (Probe-)Monat jederzeit lösbar ist. Im Anschluss an die dreimonatige Befristung wird ein unbefristeter Arbeitsvertrag abgeschlossen.

4. Erlöschen

403 In einigen Fällen kann der Arbeitsvertrag auch durch Erlöschen enden. So ist bei Tod des AN wegen der Höchstpersönlichkeit des Arbeitsvertrags davon auszugehen, dass das Rechtsverhältnis automatisch endet. Der Tod des AG hingegen beendet das Arbeitsverhältnis grundsätzlich nicht; der Vertrag wird mit den Erben (der Verlassenschaft) fortgesetzt.[763] In einigen wenigen Fällen wird zudem Erlöschen bei Eintritt von Unmöglichkeit der Leistung angenommen (zB persönlicher Krankenpfleger), obwohl die allgemeine Regel des § 1447 ABGB auf Arbeitsverträge keine Anwendung findet.[764]

5. Rücktritt

404 Vor Beginn des Erfüllungsstadiums wird kraft analoger Anwendung einiger Sonderbestimmungen (§ 30 AngG, § 30 GAngG, § 11 LAG) auch der Rücktritt vom Arbeitsvertrag als zulässig angesehen.[765]

C. Die Kündigung

1. Grundsätzliches

405 Eine Kündigung ist die einseitige, ordentliche Beendigung eines Dauerschuldverhältnisses unter Einhaltung von Fristen und Terminen. Sie ist grundsätzlich begründungsfrei, weil sie als Gegenstück zur privatautonomen Abschlussfreiheit gesehen werden kann. So wird verschiedentlich vom freien Kündigungsrecht gesprochen,[766] weil die Kündigung im Gegensatz zur außerordentlichen Beendigung (Entlassung und Austritt) keiner besonderen Gründe bedarf.

406 Dennoch ist nicht zu übersehen, dass – jedenfalls ab dem allgemeinen Kündigungsschutz nach § 105 ArbVG – eine teils massive Begründungspflicht für AG-Kündigungen besteht, die das **privatautonome Beendigungsrecht beschränkt**. Zudem bestehen zT gesetzliche und kollektivvertragliche Beschränkungen (bspw nach VBG). Überdies kann das Kündigungsrecht auch vertraglich beschränkt oder ausgeschlossen werden. Für lebenslange oder länger als fünf Jahre dauernde Arbeitsverträge sehen der bereits erwähnte § 21 AngG sowie § 1158 Abs 3 ABGB jedenfalls ein Kündi-

[762] Es handelt sich um einen Lösungstatbestand sui generis; OGH DRdA 2005, 52 (*Eypeltauer*).

[763] OGH Arb 9604; Ausnahmen sind dort denkbar, wo der Vertrag nach dem offenkundigen Parteiwillen nur mit einer bestimmten Person als AG abgeschlossen wurde (bspw Krankenschwester zur Pflege einer bestimmten Person). Dogmatisch könnte auch eine (zulässige) auflösende Bedingung vorliegen.

[764] *Engelbrecht*, in Mazal/Risak, Das Arbeitsrecht, Kap XVI Rz 29.

[765] Dazu oben eingehend Rz 234.

[766] Vgl *Löschnigg*, Arbeitsrecht[10], 7.2.1.

gungsrecht des AN nach Ablauf von fünf Jahren mit sechsmonatiger Frist vor. Somit sind tatsächlich unkündbare Arbeitsverträge nur aus AG-Perspektive denkbar.[767] Nach hA und Jud können auch befristete Arbeitsverträge nicht gekündigt werden, sofern ein Kündigungsrecht nicht gesondert vereinbart wurde. Allerdings muss in diesen Fällen die Kündigung(-sfrist) in einem sachlich vertretbaren Verhältnis zur Gesamtdauer des befristeten Vertrages stehen.[768]

Die Begründungsfreiheit ist nicht nur durch Gesetz, sondern ebenso durch die 407
guten Sitten begrenzt. Daher kann eine Kündigung – auch außerhalb des allgemeinen Kündigungsschutzes[769] – wegen Sittenwidrigkeit nach § 879 ABGB unwirksam sein.[770]

Bspw kann eine Kündigung sittenwidrig sein (bzw dem Schikaneverbot unterliegen), wenn der AN „abgeworben" wurde, seinen alten Posten unter Verlust der beendigungsabhängigen Ansprüche (insb Abfertigung „alt") aufgegeben hat und der neue AG diesen AN nach kurzer Zeit ohne jede sachliche Rechtfertigung wieder kündigt. Steht hiebei die rechtsmissbräuchliche Ausübung des Kündigungsrechts im Vordergrund, wird die Beendigung als sittenwidrig und unzulässig anzusehen sein.[771] Allerdings besteht kein Verbot der Kündigung zur Unzeit. Eine Kündigung kann daher – bis zur Grenze der Sittenwidrigkeit – auch dann ausgesprochen werden, wenn sie den Gekündigten zu diesem Zeitpunkt besonders hart trifft.[772]

Hinzuweisen ist auch auf die den Katalog von § 105 ArbVG ergänzenden Sondertatbestände bspw der §§ 8 Abs 2 und 9 Abs 2 AVRAG, wonach eine Kündigung wegen Verlassens des Gefahrenbereichs bei „Lebensgefahr" oder wegen der Tätigkeit als Fach- oder Hilfspersonal von Sicherheitskräften oder Arbeitsmedizinern im Verfahren nach § 105 Abs 5 ArbVG angefochten werden kann. Ähnliches gilt gem § 2 GleichbG für Verstöße gegen das geschlechtliche Gleichbehandlungsgebot bei der Beendigung von Arbeitsverhältnissen.[773]

Die Kündigung ist jene **einseitige, empfangsbedürftige Willenserklärung,** die ein 408
auf unbestimmte Zeit abgeschlossenes **Arbeitsverhältnis zu einem bestimmten Zeitpunkt beendet**.[774] Die Kündigung ist grundsätzlich **formfrei** und unterliegt bloß nach einigen Sondergesetzen der Schriftform (bspw § 32 VBG, § 30 SchauspG). Als Willenserklärung kann die Kündigung auch schlüssig (konkludent) iSv § 863 ABGB erfolgen.

Der **Zugang** (der Empfang) beendender Willenserklärungen ist nach der analo- 409
giefähigen Regelung des § 862a ABGB zu beurteilen. Demnach ist die Erklärung dann zugegangen, wenn der Erklärende unter normalen Umständen mit ihrer Kenntnisnahme rechnen durfte.[775] Somit ist es unerheblich, wann der Erklärungsempfänger tatsächlich Kenntnis vom Erklärungsinhalt erlangt, sofern die Erklärung bloß in seine Sphäre, dh in seinen Machtbereich gelangt ist, sodass regelmäßig unter normalen Umständen mit deren Kenntnisnahme zu rechnen ist. Unter Anwesenden entfaltet eine derartige Beendigungserklärung (Kündigung, aber auch Entlassung oder Austritt) somit sofortige Wirkung. Bei schriftlicher Beendigungserklärung ist das Tatbestandsmerkmal Empfangsbedürftigkeit mit Zustellung in den (Haus-)Briefkasten zu dem Zeitpunkt erfüllt, in dem

---

767 Für beide Seiten unkündbar ist nur der Lehrvertrag, vgl § 18 BAG.

768 Dazu OGH DRdA 1996, 404 (*Geist*); vgl auch oben Rz 225.

769 § 105 ArbVG enthält zwar in Abs 2 einen Katalog von verpönten Motiven, beschränkt die Sittenwidrigkeit aber nicht auf diesen Katalog.

770 Grundlegend OGH DRdA 1994, 134 (*Floretta*).

771 Dazu eingehend *Mader*, Rechtsmissbrauch und unzulässige Rechtsausübung (1994) 292.

772 *Tomandl/Schrammel*, Arbeitsrecht 2[6], 224.

773 Siehe dazu Rz 379.

774 Vgl auch *Engelbrecht*, in Mazal/Risak, Das Arbeitsrecht, Kap XVI Rz 50.

775 Dies ist Bestandteil der sog Vertrauenstheorie; vgl OGH Arb 9403; *Rummel*, in Rummel, ABGB[3], § 862a Rz 1.

dieser üblicherweise geleert wird. Ein Einschreibbrief geht wiederum dem zum Zeitpunkt des Zustellversuches abwesenden Empfänger nicht schon mit der Hinterlassung des Benachrichtigungszettels, sondern mit dem Beginn der Abholungsmöglichkeit beim Hinterlegungspostamt zu.[776] UU wird der Zugang der Erklärung **fingiert**, bspw wenn der Empfänger den Zugang treuwidrig vereitelt.[777]

So muss sich der AN die Zustellung einer Kündigung auch dann anrechnen lassen, wenn das Schreiben an die letzte, dem AG bekannte, Wohnadresse erfolgte, der AN aber seinen **Wohnort gewechselt** und dies dem AG **nicht gemeldet** hat.[778] Problematisch können auch **Kündigungen während des Urlaubs** sein. Hat der AN trotz Aufforderung zur Bekanntgabe einer Urlaubsadresse ohne sachliche Rechtfertigung keine solche angegeben, kann grundsätzlich (wie auch umgekehrt) auch während des Erholungsurlaubs (an der Wohnadresse) wirksam gekündigt werden. Dabei ist aber zu beachten, dass eine wegen kurzer Kündigungsfrist den Erholungszweck vereitelnde Kündigung im Urlaub als zeitwidrig angesehen wird.[779]

2. Fristen und Termine

410 Der Kündigungstermin definiert grundsätzlich den vorgesehenen letzten Tag des Arbeitsverhältnisses (Endtermin).[780] Die Kündigungsfrist ist jener Zeitraum, der zwischen Ausspruch der Kündigung und Kündigungstermin (mindestens) zu verstreichen hat. Die Frist hat den Zweck, dem Gekündigten die Möglichkeit zur Suche eines neuen Vertragspartners und Abschluss eines neuen Vertrags zu geben. Daher sind Kündigungen mit einer längeren als der Mindestfrist zulässig.

411 Die ausgesprochene Kündigung versetzt den Arbeitsvertrag in ein **Abwicklungsstadium**, während dessen die wechselseitigen Vertragspflichten grundsätzlich unberührt aufrecht bleiben: der AN hat zu arbeiten, der AG Entgelt zu zahlen. Für die Dauer der Kündigungsfrist kann sowohl Erholungsurlaub als auch Zeitausgleich vereinbart werden.[781] Bei AG-Kündigung steht dem AN während der Kündigungsfrist nach § 22 AngG bzw § 1160 ABGB eine wöchentliche Freizeit im Ausmaß eines Fünftels der regelmäßigen wöchentlichen Arbeitszeit unter Entgeltfortzahlung zu.[782]

412 Für **Angestellte** sieht § 20 AngG vor, dass der AN mit einmonatiger Frist zum Monatsletzten, der AG mit sechswöchiger Kündigungsfrist[783] zum Quartalsende kündigen kann. Durch Vereinbarung können allerdings der 15. und der Monatsletzte als weitere Termine vorgesehen werden.[784] Die Kündigungsfrist für den AG erhöht sich

- nach dem vollendeten 2. Dienstjahr auf 2 Monate,
- nach dem vollendeten 5. Dienstjahr auf 3 Monate,
- nach dem vollendeten 15. Dienstjahr auf 4 Monate,
- nach dem vollendeten 25. Dienstjahr auf 5 Monate.

---

776 Zum Zugang von Briefen eingehend *Rummel*, in Rummel, ABGB³, § 862a Rz 2a f; zum Einschreibbrief OGH ecolex 2002, 902.

777 Dazu OGH ZAS 1998, 148 (*Tomandl*); *Rauch*, Zugang von Auflösungserklärungen, ASoK 2001, 343.

778 OGH DRdA 1982, 127.

779 OGH ZAS 1990, 193 (*Grassl-Palten*).

780 ZT wird unter *Kündigungstermin* auch der letzte mögliche Termin für den Ausspruch einer Kündigung verstanden, was allerdings eher ungebräuchlich ist; vgl *Löschnigg*, Arbeitsrecht¹⁰, 7.2.3.

781 Zum Verbrauch von Zeitausgleich vgl OGH ZAS 1987, 168 (*Adamovic*).

782 Dazu unten eingehend Rz 542.

783 Die Kündigungsfristen sind nach dem Anciennitätsprinzip gestaffelt, vgl § 20 Abs 2 AngG.

784 Das System der Quartalstermine soll gewähren, dass gekündigte AN nur „viermal im Jahr" auf den Markt kommen und so eine bessere Chance zum Abschluss eines neuen Arbeitsvertrags gegeben ist.

Diese gesetzlich vorgesehenen AG-Kündigungsfristen und -termine können durch für den Angestellten günstigere Vereinbarungen (bspw KV, Arbeitsvertrag) geändert werden. Die AN-Kündigungsfrist kann bis zu einem halben Jahr ausgedehnt werden, es darf aber die vom AG einzuhaltende Frist nicht kürzer als die mit dem AN vereinbarte sein (§ 20 Abs 4 AngG). **413**

Für **Arbeiter** ist idR § 77 GewO 1859 anwendbar, wonach eine zweiwöchige Kündigungsfrist ohne Einhaltung eines Termins gilt. Diese Regelung ist dispositiv, dh sie kann auch zum Nachteil des AN abgeändert werden (der Bauarbeiter-KV schließt bspw eine Kündigungsfrist bis zu einer Betriebszugehörigkeit von 10 Jahren zur Gänze aus). Dabei ist jedoch § 1159c ABGB zu beachten, wonach die Fristen zwingend für beide Parteien gleich sein müssen. In der Praxis ergeben sich für Arbeiter die Kündigungsfristen und -termine aus dem einschlägigen KV.

3. Sonderformen

a) Änderungskündigung

Neben der Beendigungskündigung kennt die Praxis eine bedeutsame Sonderform der Kündigung, deren faktisches Ziel weniger eine Auflösung des Arbeitsverhältnisses als eine Änderung des Arbeitsvertrags ist: die Änderungskündigung. **414**

Dabei erklärt eine Partei (praktisch immer der AG) die Kündigung des Arbeitsverhältnisses unter Beisetzung eines Angebots auf Vertragsänderung als Bedingung: Die Kündigung werde nur wirksam, wenn das gleichzeitige Offert auf Vertragsänderung nicht angenommen wird.[785]

Genauer wird zwischen der auflösend und der aufschiebend bedingten Änderungskündigung unterschieden. Während die Kündigung bei ersterer sofort wirksam wird und bei Bedingungseintritt ihre Wirksamkeit verliert, ist bei letzterer die Wirksamkeit der Kündigung erst mit Ablehnung des Änderungsofferts gegeben. Dies ist va für den Fristenlauf bedeutsam.

b) Teilkündigung und Widerruf

Eine ebenfalls auf die Änderung der Arbeitsbedingungen abzielende Form der Kündigung ist die Teilkündigung. Dabei sollen bloß einzelne Vereinbarungen des Arbeitsvertrags durch einseitige Beendigungserklärung außer Kraft gesetzt werden. Teilkündigungen werden nur dann als zulässig angesehen, wenn der gekündigte Vertragsbestandteil auch als selbständiger Vertrag alleine bestehen könnte (gewisse Eigenständigkeit – gesonderte Entlohnung).[786] **415**

Praktisch bedeutsam ist die Teilkündigung zB bei freien BV oder Betriebsübungen, wo – jedenfalls bloß den AG verpflichtende – Vertragsergänzungen im Wege der Teilkündigung beseitigbar sein sollen.[787]

---

785 Dazu eingehend *Strasser*, Zur Problematik der sogenannten Änderungskündigung, DRdA 1988, 1; *Dungl*, Zur Änderungskündigung, in FS Floretta (1983) 357; vgl auch *Schrammel*, Die Mitbestimmung des Betriebsrates bei Versetzung und Änderungskündigung, ZAS 1975, 203; *Breiter*, Verpönte Motiv- oder zulässige Änderungskündigung, RdW 2002, 93; zu Änderungskündigung und Kündigungsanfechtung OGH ZAS 1995, 49 (*Brodil*).

786 *Risak*, Einseitige Entgeltbestimmung im Arbeitsrecht (2008), 209; OGH DRdA 1983, 266 (*Jabornegg*) = ZAS 1982, 217 (*Mayer-Maly*) – zusätzliche Hausverwaltungstätigkeit bei Versicherungsangestelltem teilkündbar; DRdA 2006, 53;

787 Vgl *Marhold/Friedrich*, Österreichisches Arbeitsrecht 662; OGH DRdA 1988, 124 (*Strasser*); OGH ecolex 1999, 789 – Befristung und Erklärung der „Nichtverlängerung".

416 Mit der Teilkündigung verwandt ist der einseitige **Widerruf** von Vertragsteilen.[788] Auch hierbei handelt es sich um eine einseitige Willenserklärung. Ein derartiges Gestaltungsrecht ist soweit möglich, als es vertraglich vereinbart wurde. Dabei sind allerdings die Grenzen des zwingenden Rechts und der guten Sitten einzuhalten. Insb darf ein derartiges Gestaltungsrecht nur nach billigem Ermessen ausgeübt werden.[789] Im Unterschied zur Teilkündigung entfaltet der Widerruf sofort Rechtswirkungen, unterliegt somit keiner Kündigungsfrist.

c) Elternaustritt

417 Eine weitere Sonderform der Kündigung stellt der „privilegierte Elternaustritt" nach § 15k MSchG (Mütter)/§ 9a VKG (Väter), dar. Dabei handelt es sich um einen Sonderbeendigungstatbestand, der als „entfristete" Selbstkündigung verstanden wird[790]. Wesentlich ist dabei, dass keine Fristen und Termine einzuhalten sind, jedoch trotz Auflösung von Seiten des AN eine Abfertigung alt zusteht (§ 23a Abs 3 AngG) bzw über die Abfertigung neu verfügt werden kann (§ 14 Abs 2 BMVG)[791].

D. Entlassung und Austritt

1. Allgemeines

418 Der Arbeitsvertrag kann wie jedes Dauerschuldverhältnis nicht nur durch Kündigung, Ablauf der Befristung oder durch einvernehmliche Auflösung, sondern auch vorzeitig mit sofortiger Wirkung aus wichtigem Grund beendet werden (siehe dazu Rz 395 f). Löst der AG das Arbeitsverhältnis aus wichtigem Grund, so spricht man von einer Entlassung, tut dies der AN, vom Austritt.

419 Ein **wichtiger Grund** der zur Entlassung bzw zum Austritt berechtigt, liegt immer dann vor, wenn einer Vertragspartei die **Aufrechterhaltung des Vertrages nicht einmal bis zum Ablauf der vorhergesehenen Befristung bzw der Kündigungsfrist zugemutet** werden kann.[792]

Für die Frage der Unzumutbarkeit der Weiterbeschäftigung ist es irrelevant, welche Zeitspanne bis zum nächstmöglichen Kündigungstermin bzw bis zum Ende einer bereits laufenden Kündigungsfrist tatsächlich noch verstreichen müsste.[793] Außerdem setzt die vorzeitige Auflösung aus wichtigem Grund nicht immer schuldhaftes Verhalten voraus, die Gründe müssen lediglich die Fortsetzung des Dienstverhältnisses bis zum Ablauf der Befristung oder bis zum nächsten Kündigungstermin als unzumutbar erscheinen lassen (zB dauernde Arbeitsunfähigkeit des AN).[794]

420 Aufgrund der Unzumutbarkeit das Vertragsband aufrecht zu erhalten, hat die Rspr den **Unverzüglichkeitsgrundsatz** geprägt: die vorzeitige Auflösung muss unverzüg-

---

788 Siehe Rz 252b.

789 OGH dazu OGH DRdA 2008, 350 – Salamitaktik; *Risak*, Einseitige Entgeltbestimmung im Arbeitsrecht, 243 ff; *Welser*, Widerrufsvorbehalt und Teilkündigungsvereinbarung bei entgeltwerten Leistungen des Arbeitgebers, DRdA 1992, 1.

790 Vgl OGH ZAS 1985, 183 (*Andexlinger*); *Brodil*, EuGH: Uneingeschränkter Abfertigungsanspruch bei Mutterschaftsaustritt? ecolex 1999, 274.

791 Siehe Rz 519, 523, 525d.

792 *Sonntag*, Die vorzeitige Auflösung aus wichtigem Grund im Lichte der Judikatur, ZAS 2008, 61 ff.

793 OGH ZAS 1978, 50 (*Winkler*).

794 OGH Arb 9863.

lich, dh ohne schuldhafte Verzögerung, vorgenommen werden, andernfalls das Entlassungs- bzw Austrittsrecht untergeht.[795] Dabei kommt es wesentlich darauf an, wann dem AG/AN der Entlassungs-/Austrittsgrund bekannt geworden ist, dh ihm alle für die Beurteilung des Sachverhalts wesentlichen Einzelheiten zur Kenntnis gelangt sind.[796] Bei längerem Zuwarten des AG/AN trotz Kenntnis des Entlassungs-/Austrittsgrundes ist der Untergang des Entlassungs-/Austrittsrechts auch durch (konkludente) Verzeihung, dh durch Verzicht auf dessen Ausübung möglich.[797]

Allerdings hat der OGH relativiert, dass – insb in gegliederten Unternehmen, die eine komplexe Entscheidungsstruktur aufweisen – an die geforderte Rechtzeitigkeit keine übertriebenen Ansprüche gestellt werden dürfen.[798] Auch ist dem AG/AN die Einholung einer Rechtsauskunft ebenso zuzubilligen wie die Zeit für erforderliche Aufklärungen.[799]

Die Entlassungserklärung muss den ihr zugrunde liegenden wichtigen Grund nicht **421** anführen, da die Detaillierung erst im Bestreitungsfall erfolgen muss. Zur Begründung der vorzeitigen Auflösung kann sogar ein erst nachträglich bekannt gewordener wichtiger Grund, welcher jedoch zum Entlassungszeitpunkt schon vorgelegen sein muss, herangezogen werden („**Nachschieben von Entlassungsgründen**").[800]

Das ABGB nennt keine **Entlassungs- oder Austrittsgründe** und beschränkt sich **422** auf den Hinweis, dass das Arbeitsverhältnis ohne Einhaltung einer Kündigungsfrist von jedem Teil aus wichtigem Grund gelöst werden kann (§ 1162). Für Angestellte enthält das AngG eine beispielhafte (**demonstrative**) Aufzählung von Entlassungs- (§ 27) und Austrittsgründen (§ 26). Die GewO 1859[801] zählt die Entlassungs- (§ 82) und Austrittsgründe (§ 82a) für Arbeiter hingegen abschließend (**taxativ**) auf (§ 82).[802] Zu beachten sind auch zahlreiche Entlassungsgründe in Sondergesetzen.[803]

2. Die Entlassungsgründe

a) Die Entlassungsgründe für Angestellte im AngG

Gemäß § 27 AngG ist als wichtiger Grund, der den DG zur Entlassung berechtigt, **423** *insb* anzusehen, wenn

- der Angestellte **im Dienst untreu** ist, sich in seiner Tätigkeit ohne Wissen oder Willen des DG von dritten Personen unberechtigte Vorteile zuwenden lässt, insb entgegen der Bestimmung des § 13 AngG eine Provision oder eine sonstige Belohnung annimmt,[804] oder wenn sich der Angestellte einer Handlung schuldig macht, die ihn **des Vertrauens des DG unwürdig** erscheinen lässt (Z 1);

---

795 Eingehend *Kuderna*, Entlassungsrecht², 13, 24.

796 OGH Arb 9424, Arb 9606; siehe *Kuderna*, Entlassungsrecht², 15 zur Behandlung eines undurchsichtigen, zweifelhaften Sachverhalts.

797 *Kuderna*, Entlassungsrecht², 24; *Trattner*, Der rechtzeitige Ausspruch einer Entlassung, ASoK 2001, 378.

798 OGH Arb 10.785; Arb 8047 – Zuwarten auf Entscheidung eines Kollegialorganes.

799 OGH infas 1986, A 90; RdW 1988, 52.

800 OGH RdW 1986, 54.

801 Die arbeitsrechtlichen Bestimmungen der GewO 1859 sind gem § 376 Z 47 GewO 1994 weiterhin geltendes Recht.

802 *Kuderna*, Entlassungsrecht², 13; OGH RdW 1986, 54.

803 § 15 Abs 3 BAG, § 20 HausbG, § 33 LAG, § 38 SchauspG, § 12 Abs 2 MSchG bzw § 6 Abs 4 EKUG oder § 122 ArbVG.

804 Ein mit dem Abschluss oder der Vermittlung von Geschäften betrauter Angestellter darf vom Tage des Dienstantritts ohne Einwilligung des DG von dem Dritten, mit dem er für den DG Geschäfte abschließt oder vermittelt, eine sonstige Belohnung nicht annehmen (§ 13 AngG).

Untreue liegt bei einem ***vorsätzlichen* Verstoß** gegen die dienstlichen Interessen des AG vor. Es handelt sich um die vorsätzliche Verletzung der Treuepflicht.[805] Der Entlassungstatbestand liegt insb bei Verstößen gegen das Konkurrenzverbot und der Annahme unberechtigter Vorteile vor,[806] ebenso zB bei Verrechnung eines höheren Kaufpreises zur Erlangung einer höheren Provision,[807] oder im Fall der Fälschung von Kaufangeboten durch fingierte Bestellungen.[808] Ebenso untreu handelt ein Geschäftsführer, der trotz verordneten Sparkurses und entgegen der bisher geübten Vorgangsweise einen neuen Dienstwagen ohne Rücksprache anschafft.[809] Jedenfalls ist dieser Entlassungstatbestand bei der Entwendung/Diebstahl auch geringfügiger Sachen verwirklicht.[810]

Vertrauensunwürdigkeit liegt hingegen bereits dann vor, wenn sich der AN einer Handlung schuldig macht, die ihn des Vertrauens des AG unwürdig erscheinen lässt. Es kommt dabei darauf an, ob für den AG vom Standpunkt vernünftigen kaufmännischen Ermessens die gerechtfertigte Befürchtung besteht, dass seine Interessen und Belange durch den Angestellten (auch zukünftig) gefährdet sind. Dabei ist an das Verhalten des Angestellten ein objektiver Maßstab anzulegen.[811] Es kommt darauf an, ob das Verhalten des AN nach den gewöhnlichen Anschauungen der beteiligten Verkehrskreise als so schwerwiegend angesehen werden muss, dass das Vertrauen des AG derart erschüttert wird, dass ihm eine Fortsetzung des Arbeitsvertrages nicht zugemutet werden kann. Hierbei genügt im Gegensatz zur Untreue bereits **Fahrlässigkeit**, wobei allerdings weder Schadenseintritt noch Schädigungsabsicht erforderlich sind. Entscheidend ist allein das Vorliegen der Vertrauensverwirkung.[812] An AN in gehobener Stellung ist ein strengerer Maßstab anzulegen, als an das Verhalten eines mit untergeordneten Tätigkeiten betrauten Angestellten.[813] Vertrauensunwürdigkeit wurde vom OGH zB bereits bei einem AN angenommen, der ohne Schädigungsabsicht und ohne Gefahren von „Viren"-Import die Installation von Privat-Software auf einem dem AG gehörenden PC vorgenommen bzw eine Privatdatei vom Dienst-PC gelöscht hat.[814] Das Führen kostspieliger Privatgespräche mit dem Geschäftstelefon trotz Abmahnung rechtfertigt die Entlassung.[815] Ebenso ist ein AN für einen AG untragbar, der durch sein Verhalten die Geschäftsbeziehungen zu einem wichtigen Auftraggeber dermaßen stört, dass dieses Verhalten zum Entzug sämtlicher Aufträge führen könnte.[816] Anzeigen gegen den Arbeitgeber („Whistleblowing") berechtigen nur dann zur Entlassung, wenn die Anschuldigungen haltlos und unbegründet sind.[817] Vertrauensunwürdigkeit kann auch durch Geschehnisse in der Privatsphäre begründet werden, die mit dem Arbeitsvertrag in keinem unmittelbaren Zusammenhang stehen, sie müssen jedoch in Hinblick auf die Unzumutbarkeit der Fortsetzung des Arbeitsverhältnisses besonders sorgfältig geprüft werden.[818] Dies ist insb der Fall, wenn ein arbeitsunfähiger AN die Anordnungen seines Arztes, zB Bettruhe, missachtet und dieses Verhalten geeignet ist, den Heilungsverlauf zu verzögern.[819] Ebenso kann ein Krankenpflegehelfer, der einen halbseitig gelähmten Patienten unsanft aus dem Bett zieht, ihm dabei ein Bein verbiegt und ihn danach gegen dessen Willen mit kaltem Wasser duscht wegen Vertrauensunwürdigkeit entlassen werden.[820]

---

805 *Sonntag*, in Mazal/Risak, Das Arbeitsrecht, Kap XVII Rz 32.
806 *Tomandl/Schrammel*, Arbeitsrecht 2^6, 233.
807 OGH Arb 9073.
808 OGH ZAS 1989, 195 (*Jabornegg*).
809 OLG Wien ARD 5116/8/2000.
810 OGH ZAS 1966, 138 (*Tomandl*); WBl 1991, 169.
811 OGH infas 1997, A120.
812 OGH Arb 9862; hat aber der AG durch ein auch negative Effekte bewirkendes Entlohnungssystem Anreize zu solchem Verhalten geschaffen, tritt keine Vertrauensunwürdigkeit ein, OGH ecolex 2002, 200.
813 OGH Arb 7332; infas 1997, A120.
814 OGH ecolex 1998, 158 – Software-Installation; ZAS 2002, 143 (*Brodil*) – Löschung einer Privatdatei.
815 OGH infas 2007, A 67, siehe auch ecolex 2007/130 – Verschicken von 100 privaten SMS trotz Verbot der Privatnutzung.
816 OLG Wien ARD 5516/9/2000.
817 OGH Arb 12.030; ASoK 2007, 364.
818 Siehe OGH ecolex 1999, 113 – tödlicher Verkehrsunfall mit Fahrerflucht; RdW 1998, 43 – Widerstand gegen die Staatsgewalt als einmalige Entgleisung zu wenig.
819 OGH Arb 10.614.
820 OGH ASoK 2002, 60 = RdW 2002/36.

- der Angestellte **unfähig** ist, die versprochenen oder die den Umständen nach angemessenen **Dienste zu leisten** (Z 2); 424

Dieser Entlassungstatbestand ist dann verwirklicht, wenn dem AN die Voraussetzungen zur Erbringung der von ihm geschuldeten Tätigkeit für eine erhebliche Zeitspanne fehlt. Es kommt dabei weder auf das Verschulden des AN an noch ist es von Bedeutung, ob die Arbeitsunfähigkeit schon bei Beginn des Arbeitsverhältnisses gegeben war oder später eintritt.[821] In Frage kommen zB nicht nur der Entzug des Führerscheins bei einem Kraftfahrer,[822] sondern auch eine krankheitsbedingte Arbeitsunfähigkeit. Letztere berechtigt den AG zur Entlassung, wenn sie zu einer dauernden Dienstunfähigkeit führt, dh dass im Zeitpunkt der Entlassung nicht mit einer Wiederherstellung der Gesundheit in absehbarer Zeit zu rechnen ist.[823] Es handelt sich dabei um den Fall einer **unverschuldeten** Beendigung aus wichtigem Grund, die zur Folge hat, dass der AN seiner Abfertigung „alt" nicht verlustig wird.[824] Erledigt der AN hingegen die ihm übertragenen Tätigkeiten nur unbefriedigend, liegt keine Dienstunfähigkeit vor. So ist insb bei mangelnder Geschicklichkeit und bei einer Arbeitsleistung unter dem Durchschnitt der AG nicht zur Entlassung berechtigt.[825]

- der Angestellte ohne Einwilligung des DG ein **selbständiges kaufmännisches Unternehmen betreibt** oder **im Geschäftszweig des DG** für eigene oder fremde Rechnung **Handelsgeschäfte macht** oder wenn der Angestellte eines Ziviltechnikers dem besonderen Konkurrenzverbot des § 7 Abs 4 AngG[826] zuwiderhandelt (Z 3); 425

Das Verbot des Betreibens eines selbständigen Unternehmens soll dem AG die volle Arbeitskraft des Angestellten sichern.[827] *„Im Geschäftszweig des DG"* stellt dabei auf die tatsächliche Geschäftstätigkeit des AG und nicht auf den Umfang seiner Gewerbeberechtigung ab.[828] Nicht umfasst sind bloße Vorbereitungshandlungen, wie zB der Abschluss von Mietverträgen oder der Erwerb einer Gewerbeberechtigung[829] ebenso der Erwerb von Beteiligungen ohne entsprechende Tätigkeit.[830]

- der Angestellte **ohne einen rechtmäßigen Hinderungsgrund** während einer den Umständen nach erheblichen Zeit die **Dienstleistung unterlässt** oder sich **beharrlich weigert**, seine Dienste zu leisten oder sich den durch den Gegenstand der Dienstleistung gerechtfertigten Anordnungen des DG zu fügen, oder wenn er andere Bedienstete zum Ungehorsam gegen den DG zu verleiten versucht (Z 4); 426

Bereits jedes erhebliche und pflichtwidrige sowie schuldhafte Nichteinhalten der vorgesehenen Arbeitszeit stellt ein Unterlassen der Dienstleistung dar, wenn es ohne rechtmäßigen Hinderungsgrund, zB Krankheit, erfolgt.[831] Die Unzumutbarkeit der Weiterbeschäftigung kann sich entweder aus der langen Dauer der Abwesenheit oder aus der Dringlichkeit der vom AN zu leistenden Arbeiten ergeben.[832] Das pflichtwidrige Fernbleiben für einen ganzen Tag berechtigt jedenfalls zur Entlassung.[833] Weigert sich der AN die bedungenden Dienste zu leisten oder

---

821 So der OGH in stRspr wie zuletzt ecolex 2009, 72.

822 OGH RdW 1987, 268 – für die Dauer von 6 Monaten.

823 OGH DRdA 1994, 320 – Querschnittlähmung; RdW 1994, 287 – Kleptomanie; Arb 11.144 – chronischer Alkoholismus. Die Feststellung hat nach objektiven Kriterien zu erfolgen, OGH ecolex 2002, 682.

824 Vgl Rz 518 f; über die Abfertigung „neu" kann er diesfalls verfügen (Rz 525d).

825 OGH DRdA 1968, 73 (*Kuderna*).

826 Diesen Angestellten ist es untersagt, ohne Einwilligung des DG Aufträge, die in das Gebiet der geschäftlichen Tätigkeit des DG fallen, auf eigene oder fremde Rechnung zu übernehmen, sofern dadurch das geschäftliche Interesse des DG beeinträchtigt wird; ferner ist es ihnen untersagt, ohne Einwilligung des DG gleichzeitig mit diesem an einem und demselben Wettbewerb teilzunehmen.

827 OGH Arb 10.833.

828 OGH Arb 10.940.

829 OGH Arb 10.833.

830 OGH Arb 10.940.

831 OGH DRdA 1985, 315.

832 *Kuderna,* Entlassungsrecht[2], 102.

833 Vgl OGH Arb 6706; Arb 7412; Arb 9463; Arb 10.521.

berechtigten Weisungen nachzukommen, dann ist der AG auch ohne vorangegangene Verwarnung[834] zur Entlassung berechtigt, wenn die Weigerung derart endgültig und eindeutig ist, dass angesichts eines derartigen offensichtlich unverrückbaren Willensentschlusses des Angestellten eine Ermahnung als bloße Formalität sinnlos erscheinen müsste.[835] Die geforderte Beharrlichkeit kann sich daher nicht nur aus wiederholten und jeweils abgemahnten Dienstverweigerungen sondern auch aus deren besonderen Intensität ergeben.[836] Grundsätzlich ist es jedoch sinnvoll, den AN unter Entlassungsandrohung abzumahnen.

427 ■ der Angestellte durch eine **längere Freiheitsstrafe** oder durch **Abwesenheit** während einer den Umständen nach **erheblichen Zeit**, ausgenommen wegen Krankheit oder Unglücksfalls, an der Verrichtung seiner Dienste gehindert ist (Z 5);

Dieser Entlassungstatbestand ist vom Verschulden unabhängig (vgl § 27 Z 4 AngG).[837] Eine Untersuchungshaft von mehr als fünf Wochen berechtigt den AG zur Entlassung,[838] hingegen ist eine Haft durch weniger als 14 Tage nicht als längere Freiheitsstrafe anzusehen.[839]

428 ■ der Angestellte sich **Tätlichkeiten, Verletzungen der Sittlichkeit** oder **erhebliche Ehrverletzungen** gegen den DG, dessen Stellvertreter, deren Angehörige oder gegen Mitbedienstete zuschulden kommen lässt (Z 6).

Unter diesen Tatbestand fallen sämtliche Handlungen, die geeignet sind, das Ansehen oder die soziale Wertschätzung des Betroffenen durch Geringschätzung, Vorwurf einer niedrigen Gesinnung, üble Nachrede, Verspottung oder Beschimpfungen, herabzusetzen und auf diese Weise das Ehrgefühl des Betroffenen zu verletzen.[840] So ist zB das Nachwerfen von Gegenständen oder Anspucken als grobe Ehrverletzung anzusehen.[841] Ebenso die sexuelle Belästigung[842] oder die Behauptung ein AG gestalte die Arbeitszeit „wie der faschistische Diktator Adolf Hitler".[843]

b) Die Entlassungsgründe für Arbeiter in der GewO 1859

429 Für gewerbliche Arbeiter enthält § 82 GewO 1859 eine taxative, dh abschließende Aufzählung von Entlassungsgründen. Danach kann der AN nur dann entlassen werden, wenn er

■ bei Abschluss des Arbeitsvertrages den Gewerbeinhaber durch Vorzeigung falscher oder verfälschter Ausweiskarten oder Zeugnisse hintergangen oder ihn über das Bestehen eines anderen, den Hilfsarbeiter gleichzeitig verpflichteten Arbeitsverhältnisses in einen Irrtum versetzt hat (lit a);

■ zu der mit ihm **vereinbarten Arbeit unfähig** befunden wird (lit b);

430 Dieser Tatbestand entspricht inhaltlich im Wesentlichen jenem des § 27 Z 2 AngG (Rz 424) .[844]

431 ■ der **Trunksucht verfällt** und **wiederholt fruchtlos verwarnt** wurde (lit c);

---

834 Zum Erfordernis der Verwarnung siehe OGH ecolex 1995, 119; RdW 1995, 483; ecolex 2002, 370; Arb 12.212.

835 OGH ARD 5120/13/2000; OGH RdW 2002/508 = ASoK 2002, 261.

836 *Kuderna,* Entlassungsrecht², 115; vgl dazu etwa OGH ASoK 2001, 373 – massive Verstöße gegen Alkoholverbot.

837 *Kuderna,* Entlassungsrecht², 118.

838 OGH Arb 9297.

839 LGZ Wien Arb 4752.

840 OGH ecolex 2000, 737.

841 OGH ARD 4169/5/90.

842 OGH ecolex 2000, 737; OGH DRdA 2001, 174 (*Smutny*); zur Unverzüglichkeit bei sexueller Belästigung OGH ecolex 2002, 37.

843 OGH ARD 5120/14/2000.

844 *Löschnigg*, Arbeitsrecht¹⁰, 7.3.4.1.2; OGH ecolex 2009, 72.

Unter Trunksucht ist ein Dauerzustand zu verstehen, der es bedingt, dass durch den dauernden Alkoholkonsum des AN dem AG eine Weiterbeschäftigung nicht mehr zumutbar ist. Es muss sich dabei um wiederholte Trunksucht handeln, die den Hang zum Alkoholismus erkennen lässt, wobei zweimalige fruchtlose Verwarnung der Entlassung voranzugehen hat.[845] Allenfalls kann eine Alkoholisierung den Entlassungstatbestand der Arbeitsunfähigkeit (§ 82 lit b) oder der beharrlichen Vernachlässigung von Pflichten (§ 82 lit f) erfüllen.[846] Da der Tatbestand Verschulden voraussetzt, kann pathologischer Alkoholmissbrauch iS einer Krankheit **nicht** unter diesen Tatbestand subsumiert werden, kann aber Dienstunfähigkeit begründen.[847]

- sich eines **Diebstahls**, einer **Veruntreuung** oder einer **sonstigen *strafbaren* Handlung** schuldig macht, welche ihn des **Vertrauens des Gewerbeinhabers unwürdig** erscheinen lässt (lit d); 432

Dieser Entlassungstatbestand entspricht im Wesentlichen der Vertrauensunwürdigkeit bzw der Untreue iSd § 27 Z1 AngG. Allerdings ist als zusätzliche Bedingung strafbares, aber nicht unbedingt konkret strafwürdiges Verhalten notwendig.[848] Bei Diebstahl oder Veruntreuung wird die Vertrauensunwürdigkeit vom Gesetz unwiderleglich vermutet.

- ein **Betriebs- oder Geschäftsgeheimnis verrät** oder **ohne Einwilligung des Gewerbeinhabers** eine der Verwendung beim Gewerbe **abträgliche Nebenbeschäftigung** betreibt (lit e); 433

Abträglich ist eine Nebenbeschäftigung, wenn sie die Arbeitsleistung in abträglicher Weise beeinträchtigt.[849] Dies ist jedenfalls gegeben, wenn die Nebenbeschäftigung im Gewerbe des AG ausgeübt wird.[850]

- die **Arbeit unbefugt verlassen** hat oder **beharrlich seine Pflichten vernachlässigt** oder die übrigen Hilfsarbeiter oder die Hausgenossen zum Ungehorsam, zur Auflehnung gegen den Gewerbeinhaber, zum unordentlichen Lebenswandel oder zu unsittlichen oder gesetzwidrigen Handlungen zu verleiten versucht (lit f); 434

Das unbefugte Verlassen der Arbeit sowie die beharrliche Verletzung von Pflichten ist im gleichen Sinn wie § 27 Z 4 AngG zu verstehen.[851] Die Rspr subsumiert auf Grund des weiten Wortlauts auch Handlungen des Arbeiters darunter, welche bei Angestellten unter den Entlassungstatbestand der Vertrauensunwürdigkeit fallen würden, wie zB Fehlverhalten im Krankenstand.[852]

- sich einer **groben Ehrenbeleidigung**, **Körperverletzung** oder **gefährlichen Drohung** gegen den Gewerbeinhaber oder dessen Hausgenossen oder gegen die übrigen Hilfsarbeiter schuldig macht oder ungeachtet vorausgegangener Verwarnungen mit Feuer und Licht unvorsichtig umgeht (lit g); 435

Dieser Entlassungstatbestand entspricht im Wesentlichen dem des § 27 Z 6 AngG. Ein Unterschied besteht aber insofern, als das der Begriff der „*Körperverletzung*" enger ist, als jener der „*Tätlichkeiten*" in § 27 Z 6 AngG.[853]

---

845 OGH Arb 10.631.
846 *Löschnigg*, Arbeitsrecht[10], 7.3.4.1.2.
847 *Sonntag*, in Mazal/Risak, Das Arbeitsrecht, Kap XVII 50 mwN.
848 Siehe dazu *Eichinger,* Entlassung wegen Straftaten, RdW 1997, 211.
849 OGH Arb 10.267; DRdA 1988, 32 (*Holzer*).
850 OGH DRdA 1988, 32 (*Holzer*); zur (abträglichen) Nebentätigkeit einer schwangeren Angestellten OGH ZAS 2001, 177 (*Brodil*).
851 OGH Arb 7576; Arb 9106; Arb 9991; Arb 10.427; Arb 10.449; Arb 10.649.
852 OGH ZAS 1989, 24.
853 *Kuderna,* Entlassungsrecht[2], 139.

436 ▪ mit einer abschreckenden Krankheit behaftet ist oder **durch eigenes Verschulden arbeitsunfähig** wird (lit h)[854];

437 ▪ durch länger als 14 Tage gefänglich angehalten wird (lit i).

Sowohl Untersuchungshaft als auch unverschuldete Haft verwirklichen diesen Entlassungstatbestand.[855]

3. Die Austrittsgründe

a) Die Austrittsgründe für Angestellte im AngG

438 § 26 AngG enthält eine demonstrative Aufzählung von Austrittsgründen. Der Angestellte ist insb zum vorzeitigen Austritt berechtigt, wenn

▪ der Angestellte zur Fortsetzung seiner Dienstleistung unfähig wird oder diese ohne Schaden für seine Gesundheit oder Sittlichkeit nicht fortsetzen kann (Z 1);

439 ▪ der DG das dem Angestellten zukommende Entgelt **ungebührlich schmälert** oder **vorenthält**, ihn bei Naturalbezügen durch Gewährung ungesunder oder unzureichender Kost oder ungesunder Wohnung benachteiligt oder andere wesentliche Vertragsbestimmungen verletzt (Z 2);

Dieser Austrittstatbestand liegt dann vor, wenn der AG das dem AN zustehende Entgelt trotz Fälligkeit nicht oder nicht zur Gänze bezahlt.[856] Grundsätzlich ist eine formelle Nachfristsetzung nicht erforderlich.[857] Nur wenn der AN bereits längere Zeit Zahlungsrückstände in Kauf genommen hat, muss er eine (kurze) Nachfrist setzen.[858] Der AN ist jedoch nicht zum Austritt berechtigt, wenn der Anspruch strittig ist, zumindest zwei Rechtsmeinungen bestehen und der Ausgang einer gerichtlichen Auseinandersetzung nicht abgesehen werden kann.[859]

440 ▪ der DG den ihm zum Schutze des Lebens, der Gesundheit[860] oder der Sittlichkeit des Angestellten gesetzlich obliegenden Verpflichtungen nachzukommen verweigert (Z 3);

441 ▪ der DG sich Tätlichkeiten, Verletzungen der Sittlichkeit oder erhebliche Ehrverletzungen gegen den Angestellten oder dessen Angehörige zuschulden kommen lässt, oder es verweigert, den Angestellten gegen solche Handlungen eines Mitbediensteten oder eines Angehörigen des DG zu schützen (Z 4).

b) Die Austrittsgründe für Arbeiter in der GewO 1859

442 In § 82a GewO 1859 findet sich wieder eine abschließende Aufzählung jener wichtigen Gründe, aus denen ein Arbeiter seinen Austritt erklären kann. Dies ist nur dann der Fall, wenn

▪ er ohne erweislichen Schaden für seine Gesundheit die Arbeit nicht fortsetzen kann (lit a);

▪ der Gewerbeinhaber sich einer tätlichen Misshandlung oder einer groben Ehrenbeleidigung gegen ihn oder dessen Angehörige schuldig macht (lit b);

---

854 OGH DRdA 1994, 320 (*Binder*).
855 LGZ Wien Arb 4644; LGZ Linz 4746.
856 *Dirschmied*, Ein vorzeitiger Austritt wegen vorenthaltener Urlaubsbeihilfe, DRdA 1985, 143.
857 OGH Arb 10.471.
858 OGH Arb 10.471; DRdA 1989, 141 (*Dirschmied*);.
859 OGH RdW 1987, 133; siehe auch *Löschnigg*, Arbeitsrecht[10] 7.3.5.1.1.d.
860 Zum Austritt wegen Gesundheitsgefährdung OGH DRdA 2000, 321 (*Mosler*).

- der Gewerbeinhaber oder dessen Angehörige den Arbeiter oder dessen Angehörige zu unsittlichen oder gesetzwidrigen Handlungen zu verleiten suchen (lit c);
- der Gewerbeinhaber ihm die bedungenen Bezüge ungebührlich vorenthält oder andere wesentliche Vertragsbestimmungen verletzt (lit d);[861]
- der Gewerbeinhaber außerstande ist oder sich weigert, dem Hilfsarbeiter Verdienst zu geben (lit e).

E. Die Rechtswirkungen fehlerhafter Beendigungen

Bei der Beendigung von Arbeitsverhältnissen können dem Erklärenden (zumeist dem AG) Fehler unterlaufen. Einmal kann eine Kündigung zeitwidrig[862] (frist- oder terminwidrig) erfolgen. Zum anderen kann etwa eine Entlassung verspätet (dh nicht unverzüglich, Rz 420) oder ungerechtfertigt, also ohne Vorliegen eines Entlassungsgrundes, ausgesprochen werden. Fraglich ist, welche Auswirkungen eine derartige fehlerhafte Beendigungserklärung auf den Bestand oder die Art der Auflösung des Arbeitsverhältnisses hat. **443**

Im Bereich des **besonderen Bestandschutzes** hat der Gesetzgeber diese Fragen ausdrücklich geregelt, wonach eine Beendigungserklärung ohne Vorliegen besonderer Voraussetzungen (bspw erforderliche Zustimmung des Gerichts oder des Behindertenausschusses) **unwirksam** ist.[863] Im Rahmen des **allgemeinen Bestandschutzes** ist die Frage aber offen. **444**

So kündigt der AG dem AN frist- bzw terminwidrig, weil zwischen Ausspruch der Kündigung und dem angegebenen Termin die Kündigungsfrist nicht eingehalten wird: Termin ist bspw jeweils der Monatsletzte mit sechs Wochen Frist. Kündigt der AG am 24. 11. zum 31. 12. wird die Frist nicht eingehalten. Nächster möglicher Termin wäre der 31. 1. des Folgejahres. Wie lange dauert das Arbeitsverhältnis noch an? Dasselbe Problem stellt sich, wenn der AG den AN wegen Diebstahls im Dienst entlässt und sich später herausstellt, dass ein anderer AN für die Straftaten verantwortlich war. **445**

Das Problem der fehlerhaften Beendigung kann grundsätzlich auf verschiedene Arten gelöst werden. Nach der *Unwirksamkeitstheorie* wäre die fehlerhafte Beendigungserklärung gänzlich unwirksam und entfaltete keine Rechtsfolgen; der Bestand des Arbeitsverhältnisses bliebe – bei Geltendmachung durch den vertragstreuen Teil – unberührt. Nach der *Konversionstheorie* könnte die fehlerhafte Erklärung in eine fehlerfreie umgedeutet werden. Auf der anderen Seite würde nach der *Schadenersatztheorie* jede fehlerhafte Erklärung das Arbeitsverhältnis jedenfalls wie ausgesprochen beenden und den anderen Vertragsteil auf Ersatzansprüche verweisen.[864]

---

861 OGH DRdA 2009, 363 [*Schneller*]: Nicht jede, sondern nur eine wesentliche Verletzung des Entgeltanspruchs berechtigt zum Austritt. Wenn eine ausstehende Forderung im Verhältnis zum Monatsgehalt unwesentlich ist, dann ist Fortsetzung des DV zumutbar, es sei denn die Vetragsverletzung dauert über längere Zeit an und der AG stellt die Nachzahlung nicht einmal in Aussicht.

862 So *Tomandl/Schrammel*, Arbeitsrecht 2[5], 243; es sind jedoch die konkreten Umstände des Einzelfalls zu beachten: Ein AN-Kündigung „unter Einhaltung der gesetzlichen Kündigungsfrist" bei der ein falscher Termin genannt wird, ist in eine solche zum richtigen Termin umzudeuten – OGH RdW 2002/491.

863 Ähnliches gilt im Ergebnis für sittenwidrige Kündigungen nach § 879 ABGB, bspw für eine Kündigung anlässlich des Betriebsübergangs, die als nichtig anzusehen sind.

864 Dazu eingehend *Tomandl/Schrammel*, Arbeitsrecht 2[6], 242 ff mwN; vgl auch *Löschnigg*, Arbeitsrecht[10], 7.3.4.2.

446 Der OGH und große Teile der Lehre stehen auf dem Boden der **Schadenersatztheorie**[865], was auch durch § 106 ArbVG gestützt werden kann[866]. Demnach beendet auch die fehlerhafte Erklärung das Arbeitsverhältnis. Allerdings behält der vertragstreue Erklärungsempfänger die Ansprüche für jenen Zeitraum, der bis zur Beendigung durch ordnungsgemäße Kündigung *hätte verstreichen müssen* (§ 1162b ABGB, § 29 Abs 1 AngG). Dieser Anspruch wird als **Kündigungsentschädigung** bezeichnet und als Schadenersatzanspruch verstanden.[867] Er soll den AN wirtschaftlich so stellen, wie dies bei rechtmäßiger Auflösung des Arbeitsverhältnisses der Fall gewesen wäre. Damit wird schadenersatzrechtlich eine ordnungsgemäße Abwicklung des Arbeitsverhältnisses „fingiert". Die Schadenersatztheorie schützt das Vertrauen der beteiligten Parteien auf Willenserklärungen und sorgt für Rechtssicherheit. Nachteilig ist allerdings, dass auch die fehlerhafte Beendigung jedenfalls beendet, was uU auch von den Parteien nicht gewollt ist bzw nur dem Vertragsverletzer Vorteile bringt.[868]

In den oben genannten Beispielen hätte also der zeitwidrig gekündigte AN noch Anspruch auf das Entgelt bis 31. 1. des Folgejahres, obwohl das Arbeitsverhältnis tatsächlich zum 31. 12. beendet wurde. Der zu Unrecht Entlassene erhält das gesamte Entgelt bis zum nächsten ordentlichen Kündigungstermin, obwohl das Arbeitsverhältnis mit Ausspruch der ungerechtfertigten Entlassung tatsächlich beendet wurde.

447 Der Anspruch auf Kündigungsentschädigung steht nicht nur in den Fällen zeitwidriger Kündigungen und ungerechtfertigter Entlassungen zu, sondern auch bei (vom AG) **verschuldetem gerechtfertigten Austritt** des AN.[869]

448 Abgesehen vom regelmäßigen Entgelt beinhaltet der Anspruch auch aliquote Sonderzahlungen sowie Ansprüche, die *erst* in der fiktiven Kündigungsfrist *entstehen* (Urlaubsansprüche wegen Beginns eines neuen Urlaubsjahres, erhöhter Anspruch auf Abfertigung alt ua)[870]. Ein allfällig vorhandener weiterer Schaden kann vom AN bei Vorliegen der sonstigen Voraussetzungen darüber hinaus geltend gemacht werden.[871] Trifft jedoch den AN ein Mitverschulden an der ungerechtfertigten Entlassung bzw einem gerechtfertigten Austritt, so ist dieses bei der Bemessung der Kündigungsentschädigung zu berücksichtigen (Rz 530).

448a Auch dem AG stehen im Falle der berechtigten und vom AN **verschuldeten Entlassung** bzw dessen **unberechtigten vorzeitigen Austrittes** Schadenersatzansprüche zu. Entsprechend der für das Arbeitsverhältnis charakteristischen Ungleichgewichtslage entsteht aber aus der rechtswidrigen Beendigung des Arbeitsverhältnisses für AG in aller Regel kein vergleichbarer Schaden. Eine generelle Regelung – wie jene über die Kündigungsentschädigung – besteht daher nicht. In der Praxis werden arbeitsvertraglich mitunter Konventionalstrafen für den Fall der verschuldeten Entlassung bzw des

---

865 OGH Arb 10.145; wbl 2008, 384 – Auch ein befristetes Dienstverhältnis wird trotz fehlender Vereinbarung der Kündigungsmöglichkeit durch Kündigung oder Entlassung beendet.

866 Demnach ist im Bereich des allgemeinen Bestandschutzes eine Entlassung bei Nichtvorliegen eines Entlassungsgrundes wie eine Kündigung zu behandeln, was implizit eine Beendigungswirkung auch der fehlerhaften Erklärung voraussetzt.

867 Die Rechtsnatur dieses Entschädigungsanspruchs ist aufgrund des irrealen Perfekt Konjunktivs *„hätte verstreichen müssen"* umstritten; vgl dazu *Marhold*, Die Wirkung ungerechtfertigter Entlassungen – Eine Kritik des sogenannten Schadenersatzprinzips, ZAS 1978, 5.

868 Siehe die Kritik bei *Tomandl/Schrammel*, Arbeitsrecht 2[6], 244 mwN.

869 Vgl § 1162b ABGB, § 29 Abs 1 AngG.

870 Dazu *Drs*, Berechnung von Abfertigung und Urlaubsentschädigung(-abfindung) bei vorzeitiger Auflösung des Arbeitsverhältnisses, RdW 1994, 146.

871 Dazu *Wachter*, Eine folgenschwere Entlassung, DRdA 1980, 57.

ungerechtfertigten Austritts vereinbart, die jedoch dem richterlichen Mäßigungsrecht unterliegen (§ 38 AngG bzw § 1336 ABGB).

Für Ersatzansprüche des AG stellt die Möglichkeit des AN, das Arbeitsverhältnis durch Kündigung korrekt zu beenden, eine wichtige Begrenzung dar. Daher besteht kein Anspruch auf Ersatz der Kosten eines Stelleninserates oÄ, wenn solche Kosten auch bei Einhaltung der AN-Kündigungsfrist angefallen wären.[872] Hingegen können durch den plötzlichen Ausfall verursachte Überstundenzuschläge oder höhere Kosten einer überlassenen Arbeitskraft (Differenz zu jenen Aufwendungen, die bei Beschäftigung des AN angefallen wären) gefordert werden.[873]

[872] OGH RdW 1998, 699.
[873] *Schindler*, in Mazal/Risak, Das Arbeitsrecht, Kap XX Rz 170.

XVII. Der Kündigungs- und Entlassungsschutz

A. Allgemeines

449 Grundsätzlich kann jedes Arbeitsverhältnis auf unbestimmte Zeit unter Einhaltung von Frist und Termin ohne Angabe von Gründen gekündigt werden (siehe Rz 405). Nach der vom OGH vertretenen Schadenersatztheorie beendet überdies auch eine frist- und/oder terminwidrige Kündigung das Arbeitsverhältnis zu dem in der Kündigungserklärung genannten Termin. Ebenso beendet eine unbegründete Entlassung den Arbeitsvertrag (siehe Rz 446). Diese Grundsätze werden jedoch durch arbeitsrechtliche Kündigungs- bzw Entlassungsbeschränkungen, welche auf verschiedenen Rechtsquellen basieren, durchbrochen. Zu unterscheiden ist zwischen Beschränkungen die zur Rechtsunwirksamkeit der Kündigung/Entlassung führen (sittenwidrige Kündigungen, besonderer Kündigungs- bzw Entlassungsschutz, vertragliche- bzw kollektivvertragliche Beschränkungen) und Kündigungsbeschränkungen nach denen eine nach allgemeinem Zivilrecht gültige Kündigung anfechtbar wird (allgemeiner und individueller Kündigungsschutz). In der Praxis ist insb die Unterscheidung zwischen allgemeinem und besonderem Kündigungs- und Entlassungsschutz von Bedeutung.[874]

450 Während der **allgemeine Bestandschutz** für alle in BR-pflichtigen Betrieben beschäftigte AN gilt, erfasst der **besondere Bestandschutz** nur ausgewählte AN-Gruppen (zB Mitglieder des BR, Mütter, Behinderte, Präsenzdiener). In einigen Fällen hat der Gesetzgeber eine von der Betriebsverfassung losgelöste **Individualanfechtung** vorgesehen (vor allem im Rahmen des Diskriminierungsschutzes des GlBG, siehe Rz 379). Darüber hinaus besteht die Möglichkeit, durch Gesetz, KV oder Arbeitsvertrag, die Kündigung an das Vorliegen bestimmter Gründe zu binden oder aber das Kündigungsrecht überhaupt auszuschließen und lediglich die vorzeitige Beendigung aus wichtigem Grund zuzulassen. Kündigungen aus nicht gesondert gesetzlich geregelten **sittenwidrigen Motiven** sind unzulässig und gem § 879 ABGB nichtig. Eine solche Kündigung muss nicht angefochten werden, in diesem Fall ist die Klage auf die Feststellung des Bestandes des Dienstverhältnisses gerichtet (Rz 465b).

B. Der allgemeine Kündigungsschutz

451 Grundsätzlich bedarf die Beendigung eines auf unbestimmte Zeit eingegangenen Arbeitsverhältnisses durch Kündigung keines Grundes (siehe dazu oben Rz 405), es ist lediglich die Kündigungsfrist und uU ein Kündigungstermin einzuhalten. Der Gesetzgeber will jedoch verhindern, dass der AG das Arbeitsverhältnis aus bestimmten verpönten Motiven bzw in bestimmten Fällen ohne ausreichende Abwägung der beiderseitigen Interessen kündigt. Er hat sich dabei überwiegend für ein kollektivrechtliches Modell entschieden: ob bzw in welchem Ausmaß der Gekündigte die Beendigung des Arbeitsvertrages anfechten kann, soll vom Verhalten des BR abhängen. Der allgemeine Kündigungsschutz ist deshalb in den II. Teil des ArbVG, die Betriebsverfassung, eingebaut, was zwei wesentliche Konsequenzen hat:

- Der **allgemeine Kündigungsschutz** ist **nur in BR-pflichtigen Betrieben**, dh Betrieben mit mindestens fünf AN, anwendbar,
- er erfasst **nur AN iSd § 36 ArbVG** (zB nicht leitende Angestellte; siehe dazu oben Rz 69, 74).

---

874 Da der Kündigungs- und Entlassungsschutz den Bestand des Arbeitsverhältnisses schützt, wird dieser auch als „Bestandschutz" bezeichnet.

Für ältere AN (Männer: Jahrgänge 1935–1942, Frauen: Jahrgänge 1940–1947) in **nicht betriebsratspflichtigen Kleinstbetrieben** besteht ebenfalls die Möglichkeit der Kündigungsanfechtung (§ 15 Abs 3–6 AVRAG). Diese Bestimmung hat aber heute aufgrund der Beschränkung auf die genannten Jahrgänge ihre Bedeutung verloren.[875] 452

1. Das Vorverfahren

Bevor der AG die Kündigung ausspricht, ist – sofern ein BR besteht – dieser im Wege des Betriebsratsvorsitzenden von der Kündigungsabsicht zu unterrichten (§ 105 Abs 1 ArbVG). Die Verständigung ist an keine besondere Form gebunden, muss aber bestimmt, verständlich und aktuell sein.[876] Der AN selbst muss hingegen nicht informiert werden. 453

Der BR kann daraufhin in einer Frist von fünf Arbeitstagen[877] eine Beratung verlangen und eine Stellungnahme abgeben. Der BR hat dabei die Möglichkeit auf dreierlei Art auf die Kündigungsabsicht des AG zu reagieren, wobei die Rechtswirkungen unterschiedlich sind: 454

- er kann der Kündigung **zustimmen** (der diesbezügliche BR-Beschluss bedarf gem § 68 Abs 2 ArbVG einer Zweidrittelmehrheit)
- er kann der Kündigung **widersprechen**[878] oder
- **schweigen**, dh die Fünf-Tage-Frist ohne Abgabe einer Stellungnahme verstreichen lassen (sog „schlichter Widerspruch“).

Die Fünf-Tage-Frist muss durch den AG auch dann nicht abgewartet werden, wenn ihm der BR-Vorsitzende mitteilt, dass der BR keine Stellungnahme abgeben wird („Stellungnahme keine Stellungnahme abzugeben“). Eine Pflicht zum Abwarten der Frist, die lediglich dem BR ausreichend Zeit zur Überlegung geben will, wäre hier reiner Formalismus, weshalb eine Kündigung vor Ablauf der Frist gültig ist.[879] 455

Der AG kann die Stellungnahme zur Kündigungsabsicht durch den BR als rechtswirksam ansehen, wenn ihm die dabei allenfalls unterlaufene Verletzung der Vorschriften über die Willensbildung des BR-Kollegiums nicht bekannt war und auch nicht auffallen musste (Gutglaubensschutz). Auf seine Unkenntnis kann er sich jedoch insb dann nicht berufen, wenn der BR-Vorsitzende zu einer Mitteilung sogleich eine Stellungnahme abgibt.[880] 456

Wird die Kündigung ohne Einhaltung des Vorverfahrens (zB keine Verständigung des BR, Nichteinhaltung der Fünf-Tage-Frist) ausgesprochen, so ist sie **unwirksam**, der AN kann mittels Klage die gerichtliche Feststellung des aufrechten Bestandes seines Dienstverhältnisses begehren. 457

---

875 OGH DRdA 2009, 355 [*Trost*] – vorübergehende Schutzmaßname für pensionsnahe Jahrgänge.

876 OGH DRdA 2002, 41 (*Pfeil*); DRdA 2003, 144 (*Pfeil*).

877 Zum Fristablauf siehe Rz 462. OGH ZAS 1982, 95 (*Runggaldier*); *Löschnigg*, Arbeitsrecht[10], 7.2.8.1.1.; Unter „Arbeitstagen“ sind nur solche Tage zu verstehen, an denen aufgrund der betrieblichen Arbeitszeitregelung die Mehrzahl der AN im Betrieb beschäftigt sind (§ 63 Abs 1 BRGO), siehe dazu DRdA 2000, 413 (*Trost*).

878 Als Widerspruch des BR ist eine Erklärung zu verstehen, die die ablehnende Haltung des BR deutlich zum Ausdruck bringt. Das Wort „Widerspruch“ muss nicht verwendet werden (OGH ecolex, 2002, 114).

879 OGH DRdA 2001, 180, RdW 2005/56; *Eypeltauer*, Zum Begriff der „Stellungnahme“ in § 105 Abs 2 Satz 2 ArbVG, RdW 1988, 426.

880 OGH infas 1999, A 88; DRdA 2002, 41 (*Pfeil*); RdW 2005/56; DRdA 2009, 149.

2. Die unterschiedlichen Möglichkeiten der Kündigungsanfechtung

An dieser Stelle ist nur auf die dem AN je nach Reaktion des BR zustehenden Anfechtungsmöglichkeiten einzugehen; eine nähere Auseinandersetzung mit den Kündigungsanfechtungsgründen erfolgt im nächsten Abschnitt.

a) Die Kündigungsanfechtung bei Zustimmung des BR zur Kündigung

458 Stimmt der BR der Kündigungsabsicht rechtzeitig zu, so kann eine Kündigungsanfechtung wegen Sozialwidrigkeit (dazu siehe unten Rz 466) nicht erfolgen; die Kündigung ist in dieser Hinsicht unanfechtbar. Da der BR den gekündigten AN von der Anfechtung seiner Kündigung ausschließen kann, spricht man auch vom „**Sperrrecht**" des BR. Begründet wird dies damit, dass, da der BR die soziale Lage des zu Kündigenden kennt und der AG die betriebswirtschaftliche Seite der Kündigung zu vertreten hat, bei einer Einigung zwischen AG und BR anzunehmen ist, dass die Kündigung einerseits betriebswirtschaftlich unumgänglich und andererseits sozial verträglich ist.[881] Der gekündigte AN kann in diesem Fall die Kündigung **nur wegen verpöntem Motiv anfechten** (§ 105 Abs 6 ArbVG). Er hat die Anfechtung aus diesem Grund (selbst) innerhalb einer Woche nach Zugang der Kündigung bei Gericht vorzunehmen (§ 105 Abs 4 ArbVG aE).

b) Die Kündigungsanfechtung bei Widerspruch des BR

459 Hat der BR der Kündigung widersprochen, kann der AG die Kündigung dennoch aussprechen. Er hat den BR vom Ausspruch der Kündigung zu informieren, wodurch die Anfechtungsfristen ausgelöst werden.[882] Will der gekündigte AN seinen Arbeitsplatz erhalten, hat er den BR aufzufordern, binnen einer Woche nach Ausspruch der Kündigung, diese vor Gericht anzufechten. Nach der Auffassung des OGH sind an diese Aufforderung keine besonderen formellen Ansprüche zu stellen, da es ausreicht, dass aus den Erklärungen des Arbeitnehmers der Wunsch nach Aufhebung der Kündigung hervorgeht.[883] Kommt der BR dem Verlangen des AN nicht nach, so kann dieser innerhalb einer Woche nach Ablauf der für den BR geltenden Frist die Kündigung selbst bei Gericht anfechten (§ 105 Abs 4 ArbVG).[884] In diesem Fall ist die **Kündigungsanfechtung** sowohl wegen **verpöntem Motiv** als auch wegen **Sozialwidrigkeit** möglich. Bei der Prüfung der Sozialwidrigkeit kann sodann auch ein **Sozialvergleich** durchgeführt werden (dazu unten Rz 477).

c) Die Kündigungsanfechtung bei Schweigen des BR („schlichter Widerspruch")

460 Hat der BR die Fünf-Tage-Frist verstreichen lassen, ohne eine Stellungnahme abzugeben, so kann der AN innerhalb einer Woche ab Zugang der Kündigung diese selbst bei Gericht anfechten (§ 105 Abs 4 ArbVG). In diesem Fall stehen ihm die Kündigungsanfechtungsgründe des **verpönten Motivs** sowie der **Sozialwidrigkeit** zur Ver-

---

881 Siehe dazu und zur Problematik der rechtsmissbräuchlichen Zustimmung *Tomandl/Schrammel*, Arbeitsrecht 2^6, 255.

882 OGH DRdA 2009, 410 [*Trost*] – eine unterlassene Verständigung des BR vom Ausspruch der Kündigung schiebt nur den Beginn des Laufs der Kündigungsfrist hinaus; siehe zur Berechnung der Fristen Rz 462.

883 OGH DRdA 2002, 44 (*Trost*).

884 Zum Eintritt des AN erst im Berufungsverfahren, wenn der BR gegen die Klagsabweisung nicht beruft, siehe OGH ZAS 1999, 82; *Gerlach*, Zum Selbstanfechtungsrecht des AN, ZAS 1999, 75; siehe auch OGH DRdA 2002, 44 (*Trost*); ecolex 2002, 115.

fügung. Ein **Sozialvergleich** ist jedoch **ausgeschlossen** (§ 105 Abs 4 4. Satz ArbVG). Der BR „versperrt" somit durch sein Schweigen nicht die Kündigungsanfechtung wegen Sozialwidrigkeit, bringt aber damit zum Ausdruck, dass er gegen die Auswahl des zu kündigenden AN keine Bedenken besitzt.[885]

d) Die Kündigungsanfechtung im betriebsratslosen Betrieb

Besteht in einem Betrieb kein BR, obwohl er zu wählen wäre (dh der Betrieb umfasst mehr als vier AN), so kann der gekündigte AN gem § 107 ArbVG selbst die Kündigung binnen einer Woche bei Gericht anfechten; das **Vorverfahren entfällt** in diesem Fall. Er hat die Möglichkeit der Anfechtung wegen **verpöntem Motiv** und wegen **Sozialwidrigkeit**. Ein Sozialvergleich kommt hingegen nicht in Betracht, da dieser nach stRspr des (bis zum Inkrafttreten des ASGG zuständigen) VwGH nach dem klaren Wortlaut und dem kollektivrechtlichen Konzept des ArbVG den Widerspruch des BR voraussetzt.[886] 461

e) Fristen im Kündigungsanfechtungsverfahren

Bei der Berechnung der Fristen im ArbVG ist gem § 169 ArbVG iVm § 32 AVG der Tag des Zugangs der Erklärung nicht in die Frist einzurechnen. Die Fristen beginnen daher nach dem Tag der Verständigung zu laufen. Fällt das Ende der Frist auf einen Samstag, Sonn- oder Feiertag oder den Karfreitag, so ist der nächste Werktag der letzte Tag der Frist (§ 33 Abs 2 AVG). Die Anfechtungsklage gemäß § 105 Abs 4 ArbVG ist rechtzeitig, wenn sie am letzten Tag der durch Parteiendisposition nicht verlängerbaren Frist zur Post gegeben wird, da die Tage des Postlaufs nicht in die Frist eingerechnet werden (§ 33 Abs 3 AVG).[887] Wird die Frist zur Anfechtung einer Kündigung versäumt, ist eine Wiedereinsetzung in den vorigen Stand (§§ 146 ff ZPO) möglich.[888] 462

3. Die Anfechtung der Kündigung wegen verpöntem Motiv

a) Die nach § 105 Abs 3 Z 1 ArbVG verpönten Motive

Erfolgt eine Kündigung wegen der in § 105 Abs 3 Z 1 lit a–j ArbVG aufgezählten Motive, ist eine Kündigungsanfechtung möglich. Als nach dieser Bestimmung verpönt wird eine Kündigung angesehen, weil der AN von seiner Koalitionsfreiheit (Beitritt bzw Nichtbeitritt zu oder Betätigung in Gewerkschaften; § 105 Abs 3 Z 1 lit a und b ArbVG) oder von bestimmten Mitwirkungsmöglichkeiten des ArbVG Gebrauch gemacht hat (lit c–f und j leg cit, zB Einberufung einer Betriebsversammlung, Tätigkeit als Mitglied des Wahlvorstandes, Bewerbung um eine Mitgliedschaft zum BR, frühere Mitgliedschaft im Betriebsrat oder Ersatzmitgliedschaft zum BR[889]). Ebenso liegt ein verpöntes Motiv vor, wenn der AG einen besonderen Kündigungsschutz (zB bevorstehende Einberufung zum Präsenzdienst) nicht entstehen lassen will (lit h). Ein in der 463

885 *Runggaldier*, Der Sozialvergleich, in Tomandl (Hrsg), Beendigung des Arbeitsverhältnisses (1986) 93 (95); siehe auch *Tinhofer*, in Mazal/Risak, Das Arbeitsrecht, Kap XVIII Rz 70 ff.

886 VwGH ZAS 1981, 226 (*Marhold*); ZAS 1982, 148 (*Beck-Managetta*); aA *Floretta*, in ArbVG-Handkomm 678; *ders*, Der Sozialvergleich beim allgemeinen Kündigungs- und Entlassungsschutz, DRdA 1976, 1 (3); *Floretta/Spielbüchler/Strasser*, Arbeitsrecht 1[4], 388; *Jabornegg*, Sozialvergleich und Betriebe ohne BR, DRdA 1980, 190; *Runggaldier*, Der Sozialvergleich, in *Tomandl* (Hrsg), Beendigung des Arbeitsverhältnisses (1986) 93 (95).

887 OGH DRdA 1998, 412 [*Jabornegg*].

888 OGH ZAS 1990, 166 [*Andexlinger*].

889 OGH DRdA 2000, 337 (*Trost*).

Praxis häufig vorkommender Anfechtungsgrund ist die Kündigung wegen der offenbar nicht unberechtigten Geltendmachung vom AG in Frage gestellter Ansprüche aus dem Arbeitsverhältnis (lit i, zB Auszahlung von strittigen Überstunden).[890]

464 Da es dem AN praktisch unmöglich sein wird, die verpönte Motivation des AG im Kündigungsanfechtungsprozess zu beweisen, muss der Anfechtende das **Motiv** des AG nicht beweisen sondern lediglich **glaubhaft machen**. Der AG kann dagegen einwenden, er habe die Kündigung aus anderen, nicht verpönten Gründen (zB schlechte Arbeitsleistung) ausgesprochen.[891] Kommt das Gericht zur Auffassung, dass ein anderes, vom AG glaubhaft gemachtes (nicht verpöntes) Motiv für die Kündigung ausschlaggebend war, so ist die Klage abzuweisen.[892]

b) Individualanfechtung wegen verpönten Motiven

465 Das GlBG, das BEinstG, das AVRAG sowie as MSchG/VKG sehen in bestimmten Fällen eine Individualanfechtung durch den AN vor. Der Unterschied dieser Anfechtungsmöglichkeiten zur Kündigungsanfechtung gem § 105 Abs 3 Z 1 ArbVG besteht darin, dass es auf das Vorliegen eines betriebsratspflichtigen Betriebes nicht ankommt und dass das Anfechtungsrecht daher allein dem AN zusteht.[893]

465a
- Ist das Arbeitsverhältnis vom AG **wegen eines im GlBG missbilligten Motives des Geschlechts, der ethnischen Zugehörigkeit**, der **Religion** oder Weltanschauung, der **sexuellen Orientierung** oder **Alters** oder wegen **offenbar nicht unberechtigter Geltendmachung von Ansprüchen nach dem GlBG** gekündigt oder vorzeitig beendet worden, so kann die **Kündigung** oder **Entlassung** bei Gericht angefochten werden (§§ 12 Abs 7, 26 Abs 7 GlBG).[894] Die Anfechtung muss durch den betroffenen AN binnen 14 Tagen ab Zugang der Beendigungserklärung bei Gericht erfolgen (§§ 15, 29 GlBG).
- Gleiches gilt für AN, die wegen ihrer **Behinderung** gekündigt wurden, wobei dort der gerichtlichen Anfechtung verpflichtend ein Schlichtungsverfahren vor dem Bundessozialamt vorgeschaltet ist (§§ 7f, 7k BEinstG).
- Ein AN der wegen des Verlassens des Arbeitsplatzes bei ernster und unmittelbarer Gefahr für Leben und Gesundheit gekündigt/entlassen wird, kann die Beendigung binnen einer Woche bei Gericht anfechten (§ 8 AVRAG).[895]
- Werden **Sicherheitsvertrauenspersonen, Sicherheitsfachkräfte, Arbeitsmediziner** sowie deren Fach- und Hilfspersonal im Zusammenhang mit ihrer Tätigkeit gekündigt, können sie die Kündigung binnen einer Woche gerichtlich anfechten (§ 9 Abs 1

---

890 *Breiter*, Verpönte Motiv- oder zulässige Änderungskündigung, RdW 2002, 93; siehe auch die Anfechtungsgründe gem § 130 Abs 4 ArbVG (Jugendvertrauensrat); OGH DRdA 2000, 524 (*Ch. Kürner*) – zur offenbar nicht unberechtigten Geltendmachung vom AG in Frage gestellter Ansprüche; DRdA 2003, 150 (*Trost*).

891 Bei Ausländern auch der Wegfall der Beschäftigungsbewilligung; krit *Brodil*, Kündigungsanfechtung und Ausländerbeschäftigung, ZAS 1996, 181; siehe auch *Tinhofer*, in Mazal/Risak, Das Arbeitsrecht, Kap XVIII Rz 33.

892 OGH infas 1999, A 64; siehe *Klicka*, Beweisprobleme im Arbeitsrecht, in Tomandl (Hrsg), Neuere Tendenzen im Arbeitsrecht auf dem Prüfstand (1999) 35; *Löschnigg*, Arbeitsrecht^{10}, 7.2.8.1.3. mwN.

893 Siehe dazu *Floretta/Spielbüchler/Strasser*, Arbeitsrecht 1^4, 386.

894 Ebenso wie im Anwendungsbereich des § 105 Abs 3 Z 1 ArbVG genügt die Glaubhaftmachung des verpönten Motivs.

895 Es handelt sich um die Umsetzung der ArbeitsschutzrahmenRL 89/391/EWG; siehe *Binder*, AVRAG (2001) 347.

AVRAG); die Anfechtung ist allerdings nur möglich, wenn eine Motivanfechtung gem § 105 ArbVG **nicht** möglich ist (§ 9 Abs 2 AVRAG).

- Wird eine **Kündigung** wegen einer **Bildungskarenz** (§ 11 AVRAG), wegen einer **Freistellung gegen Entfall des Entgelts** (§ 12 AVRAG) oder wegen eines **Solidaritätsprämienmodells** (§ 13 AVRAG) ausgesprochen, kann sie ebenfalls bei Gericht angefochten werden (§ 15 Abs 1 AVRAG).[896] Diese Anfechtungsmöglichkeit beginnt mit dem Verlangen des AN auf vollständige/teilweise Karenzierung und erstreckt sich auf Fälle bis nach Beendigung der Maßnahme. Das Gesetz nennt in diesen Fällen keine Anfechtungsfrist, wobei allerdings die analoge Anwendung der einwöchigen Frist der §§ 8 Abs 2, 9 Abs 2, 15 Abs 3 AVRAG anzunehmen ist.[897] Entscheidet sich ein AN dafür, eine entgegen § 15 Abs 1 AVRAG vorgenommene Beendigung gegen sich gelten zu lassen, kann er Kündigungsentschädigung vom **ungeschmälerten Entgelt** – also jenes Entgelt, welches er ohne Vereinbarung gem §§ 11 bis 14 AVRAG erhalten hätte – verlangen (§ 15 Abs 2 AVRAG).

Ebenfalls ein Motivkündigungsschutz besteht für **Eltern**, die eine **Teilzeitbeschäftigung** nach dem MSchG/VKG in Anspruch nehmen und das Kind das vierte Lebensjahr vollendet hat. Gem § 15n MSchG, § 8f VKG kann eine Kündigung wegen einer beabsichtigten oder tatsächlichen Teilzeitbeschäftigung gerichtlich angefochten werden, wobei keine Frist für die Anfechtung vorgesehen ist.

c) Sittenwidrige Kündigungen – Feststellungsklage auf Fortbestand des Arbeitsverhältnisses

Daneben ist es noch möglich, dass die Kündigung wegen § 879 ABGB (gesetzliches Verbot, Sittenwidrigkeit), zB im Zusammenhang mit einem Betriebsübergang[898], **unwirksam** ist.[899] Da die Kündigung damit nie erfolgt ist, besteht das Arbeitsverhältnis weiter fort. Die Geltendmachung der Nichtigkeit der Kündigung steht allen AN offen, egal, ob sie in einem BR-pflichtigen Betrieb arbeiten oder nicht. Anders als beim Kündigungsanfechtungsverfahren gem § 105 ArbVG, sind die dort vorgesehenen kurzen Fristen nicht von Relevanz,[900] es erfolgt auch keine Klage auf Rechtsgestaltung (Aufhebung der Kündigung als rechtswidrig), sondern eine **Feststellungsklage** auf Fortbestand des Arbeitsverhältnisses. Eine Berufung auf § 879 ABGB ist jedoch nicht möglich, wenn eine Bestimmung des individuellen oder allgemeinen Bestandschutzes zur Anwendung gelangt.[901] 465b

4. Die Anfechtung der Kündigung wegen Sozialwidrigkeit

Der gegen eine Kündigung erhobene Vorwurf kann weiters darin bestehen, dass sie bei objektiver Betrachtung nicht notwendig war bzw, dass der AG bei der Auswahl 466

[896] Die Anfechtungsmöglichkeit ist analog auch auf Entlassungen anzuwenden (*Holzer/Reissner*, AVRAG, 229; *Binder*, AVRAG (2001), 443.

[897] *Binder*, AVRAG (2001), 445; *Löschnigg*, Arbeitsrecht[10], 7.2.8.2.

[898] OGH WBl 1996, 44; ZAS 1998, 141 (*Winkler*) = DRdA 1998, 284 (*Wagnest*); DRdA 1998, 347 (*Reissner*); DRdA 1999, 209 (*Gahleitner*); DRdA 2000, 64 (*Mayr*); DRdA 2001, 154 (*Wachter*). Der OGH nimmt sogar eine Beweislastumkehr an; krit *Klicka*, Beweisprobleme im Arbeitsrecht, in Tomandl (Hrsg), Neuere Tendenzen im Arbeitsrecht auf dem Prüfstand, 40.

[899] OGH DRdA 1994, 134 (*Floretta*) = ZAS 1995, 58 (*Reissner*); RdW 1994, 359 ua.

[900] OGH RdW 2005/142. Es besteht jedoch eine Aufgriffsobliegenheit des AN ohne „unnötigen Aufschub", OGH ecolex 2000, 62; RdW 2000, 489.

[901] *Löschnigg*, Arbeitsrecht[10], 7.2.8.1.

des zu Kündigenden soziale Gesichtspunkte zu wenig berücksichtigt hat. Dabei geht es letztlich um eine Abwägung der Interessen des AN und des AG. Der Gesetzgeber will dadurch erreichen, dass der Kündigungsschutz nur den AN zu Gute kommt, die des Schutzes bedürfen, und dass diese AN nur aus hinreichend sachlichen Gründen gekündigt werden können. Der Anfechtung ist immer dann stattzugeben, wenn wesentliche Interessen des AN beeinträchtigt werden und die Kündigung nicht durch in der Person oder im Verhalten des AN gelegene Umstände, die die betrieblichen Interessen nachteilig berühren, oder durch wirtschaftliche Erfordernisse des Betriebes, die einer Weiterbeschäftigung des AN entgegenstehen, begründet ist. Damit wird für eine erhebliche Gruppe von AN von dem Grundsatz, dass die Kündigung keines Grundes bedarf,[902] abgegangen und die Beendigung vom Vorliegen eines rechtfertigenden Grundes abhängig gemacht.

a) Sechsmonatige Beschäftigung im Betrieb oder Unternehmen

467 Voraussetzung dafür, dass ein AN seine Kündigung wegen Sozialwidrigkeit anfechten kann, ist gem § 105 Abs 3 Z 2 ArbVG, dass er bereits sechs Monate im Betrieb oder Unternehmen, dem der Betrieb angehört, beschäftigt ist.[903] Der AN soll somit erst nach einer gewissen Zeit den Arbeitsplatzschutz erwerben.[904]

b) Wesentliche Interessenbeeinträchtigung

468 Damit eine Kündigung als sozial ungerechtfertigt angesehen werden kann, ist es erforderlich, dass durch die Kündigung wesentliche Interessen des AN beeinträchtigt werden. Eine solche wesentliche Interessenbeeinträchtigung liegt dann vor, wenn dem betroffenen AN durch die Kündigung Nachteile drohen, welche größer sind als jene, die mit jeder Kündigung zwangsläufig verbunden sind.[905] Nach stRspr muss die Kündigung zwar nicht zu einer sozialen Notlage oder einer Existenzgefährdung führen, sie muss aber eine fühlbare, ins Gewicht fallende Beeinträchtigung der wirtschaftlichen Lage des Gekündigten nach sich ziehen.[906] Bei der Beurteilung, ob wesentliche Interessen des AN beeinträchtigt werden, ist immer die gesamte soziale und wirtschaftliche Situation des AN in die Betrachtung einzubeziehen.[907] Die Lebensführung des Gekündigten ist insb nicht beeinträchtigt, wenn Geld aus anderen Quellen – zB wegen des Anspruchs auf Betriebspension[908] oder vor allem wegen des im Vergleich zum gekündigten

---

902 Dazu siehe oben Rz 405.

903 OGH 29.4.2009, 9 ObA 177/08g – in der Regel keine Anrechnung von Konzernvordienstzeiten.

904 *Floretta*, in ArbVG-Handkomm 652.

905 OGH infas 1999, A 116; zur Anfechtung einer Änderungskündigung siehe OGH infas 1999, A 25 – AN muss die Annahme des Anbots des AG zur Änderung der Arbeits- und Entgeltbedingungen zumutbar sein, im Ergebnis bedeutet das, dass die Annahme des Änderungsanbots nicht zu einer wesentlichen Interessenbeeinträchtigung führen darf.

906 Grundlegend OGH DRdA 1991, 33 (*Schwarz*); OGH RdW 1998, 357; bemerkenswert im Hinblick auf eine 40%ige Einkommenseinbuße bei überdurchschnittlichem Gehalt OGH RdW 2006, 585.

907 *Tomandl/Schrammel*, Arbeitsrecht 2[6], 258 ff: OGH DRdA 2010, 533 – es sind nur die wesentlichen Lebenshaltungskosten zu berücksichtigen, nicht aber Luxusaufwendungen, wie etwa Investition von jährlich € 90.000,– aus Miteinnahmen in ein als Wertanlage angeschaffenes Haus, wobei aber bei höheren Einkommen nicht alles was über eine sparsame Lebensführung hinausgeht, bereits als Luxusaufwendung zu werten ist.

908 OGH ZAS 2004, 194 (*Tomandl*).

AN außerordentlich hohen Entgelts des Ehepartners – vorhanden ist.[909] Dabei können auch Gleichbehandlungsaspekte iSe mittelbaren Frauendiskriminierung beachtlich sein, weil die Kündigung von Frauen wegen des oftmals hohen Einkommens des männlichen Partners zu einer potentiell geringeren Interessenbeeinträchtigung führt.[910] Die wesentliche Interessensbeeinträchtigung ist vom AN im Verfahren zu beweisen, wobei eine auf den Zeitpunkt der Beendigung des Arbeitsverhältnisses abzustellende Prognose über die zu erwartenden Folgen der Kündigung anzustellen ist. Künftige Entwicklungen sind ex ante zu berücksichtigen, wenn sie objektiv vorhersehbar sind.[911]

Die Judikatur nimmt eine wesentliche Interessenbeeinträchtigung bei drohender längerer Arbeitslosigkeit, erheblichen Einkommensverlusten[912], Kreditbelastungen (dabei kommt es auf den Entstehungsgrund an), Sorgepflichten oder Verlust der Dienstwohnung an, wobei von der Rspr stets eine Einzelfallbetrachtung im Hinblick auf die Sicherung des Lebensunterhalts vorgenommen wird.[913]

Bei der Prüfung der wesentlichen Interessenbeeinträchtigung ist bei **älteren AN** **469**
der Umstand einer vieljährigen ununterbrochenen Beschäftigung im Betrieb oder dem Unternehmen, dem der Betrieb angehört sowie die wegen des höheren Lebensalters zu erwartenden Schwierigkeiten der Wiedereingliederung in den Arbeitsprozess besonders zu berücksichtigen (§ 105 Abs 3 ArbVG aF; § 15 Abs 4 AVRAG).[914] Das Erreichen des Regelpensionsalters führt jedenfalls nicht dazu, dass die Möglichkeit der Kündigungsanfechtung wegen Sozialwidrigkeit entfällt.[915]

---

[909] OGH DRdA 1991, 33 (*Schwarz*); siehe auch OGH ZAS 1992, 85 (*Pircher*) – Ambulatoriumsarzt mit Praxis; OGH ZAS 1994, 59 – Gekündigter hat Anspruch auf Höchstpension; vgl *Reischauer*, Wesentliche Interessen, wirtschaftliche Verhältnisse und Sozialvergleich (§ 105 Abs 3 ArbVG), DRdA 1999, 93; aA *Pircher*, Die Beeinträchtigung wesentlicher Interessen, ZAS 1994, 51; krit auch *Karl*, Die sozial ungerechtfertigte Kündigung (1999) 23.

[910] Zur Frage, ob die Einbeziehung des Ehegatteneinkommens zur mittelbaren Frauendiskriminierung führen kann, vgl *Eichinger*, Berücksichtigung des Ehegatteneigentums beim Kündigungsschutz: Mittelbare Frauendiskriminierung?, RdW 2002, 347 ff; OGH ecolex 2002, 370; differenziert OGH ZAS 2004, 75 (*K. Posch*); überdies *Windisch-Graetz*, Kündigung von Frauen zum Regelpensionsalter – gleichheitswidrig?, ecolex 2004, 431.

[911] OGH RdW 2001, 233.

[912] OGH RdW 2001, 233 – Reduktion um 10% nicht ausreichend, um wesentliche Interessen zu beinträchtigen; OGH RdW 1998, 153 – ebenso wenig bei einer Einkommensreduktion von 12–15%. Die von *Pircher* (ZAS 1994, 58) im Anschluss an die VwGH-Rspr (SozM IIB 1166) vorgeschlagene Grenze von 10% scheint deshalb auf alle Fälle zu starr; OGH infas 2000, A 55 – Erheblichkeit aber bei Änderung des Fixums um 23%; demgegenüber OGH ZAS 1992, 85 (*Pircher*) – nicht bei einer Entgelteinbuße von ca 20–30%. Beeinträchtigung wesentlicher Interessen aber bei Bruttoeinkommensminderung von rund 54% trotz Administrativpension in Höhe von brutto € 3.466,30 – ASok 2009, 156 oder wenn der AN zwar Anspruch auf vorzeitige Alterspension bei langer Versicherungsdauer hat, deren Inanspruchnahme aber zu einem Einkommensverlust in Höhe von 37% netto führt – OGH RdW 2002, 357 f. Hingegen keine wesentliche Interessenbeeinträchtigung bei Reduktion des Bezuges um 40% bei hohem Einkommen – OGH RdW 2006, 585.

[913] OGH DRdA 1989, 387 (*Floretta*) = ZAS 1989, 172 (*Hainz*); WBl 1990, 79; RdW 1998, 155 – außerdem noch Verlängerung des Arbeitsweges von 32 km auf 138 km; RdW 1998, 156; RdW 1998, 357 ua; dazu eingehend *Gahleitner*, in *Cerny/Gahleitner/Kundtner/Preiss/Schneller*, ArbVG-Komm, Bd 3, § 105 Erl 37; siehe die Übersicht bei *Pircher*, Die Beeinträchtigung wesentlicher Interessen, ZAS 1994, 56; *Karl*, Zur Beeinträchtigung wesentlicher Interessen des AN iSd § 105 Abs 3 Z 2 ArbVG, JBl 1997, 702.

[914] Siehe auch *Tinhofer*, in Mazal/Risak, Das Arbeitsrecht, Kap XVIII Rz 42. Dieser Sonderschutz gilt nicht bei Neueinstellung von über 50-jährigen AN während der ersten zwei Arbeitsjahre; vgl *Rauch*, Neuerungen bei der Kündigungsanfechtung wegen Sozialwidrigkeit, ASoK 2004, 70.

[915] OGH DRdA 2005, 367 (*Mayr*) = ZAS 2006, 32 (*Tomandl*).

470 Im Falle einer **Änderungskündigung** (siehe Rz 414) sind die bisherigen Lohn- und Arbeitsbedingungen mit den vom AG angebotenen Veränderungen zu vergleichen.[916]

c) Kündigungsrechtfertigung durch den AG

471 Werden bei einer Kündigung wesentliche Interessen des gekündigten AN beeinträchtigt, macht der Gesetzgeber die Wirksamkeit der Kündigung davon abhängig, ob der AG sie mit ausreichenden Gründen rechtfertigen kann. Er teilt diese in zwei Gruppen ein: sie liegen entweder in der Person oder im Verhalten des AN (§ 105 Abs 3 Z 2 lit a ArbVG, subjektive Betriebsbedingtheit) oder in Erfordernissen des Betriebes (lit b leg cit, objektive Betriebsbedingtheit).

■ **Subjektive Betriebsbedingtheit**

472 Dabei handelt es sich nach dem Gesetzeswortlaut um „Umstände, die in der Person des AN gelegen sind und die betrieblichen Interessen nachteilig berühren" (§ 105 Abs 3 Z 2 lit a ArbVG). Diese Umstände müssen nach Ansicht des OGH nicht so gravierend sein, dass sie die Weiterbeschäftigung des AN über den Kündigungstermin hinaus unzumutbar machen. Sie müssen nur „bei objektiver Betrachtungsweise einen verständigen Betriebsinhaber zur Kündigung veranlassen (...) und die Kündigung als gerechte, dem Sachverhalt adäquate Maßnahme erscheinen lassen".[917]

Als subjektive Kündigungsrechtfertigungsgründe hat die Rspr zB anerkannt[918]: die Nichteignung zur Erbringung der Arbeitsleistung, wenn sie eine ins Gewicht fallende Minderleistung zur Folge hat,[919] häufige Krankenstände,[920] der AN stellt seine privaten Interessen vor alle dienstlichen[921], oftmalige Unpünktlichkeit[922], Unverträglichkeit gegen Mitarbeiter und Vorgesetzte[923], Kundenbeschwerden wegen unfreundlichen Verhaltens eines im Verkauf tätigen AN[924], verbale sexuelle Belästigung anderer AN[925]

---

916 OGH infas 1991, A 100; ZAS 1995, 49 (*Brodil*); RdW 2000, 493; JBl 2002, 264; *Tinhofer*, Keine Sozialwidrigkeit der Kündigung bei Anbot eines Ersatzarbeitsplatzes, RdW 2000, 424; *Friedrich*, Ausgewählte kündigungsschutzrechtliche Probleme der Änderungskündigung, ASoK 2005, 48.

917 OGH RdW 1991, 152; OGH RdW 1998, 156; aA *Tomandl*, Die sozialwidrige Kündigung (1994) 44, der davon ausgeht, dass ein Rechtfertigungsgrund nur dann vorliegt, wenn dem AG die Aufrechterhaltung des Arbeitsvertrages über die Kündigungsfrist hinaus nicht mehr zugemutet werden kann; so auch *Floretta/Spielbüchler/Strasser*, Arbeitsrecht 1[4], 387; *Löschnigg*, Arbeitsrecht[10], 7.2.8.1.4. stellt darauf ab, dass bei Weiterbeschäftigung die Leistungsfähigkeit oder Ordnung des Betriebes gefährdet wird.

918 Dazu siehe eingehend *Cerny/Gahleitner/Kundtner/Preiss/Schneller*, ArbVG-Komm, Bd 3, § 105 Erl 41 ff.

919 VwGH 1984, 161 – AN weist nicht die besondere fachliche Eignung auf, wegen der er aufgenommen wurde; OGH DRdA 1988, 229 (*Floretta*);

920 OGH DRdA 1992, 353 (*Runggaldier*) – Fehlquote von 27%; siehe dazu *Karl*, Die krankheitsbedingte Kündigung, ZAS 1992, 152; *Runggaldier*, Die krankheitsbedingte Kündigung, ZAS 1982, 130; *Fischer*, Häufige Krankenstände als Kündigungsgrund, ecolex 2002, 900: Nunmehr erfüllt auch eine ungünstige Prognose (zB ansteigende Zahl der Krankenstände) den Tatbestand der „mangelnden körperlichen Eignung".

921 OGH RdW 1998, 156.

922 OGH RdW 1998, 156.

923 VwGH ZAS 1981, 224 (*Marhold*) = DRdA 1981, 217 (*Floretta*) – Chefarzt vergiftet Betriebsklima; OGH infas 1998, A 25 – Spitalsarzt belastet Betriebsklima.

924 OGH infas 1998, A 72.

925 OGH DRdA 2005, 342 (*Eichinger*).

oder unzureichende Arbeitsleistung[926]. Ein Verschulden des AN ist nicht erforderlich.[927]

Ist die subjektive Betriebsbedingtheit auf das höhere Lebensalter oder auf Nachtschwerarbeit *langjährig beschäftigter AN* zurückzuführen (zB Langsamkeit, Krankenstände), so ist die Kündigung nur gerechtfertigt, wenn die Weiterbeschäftigung dieses AN einen erheblichen Schaden für den Betrieb zur Folge hätte (§ 105 Abs 3 ArbVG).

Handelt es sich um verhaltensbedingte Gründe, darf der AG mit der Kündigung nicht beliebig lange zuwarten, sondern muss die **Kündigung rechtzeitig** erklären. Andernfalls gibt er mit seiner Säumnis zu erkennen, dass die betrieblichen Interessen nicht in dem Maße beeinträchtigt sind, welches eine Beendigung des Arbeitsverhältnisses erforderlich macht. Diese Gründe können dann eine Kündigung nicht mehr rechtfertigen.[928] Der AG kann den AN allerdings bis zum Ende der Kündigungsfrist weiterbeschäftigen.[929] **473**

- **Objektive Betriebsbedingtheit**

Der AG kann die Kündigung eines AN auch durch „betriebliche Erfordernisse, die einer Weiterbeschäftigung des AN entgegenstehen" rechtfertigen (§ 105 Abs 3 Z 2 lit b ArbVG). Es muss sich um Rechtfertigungsgründe handeln, die zum Verlust des Arbeitsplatzes führen, wie etwa Gründe technischer (zB veraltete Betriebsanlagen, Verjüngung des Fuhrparks auf weniger reparaturanfällige Fahrzeuge[930]), organisatorischer (zB Umstellung einer Zettelkartei auf EDV, Umstrukturierungsmaßnahmen) und wirtschaftlicher Art (zB Auftragsrückgänge[931], geringe Ertragslage, Vorbeugung gegen die betriebswirtschaftliche Bedrohung des Unternehmens[932]). Die Kündigung ist dann trotz der Beeinträchtigung wesentlicher Interessen des AN gerechtfertigt, wenn sie eine nachvollziehbare betriebswirtschaftliche Konsequenz einer unternehmerischen Entscheidung ist und der AG seiner sozialen Gestaltungspflicht nachkommt. Das Gericht überprüft daher im Rahmen des Anfechtungsverfahrens, ob die konkrete Kündigung zur Verwirklichung der Maßnahme und des beabsichtigten Erfolges geeignet ist.[933] Dies ist dann nicht der Fall, solange für den gekündigten AN noch eine Weiterbeschäftigungsmöglichkeit im Betrieb besteht.[934] Der AG hat „alle Möglichkeiten auszuschöpfen, um seine bisherigen AN weiter zu beschäftigen", dh die Kündigung soll nur die ultima ratio sein (**soziale Gestaltungspflicht des AG**).[935] Ins- **474**

---

926 OGH RdW 1991, 152 – außerdem verwendete der AN trotz Verbotes einen Teil seiner Arbeitszeit darauf, auf Kosten des AG privat Telefonate zu führen.

927 VwGH Arb 9453, Arb 9859, ZfVB 1988/12.

928 *Tomandl*, Bemerkungen zur Rspr des VwGH zum allgemeinen Kündigungsschutz, ZAS 1984, 203 (211); ähnlich *Spielbüchler/Grillberger*, Arbeitsrecht 1^4, 389; weiter gehend VwGH ZAS 1981, 224, 226 (*Marhold*) = DRdA 1981, 217, 221 (*Floretta*).

929 OGH ecolex 2002, 908.

930 OGH RdW 1998, 153.

931 EA Feldkirch Arb 10.398.

932 OGH ecolex 2000, 64; DRdA 2003, 50 (*Trost*) – Sanierungsmaßnahmen.

933 OGH ecolex 2002, 906 (*Mazal*).

934 Der OGH nimmt in bestimmten Fällen auch eine über den Betrieb hinausgehende soziale Gestaltungspflicht an: OGH infas 1990, A 24; ZAS 1992, 158; ZAS 1996, 119 (Unternehmensebene); RdW 1994, 113 (Konzernebene); krit zu dieser Jud insb *Windisch-Graetz*, Soziale Gestaltungspflicht über die Betriebsgrenzen hinaus?, ZAS 1996, 109; jüngst nunmehr OGH 29.6.2009, 9 ObA 34/08b – Klarstellung, dass keine generelle konzernweite Gestaltungspflicht besteht, sondern nur ausnahmsweise im Falle eines konzernbezogenen Arbeitsverhältnisses (Springer, Führungskräfte, Konzernversetzungsklauseln, etc).

935 OGH RdW 1998, 153; RdW 1998, 155; RdW 1998, 357; DRdA 1999, 316 (*Kallab*); DRdA 2004, 258 (*K. Mayr*).

besondere hat er dem zu kündigenden AN geeignete, dh der bisherigen Berufspraxis entsprechende freie Arbeitsplätze im Betrieb anzubieten[936] und ihm die Gelegenheit zur Umschulung und Einarbeitung zu geben[937] oder durch Verringerung unzulässiger und vermeidbarer Überstunden eine Arbeitsmöglichkeit zu schaffen.[938]

475 Die Rspr anerkennt bei der Kündigungsrechtfertigung wegen objektiver Betriebsbedingtheit grundsätzlich das – im Rahmen des verfassungsrechtlichen Eigentumsschutzes geschützte – **freie wirtschaftliche Entscheidungsrecht des AG**. Das Gericht hat weder die Zweckmäßigkeit noch die objektive Richtigkeit der vom Betriebsinhaber getroffenen Maßnahme zu prüfen noch diesem eine wirtschaftliche Maßnahme vorzuschreiben.[939] Der AG muss sich jedoch gefallen lassen, dass das Gericht überprüft, ob die Kündigung tatsächlich ein zur Zweckerzielung geeignetes Mittel und sachlich unbegründet ist.[940] Ein Unternehmer muss allerdings nicht erst in wirtschaftliche Schwierigkeiten geraten, damit er Rationalisierungsmaßnahmen ergreifen kann.[941] Daher sind auch hochrentable Unternehmen in ihrer Entscheidung frei, rentabilitätserhöhende Rationalisierungsmaßnahmen durchzuführen.[942] Ebenso ist die Entscheidung des AG zu respektieren, wenn er sich aus rein persönlichen Gründen zur Auflassung von Arbeitsplätzen entschließt (zB Einschränkung des Betriebes, da ihm dieser zu groß geworden ist).[943]

476 Im Ergebnis bedeutet das, dass der Kündigungsrechtfertigungsgrund der objektiven Betriebsbedingtheit erst dann mit Erfolg eingewendet werden kann, wenn die Gewissheit besteht, dass (1) der **Arbeitsplatz des gekündigten AN tatsächlich wegfällt** und (2) der auf diesem Arbeitsplatz beschäftigte **AN nicht anderweitig verwendet** werden kann. Dies ist insb dann nicht der Fall, wenn die Kündigung nur dazu dient einen AN durch einen anderen zu ersetzen („Austauschkündigung"), wie va der Austausch älterer gegen jüngere (und billigere) AN.[944]

d) Sozialvergleich

477 Die objektive Betriebsbedingtheit stellt – im Gegensatz zur subjektiven Betriebsbedingtheit (individueller Kündigungsrechtfertigungsgrund) – einen generellen Kündigungsrechtfertigungsgrund dar. Sie beantwortet nur die Frage, wie viele Arbeitsplätze wegfallen, dh wie viele AN zu kündigen sind, nicht jedoch, wer dies sein muss. Damit wird das Problem der Auswahl der zu kündigenden AN aufgeworfen. Der AG muss sich unter Umständen vorwerfen lassen, er habe bei der Auswahl des zu kündigenden AN die sozialen Verhältnisse zu wenig berücksichtigt und daher den falschen AN gekündigt.

---

936 OGH ZAS 1996, 119; RdW 1998, 153; RdW 1998, 357; ecolex 2002, 275; DRdA 2004, 258 (*Mayr*); bei ungewöhnlichen Arbeitsplätzen muss jedoch der AN von sich aus aktiv werden (OGH ecolex 1999, 567, DRdA 2004, 258).

937 OGH DRdA 1989, 387 (*Floretta*) = ZAS 1989, 172 (*Hainz*); RdW 1998, 357.

938 OGH DRdA 1989, 389 (*Floretta*).

939 OGH DRdA 1989, 389 (*Floretta*); RdW 1990, 354; RdW 1998, 153; RdW 1998, 155; problematisch, da die Notwendigkeit einer AG-Entscheidung überprüft wird: OGH DRdA 1989, 389, Arb 10.874; RdW 1994, 150.

940 OGH DRdA 2002, 386 (*Tinhofer*).

941 OGH DRdA 2002, 386 (*Tinhofer*); ecolex 2002, 906.

942 OGH ecolex 1998, 155; ecolex 2002, 275; *Pircher*, JBl 2001, 694 (701, 703).

943 *Tomandl/Schrammel*, Arbeitsrecht 2[6], 264.

944 Zuletzt OGH RdW 1998, 357; tw aA *Gerlach*, Die Zulässigkeit von Austauschkündigungen, ZAS 2000, 97.

Diese mangelnde Berücksichtigung sozialer Gesichtspunkte kann im Sozialvergleich geltend gemacht werden. Dieser ist jedoch nur dann durchzuführen, wenn der BR gegen eine Kündigung ausdrücklich Widerspruch erhoben hat (§ 105 Abs 4 ArbVG)[945] und wenn dies beantragt wird. Dabei ist vom Antragsteller konkret anzugeben, welchen anderen AN der AG hätte kündigen sollen.[946] Einzubeziehen in den Sozialvergleich sind nach dem Gesetzeswortlaut AN „des gleichen Betriebes und derselben Tätigkeitssparte, deren Arbeit der Gekündigte zu leisten fähig und willens ist". Der OGH vertritt in diesem Zusammenhang die Auffassung, die in den Vergleich einzubeziehenden AN müssten lediglich kündbar und betriebswirtschaftlich austauschbar sein, ohne dass es auf die Tätigkeitssparte ankomme.[947]

Beim Sozialvergleich sind all jene Umstände miteinzubeziehen, die eine größere soziale Härte begründen können. Diese decken sich mit jenen Kriterien, die für die „wesentliche Interessenbeeinträchtigung" (siehe Rz 468) ausschlaggebend sind (zB höheres Lebensalter und längere Betriebszugehörigkeit gem § 105 Abs 3 Z 2 ArbVG aE, aber auch Unterhaltspflichten, zu erwartende längere Arbeitslosigkeit uÄ).

5. Die Wirkung der Kündigungsanfechtung bzw der gerichtlichen Entscheidung

Dadurch, dass eine Kündigung aus einem verpönten Motiv oder in sozialwidriger Weise ausgesprochen wurde, wird diese noch nicht unwirksam. Auch die Einbringung der Anfechtungsklage ändert daran nichts; erst das Urteil des Gerichts entscheidet über deren Schicksal. Das Gericht kann in der Sache entweder die Klage als unbegründet abweisen, wodurch die Kündigung wirksam bleibt, oder der Anfechtung stattgeben und die Kündigung rückwirkend für unwirksam erklären. Daraus ergibt sich, dass bis zur Rechtskraft des Urteiles ein Schwebezustand eintritt, in dem das rechtliche Schicksal der Kündigung ungeklärt ist, wobei die Kündigung als schwebend wirksam anzusehen ist. Wird der Anfechtungsklage stattgegeben und die Kündigung aufgehoben, so ist das Arbeitsverhältnis über den Beendigungszeitpunkt hinaus als bestehend anzusehen, wobei der AN für die Prozessdauer Anspruch auf Entgelt hat.[948] **478**

Außerdem entfalten erstinstanzliche Urteile in Kündigungsanfechtungsprozessen gem § 61 ASGG **„vorläufige Vollstreckbarkeit"**. Obwohl Berufung eingebracht wurde und das Urteil somit noch nicht rechtskräftig ist, ist zB bei (erstinstanzlicher) Stattgebung der Kündigungsanfechtungsklage – bis zur entgegenstehenden rechtskräftigen Erledigung der Rechtsstreitigkeit – das Arbeitsverhältnis als über den Kündigungszeitpunkt hinaus fortbestehend anzusehen und insb das laufende bzw das noch ausständige **479**

945 Hat der BR gegen die Kündigung Widerspruch erhoben, die Anfechtung in der Folge aber dem AN überlassen, besteht trotzdem die Möglichkeit des Sozialvergleichs (EA Linz Arb 9414).

946 VwGH Arb 7781; EA Leoben Arb 9698; aA *Löschnigg*, Arbeitsrecht[10], 7.2.8.1.4., die einen schlichten Antrag ohne „Denunzierung" eines anderen AN ausreichen lassen wollen; siehe auch *Wolliger*, Betriebsbedingte Kündigung und Sozialvergleich, wbl 2008, 311.

947 OGH RdW 1989, 231 = WBl 1989, 274; aA *Tomandl*, Die Sozialwidrige Kündigung 76; *Köck*, Der „neue" allgemeine Kündigungsschutz, ecolex 1990, 42 (43); *Marhold*, Grenzen vertikaler Austauschbarkeit im Sozialvergleich, ZAS 1993, 9; zur Problematik des § 8 Abs 2 lit a AuslBG siehe *Brodil*, ZAS 1996, 181.

948 OGH Arb 10.311; Siehe dazu *Tomandl/Schrammel*, Arbeitsrecht 2[6], 248 f; *Floretta/Spielbüchler/Strasser*, Arbeitsrecht 1[4], 384; zur neuerlichen Kündigung während des Anfechtungsverfahrens OGH DRdA 2004, 164 (*Trost*).

Entgelt zu bezahlen.[949] Nimmt der AG die Dienstleistung des AN während des vorläufig bestehenden Arbeitsverhältnisses nicht an, so kann der AG die für diese Zeit erbrachten Entgelte mit Rechtskraft des die Kündigungsanfechtungsklage abweisenden Urteils zurückfordern. § 61 Abs 2 ASGG schließt einen gutgläubigen Verbrauch des empfangenen Entgelts aus.[950]

C. Massenkündigungen („Kündigungsfrühwarnsystem")

480 Für den Fall, dass der AG innerhalb von 30 Tagen beabsichtigt, die Arbeitsverhältnisse von

- mindestens fünf AN in Betrieben mit 20 bis 100 Beschäftigten
- mindestens 5% der AN in Betrieben mit 100 bis 600 Beschäftigten
- mindestens 30 AN in Betrieben mit mehr als 600 Beschäftigten
- mindestens fünf AN, die das 50. Lebensjahr vollendet haben

zu beenden, trifft ihn gem § 45a Arbeitsmarktförderungsgesetz (AMFG) die Pflicht zur Verständigung der regionalen Geschäftsstelle des Arbeitsmarktservice (AMS).[951] **Kündigungen**, die eine Auflösung von Arbeitsverhältnissen im genannten Ausmaß bezwecken, sind **rechtsunwirksam**, wenn sie entweder vor der Einlangung der schriftlichen Verständigung beim AMS oder nach Einlagen, aber vor Ablauf einer **30-tägigen** – kontinuierlich wandernden – **Sperrfrist** ausgesprochen werden (§ 45 Abs 5 AMFG),[952] wobei das AMS die Kündigung vor Ablauf der Frist erlauben kann (Abs 8 leg cit). Maßgeblich ist die Zahl der Kündigungsaussprüche, nicht hingegen der Ablauf der Kündigungsfristen.[953] Durch zeitliches Streuen der Kündigungsaussprüche bzw einvernehmlichen Auflösungen kann daher die Frühwarnpflicht vermieden werden.

D. Der allgemeine Entlassungsschutz

481 Der allgemeine Entlassungsschutz gem § 106 ArbVG stellt die notwendige Ergänzung des allgemeinen Kündigungsschutzes dar.[954] Er soll verhindern, dass zur Umgehung des Kündigungsschutzes eine unbegründete Entlassung ausgesprochen wird, welche nach der von der Rspr vertretenen Schadenersatztheorie (siehe Rz 446) das Arbeitsverhältnis ebenfalls auflöst und nur Schadenersatzansprüche auslöst. Der allgemeine Entlassungsschutz prüft eine unbegründete Entlassung im Lichte einer fiktiven Kündigung um und folgt in seiner Konstruktion deshalb dem allgemeinen Kündigungs-

---

949 Dazu eingehend *Kuderna*, ASGG-Kommentar² (1996) 382 mwN; *Grießer*, Vorläufige Entgeltzahlungspflicht nach Urteil über aufrechtes Arbeitsverhältnis, RdW 1999, 353; OGH ZAS 2000, 180 (*Schrank*).

950 OGH RdW 2000, 370.

951 In diese Zahlen sind auch einvernehmliche Auflösungen einzubeziehen, die auf Initiative des AG zustande gekommen sind (OGH RdW 1996, 278).

952 Siehe dazu OGH ecolex 1998, 865. Der AN kann jedoch auch die Beendigung gegen sich wirken lassen und Kündigungsentschädigung verlangen (OGH Arb 10.149).

953 OGH 4.8.2009, 9 ObA 76/09f.

954 Der Geltungsbereich des allgemeinen Entlassungsschutzes deckt sich mit dem des allgemeinen Kündigungsschutzes (siehe Rz 451); betreffend älterer AN siehe *Risak*, Ältere AN: Kündigungsschutz ja, Entlassungsschutz nein? ecolex 2000, 809.

schutz. Nach der Rspr ist auch bei **befristeten** Arbeitsverhältnissen eine Entlassungsanfechtung möglich.[955]

Zu den individuellen Anfechtungsmöglichkeiten von Entlassungen aus verpönten Motiven gem §§ 12 Abs 7, 26 Abs 7 GlBG, §§ 15n MSchG, 8f VKG, §§ 8 Abs 2, 9 Abs 2 und 15 AVRAG siehe Rz 464.

Das **Vorverfahren** ist gegenüber dem allgemeinen Kündigungsschutz gerafft. Der BR muss erst nach erfolgter Entlassung vom AG unverzüglich verständigt werden, die Frist zur Abgabe einer Stellungnahme ist auf drei Arbeitstage verkürzt (§ 106 Abs 1 ArbVG).[956] Der BR kann – wie beim allgemeinen Kündigungsschutz – zustimmen, widersprechen oder schweigen. **482**

Im Anfechtungsverfahren, bei dem die Anfechtungsberechtigung wie beim allgemeinen Kündigungsschutz je nach Reaktion entweder dem BR oder dem entlassenen AN zukommt (siehe Rz 458 ff), wird in einem ersten Schritt geprüft, ob die Entlassung berechtigt war. Lag ein **Entlassungsgrund** vor und wurde dieser **rechtzeitig** aufgegriffen, so ist die Anfechtungsklage abzuweisen. **483**

Ist hingegen die Entlassung verspätet oder grundlos, so ist sie wie eine **Kündigung** nach § 105 Abs 3 ArbVG im Anfechtungsverfahren zu prüfen (§ 106 Abs 2 ArbVG). Je nach Reaktion des BR stehen unterschiedliche Anfechtungsmöglichkeiten zur Verfügung: Hat der BR zugestimmt, so ist eine Anfechtung allein aus verpöntem Motiv möglich; hat er geschwiegen, kann daneben auch Sozialwidrigkeit (ohne Sozialvergleich) geltend gemacht werden. Bei Widerspruch des BR ist darüber hinaus auch die Durchführung eines Sozialvergleiches möglich. Ein stattgebendes Urteil des Gerichtes bringt deshalb zum Ausdruck, dass (1) die Entlassung unbegründet oder verspätet war und dass (2) nicht einmal eine Kündigung möglich gewesen wäre. **483a**

Das Ergebnis des Entlassungsanfechtungsverfahrens ist, dass die Entlassung rückwirkend für rechtsunwirksam erklärt wird, dh der Arbeitsvertrag weiter fortbesteht. **484**

Der AN kann jedoch auch die Entlassung gegen sich wirken lassen und diese nicht anfechten, sondern „nur" Schadenersatz in Form der **Kündigungsentschädigung** einklagen.[957] Auch im Fall eines die Entlassungsanfechtung abweisenden Urteils kann ihm diese zustehen, wenn zwar die Entlassung grundlos oder verspätet war, jedoch eine Kündigung möglich gewesen wäre, weshalb auch bei Entlassungsanfechtung eine Klage auf Kündigungsentschädigung ratsam ist. **485**

E. Der besondere Kündigungs- und Entlassungsschutz

1. Allgemeines

Bestimmte AN-Gruppen (ua Funktionäre der Belegschaft, Eltern, Behinderte) werden bei der Beendigung des Arbeitsverhältnisses durch Kündigung vom Gesetzgeber in besonderer Weise geschützt: **486**

- Einerseits wird die Rechtswirksamkeit der Kündigung an die **Zustimmung** des Gerichts bzw des Behindertenausschusses geknüpft. Dadurch wird dem **AG** die **Pro-**

---

[955] OGH DRdA 2005, 309 (*Löschnigg*).

[956] Die Pflicht zur Verständigung wird – anders als bei der Kündigung – als Ordnungsvorschrift angesehen, weshalb die Entlassung auch dann rechtswirksam ist, wenn die Verständigung nicht oder nicht gehörig erfolgt; OGH Arb 6357, Arb 8187; vgl *Floretta/Spielbüchler/Strasser*, Arbeitsrecht 1^4, 423.

[957] Dazu siehe eingehend Rz 526.

zessinitiative auferlegt, kündigt er ohne Zustimmung so ist die Kündigung rechtsunwirksam.[958]

- Andererseits bedarf die Kündigung einer **besonderen Begründung**.

487 Ein AN, der besonderen Kündigungsschutz genießt, bedarf eigentlich keines besonderen **Entlassungsschutzes**. ISd Schadenersatztheorie ist es nämlich gar nicht möglich die unbegründete oder verspätete Entlassung in eine fristwidrige Kündigung umzudeuten, da für diese die Zustimmung des Gerichtes bzw des Behindertenausschusses vorliegen müsste. Bei diesen Personen beendet demnach die grundlose oder verspätete Entlassung das Arbeitsverhältnis auf keinen Fall. Das Gericht kann auf Antrag des AN den Fortbestand des Arbeitsverhältnisses feststellen.[959] Der Gesetzgeber hat sich dennoch in den meisten Fällen dazu entschlossen, besonders kündigungsgeschützten AN auch einen besonderen Entlassungsschutz einzuräumen. Er legt dabei einerseits dem AG die Prozessinitiative auf, andererseits schränkt er die in AngG und GewO enthaltenen Entlassungsgründe ein.

In der Folge wird auf die wichtigsten Gruppen besonders bestandgeschützter AN eingegangen. Auf den besonderen Kündigungs- und Entlassungsschutz von Lehrlingen, Hausbesorgern und Vertragsbediensteten sei an dieser Stelle hingewiesen.[960] Teilweise enthalten auch KV, wie zB jener für den Versicherungsinnendienst, einen besonderen Bestandschutz.

2. Funktionäre der Belegschaft

a) Die geschützten Personen

488
- Mitglieder des BR: Der besondere Bestandschutz beginnt mit Annahme der Wahl und endet drei Monate nach Ausscheiden aus dem BR („Abkühlungsfrist"); lediglich im Falle einer dauernden Betriebseinstellung endet er bereits mit dieser (§ 120 Abs 1 u 3 ArbVG).
- **Ersatzmitglieder** des BR: für die Dauer ihrer Vertretungstätigkeit; bei einer (dem Betriebsinhaber ordnungsgemäß bekannt gegebenen) Vertretungstätigkeit von durchgehend mindestens zwei Wochen besteht auch eine „Abkühlungsfrist" von drei Monaten (§ 120 Abs 4 Z 1 ArbVG).
- Mitglieder des **Wahlvorstandes** und **Wahlwerber** (§ 120 Abs 4 Z 2 ArbVG)[961]

b) Der besondere Kündigungsschutz[962]

489 Die Kündigung eines Belegschaftsfunktionärs bedarf der vorherigen Zustimmung durch das Gericht (§ 120 Abs 1 ArbVG). Diese darf nur dann erteilt werden, wenn einer der drei im Gesetz taxativ aufgezählten Kündigungsgründe vorliegt:

- Der Arbeitsplatz des geschützten Belegschaftsfunktionärs fällt durch eine dauernde Betriebseinstellung, eine dauernde Betriebseinschränkung oder die Stilllegung einer

958 Zum Verfahren siehe *Floretta/Spielbüchler/Strasser*, Arbeitsrecht 1^4, 392.

959 Dies in Form einer Feststellungsklage auf aufrechten Bestand des Arbeitsverhältnisses über den Entlassungszeitpunkt hinaus.

960 Siehe *Floretta/Spielbüchler/Strasser*, Arbeitsrecht 1^4, 405; *Löschnigg*, Arbeitsrecht^{10}, 7.2.8.3. jeweils mwN.

961 Siehe zu Beginn und Ende des besonderen Bestandschutzes OGH ecolex 1992, 259; DRdA 1992, 274 (*Csebrenyak*); ecolex 1995, 826; *Marhold*, Zum Kündigungsschutz von Wahlwerbern, RdW 1989, 198.

962 Siehe dazu *Pfeil*, Kündigung eines BR-Mitglieds, DRdA 1983, 116.

Betriebsabteilung[963] weg und der Betriebsinhaber kann beweisen, dass er diesen an keinem anderen Arbeitsplatz im gesamten Unternehmen ohne erheblichen Schaden weiterbeschäftigen kann (§ 121 Z 1 ArbVG, **Betriebsreduktion**).

- Das geschützte Belegschaftsorgan wird **zur Erbringung der arbeitsvertraglich geschuldeten Leistung unfähig**, wobei die Wiederherstellung der Arbeitsfähigkeit in absehbarer Zeit nicht zu erwarten und dem Betriebsinhaber nicht zuzumuten ist, ihn weiterzubeschäftigen bzw ihm eine andere Arbeit zuzuweisen, zu deren Ausführung er bereit und fähig ist (§ 121 Z 2 ArbVG).
- Der Belegschaftsfunktionär hat seine arbeitsvertraglichen **Pflichten beharrlich verletzt**[964] und dem Betriebsinhaber kann die Weiterbeschäftigung aus Gründen der Arbeitsdisziplin nicht zugemutet werden (§ 121 Z 3 ArbVG)[965]. Hat der Belegschaftsfunktionär das Verhalten jedoch in Ausübung seines Amtes gesetzt, ist zu prüfen, ob dieses unter Abwägung aller Umstände entschuldbar war (§ 120 Abs 1 ArbVG letzter Satz). Dieser Kündigungsgrund stellt ebenso wie die Dienstunfähigkeit bei anderen AN bereits einen Entlassungsgrund dar!

c) Der besondere Entlassungsschutz

Auch die Entlassung bedarf grundsätzlich der vorherigen Zustimmung durch das Gericht (§ 120 Abs 1 ArbVG). Die Entlassung ist vom AG nach erfolgter gerichtlicher Zustimmung bei sonstigem Verlust des Entlassungsrechts unverzüglich auszusprechen.[966] Nur ausnahmsweise – bei bestimmten Straftaten, Ehrverletzungen und Tätlichkeiten – genügt es, wenn diese nachträglich erteilt wird (§ 122 Abs 3 ArbVG). Die Entlassungsgründe sind taxativ aufgelistet: Täuschung bei Vertragsabschluss (§ 122 Abs 1 Z 1 ArbVG), bestimmte Straftaten (Z 2), Untreue und Schmiergeldannahme (Z 3), Geheimnisverrat und abträgliche Nebengeschäfte (Z 4) sowie Tätlichkeiten und erhebliche Ehrverletzungen (Z 5). In § 122 Abs 3 ArbVG wiederholt das Gesetz den allgemeinen Grundsatz, dass dann kein Entlassungsgrund vorliegt, wenn dem Betriebsinhaber die Weiterbeschäftigung zumutbar ist.[967] Bei bestimmten Entlassungsgründen (Untreue, Geheimnisverrat, Ehrverletzung und Tätlichkeiten) ist – wie bei den Kündigungsgründen – die Entschuldbarkeit des Verhaltens vorgesehen, wenn dieses in Ausübung des Mandates gesetzt wurde. 490

3. Eltern

a) Die geschützten Personen

- **Mütter**: Der besondere Schutz beginnt grundsätzlich mit Eintritt der Schwangerschaft.[968] Der Schutz endet frühestens vier Monate nach der Entbindung (§ 10 Abs 1 MSchG). Bei Inanspruchnahme einer Karenz oder einer Teilzeitbeschäftigung nach dem MSchG (dazu siehe Rz 365 ff) endet der Schutz vier Wochen nach dem Ende 491

---

963 OGH DRdA 2002, 323 (*Massl*); zuletzt OGH DRdA 2010, 533 – wenn die Agenden der Betriebsabteilung zur Gänze wegfallen, da bei Verbleib von 10% und Aufteilung auf andere Betriebsabteilungen von einer Stilllegung nicht gesprochen werden kann.

964 Siehe dazu oben bei den Entlassungsgründen Rz 426.

965 Siehe OGH RdW 1989, 139.

966 OGH DRdA 2009, 366 [*Wolfsgruber*].

967 Dazu oben Rz 366.

968 Unter Schwangerschaft versteht das MSchG die Vereinigung von Ei und Samenzelle (OGH DRdA 1996, 135 [*Bernat*]); nicht allerdings im Falle einer in-vitro-Fertilisation, da hier die Schwangerschaft mit der Einsetzung der befruchteten Eizelle in die Gebärmutter beginnt OGH DRdA 2010, 53 [*Mayrhofer*]; siehe auch EuGH, Rs C-506/06 – Mayr.

der Karenz bzw der Teilzeitbeschäftigung (§ 15 Abs 4 MSchG); spätestens jedoch vier Wochen nach Ablauf des vierten Lebensjahres des Kindes. Eine bloße Vereinbarung der Verlängerung der Karenz bewirkt keine Verlängerung des besonderen Kündigungsschutzes.[969] Wird eine Teilzeitbeschäftigung über das vierte Lebensjahr hinaus in Anspruch genommen, besteht kein besonderer Kündigungsschutz, sondern nur noch ein Motivkündigungsschutz, der durch Anfechtung der Kündigung geltend zu machen ist (§ 15n MSchG, Rz 465a). Bei dauernder Betriebseinstellung endet der besondere Bestandschutz mit dieser (§ 10 Abs 3 leg MSchG aE).

492 War dem AG bei Ausspruch der Kündigung noch nicht bekannt, dass die AN schwanger ist, besteht der besondere Schutz nur, wenn die AN dem AG innerhalb von fünf Arbeitstagen nach Zugang der Kündigung (bzw unmittelbar nach Wegfall der von der AN nicht zu vertretenden Hinderungsgründe)[970] von ihrer Schwangerschaft informiert (§ 10 Abs 2 MSchG), wobei gleichzeitig eine Bestätigung des Arztes vorzulegen ist.[971]

493 ■ **Väter** genießen besonderen Bestandschutz dann, wenn sie an Stelle der Mutter eine Karenz oder eine Teilzeitbeschäftigung in Anspruch nehmen. Er **beginnt** mit der Erklärung, Karenzurlaub oder Teilzeitbeschäftigung zu beanspruchen (frühestens mit der Geburt des Kindes) und **endet** grundsätzlich vier Wochen nach dem Ende der Karenz bzw der Teilzeitbeschäftigung, spätestens auch hier vier Wochen nach Ablauf des vierten Lebensjahrs des Kindes (§§ 7, 8f VKG, beachte auch die dortigen Ausnahmen).

b) Der besondere Kündigungsschutz

494 Die Kündigung von besonders kündigungsgeschützten Eltern bedarf der vorherigen gerichtlichen Zustimmung. Der AG hat gleichzeitig mit dem Einbringen der Klage dem BR hierüber Mitteilung zu machen (§ 10 Abs 3 MSchG, § 7 Abs 3 VKG iVm § 10 Abs 3 MSchG).[972]

495 Als **einziger Kündigungsgrund** ist die Betriebsreduktion vorgesehen: Der AG kann das Arbeitsverhältnis des geschützten Elternteils wegen einer dauernden Betriebseinstellung, einer dauernden Betriebseinschränkung oder der Stilllegung einer Betriebsabteilung (**Betriebsreduktion**) nicht ohne Schaden für den Betrieb weiter aufrechterhalten. Im Gegensatz zu den geschützten Belegschaftsfunktionären, wird dabei dem AG nicht auferlegt, den AN in einem anderen Betrieb seines Unternehmens zu beschäftigen und der durch die Fortsetzung des Arbeitsvertrages verbundene Schaden muss auch nicht „erheblich" sein. Außerdem hat das Gericht die Zustimmung zu erteilen, wenn der AN auf den besonderen Kündigungsschutz **verzichtet**.

Nimmt der Betrieb binnen vier Monaten nach Entbindung seine Tätigkeit wieder auf, so ist die seinerzeitige Kündigung als rechtsunwirksam anzusehen, wenn die Mutter/der Vater dies fristgerecht beim AG beantragt (§ 10 Abs 5 MSchG, § 7 Abs 3 VKG iVm § 10 Abs 5 MSchG).

---

[969] OGH PVInfo 2009 H 7,35 [*Morgenstern*]; *Stärker*, MSchG-Kündigungsschutz ist vertraglich nicht verlängerbar, ASoK 2009, 364.

[970] Die AN hat die Unkenntnis einer Schwangerschaft zu vertreten, wenn sie trotz gravierender Anzeichen einer Schwangerschaft nicht umgehend für eine Klarstellung ihres Zustandes sorgt (OGH ecolex 1998, 864).

[971] OGH ecolex 1999, 137, 345.

[972] *Weiß*, Die Verständigung des Betriebsrates von der Einbringung der Klage nach MSchG bzw APSG, RdW 2002, 99.

Hat der geschützte Elternteil **nach Ablauf des ersten Lebensjahres des Kindes** Karenz oder Teilzeitbeschäftigung in Anspruch genommen, sind zusätzliche – dem allgemeinen Kündigungsschutz nachgebildete – Kündigungsgründe vorgesehen: Die gerichtliche Zustimmung ist zu erteilen, wenn (1) der AG (a) Umstände in der Person des AN, welche die betrieblichen Interessen nachteilig berühren oder (b) betriebliche Erfordernisse, die einer Weiterbeschäftigung entgegenstehen, nachweisen kann und (2) dem AG die Aufrechterhaltung des Arbeitsvertrages nicht weiter zugemutet werden kann (§ 10 Abs 4 MSchG, § 7 Abs 3 VKG iVm § 10 Abs 4 MSchG).[973] Bei Teilzeitbeschäftigung **nach dem vierten Lebensjahr** besteht nur noch ein **Motivkündigungsschutz,** der durch Anfechtung der Kündigung geltend zu machen ist (§ 15n Abs 2 MSchG, § 8f Abs 2 VKG, siehe Rz 465a). **496**

c) Der besondere Entlassungsschutz

Die Entlassung besonders bestandsgeschützter Eltern ist grundsätzlich nur mit vorheriger gerichtlicher Zustimmung möglich. In bestimmten Fällen (Tätlichkeiten, erhebliche Ehrverletzung, bestimmte Straftaten) kann die Zustimmung nachträglich eingeholt werden (§ 12 Abs 4 MSchG, § 7 Abs 3 VKG iVm § 12 Abs 4 MSchG). § 12 Abs 2 MSchG enthält einen taxativen Katalog von Entlassungsgründen, welcher wegen der Verweisung in § 7 Abs 3 VKG auch für Väter anwendbar ist. Hervorzuheben ist dabei, dass bei Müttern bei bestimmten Entlassungsgründen (schuldhafte und gröbliche Verletzung der AN-Pflichten, Tätlichkeiten und erhebliche Ehrverletzungen) der durch die Schwangerschaft bzw Entbindung bedingte außerordentliche Gemütszustand der Mutter zu berücksichtigen ist (Abs 3 leg cit). **497**

d) Einvernehmliche Auflösung

Um die leichtfertige Aufgabe des besonderen Kündigungs- und Entlassungsschutzes zu verhindern, bedarf die einvernehmliche Auflösung zu ihrer Gültigkeit der Schriftform (§ 10 Abs 7 MSchG, § 7 Abs 3 VKG iVm § 10 Abs 7 MSchG).[974] **498**

e) Befristete Dienstverhältnisse

Der Ablauf eines befristet abgeschlossenen Dienstverhältnisses wird von der Meldung der Schwangerschaft bis zum Beginn des absoluten Beschäftigungsverbotes (§ 3 Abs 1 MSchG) oder eines auf Dauer ausgesprochenen individuellen Beschäftigungsverbotes (§ 3 Abs 3 MSchG) gehemmt (§10a MSchG). Diese Ablaufhemmung tritt nicht ein, wenn die Befristung aus sachlich gerechtfertigten Gründen erfolgt oder gesetzlich vorgesehen ist. Eine sachliche Rechtfertigung der Befristung liegt gem § 10a Abs 3 MSchG vor, wenn diese im Interesse der Dienstnehmerin liegt, oder wenn das Dienstverhältnis für die Dauer der Vertretung an der Arbeitsleistung verhinderter AN, zu Ausbildungszwecken oder für die Zeit der Saison abgeschlossen wurde.[975] Wenn aufgrund der in der vorgesehenen Verwendung erforderlichen Qualifikation eine längere **498a**

---

973 Siehe OGH DRdA 1999, 41 (*Knöfler*) – Klage auf Zustimmung im Rahmen des „eingeschränkten Kündigungsschutzes" kann bereits vor Ablauf des ersten Lebensjahres des Kindes eingebracht werden, wenn die Zustimmung auf einen Zeitpunkt nach demselben gerichtet ist.

974 Bei minderjährigen AN ist außerdem eine Bescheinigung des Gerichts oder der gesetzlichen Interessenvertretung, aus der hervorgeht, dass der AN über den Sonderschutz belehrt wurde, erforderlich.

975 OGH DRdA 2002, 410 – Der AG hat den sachlichen Grund für die Befristung nachzuweisen.

Erprobung als die gesetzliche oder kollektivvertragliche Probezeit notwendig ist, ist die Befristung ebenfalls sachlich gerechtfertigt.[976]

4. Präsenz- und Zivildiener

a) Die geschützten Personen

499 Der besondere Schutz von Präsenz- und Zivildienern nach dem Arbeitsplatzsicherungsgesetz (APSG) beginnt grundsätzlich mit der Mitteilung über die Zustellung des Einberufungsbefehls (Zuweisungsbescheids) oder der allgemeinen Bekanntmachung der Einberufung (§ 12 Abs 1 APSG).

500 Der AN ist zur Mitteilung dieser Umstände verpflichtet (§ 5 Abs 1 APSG). Aber auch die nicht unverzügliche Meldung des AN führt nicht sofort zum Verlust des Bestandschutzes. Die Kündigung ist auch dann rechtsunwirksam, wenn der AG keine Kenntnis von der erfolgten Einberufung (Zuweisung) hatte, diese innerhalb von 14 Tagen nach Zustellung des Einberufungsbefehls (Zuweisungsbescheids) erfolgt und der AN innerhalb von drei Arbeitstagen nach Zugang der Kündigung seiner Mitteilungspflicht nachkommt. Später zugehende Kündigungen können nur dann rechtsunwirksam werden, wenn der AN an der Mitteilung verhindert war und diese unmittelbar nach Wegfall des Hinderungsgrundes nachholt (§ 12 Abs 2 APSG).

501 Der besondere Bestandschutz **endet** grundsätzlich mit Ablauf eines Monats nach Beendigung des Präsenz- bzw Zivildienstes.[977]

b) Der besondere Kündigungsschutz[978]

502 Kündigungen von nach dem APSG geschützten AN sind ohne gerichtliche Zustimmung grundsätzlich rechtsunwirksam. Diese darf nur dann erteilt werden, (1) wenn der Arbeitsplatz des AN wegen einer Betriebseinstellung, einer Betriebseinschränkung oder der Stilllegung einer Betriebsabteilung (Betriebsreduktion) und dieser nicht an einem anderen Arbeitsplatz im Betrieb bzw Unternehmen ohne erheblichen Schaden weiterbeschäftigt werden kann oder (2) wenn dauernde Dienstunfähigkeit aus gesundheitlichen Gründen (wie bei Belegschaftsfunktionären, siehe oben Rz 489) vorliegt. Außerdem hat das Gericht der Klage stattzugeben, wenn sich der AN mit der Kündigung einverstanden erklärt (§ 14 Abs 1 APSG).

Nimmt der Betrieb während der Dauer des besonderen Kündigungsschutzes seine Tätigkeit wieder auf, so ist die Kündigung trotz der dem AG erteilten gerichtlichen Zustimmung unwirksam, wenn der Präsenz- bzw Zivildiener fristgerecht erklärt, das Arbeitsverhältnis fortsetzen zu wollen (§ 14 Abs 2 APSG).[979]

503 Wenn der **Betrieb bereits stillgelegt** wurde und die Weiterbeschäftigung des AN nicht in einem anderen Betrieb des Unternehmens möglich ist, ist zur Rechtswirksamkeit der Kündigung keine Zustimmung erforderlich (§ 12 Abs 3 APSG).

---

976 OGH DRdA 1996, 498 (*Knöfler*); Arb 12.205 – drei Monate bei einer Planungsassistentin (EDV-Spezialistin, Akademikerin); DRdA 2002/17 *(Risak)* – keine sachliche Rechtfertigung für eine die Probezeit übersteigende Befristung bei einer Verkäuferin im Supermarkt.

977 Zu den Ausnahmen siehe § 13 Abs 1 Z 1 und 2 APSG.

978 Beachte auch die Hemmung der bereits laufenden Kündigungsfrist gem § 6 Abs 1 Z 3 APSG.

979 *Floretta/Spielbüchler/Strasser*, Arbeitsrecht 1⁴, 405 wollen diese Bestimmung analog auch auf die Kündigung wegen bereits erfolgter Betriebsstilllegung anwenden.

c) Der besondere Entlassungsschutz

Eine Entlassung ist rechtswirksam, wenn entweder der Betrieb bereits stillgelegt oder eine vorherige gerichtliche Zustimmung erteilt wurde. Gleichzeitig mit der Einbringung der Klage ist der BR zu verständigen. Die Zustimmung durch das Gericht darf nur wegen den in § 15 APSG taxativ aufgezählten Gründen erteilt werden (zB gröbliche Arbeitspflichtverletzung, Verrat von Geschäfts- und Betriebsgeheimnissen). 504

5. Begünstigte Behinderte

a) Die geschützten Personen

Besonderen Bestandschutz genießen **begünstigte Behinderte** iSd §§ 2 und 14 BEinstG. Das sind Österreicher, EWR-Bürger und Flüchtlinge, denen Asyl gewährt worden ist, wenn ihre Erwerbsfähigkeit um mindestens 50% gemindert ist und dies durch Bescheid festgestellt wurde.[980] Ihnen sind die Inhaber einer Amtsbescheinigung oder eines Opferausweises iSd Opferfürsorgegesetz (Opferbefürsorgte) gleichgestellt. Daneben genießen **Behinderte** iSd § 3 BEinstG (Rz 376) noch einen Motivkündigungsschutz, der im Rahmen einer Kündigungsanfechtung geltend zu machen ist (§§ 7 f BEinstG, Rz 465a). 505

Der Kündigungsschutz beginnt rückwirkend (frühestens) ab dem Ersten eines Monats, in dem der Antrag zur behördlichen Feststellung der Behinderung (§ 14 Abs 2 BEinstG) gestellt wurde,[981] und zwar auch dann wenn der Bescheid erst nach Ausspruch der Kündigung bzw sogar nach Ablauf der Kündigungsfrist dem betreffenden AN zugestellt wird[982]. Ebenfalls keine Auswirkungen hat es, dass der AG von der Behinderung des AN nichts weiß, da dieser ihm die Eigenschaft als begünstiger Behinderter nicht mitgeteilt hat.[983] Die Nichtmeldung führt dies jedoch insb dazu, dass der gekündigte AN für die Dauer der Säumnis keinen Entgeltanspruch gem § 1155 ABGB hat.[984] 506

Wenn das Arbeitsverhältnis zum Zeitpunkt des Ausspruchs der Kündigung jedoch noch **nicht länger als sechs Monate gedauert** hat, kommt der besondere Kündigungsschutz **nicht** zur Anwendung (§ 8 Abs 6 lit b BEinstG, beachte auch die dort angeführten Ausnahmen). 507

b) Der besondere Kündigungsschutz[985]

Die Kündigung eines begünstigten Behinderten darf erst dann ausgesprochen werden, wenn der **Behindertenausschuss**, eine beim Bundesamt für Soziales und Be- 508

---

[980] § 2 Abs 2 BEinstG enthält diverse Ausschließungsgründe; zum Verfahren über die Zuerkennung der Behinderteneigenschaft siehe § 14 BEinstG.

[981] Beachte auch den Erlöschenstatbestand in § 14 Abs 1 letzter Satz BEinstG.

[982] Dazu siehe OGH DRdA 1989, 210; DRdA 2001, 161 (*Ernst*); jüngst OGH DRdA 2009, 131 [*Weiß*]; auch der VwGH hat sich nunmehr der Rspr des OGH angeschlossen, siehe dazu VwGH RdW 2001, 160; vgl *Eypeltauer*, Die rückwirkende Geltung des besonderen Kündigungsschutzes begünstigter Behinderter, DRdA 1989, 185.

[983] OGH ZAS 1986, 16 (zT kritisch *Steinbauer*); Arb 10.584; DRdA 2005, 330 (*Karl*); *Spitzl*, Arbeitgeberkündigung in Unkenntnis der Behinderteneigenschaft des Arbeitnehmers, ZAS 2005, 209.

[984] OGH ZAS 1999, 43 (*Tinhofer*). Siehe allgemein *Rauch*, Rechtsfolgen der Unterlassung der Meldung der Behinderteneigenschaft, ASoK 2004, 265.

[985] Siehe dazu insb *Ernst/Haller*, BEinstG-Kommentar (2000); *Ernst*, Neue Wege in der Behinderteneinstellung, DRdA 2000, 4; *Spitzl/Kürner*, Ausgewählte Probleme zum BEinstG, ZAS 1995, 120; *Weiß*, Der Kündigungsschutz nach BEinstG, RdW 1999, 28, 81; *ders*, in Mazal/Risak, Das Arbeitsrecht, Kap XIX Rz 61 ff.

hindertenwesen errichtete kollegiale Verwaltungsbehörde, die insb mit AN-, AG- und Behindertenvertretern besetzt ist (§ 12 BEinstG), nach Anhörung des BR zugestimmt hat.[986] Eine **Kündigung ohne vorherige Zustimmung ist rechtsunwirksam**; nur in besonderen Ausnahmefällen kann die **Zustimmung nachträglich** erteilt werden (§ 8 Abs 2 BEinstG). Nach der Rspr müssen ganz außerordentliche Umstände vorliegen, die hart an der Grenze des Kündigungsschutzes überhaupt liegen und die überdies dadurch gekennzeichnet sind, dass dem AG die vorherige Einholung einer Zustimmung nicht zugemutet werden kann (insb bei Fällen der Betriebsstilllegung, in denen dem Betriebsinhaber die Behinderteneigenschaft des AN nicht bekannt ist).[987]

509 Das BEinstG enthält in seinem § 8 Abs 4 seit der Novelle BGBl I 1999/17 eine demonstrative Aufzählung von Kündigungsgründen, welche sich an denen für Belegschaftsfunktionäre orientieren.[988]

- Der Tätigkeitsbereich des begünstigten Behinderten entfällt und der AG weist nach, dass der begünstigte Behinderte trotz seiner Zustimmung an einem anderen geeigneten Arbeitsplatz ohne erheblichen Schaden nicht weiterbeschäftigt werden kann.
- Der begünstigte Behinderte wird unfähig, die im Dienstvertrag vereinbarte Arbeit zu leisten, sofern in absehbarer Zeit eine Wiederherstellung der Arbeitsfähigkeit nicht zu erwarten ist und der AG nachweist, dass der begünstigte Behinderte trotz seiner Zustimmung an einem anderen geeigneten Arbeitsplatz ohne erheblichen Schaden nicht weiterbeschäftigt werden kann.
- Der begünstigte Behinderte hat die ihm aufgrund des Dienstverhältnisses obliegenden Pflichten beharrlich verletzt, und der Weiterbeschäftigung stehen Gründe der Arbeitsdisziplin entgegen.

Der Behindertenausschuss hat bei seiner Entscheidung die besondere Schutzbedürftigkeit des AN sowie die Zumutbarkeit des Verlustes des Arbeitsplatzes für diesen zu berücksichtigen (§ 8 Abs 3 BEinstG).

c) Der besondere Entlassungsschutz

510 Begünstigte Behinderte genießen keinen besonderen Entlassungsschutz.[989] Es ist jedoch darauf hinzuweisen, dass in ihrem Fall die unbegründete oder verspätete Entlassung nicht zur Beendigung des Arbeitsverhältnisses führt.[990]

---

986 Zum Instanzenzug *Fritscher/Hofer*, Die Berufungskommission nach dem BEinstG, DRdA 1996, 112.

987 Siehe dazu VwGH ÖJZ 1990, 486; ÖJZ 1992, 63; RdW 1993, 117; ZfVB 1996/2202; infas 1999, A 39; infas 1999, A 57 – rechtzeitiger Antrag/erfolglose Berufung des AN. Bei erfolgter Betriebsstilllegung wird jedoch eine Kündigung analog zu jener der Belegschaftsvertreter ohne Zustimmung des Behindertenausschusses rechtswirksam erfolgen können; siehe dazu überzeugend *Weiß*, RdW 1999, 85; Dies gilt aber nicht, wenn der AG noch über einen weiteren nicht stillgelegten Betrieb verfügt. Diesfalls hat er zu prüfen, ob der Behinderte nicht in diesem weiterbeschäftigt werden kann (VwGH ARD 5210/12/2001); siehe auch VwGH ZAS 2003, 186 (*Risak*).

988 Siehe dazu die EB zur RV 1518 BlgNR 20. GP.

989 Zum Verhältnis der Kündigungs- und Entlassungsgründe siehe *Rauch*, Die Entlassung eines behinderten Arbeitnehmers, ASoK 2000, 242; *ders*, Nochmals zur Entlassung eines behinderten Arbeitnehmers, ASoK 2001, 25; *Risak*, Das Verhältnis zwischen den Kündigungs- und Entlassungsgründen begünstigter Behinderter nach BEinstG, ASoK 2001, 19; es liegt jedenfalls kein Entlassungsgrund vor, wenn ein behinderter Arbeiter seine Behinderteneigenschaft verschweigt, da die Aufzählung der Entlassungsgründe in § 82 GewO 1859 taxativ ist (OGH DRdA 2010, 127 [*Weiß*].

990 OGH infas 2002, A 110.

XVIII. Die Ansprüche bei Beendigung des Arbeitsverhältnisses

A. Allgemeines

Die Beendigung des Arbeitsverhältnisses führt nicht dazu, dass ab diesem Zeitpunkt keine Rechtsbeziehungen mehr zwischen den früheren Arbeitsvertragsparteien bestehen würden. Es endet vielmehr nur jener Teil des Schuldverhältnisses, der Basis für die Neuentstehung von Hauptpflichten (Arbeitsleistungen, Entgelt) und mit diesen verbundenen Nebenpflichten ist. Hingegen bleibt das noch ausständige Entgelt[991] ebenso noch weiter geschuldet wie bestimmte Nebenpflichten (zB die Rückgabe von Arbeitsgeräten, die Wahrung von Geschäftsgeheimnissen). Weiters entstehen mit der Beendigung auch neue Ansprüche, wie bspw der Anspruch auf Ausstellung eines Dienstzeugnisses, auf Gewährung einer Abfertigung oder auf die Abgeltung nicht verbrauchten Urlaubes. 511

In diesem Zusammenhang ist darauf hinzuweisen, dass Ansprüche auf Entgelt, Auslagenersatz und Rückzahlung von Vorschüssen gem § 1486 Z 5 ABGB in drei Jahren **verjähren**. Diese Frist kann vertraglich verkürzt, nicht aber verlängert werden (§ 1502 ABGB). Für Ansprüche wegen Austritt oder Entlassung (insb Kündigungsentschädigung) gilt eine **Ausschlussfrist** von sechs Monaten (§ 1162d ABGB, § 34 AngG).[992] 512

KV und Einzelarbeitsverträge enthalten häufig – insb für Überstunden – kürzere Verjährungs- und **Verfallsfristen**. Diese werden von der Rspr als zulässig angesehen, solange sie nicht die Geltendmachung von Ansprüchen ohne sachlichen Grund übermäßig erschweren. Eine Frist von drei Monaten genügt grundsätzlich diesen Anforderungen.[993] 513

B. Die Urlaubsersatzleistung

Das UrlG geht davon aus, dass der Urlaub grundsätzlich in natura verbraucht werden soll.[994] Ist jedoch das Arbeitsverhältnis beendet, kann ein ausstehender Urlaubsanspruch nicht mehr in Anspruch genommen, sondern nur mehr in Geld vergütet werden. Für das laufende Urlaubsjahr sieht daher das UrlG, außer im Falle des ungerechtfertigten Austritts (§ 10 Abs 2 UrlG), eine aliquote Urlaubsersatzleistung vor. Diese gebührt gem § 10 Abs 1 UrlG entsprechend der Dauer der Dienstzeit in diesem Urlaubsjahr im Verhältnis zum dem gesamten Urlaubsjahr entsprechenden Urlaubsanspruch (zB bei 6-monatiger Dienstzeit in Höhe des Urlaubsentgelts für den halben Jahresurlaub, dh für 15 Werktage). Bereits verbrauchter Jahresurlaub ist dabei auf das aliquote Urlaubsaus- 513a

---

991 Zu (aliquoten) Sonderzahlungsansprüchen OGH DRdA 2004, 48 (*A. Spitzl*).

992 Siehe dazu *Wöss*, Verjährung und Verfall im Arbeitsrecht, DRdA 1988, 216; diese Frist kann zugunsten des AN verlängert, aber weder durch AV oder durch KV verkürzt werden (OGH DRdA 2000, 55 [*Holzer*]); zum Verhältnis KV und Gesetz, OGH ZAS 2006/6 *(Rossmann)*.

993 OGH Arb 10.174; infas 1994, A 140; ZAS 1998, 152 *(Madl)*; ecolex 2000, 376; DRdA 2003, 35 (*B. Schwarz*); siehe auch Arb 10.475 – sechs Wochen zu kurz; RdW 1990, 387 – zwei Monate zu kurz; RdW 2004/392 – ein Monat zu kurz; demgegenüber ARD 5178/8/2000 – eine zweimonatige Verfallsfrist für Überstundenentgelt ist unbedenklich, soweit es sich nicht um Überstundenentgelt für über eine Überstundenpauschale hinaus geleistete Überstunden handelt; *Krejci*, in Rummel, ABGB³, Rz 123 zu § 879; *Pfeil*, Zur Zulässigkeit von Verjährungs- und Verfallsklauseln im Arbeitsrecht, RdW 1986, 343; *Eypeltauer*, Wider den vereinbarten Verfall zwingender Arbeitnehmeransprüche bei aufrechtem Arbeitsverhältnis, DRdA 2001, 23.

994 Siehe insb das Ablöseverbot in § 7 UrlG.

maß anzurechnen (sind im obigen Beispiel bereits 5 Werktage verbraucht, so gebührt nur das Urlaubsentgelt für 10 Werktage). Außer im Fall der Beendigung des Arbeitsverhältnisses durch unberechtigten vorzeitigen Austritt und verschuldete Entlassung ist das Urlaubsentgelt für einen über das aliquote Urlaubsausmaß hinaus verbrauchten Jahresurlaub nicht zurückzuerstatten (§ 10 Abs 1 UrlG aE).[995] Für nicht verjährten Resturlaub aus vorangegangenen Urlaubsjahren gebührt dem AN immer eine Ersatzleistung im vollen Ausmaß des noch ausständigen Urlaubsentgelts, eine Aliquotierung oder ein Entfall ist nicht vorgesehen (Abs 3 leg cit). Außer im Fall des Rechtsmissbrauchs besteht keine Obliegenheit des AN Urlaub innerhalb der Kündigungsfrist zu verbrauchen und hat auch ein zumutbarer Nicht-Verbrauch keine Auswirkungen auf die Urlaubsersatzleistung.[996] Der Anspruch auf Urlaubsersatzleistung gebührt bei Beendigung des Arbeitsverhältnisses durch Tod des AN dessen Erben.[997]

514 Für Zeiten in denen die Ersatzleistung für Urlaubsentgelt zusteht, ruht der Anspruch auf Arbeitslosengeld (§ 16 Abs 1 lit l AlVG). Außerdem unterliegt die Urlaubsersatzleistung der Sozialversicherungspflicht (§ 11 Abs 2 ASVG aE), womit in dieser Hinsicht das Arbeitsverhältnis „verlängert" wird.[998]

C. Die Abfertigung

515 Unter dem Begriff der „Abfertigung" verstand man bislang einen einmaligen Geldbetrag, der einem AN nach mindestens drei Jahren ununterbrochener Beschäftigung beim selben AG anlässlich der Beendigung des Arbeitsvertrages gebührte (Abfertigung „alt"). Ein völlig verändertes Abfertigungsrecht wurde nunmehr mit dem Betrieblichen Mitarbeitervorsorgegesetz (BMVG) geschaffen (Abfertigung „neu").[999]

Im Rahmen der Abfertigung „alt" richtet sich die Höhe der Zahlung des AG nach der Anzahl der Dienstjahre und steigt bis zu einem Jahresentgelt. Die gesetzliche Grundlage findet sich für Angestellte in den §§ 23 f AngG und für Arbeiter im Arbeiterabfertigungsgesetz (ArbAbfG), welches auf die einschlägigen Bestimmungen des AngG verweist.[1000] In der Folge wird deshalb nur auf das AngG eingegangen. Der Anspruch auf Abfertigung, welcher Entgeltcharakter besitzt, entsteht erst mit der Beendigung des Dienstverhältnisses. Er steht jedoch grundsätzlich dann nicht zu, wenn das Arbeitsverhältnis aus Verschulden des AN (zB ungerechtfertigter Austritt, vom AN verschuldete Entlassung) oder durch AN-Kündigung geendet hat (§ 23 Abs 7 AngG). Aus diesen Faktoren lässt sich das **multifunktionelle Wesen** der Abfertigung begründen: Unter anderem hat sie (1.) Kündigungsschutzfunktion, da sie AG-Kündigungen verteuert, stellt (2.)

---

[995] Insb zu den sozialversicherungsrechtlichen Konsequenzen siehe *Spitzl*, Arbeits- und beitragsrechtliche Hinweise zur Rückerstattung von Urlaubsentgelt, ecolex 2001, 104.

[996] OGH 9 ObA 144/05z; anders noch OGH RdW 2005, 497 (*Peschek*) = DRdA 2005/36 (*Balla*); *Körber*, Urlaubsverbrauch während der Kündigungsfrist – wirklich alles beim Alten?, ecolex 2006, 230; jüngst OGH DRdA 2010, 68 – kein Urlaubsverbrauch während des Anfechtungsverfahrens nicht rechtsmissbräuchlich; aber DRdA 2010, 69 – rechtsmissbräuchliches Horten bei einer mehrjährigen (beinahe 4,5 Jahre dauernden) Dienstfreistellung.

[997] Siehe dazu *Risak*, Hinterbliebenenansprüche beim Tod des AN, ecolex 1997, 995.

[998] Siehe dazu *Brodil/Windisch-Graetz*, Sozialrecht in Grundzügen[6], 45.

[999] BGBl I 2002/100 idF BGBl I 2006/48.

[1000] Daneben bestehen für bestimmte Berufsgruppen sondergesetzliche Bestimmungen (zB § 22 GAngG, § 35 VBG, § 17 HausgG, §§ 8 Abs 2, 11 Abs 2 JournG, § 31 LAG); besonders hinzuweisen ist auf die Sonderregelungen für Bauarbeiter im BUAG (dazu *Floretta/Spielbüchler/Strasser*, Arbeitsrecht 1[4], 240 mwN). Auch KV enthalten mitunter günstigere die Abfertigung betreffende Bestimmungen.

eine Versorgungs- und Überbrückungshilfe für die Zeit nach dem Ende des Arbeitsverhältnisses dar, ist (3.) eine Treueprämie (Entfall in den oben angeführten Gründen) sowie (4.) eine Art „Unternehmensaufschwungsvergütung“ (bei Auflösung des Unternehmens Berücksichtigung der Wirtschaftslage des AG gem § 23 Abs 2 AngG).[1001]

Der wesentliche Unterschied zwischen der Abfertigung „neu“ und der Abfertigung „alt“ besteht darin, dass der AG nunmehr für jeden AN monatlich **steuer- und sozialversicherungsfreie Beiträge**[1002] in eine Mitarbeitervorsorgekasse (MV-Kasse) zu bezahlen hat, die von dieser veranlagt werden. Die in die MV-Kasse einbezahlten und verzinsten Beiträge gelangen spätestens bei Pensionsantritt als Abfertigung „neu“ zur Auszahlung und gehen auch nicht bei Arbeitnehmerkündigung, verschuldeter Entlassung oder unberechtigtem, vorzeitigen Austritt verloren.

Beide Systeme werden noch eine Zeit lang nebeneinander bestehen, da die Regelungen der Abfertigung „neu“ ex-lege nur für nach dem 31. 12. 2002 beginnende Arbeitsverhältnisse gelten.

D. Das System der Abfertigung „alt“

1. Anspruchsvoraussetzungen

a) Dauer des Dienstverhältnisses

Der Anspruch auf Abfertigung hängt dem Grunde und der Höhe nach von der **516** Dauer des Bestandes des Dienstverhältnisses ab. Gem § 23 Abs 1 AngG ist die ununterbrochene Dauer des Dienstverhältnisses von drei Jahren erforderlich. Die Rspr rechnet die Vordienstzeiten beim selben AG auch dann an, wenn zwischen den einzelnen Dienstverhältnissen nur kurze Unterbrechungen (von höchstens einigen Wochen) lagen.[1003] Vordienstzeiten bei anderen AG sind dabei außer im Falle gesonderter vertraglicher Vereinbarung keinesfalls zu berücksichtigen.

Wurde das Arbeitsverhältnis aus Verschulden des AG vorzeitig beendet (unbegrün- **517** dete Entlassung oder vom AG verschuldeter Austrittsgrund), fingiert der OGH bei der Berechnung der Abfertigung, dass das Arbeitsverhältnis zu jenem Zeitpunkt geendet habe, zu dem der AG hätte frühestens auflösen können bzw zu dem die Befristung abgelaufen wäre.[1004]

[1001] Siehe dazu eingehend *Gruber*, Keine Abfertigung bei Selbstkündigung – ein Verstoß gegen Art 48 EGV?, ZAS 1998, 97 (106) mwN; EuGH RdW 2000, 101 (*Runggaldier*) – Verlust des Abfertigungsanspruchs bei Selbstkündigung EU-rechtskonform.

[1002] § 26 Z 7 lit d EStG; § 49 Abs 3 Z 18 lit b ASVG; siehe zu den Sonderzahlungen *Gruber*, Abfertigung Neu FN 109, der darauf hinweist, dass der Gesetzgeber offenbar auf die Steuer- und Sozialversicherungsbefreiung von Sonderzahlungen vergessen hat.

[1003] OGH Arb 10.383 = ZAS 1985, 143 (krit *Bydlinski*, Die Zusammenrechnung von Dienstzeiten als Abfertigungsproblem in der Bauwirtschaft, ZAS 1985, 123); ZAS 1989, 55 (*Zeiler*). Die jüngere Rspr nimmt Karenzierungen an, welche das Arbeitsverhältnis nicht unterbrechen OGH WBl 1991, 198; RdW 1992, 380; Arb 11.139; DRdA 2001, 270 – Zusammenrechnung von Dienstzeiten erfolgt selbst dann, wenn das vorangegangene Dienstverhältnis durch Entlassung geendet hat.

[1004] OGH Arb 6778; ZAS 1986, 127 (*Spielbüchler*) = DRdA 1987, 305 (*Migsch*).

b) Art der Beendigung

518 Die Anspruchsgrundlage für die Abfertigung ist die Auflösung des Arbeitsverhältnisses, nicht eine bestimmte Art der Beendigung. Bestimmte Arten der Beendigung können jedoch zum Entfall der Abfertigung führen.[1005]

Grundsätzlich besteht kein Anspruch auf Abfertigung, wenn der Arbeitsvertrag durch

- AN-Kündigung,[1006]
- unbegründeten Austritt oder
- verschuldete Entlassung endet (§ 23 Abs 7 AngG).

519 Ausnahmsweise besteht gem § 23a AngG auch bei **Selbstkündigung des AN** ein Anspruch auf Abfertigung:[1007]

- nach Vollendung des 65. (Männer)/60. (Frauen) Lebensjahres, wenn das Dienstverhältnis mindestens 10 Jahre gedauert hat (**Altersabfertigung**);
- wenn der AN eine vorzeitige Alterspension („Frühpension" oder „Korridorpension" nach APG) in Anspruch nimmt[1008] und das Arbeitsverhältnis mindestens 10 Jahre gedauert hat bzw wenn er eine Pension wegen geminderter Arbeitsfähigkeit in Anspruch nimmt (**Pensionsabfertigung**);
- bei Geburt eines Kindes, wenn die AN während der Schutzfrist bzw bei Inanspruchnahme von Karenz die Mutter (oder auch der Vater, der im gemeinsamen Haushalt mit dem Kind lebt) spätestens drei Monate vor dessen Ende austritt[1009] (**Elternabfertigung**). In diesem Fall gebührt allerdings die Abfertigung nur in halber Höhe (max drei Monatsentgelte) und setzt voraus, dass das Arbeitsverhältnis mindestens fünf Jahre gedauert hat.[1010]

2. Höhe

a) Berechnungsgrundlage

520 Die Abfertigung beträgt ein Vielfaches „des für den letzten Monat des Dienstverhältnis gebührenden Entgelts" (§ 23 Abs 1 AngG). Es kommt somit auf die Entgeltsituation des AN knapp vor dem Ende des Arbeitsverhältnisses an, womit sichergestellt werden soll, dass auch die letzten Entgelterhöhungen, aber auch Senkungen (insb bei Reduktion der Arbeitszeit) voll auf die Berechnung der Abfertigung durchschlagen.[1011] Der Anspruch muss dabei dem Grunde nach im letzten Monat bestanden haben. Dies ist nach der Rspr auch bei solchen Leistungen der Fall, die zwar nicht in jeder Lohnzahlungsperiode er-

---

[1005] Im Prozessfall hat deshalb der AG diese zu beweisen; *Floretta/Spielbüchler/Strasser*, Arbeitsrecht I[4], 237; *Klicka*, Beweisprobleme im Arbeitsrecht, in Tomandl (Hrsg), Neuere Tendenzen im Arbeitsrecht auf dem Prüfstand (1999) 42.

[1006] OGH infas 2002, A 83; WBl 2004, 289; DRdA 2005, 538 (*Mayr*) – jeweils zum Abfertigungsanspruch trotz Selbstkündigung bei Vorliegen eines Austrittsgrundes.

[1007] Entfällt.

[1008] OGH DRdA 1999, 304 (*Drs*) – Antragstellung bis zum Zeitpunkt der Beendigung des Arbeitsverhältnisses erforderlich.

[1009] Zum „Mutterschaftsaustritt" siehe OGH ZAS 1985, 183 (*Andexlinger*) mwN; eine Elternabfertigung gebührt dann nicht, wenn – wie dies in der Praxis oft vorkommt – im Anschluss an den Mutterschaftskarenzurlaub eine Bildungskarenz gem § 11 AVRAG in Anspruch genommen und erst nach dieser das Arbeitsverhältnis beendet wird.

[1010] Diese Bestimmung ist gem EuGH Rs C 249/97 ZAS 2000, 56 (*Brodil*) europarechtskonform; siehe dazu auch *Brodil*, EuGH: Uneingeschränkter Mutterschaftsaustritt? ecolex 1999, 274.

[1011] OGH RdW 2005/844; DRdA 2001, 561 – Entgeltbegriff des § 23 AngG nicht abdingbar.

bracht werden, jedoch mit gewisser Regelmäßigkeit (zumindest einmal jährlich) anfallen. So sind zB Weihnachtsremuneration und Urlaubszuschuss[1012] oder auch eine „angesparte“ Unternehmensbeteiligung[1013] zu berücksichtigen. Überstunden sind dann in die Abfertigungsberechnung einzubeziehen, wenn sie regelmäßig anfallen.[1014]

Sind Entgeltteile dem Grunde nach einzubeziehen, fallen sie aber in wechselnder Höhe an, so sind sie mit einem Durchschnittswert anzusetzen. Das gilt auch für Einkommensminderungen wegen des Vorliegens besonderer Umstände (zB Krankheit). Damit soll vermieden werden, dass sich Zufälligkeiten auf die Höhe der Abfertigung auswirken.[1015] Besonderheiten ergeben sich, wenn das Arbeitsverhältnis während der Inanspruchnahme einer Elternteilzeitbeschäftigung endet (siehe § 23a Abs 4a AngG).[1016] **521**

b) Ausmaß

Die Abfertigung beträgt nach ununterbrochener Dauer des Arbeitsverhältnisses **522**

von 3 Jahren	2 Monatsentgelte,
von 5 Jahren	3 Monatsentgelte,
von 10 Jahren	4 Monatsentgelte,
von 15 Jahren	6 Monatsentgelte,
von 20 Jahren	9 Monatsentgelte,
von 25 Jahren	12 Monatsentgelte.

Sie steht jedoch nur **in halbem Ausmaß** zu: in Fällen des Mutterschafts- und Vaterschaftsaustritts (höchstens drei Monatsentgelte, § 23 Abs 3, 4, 4a AngG) sowie beim Tod des AN (§ 23 Abs 6 AngG)[1017]. **523**

Endet das Arbeitsverhältnis in unmittelbarem Zusammenhang mit der Auflösung des Unternehmens,[1018] entfällt die Verpflichtung zur Gewährung einer Abfertigung ganz oder teilweise, wenn sich die persönliche Vermögenslage des AG derart verschlechtert hat, dass ihm die Erfüllung billigerweise nicht oder nicht in voller Höhe zugemutet werden kann (§ 23 Abs 2 AngG). Bei juristischen Personen ist diese Bestimmung nicht anwendbar.[1019] **524**

3. Fälligkeit

Die Abfertigung ist, soweit sie den Betrag des Dreifachen des Monatsentgelts nicht übersteigt, mit Auflösung des Dienstverhältnisses fällig. Der Rest kann ab dem vierten Monat in vorauszahlbaren Teilbeträgen abgestattet werden (§ 23 Abs 4 AngG). Nur die Alters- und Pensionsabfertigung kann vom AG auch in monatlichen Raten (mindestens die Hälfte eines Monatsentgelts) gezahlt werden (§ 23a Abs 2 AngG). **525**

1012 OGH Arb 7375; Arb 9866; Arb 9999 ua.

1013 OGH DRdA 1999, 229; noch weiter gehend *Schindler*, „Defered compensations“, insb Betriebspensionszusagen als abfertigungsrelevante Entgelte, DRdA 1999, 187.

1014 OGH ZAS 1988, 121 (*Andexlinger/Spitzl*); infas 1999, A 92.

1015 OGH Arb 7170; 9321; 10.229, DRdA 2005, 432 (*Mayr*) ua.

1016 Vgl *Löschnigg*, Arbeitsrecht[10], 6.5.2.6.5 mwN.

1017 Siehe dazu *Risak*, ecolex 1997, 995.

1018 Dafür ist nach OGH DRdA 2000, 247 (*Mayr*) ein enger zeitlicher und sachlicher Zusammenhang (gs 1 Monat) erforderlich.

1019 OGH Arb 10.297; zur Beendigung des Arbeitsvertrages im Zusammenhang mit einem Insolvenzverfahren siehe *Löschnigg*, Arbeitsrecht[10], 6.5.2.6.6 mwN.

E. Die Grundsätze der Abfertigung „neu“

1. Geltungsbereich

525a Die Abfertigung „neu“ gilt für alle Arbeitsverhältnisse, die (1.) auf einem privatrechtlichen Vertrag[1020] beruhen und (2.) deren vertraglich vereinbarter Beginn nach dem 31. Dezember 2002 liegt (§ 1 BMVG).

Auf Arbeitsverhältnisse, die bereits **vor** dem 1. 1. 2003 begonnen haben und lediglich **unterbrochen** wurden, ist das alte Abfertigungsrecht dennoch weiterhin anzuwenden, sofern **(1.)** die Wiedereinstellung vereinbart oder zugesagt wurde und Vordienstzeiten angerechnet werden oder **(2.)** ein am 1. 7. 2002 in Kraft stehender Kollektivvertrag bei Wiedereinstellung die Anrechnung von Vordienstzeiten anordnet oder **(3.)** der Arbeitgeberwechsel innerhalb eines Konzerns oder **(4.)** infolge eines Betriebsüberganges erfolgt. Für vor dem 31. 12. 2002 begonnene Arbeitsverhältnisse kann die Geltung des neuen Abfertigungsrechts schriftlich **vereinbart** werden (§ 47 BMVG).[1021]

2. Beitragsrecht

525b Für die dem neuen Abfertigungsrecht unterliegenden Arbeitsverhältnisse müssen AG einen laufenden Beitrag in Höhe von 1,53% des sozialversicherungspflichtigen Entgelts (§ 49 ASVG)[1022] bezahlen, mit der die Abfertigungszahlung finanziert wird.

Der **erste Monat** eines Arbeitsverhältnisses ist **beitragsfrei** (§ 6 Abs 1 BMVG), es sei denn, dass innerhalb von 12 Monaten mit demselben Arbeitgeber erneut ein Arbeitsverhältnis eingegangen wird. Im Falle der Inanspruchnahme von **Altersteilzeit** (§ 27 AlVG), des **Solidaritätsprämienmodells** (§ 13 AVRAG) oder von **Kurzarbeit** (§ 27 Abs 1 lit b AMFG) ist der Beitrag auf Grund jenes Monatsentgelts zu berechnen, das sich ohne Verminderung der Arbeitszeit ergeben hätte (§ 6 Abs 4 BMVG). Im Falle **krankheitsbedingter Arbeitsunfähigkeit** hat der AG, sofern er das gesamte Entgelt weiter zu bezahlen hat, Beiträge in voller Höhe zu entrichten. Für die Dauer eines Anspruchs auf **Wochen- oder Krankengeld** durch das ASVG sind bei weiterhin aufrechtem Dienstverhältnis Beiträge auf Grundlage einer fiktiven Bemessungsgrundlage zu bezahlen. Diese richtet sich im Falle des Wochengeldes nach dem für den Kalendermonat vor dem Eintritt des Versicherungsfalles gebührenden Entgelt, im Falle des Krankengeldes nach der Hälfte dieses Entgelts (§ 7 Abs 3 BMVG). Strittig ist, ob für Zeiträume, in denen Anspruch auf teilweise Fortzahlung des Entgelts besteht, zusätzlich zu den Beiträgen nach § 6 BMVG noch Beiträge von der Sonderbeitragsgrundlage des § 7 Abs 3 BMVG zu bezahlen sind.[1023]

[1020] Es ist auf den **arbeitsrechtlichen AN-Begriff** abzustellen (*Mayr*, in Mayr/Resch, Abfertigung neu – BMVG, § 1 Rz 2); aM *Resch*, in Mayr/Resch, Abfertigung neu – BMVG, § 6 Rz 35–41 der den **sozialrechtlichen AN-Begriff** heranzieht; vgl *Adamovic*, Abfertigung Alt und Neu – Versuch einer Bilanz, RdW 2002, 471.

[1021] Zu strittigen Rechtsfragen von „Umstiegsvereinbarungen“ vgl *Mazal*, „Umstieg“ auf das BMVG – Rechtsprobleme der innerbetrieblichen Umstellung des Abfertigungsrechts, ZAS 2003, 27; *Grillberger*, Der Übergang zur Abfertigung Neu, DRdA 2003, 211; siehe jüngst OGH DRdA DRdA 2009, 360 [*Mayr*] – Übertritt ist erst ab dem 1.1.2003 wirksam, konnte jedoch bereits vorher vereinbart werden.

[1022] Siehe zum sozialversicherungsrechtlichen Entgeltbegriff VwGH ÖJZ 1973, 193.

[1023] Dafür *Schindler*, in Mazal/Risak, Das Arbeitsrecht, Kap XX Rz 95; ebenso *Resch*, in Mayr/Resch, Abfertigung neu – BMVG, § 7 Rz 17; aA *Binder/Schifko*, Abfertigung neu, 56; vgl auch *Schrank*, Heikle Rechtsfragen des Beitragssystems der „Abfertigung Neu“, ZAS 2003, 14.

Während eines **Präsenz- oder Zivildienstes** hat der AG Beiträge in Höhe von 1,53% des jeweiligen Kinderbetreuungsgeldes zu leisten (§ 7 Abs 1 und Abs 2 BMVG). Für Zeiten des **Kinderbetreuungsgeldbezuges** werden Beiträge durch den Familienlastenausgleichsfonds in Höhe von 1,53% des Kinderbetreuungsgeldbezuges gem § 3 Abs 1 KBGG bezahlt (§ 7 Abs 4 BMVG). Beiträge in selber Höhe erbringt der Familienlastenausgleichsfonds für die Dauer einer **Bildungskarenz** gem § 11 AVRAG oder einer **Familienhospizkarenz** gem §§ 14a, 14b AVRAG (§ 7 Abs 5 AVRAG).

3. MV-Kassen

Die Beiträge sind an den zuständigen Krankenversicherungsträger abzuführen **525c**
(§ 6 BMVG), der diese an die MV-Kasse – es handelt sich dabei um eine Aktiengesellschaft oder GmbH, die das Mitarbeitervorsorgekassengeschäft gem § 1 Abs 1 Z 21 BWG betreiben – weiterleitet.[1024] In Betrieben in denen ein BR errichtet ist, erfolgt die Auswahl der MV-Kasse durch Abschluss einer BV (§ 97 Abs 1 Z 1b ArbVG bzw § 9 Abs 1 BMVG).[1025] In Betrieben ohne BR hat der AG sämtliche AN über die beabsichtigte Auswahl schriftlich zu informieren. Wenn mindestens ein Drittel der AN binnen zwei Wochen schriftlich Einwände erhebt, muss der AG eine andere MV-Kasse vorschlagen. Auf Verlangen dieser AN ist die zuständige Fachgewerkschaft zu Beratungen über den neuerlichen Vorschlag des AG beizuziehen. Wird trotz Beiziehung der Gewerkschaft binnen zwei Wochen keine Einigung erzielt, kann die Schlichtungsstelle (§ 144 ArbVG) angerufen werden.

4. Anspruch und Verfügungsmöglichkeiten[1026]

Der Anwartschaftsberechtigte hat bei Beendigung des Arbeitsverhältnisses gegen **525d**
die MV-Kasse Anspruch auf eine Abfertigung, sofern es (1.) nicht durch Kündigung des AN, verschuldete Entlassung oder unberechtigten Austritt beendet wird[1027] und (2.) zumindest drei Einzahlungsjahre seit Beginn der ersten Beitragszahlung oder einer bereits erfolgten Auszahlung der Abfertigung vorliegen.[1028] Sind diese Vorraussetzungen nicht erfüllt, gehen dennoch die einbezahlten Abfertigungsbeiträge nicht verloren („Rucksackprinzip“). Auf sie kann zugegriffen werden, sobald ein späteres Arbeitsverhältnis nicht verfügungsschädlich endet.[1029]

[1024] Ferner sind die Beiträge wie Sparbücher oder Konten bis zu einer Höhe von € 20.000,– in das System der Anleger-Entschädigung einbezogen und dadurch auch im Fall der Insolvenz einer MV-Kasse gesichert (§ 93 Abs 3d Z 3 BWG); siehe zu den Regeln für die Veranlagung der Abfertigungsbeiträge die §§ 28–33 BMVG; zu den Kosten für die Tätigkeit der MV-Kasse siehe § 26 BMVG.

[1025] Strittig ist, ob der AG zunächst ohne Abschluss einer BV eine MV-Kasse auswählen kann. Dafür spricht, dass die Auswahl gem § 9 BMVG durch BV gem § 97 Abs 1 Z 1b ArbVG zu erfolgen hat. Damit verweist der Gesetzgeber auf die Gruppe der erzwingbaren BV. Nach hA kann der Betriebsinhaber bei diesen BV die Maßnahme treffen, solange keine BV abgeschlossen wurde (so *Tomandl/Schrammel*, Arbeitsrecht 1^6, 181). Demnach müsste sich die Belegschaft gegen die Auswahl des AG durch Abschluss einer BV wehren, allenfalls gem § 144 ArbVG mit Hilfe der Schlichtungsstelle (siehe *Resch*, in Mayr/Resch, Abfertigung neu – BMVG §§ 9,10 Rz 4); aA *Schindler*, in Mazal/Risak, Das Arbeitsrecht, Kap XX Rz 111.

[1026] Siehe dazu ausführlich *Schindler*, in Mazal/Risak, Das Arbeitsrecht, Kap XX Rz 102 ff; *Mayr*, in Mayr/Resch, Abfertigung neu – BMVG, § 14.

[1027] Zu den Ausnahmen während einer Teilzeit-Beschäftigung nach dem MSchG oder VKG siehe §§ 15k MSchG; 9a VKG); siehe auch *Peschek*, Die geplante Abfertigung neu – arbeitsrechtliche Eckpunkte, RdW 2002, 298.

[1028] *Gruber*, Abfertigung Neu, 41.

[1029] *Gruber*, Abfertigung Neu, 43.

Besteht ein Anspruch auf Auszahlung hat der AN gem § 17 BMVG folgende Verfügungsmöglichkeiten:[1030]

- **Auszahlung** der gesamten Abfertigung als Kapitalbetrag;
- **Übertragung** des **gesamten** Abfertigungsbetrages in die **MV-Kasse des neuen AG**;
- **Überweisung** des Abfertigungsbetrages an **Versicherung, Bank** oder **Pensionskasse** zu bestimmten Formen der Veranlagung[1031];
- Weiterveranlagung des **gesamten** Abfertigungsbetrages in der MV-Kasse des ehemaligen AG.

Die **Höhe** des Abfertigungsanspruchs richtet sich nach dem Veranlagungserfolg der MV-Kassen, sodass der AN nicht mit einer bestimmten Höhe rechnen kann. Die in die MV-Kassen einbezahlten Beträge sind aber insofern gesichert, als der Auszahlungsbetrag die Summe der einbezahlten Beiträge niemals unterschreiten darf (§ 24 BMVG).

5. Übertritt in das System der Abfertigung „neu“

525e Wie bereits erwähnt, kann die Geltung der Abfertigung „neu“ mit jenen AN schriftlich vereinbart werden, die grundsätzlich dem alten Abfertigungsrecht unterliegen. § 47 BMVG regelt zwei Übertrittsvarianten: Zum einen können Abfertigungsanwartschaften „eingefroren“ werden und ab einem frei vereinbarten Stichtag Beiträge nach dem neuen System geleistet werden. Zum anderen besteht die Möglichkeit der Übertragung der im alten System erworbenen Anwartschaften.[1032]

525f In Fall des **Einfrierens** gilt das bisherige Abfertigungsrecht für die bis zum vereinbarten Stichtag entstandenen Abfertigungsanwartschaften (zB zwei Monatesentgelte nach vier Jahren) weiter. Ob anlässlich der Beendigung ein Auszahlungsanspruch besteht, richtet sich für diese Anwartschaften weiterhin nach § 23 AngG. Zusätzlich stehen dem AN die ab dem Stichtag veranlagten Abfertigungsbeiträge nach Maßgabe der Regelungen des BMVG zu. Entscheidet sich der AN hingegen für die **Übertragung der bisherigen Abfertigungsanwartschaften** auf eine MV-Kasse, dann hat dieser Schritt zur Folge, dass das alte Abfertigungsrecht zur Gänze außer Kraft tritt. Eine Übertragung ist allerdings nur **bis zum 31. 12. 2012** zulässig. Die Höhe des Übertragungsbetrages richtet sich nach der zwischen AG und AN getroffenen Einzelvereinbarung. Wesentlich ist, dass **nicht** sämtliche am Übertragungsstichtag bestehenden Anwartschaften übertragen werden müssen.[1033] Der Übertragungsbetrag muss binnen der Frist von fünf Jahren an die MV-Kasse (mit mindestens einem Fünftel jährlich) eingezahlt werden.[1034]

[1030] Siehe dazu ausführlich *Mayr*, in Mayr/Resch, Abfertigung neu – BMVG, § 14.

[1031] Als Einmalprämie für eine Pensions-Zusatzversicherung (§ 108b EStG); zum Erwerb von Anteilen an einem Pensionsinvestmentfonds (§ 23g Abs 2 Z 2 InvFG); in eine Pensionskasse, bei der der AN bereits über Beiträge verfügt (§ 17 Abs 1 Z 4 BMVG).

[1032] Zu sog „Mischvarianten“ (teilweises Einfrieren und teilweises Übertragen bisheriger Anwartschaften) siehe *Schindler*, in Mazal/Risak, Das Arbeitsrecht, Kap XX Rz 124 f; *Mazal,* Umstieg auf das BMVG, ZAS 2003/5*;* siehe auch *Kristen/Pinggera/Schön*, Überblick über die Neuregelungen durch das betriebliche Mitarbeitervorsorgegesetz, RdW 2002/389.

[1033] Allerdings darf ein vereinbarter Abschlag nicht zu hoch ausfallen, da die Gefahr für den AG besteht, dass eine derartige Vereinbarung sittenwidrig ist. Dies würde dazu führen, dass die Abfertigungsanwartschaften nach altem Recht wieder aufleben (so *Gruber*, ecolex 2002, 484; *ders*, Abfertigung neu, 85); ebenso kritisch *Schindler*, in Mazal/Risak, Das Arbeitsrecht, Kap XX Rz 121.

[1034] Der gesamte Restbetrag muss sofort einbezahlt werden, wenn das Arbeitsverhältnis während dieses Zeitraumes in einer Weise endet, die nach dem neuen Abfertigungsrecht einen Auszahlungsanspruch verschafft.

F. Die Kündigungsentschädigung

Die Nachteile, die dem vertragstreuen Teil durch eine von seinem Vertragspartner verschuldete Auflösung des Arbeitsvertrages entstehen, lösen Schadenersatzansprüche nach allgemeinem Zivilrecht aus. Zu Gunsten des AN sieht das Arbeitsrecht ergänzend in Gestalt der Kündigungsentschädigung spezielle Ansprüche vor (§§ 1162a – 1162d ABGB, §§ 28 f, 32, 34 AngG). **526**

Der AN hat **Anspruch** auf Kündigungsentschädigung, wenn er

- aus einem wichtigen, vom AG verschuldeten Grund ausgetreten ist,
- ohne wichtigen Grund entlassen wurde[1035] oder
- der AG ihn frist- oder terminwidrig kündigt.[1036]

Die Kündigungsentschädigung soll dem AN **jenes Entgelt** sichern, dass er **bei ordnungsgemäßer Beendigung durch den AG verdient hätte**. Der Anspruch umfasst somit bei unbefristeten Dienstverhältnissen das Entgelt bis zum nächsten ordentlichen Kündigungstermin. Bei befristeten Arbeitsverhältnissen gebührt demgegenüber das Entgelt bis zum Ablauf der Befristung. Die Kündigungsentschädigung besteht neben dem gesamten ausstehenden Lohn auch aus in der „fiktiven Kündigungsfrist" erst anfallenden Ansprüchen (etwa erhöhte Abfertigung „alt" oder durch den Beginn eines neuen Urlaubsjahres entstehende, höhere Urlaubsabgeltungsansprüche).[1037] **527**

Der Anspruch entsteht bei Ende des Dienstverhältnisses, die Fälligkeit tritt zu den im Arbeitsvertrag vorgesehenen Zeitpunkten ein. Außerdem muss sich der AN (wie beim Vorteilsausgleich gem § 1155 ABGB) all das anrechnen lassen, was er sich infolge des Unterbleibens der Dienstleistung erspart oder durch anderweitige Verwendung erworben oder zu erwerben absichtlich versäumt hat. Bis zum Ausmaß von drei Monatsentgelten wird die Kündigungsentschädigung jedoch ohne Abzug fällig (§ 1162b AGBG). **528**

Probleme ergeben sich bei der Berechnung der Höhe der Kündigungsentschädigung bei **besonders kündigungsgeschützen AN**, welche begründet austreten oder die fehlerhafte Auflösung ihres AG gegen sich wirken lassen. Ist in diesen Fällen der besondere Kündigungsschutz mitzuberücksichtigen? Dies hatte zur Folge dass ein BR-Mitglied Entgelt für die Funktionsperiode plus drei Monate „Abkühlungsfrist" plus die Kündigungsfrist bekäme, der begünstigt Behinderte uU Entgelt bis an sein Lebensende. Der OGH berücksichtigt bei BR-Mitgliedern den besonderen Kündigungsschutz nicht,[1038] bei Behinderten nimmt er abgeleitet aus § 21 AngG (Dienstverhältnis auf Lebenszeit) eine Mindestkündigungsfrist von sechs Monaten an,[1039] bei den anderen besonders kündigungsgeschützten AN wird der besondere Kündigungsschutz in die Berechnung miteinbezogen.[1040] **529**

[1035] Nach der von der Rspr vertretenen Schadenersatztheorie endet in diesem Fall das Arbeitsverhältnis; siehe dazu oben Rz 446.

[1036] OGH Arb 9259, Arb 10.305 ua.

[1037] Zur Rechtslage vor dem ARÄG 2000 OGH ZAS 1982, 140 (*Schrank*); Arb 10.177; ZASB 1995, 17.

[1038] OGH DRdA 1992, 145 (*Grießer*); Arb 10.990; RdW 1994, 319; kritisch *Löschnigg*, Arbeitsrecht[10], 7.3.4.3.3.9.

[1039] Zuletzt OGH ZAS 1998, 178 (*Resch*) = DRdA 1998, 440 (Besprechnungsaufsatz *Weiß*, Die Kündigungsentschädigung austretender Behinderter, DRdA 1998, 403), auch der Kündigungstermin (gem § 20 Abs 2 AngG das Quartalsende) ist zu berücksichtigen.

[1040] Geschützte Mütter: OGH WBl 1993, 90; ZAS 1997, 85 (*Frauenberger*); Lehrlinge: OGH DRdA 1992, 312 (*W. Gruber*).

530 Trifft beide Vertragsteile ein **Mitverschulden** an der vorzeitigen Vertragsauflösung (zB der AG setzt eine erhebliche Ehrverletzung, welche aber vom AN durch sein Verhalten provoziert wurde[1041], kann der Richter nach freiem Ermessen entscheiden, ob und in welcher Höhe ein Ersatz gebührt (§ 1162c ABGB, § 32 AngG).[1042]

531 Werden Ersatzansprüche wegen schuldhafter vorzeitiger Auflösung des Arbeitsverhältnisses nicht binnen der **Fallfrist** von **sechs Monaten** geltend gemacht, gehen sie unter (§ 1162d AGBG, § 34 AngG). Nicht erfasst davon sind Ansprüche auf eigene Leistungen anlässlich der Beendigung des Arbeitsvertrages wie zB die Urlaubsersatzleistung[1043] und die Abfertigung[1044].

G. Die Betriebspension

1. Allgemeines

532 Betriebspensionen (Ruhegelder) dienen der Ergänzung der Leistungen der gesetzlichen Pensionsversicherung (Alterspension, Invaliditäts-/Berufsunfähigkeitspension, Hinterbliebenenpensionen[1045]). In Österreich besteht keine gesetzliche Verpflichtung des AG Betriebspensionen vorzusehen. Rechtsgrundlage für die Verpflichtung des AG aus einer solchen Zusage können sowohl die vertragliche Ebene (Einzelvereinbarungen, einseitige Erklärungen) als auch Normen der kollektiven Rechtsgestaltung (KV, BV) sein.

Bei der Gestaltung von Betriebspensionen findet man in der Praxis im Wesentlichen zwei Modelle: Im Rahmen einer Gesamtversorgung ist vorgesehen, dass eine Pension in bestimmter Höhe zugesagt wird, auf welche die Leistungen aus der gesetzlichen Sozialversicherung in Anrechnung gebracht werden. Der Nachteil dieser Lösung besteht darin, dass die Höhe der zur Finanzierung aufzubringenden Geldmittel von der jeweiligen Ausgestaltung der Leistungen aus der gesetzlichen Sozialversicherung abhängt. Besser kalkulierbar sind Modelle, denen von der gesetzlichen Pension unabhängige Zahlungen in bestimmter Höhe zugesagt werden.[1046]

Innerhalb dieser Modelle unterscheidet man zwischen **Pensionskassenlösungen, betrieblichen Kollektivversicherungen, Lebensversicherungszusagen** und **Direktzusagen**. Im Rahmen einer Pensionskassenlösung werden Beiträge an eine Pensionskasse bezahlt, die dann in weiterer Folge die Pensionszahlungen an den AN leistet. Eine ähnliche Konstruktion besteht im Abschluss von Lebensversicherungen oder betrieblichen Kollektivversicherungen zugunsten der AN. Bei Direktzusagen verpflichtet sich der AG die Betriebspension ohne Zwischenschaltung Dritter selbst zu bezahlen.

[1041] OGH WBl 1999, 219 (*Pfeil*).

[1042] Zur Reichweite der Mitverschuldensregel *Tomandl/Schrammel*, Arbeitsrecht 2^4, 214 mwH; der OGH (RdW 1996, 276; WBl 1999, 219) wendet die Mitverschuldensregel nicht nur auf die Kündigungsentschädigung, sondern auch auf die Abfertigung und Urlaubsabgeltung an; dazu krit die Anmerkung von *Pfeil*, RdW 1999, 222; diese Rspr steht auch in einem Widerspruch zur Nichtanwendung der Fallfrist des § 1162d ABGB bzw des § 34 AngG auf diese AN-Ansprüche; zum gänzlichen Entfall mangels Verschulden des DG OGH ecolex 2004, 202 – begünstigter Behinderter.

[1043] OGH Arb 10.072.

[1044] OGH Arb 10.097.

[1045] Zu den Leistungen der Pensionsversicherung eingehend *Brodil/Windisch-Graetz*, Sozialrecht in Grundzügen[5], 128 ff.

[1046] *Tomandl/Schrammel*, Arbeitsrecht 2^6, 300 ff.

Aus dem europarechtlichen „*Grundsatz des gleichen Entgelts für Männer und Frauen bei gleicher Arbeit*" des Art 141 EG ergibt sich, dass Männer und Frauen sowohl bezüglich des Zugangs zu einem Betriebspensionssystem als auch in den Anspruchsvoraussetzungen – insb dem Pensionsalter – nicht unterschiedlich behandelt werden dürfen.[1047]

2. Das Betriebspensionsgesetz (BPG)

a) Regelungsziel

Das Regelungsziel des seit 1. 7. 1990 geltenden Betriebspensionsgesetzes (BPG)[1048] besteht in der Sicherung bestehender Pensionsleistungen und Pensionsanwartschaften durch weitreichende Beschränkungen der Vertragsfreiheit. Im Vordergrund steht im Wesentlichen die Schaffung sog unverfallbarer Anwartschaften (§§ 5, 6c, 7, 13 BPG – siehe Rz 540f), die Rahmenbedingungen für das Einstellen, Aussetzen oder Einschränken der Beitragsleistungen (§§ 6, 6d, 9, 14 BPG – siehe Rz 540k) sowie für das Aussetzen oder Einschränken von Leistungen (§ 9 BPG – siehe Rz 540w). Weiters enthält das BPG ein Anrechnungs- und Auszehrungsverbot (§ 16 BPG – siehe Rz 536f) und ein spezielles Gleichbehandlungsgebot (§ 18 BPG – siehe Rz 538). 533

b) Anwendungsbereich

Das BPG ist nur auf Leistungszusagen des AG, die der Ergänzung der Alters-, Invaliditäts- und Hinterbliebenenpension aus der gesetzlichen Sozialversicherung dienen, anwendbar, räumt jedoch selbst keinen Anspruch des AN auf eine Betriebspension ein. Nicht erfasst sind gem § 1 Abs 3 Z 3 BPG vom AG unmittelbar zu erfüllende Leistungszusagen und Leistungen, die ausdrücklich keinen Rechtsanspruch auf Leistungen vorsehen (zB „*freiwillig und unpräjudiziell*").[1049] Davon sind Vertragskonstruktionen zu unterscheiden, bei denen sich der AG einer Widerrufsklausel (zB „*freiwillig und gegen jederzeitigen Widerruf*") bedient und dadurch einen widerrufbaren Rechtsanspruch einräumt. Der Widerrufsvorbehalt darf allerdings nur nach billigem Ermessen ausgeübt werden[1050]. Ebenso wenig erfasst werden Zahlungen, die für einen Zweck bestimmt sind, für den in der gesetzlichen Pensionsversicherung keine Leistungen vorgesehen sind (sog „*Administrativpensionen*" gem § 1 Abs 3 Z 3 BPG).[1051] 534

In zeitlicher Hinsicht ist das BPG nicht auf Leistungszusagen anzuwenden, die vor dem 1. 1. 1989 gemacht wurden und von Pensionskassen zu erfüllen sind, die zu diesem Zeitpunkt bereits errichtet waren (Art V Abs 1 BPG). Weiters gelten die Bestimmungen des BPG nicht für Anwartschaften und Leistungen aus Pensionszusagen, die 535

[1047] Siehe auch Rz 370 f; EuGH 17. 5. 1990, Rs C-262/88, Slg 1990, I-1889 – Barber; *Schrammel*, Gleichbehandlung und Sozialversicherung, ZAS 1999, 33; *Tomandl/Schrammel*, Arbeitsrecht 2[6], 300; zu den Konsequenzen siehe *Schima*, in Mazal/Risak, Das Arbeitsrecht, Kap VII Rz 75 f.

[1048] Siehe dazu insb *Schrammel*, BPG-Kommentar (1992); *Farny/Wöss*, BPG- und PKG-Kommentar (1992).

[1049] Der OGH nimmt nur bei eindeutigem Fehlen eines Verpflichtungswillens an, dass kein Rechtsanspruch besteht (OGH Arb 11.601).

[1050] OGH ZAS 1989, 94 (*Tomandl*); *Welser*, Widerrufsvorbehalt und Teilkündigungsvereinbarung bei entgeltwerten Leistungen des Arbeitgebers, DRdA 1991, 1.

[1051] Dazu siehe *Runggaldier*, Die neue Rechtsprechung zum Betriebspensionsrecht, in Tomandl (Hrsg), Neuere Tendenzen im Arbeitsrecht auf dem Prüfstand (1999) 10.

vor seinem Inkrafttreten erworben wurden (Art V Abs 3 BPG).[1052] Es ist daher bei vor dem Inkrafttreten des BPG gemachten Leistungszusagen zwischen den bis zum Inkrafttreten erworbenen und nach altem Recht zu beurteilenden sowie den danach erworbenen und dem BPG unterliegenden Anwartschaften zu unterscheiden.[1053] Allerdings gelten Widerrufsvorbehalte in vor Inkrafttreten vereinbarten Verträgen auch für nach dem 1. 7. 1990 erworbene Anwartschaften.[1054]

c) Das Anrechnungs- und Auszehrungsverbot des § 16 BPG[1055]

536 Das **Anrechnungsverbot** besagt, dass die durch das BPG geschützten Versorgungsleistungen nicht durch Versorgungsleistungen, die auf Beiträgen der Leistungsberechtigten (dh des AN) beruhen, gemindert werden dürfen. Damit ist die Anrechnung von Versorgungsleistungen ausgeschlossen, die der AN durch eigene Beiträge finanziert hat. Dies gilt allerdings nicht für Leistungen aus der gesetzlichen Pensionsversicherung, soweit sie auf Pflichtbeiträgen beruhen. Weiters bezieht sich das Anrechnungsverbot auch nicht auf Versorgungsleistungen, die zumindest zur Hälfte auf Beiträgen oder Zuschüssen des AG beruhen.

537 Das **Aufzehrungsverbot** verbietet, dass der Wert des vom AG zu erbringenden Teils der Gesamtversorgung, der sich im Zeitpunkt des Leistungsfalles ergibt, durch eine spätere Erhöhung von anrechenbaren Versorgungsleistungen gemindert werden darf. Damit ist es dem AG verwehrt, den Betrag seiner eigenen Leistung zu kürzen, wenn die Pension aus der gesetzlichen Sozialversicherung erhöht wird.[1056]

d) Das Gleichbehandlungsgebot des § 18 BPG

538 Dazu siehe Rz 384.

e) Arten von Leistungszusagen

539 Das BPG erfasst folgende Formen der Leistungszusagen (§ 2 BPG):[1057]

- **Direkte Erbringung von Zahlungen** an AN und seine Hinterbliebenen – direkte Leistungszusagen (siehe Rz 540m);
- Zahlung von Beiträgen an eine **Pensionskasse** – Pensionskassenzusagen (siehe Rz 540) oder eine **betriebliche Kollektivversicherung** (Rz 540m);
- Zahlung von Prämien für zugunsten des AN und seine Hinterbliebenen abgeschlossene **Lebensversicherung –** Lebensversicherungszusagen (siehe Rz 541).

3. Pensionskassenzusagen

540 Der AG verpflichtet sich im Rahmen einer Pensionskassenzusage, einen Pensions(kassen)vertrag mit einer Pensionskasse (= Aktiengesellschaft die Pensionskassengeschäfte gem Pensionskassengesetz [PKG][1058] durchführt) abzuschließen und Beiträge für seine AN und deren Hinterbliebene zu entrichten. Die Leistung von Beiträgen

---

[1052] Siehe dazu OGH ZAS 1995, 159 (*Löschnigg/Reissner*); *Schrammel*, BPG, Art V Erl 3.
[1053] Siehe mwN *Schima*, in Mazal/Risak, Das Arbeitsrecht, Kap VII FN 73.
[1054] OGH RdW 1995, 191.
[1055] *Schrammel*, BPG 174.
[1056] *Löschnigg*, Arbeitsrecht[10], 6.5.2.6.
[1057] Außerdem erwähnt § 15 BPG noch Unterstützungs- und sonstige Hilfskassen.
[1058] BGBl 1990/281 idF BGBl I 2007/107.

durch die AN ist zulässig. Die Beiträge der AN dürfen idR die Summe der jährlichen Beiträge des AG nicht übersteigen (siehe dazu näher § 3 Abs 4, 3. Satz BPG). Das PKG regelt im Detail Errichtungsvoraussetzungen, Organisation, Aufgaben und Pflichten der Pensionskassen sowie die über diese vorgesehene Staatsaufsicht.

a) Arten von Zusagen

Im Rahmen beitragsorientierter Zusagen verpflichtet sich der AG, Beiträge in einer bestimmten Höhe an die Pensionskasse zu entrichten. Hinsichtlich der Festlegung der Beitragshöhe besteht grundsätzlich Vertragsfreiheit: In § 3 Abs 1 Z 2 BPG ist lediglich festgelegt, dass die Höhe der vom AG entrichteten Beiträge mit der Pensionskasse betragsmäßig oder in fester Relation zu laufenden Entgelten oder Entgeltbestandteilen festzulegen sind. Zusätzlich können bis zur Höhe der vom AG verpflichtend zu entrichtenden Beiträge variable Beiträge vorgesehen werden. Im Rahmen dieses Modells ergibt sich die Pensionshöhe aus dem eingezahlten Kapital, welches nach versicherungsmathematischen Regeln verrentet wird. Hinsichtlich der Veranlagung können selbstverständlich im Pensionskassenvertrag Vereinbarungen getroffen werden. Es kann dabei eine Veranlagungsstrategie festgelegt werden, die entweder eher dynamisch oder eher konservativ ausgerichtet ist. Damit ist evident, dass die Pensionshöhe vom Veranlagungserfolg der Pensionskasse abhängt. Dieser Veranlagungserfolg bezieht sich innerhalb der Pensionskasse auf die sog Veranlagungs- und Risikogemeinschaft (siehe § 12 PKG). Es handelt sich dabei um eine eigene Verrechnungseinheit innerhalb der Pensionskasse, die zumindest 1.000 Anwartschafts- und Leistungsberechtigte enthält. Diese tragen gemeinschaftlich das Veranlagungs- bzw das versicherungstechnische Risiko. Dem System einer beitragsorientierten Pensionszusage ist es daher immanent, dass keine Nachschussverpflichtungen des AG bestehen sollen. **540a**

Im Gegensatz zu einer beitragsorientierten Zusage ist bei einer **leistungsorientierten Zusage** die **Höhe der Pension** (im Vorhinein) **festgelegt**. Die Höhe der Zahlungen, die zur Finanzierung der zugesagten Pensionshöhe erforderlich sind, müssen nach versicherungsmathematischen Grundsätzen berechnet und auch tatsächlich einbezahlt werden. Die Problematik im Rahmen eines derartigen Modells besteht darin, dass bei der Berechnung der Finanzierungserfordernisse **Annahmen über den Veranlagungserfolg** angestellt werden müssen. Stellen sich diese als verfehlt heraus, dann müssen entsprechende Anpassungen vorgenommen werden, was zu Schwankungen im Rahmen der Beitragszahlungen führt. In § 5 Z 3 PKG ist zur Nachschusspflicht des AG ausdrücklich festgehalten, dass unvorhergesehene Deckungslücken, die aufgrund unzutreffender Annahmen in den Rechnungsgrundlagen (§ 20 Abs 2 Z 3 PKG) entstanden sind, längstens binnen zehn Jahren sowie andere Deckungslücken unverzüglich durch Leistung von Einmalbeträgen zu schließen sind. **540b**

b) Rechtsgrundlagen

Die Gründung einer betrieblichen Pensionskasse (§ 3 PKG) oder der Beitritt zu einer überbetrieblichen Pensionskasse (§ 4 PKG) hat im Wege einer BV mit zwingendem Mindestinhalt (§ 3 Abs 1 BPG, § 97 Abs 1 Z 18a ArbVG)[1059] zu erfolgen. Für AN, die von keinem BR vertreten werden, ist dies auch im Wege einer vertraglichen Vereinbarung (für die das BPG ein verbindliches Vertragsmuster vorsieht) möglich (§ 3 Abs 2 BPG). **540c**

[1059] Zum Schutz der AN vor dem Erlöschen der BV können Pensionskassen-BV nur hinsichtlich jener Arbeitsverhältnisse wirksam gekündigt werden, die nach dem Kündigungstermin begründet werden (§ 97 Abs 4 ArbVG).

540d In einem KV können Beitritt bzw Errichtung nur dann vorgesehen werden, wenn er zum Stichtag 1. 1. 1997 eine betriebliche Alters-/Hinterbliebenenversorgung vorsieht, oder eine solche für einen nicht dem II. Teil des ArbVG unterliegenden Betrieb/ Unternehmen (siehe dazu § 33 Abs 2 ArbVG) getroffen werden soll (§ 3 Abs 1a BPG). Bei Wegfall der kv Pensionskassenzusage durch Wechsel der KV-Angehörigkeit oder Erlöschen des KV durch Kündigung werden die Regelungen des KV über die Pensionskassenzusage Inhalt des Arbeitsvertrages des Anwartschaftsberechtigten (§ 3 Abs 1b BPG).

540e Durch den Abschluss der BV/KV bzw des Vertragsmusters wird noch keine Verpflichtung der Pensionskasse gegenüber dem AN begründet. Dadurch wird lediglich die Verpflichtung des AG geschaffen, mit einer Pensionskasse einen Pensionskassenvertrag nach Maßgabe des Pensionskassengesetzes (§ 15 PKG) abzuschließen („*Kontrahierungspflicht*") sowie in weiterer Folge Beiträge zu bezahlen. Ansprüche des AN gegenüber der Pensionskasse richten sich nach diesem Vertrag, der den Bedingungen der BV (KV/Einzelvereinbarung) zu entsprechen hat.[1060] Der Pensionskassenvertrag ist als Vertrag zugunsten Dritter – dem AN – zu qualifizieren.[1061]

c) Unverfallbarkeit

540f Das BPG enthält für den Fall, dass das Arbeitsverhältnis vor Leistungsanfall endet strenge Unverfallbarkeitsbestimmungen (§ 5 BPG), die über jene für direkte Leistungszusagen (Rz 540t) hinausgehen: Bei Beendigung des Arbeitsverhältnisses werden die aus eigenen Beiträgen des AN und aus Beiträgen des AG bisher erworbenen Anwartschaften auf Alters- und Hinterbliebenenpension sofort unverfallbar. Zulässig ist lediglich eine Regelung, dass die aus AG-Beiträgen erworbenen Anwartschaften erst nach Ablauf einer Wartezeit von höchstens fünf Jahren nach Beginn der Beitragszahlung des AG an die Pensionskasse unverfallbar werden.

540g Diese Frist gilt nicht, wenn im Zeitpunkt einer allfälligen Übertragung einer Anwartschaft in die Pensionskasse bereits ein Rechtsanspruch auf diese Anwartschaft entsteht oder die Beendigung des Arbeitsverhältnisses infolge der Insolvenz des AG oder infolge einer Betriebsstillegung erfolgt oder wenn im Zuge der Übertragung eines Unternehmens, Betriebes/Betriebsteiles der neue AG die Fortzahlung der Beiträge verweigert.

540h Die Art der Beendigung des Arbeitsverhältnisses ist für den Eintritt der Unverfallbarkeit irrelevant (zB es schadet auch eine gerechtfertigte Entlassung nicht).

540i Aus der unverfallbaren Anwartschaft ist ein **Unverfallbarkeitsbetrag** zu errechnen, der der auf Grund des Risikos des Alters und des Todes geschäftplanmäßig zu bildenden Deckungsrückstellung entspricht. Näheres zur Berechnung des Unverfallbarkeitsbetrages siehe bei § 5 Abs 1a BPG. Nach Beendigung des Arbeitsverhältnisses kann der AN über den Unverfallbarkeitsbetrag nach Maßgabe von § 5 Abs 2 BPG durch Erklärung verfügen. Er kann entweder

- die Übertragung in die Pensionskasse eines neuen AG,
- die Umwandlung in eine beitragsfrei gestellte Anwartschaft oder
- die Fortsetzung des Anwartschaftserwerbes mit eigenen Beiträgen

verlangen. Gibt der AN keine Erklärung ab, so erfolgt die Umstellung auf eine beitragsfrei gestellte Anwartschaft (§ 5 Abs 3 BPG).

1060 Entspricht der Pensionskassenvertrag nicht den Vorschriften des PKG oder den Vorschriften des § 3 BPG („*Mindestinhalt*"), so hat die Finanzmarktaufsicht die Pensionskasse mit der Verbesserung des Vertrages zu beauftragen; kommt die Pensionskasse diesem Auftrag binnen längstens sechs Monaten nicht nach, so ist der Pensionskassenvertrag **nichtig** (§ 15 Abs 4 PKG).

1061 *Tomandl/Schrammel,* Arbeitsrecht 2^6, 305.

Wenn der Unverfallsbarkeitsbetrag den Abfindungsgrenzbetrag gem § 1 Abs 2 und 2a PKG (2006 € 9.900,–) nicht übersteigt, kann er als **Abfindung** ausgezahlt werden; auf sein Verlangen ist dem AN ein unter der Abfindungsgrenze liegender Unverfallbarkeitsbetrag bei allen Formen der Betriebspensionszusage abzufinden (§ 5 Abs 4 BPG). **540j**

d) Aussetzung – Einschränkung der Beitragsleistung

Bei Pensionskassenzusagen kann der AG die laufenden Beitragsleistungen nur dann und solange aussetzen oder einschränken, als **540k**

- dies im KV, in der BV bzw im Vertragsmuster vorgesehen ist,
- zwingende wirtschaftliche Gründe vorliegen und
- mindestens drei Monate vorher eine Beratung mit dem BR stattgefunden hat (§ 6 Abs 6 BPG).

Zu den Beiträgen der AN während dieser Aussetzung bzw Einschränkung siehe § 6 Abs 7 BPG.

e) Einstellung der Beitragsleistung

Eine dauernde Einstellung der laufenden Beitragsleistungen (Widerruf) ist nur dann möglich, wenn **540l**

- dies im KV, in der BV bzw im Vertragsmuster vorgesehen ist,
- sich die wirtschaftliche Lage des Unternehmens nachhaltig so wesentlich verschlechtert, dass die Aufrechterhaltung der zugesagten Leistung eine Gefährdung des Weiterbestandes des Unternehmens zur Folge hätte und
- mindestens drei Monate vorher eine Beratung mit dem BR stattgefunden hat (§ 6 Abs 1 BPG).

Widerruft der AG, so bleiben dem AN die bisher erworbenen Anwartschaften erhalten. Im Zeitpunkt des Widerrufs ist ein Unverfallbarkeitsbetrag nach denselben Rechenregeln wie nach § 5 Abs 1a BPG zu errechnen. Zu den Verfügungsmöglichkeiten des AN über den Unverfallbarkeitsbetrag siehe § 6 Abs 3 BPG.

4. Betriebliche Kollektivversicherungszusage

Die Novelle BGBl I 8/2005 fügte die „betriebliche Kollektivversicherung" als zusätzliche Möglichkeit der betrieblichen Altersvorsorge in das BPG ein (§§ 6a–6d BPG).[1062] Damit können nunmehr zum Betrieb der Lebensversicherung berechtigte Versicherungsunternehmen das betriebliche Altersversorgungsgeschäft nach den Regeln des Versicherungsaufsichtsgesetzes betreiben. Die Rahmenbedingungen sind weitgehend auf die für Pensionskassen relevanten Bestimmungen abgestimmt, insb durch die Gleichstellung im Arbeits- und Steuerrecht. Nur beim Mitbestimmungsrecht gibt es erhebliche Unterschiede, zB keine Einbindung von Vertretern der Anwartschafts- und Leistungsberechtigten in den Aufsichtsrat der Versicherung. **540m**

Der Abschluss einer betrieblichen Kollektivversicherung bedarf gem § 6a BPG – ebenso wie bei der Pensionkassenzusage – grundsätzlich zur Rechtswirksamkeit des Abschlusses einer BV (§ 97 Abs 1 Z 18b ArbVG) oder einer Regelung in einem KV. Für Arbeitnehmer, die nicht von einem Betriebsrat vertreten sind oder für die kein Kollek- **540n**

[1062] Siehe dazu *Schima*, in Mazal/Risak, Das Arbeitsrecht, Kap VII Rz 68a.

tivvertrag gilt, bedarf es des Abschlusses einer Vereinbarung mit dem Arbeitgeber nach einem das Gleichbehandlungsgebot des § 18 BPG berücksichtigenden Vertragsmuster.

540o Die Detailregelungen sind weitestgehend den Regelungen für Pensionskassenzusagen nachempfunden, weshalb auf diese zu verweisen ist (Rz 540 ff).

5. Direktzusagen

540p Im Rahmen direkter Leistungszusagen ist der AG selbst verpflichtet, an seinen AN/dessen Hinterbliebene Betriebspensionen zu zahlen. Der AG ist auch dann Schuldner der Pensionsleistung, wenn er die Zahlungen – wie in der betrieblichen Praxis üblich – durch den Abschluss einer Rückdeckungsversicherung absichert.

a) Rechtsgrundlagen

540q Die Verpflichtung kann auf einzelvertraglicher Grundlage (schriftlicher Einzelvertrag, Vertragsschablone für Gruppen von AN, etc) oder auf Normen der kollektiven Rechtsgestaltung (BV gem § 97 Abs 1 Z 18 ArbVG, KV[1063]) beruhen. Mit Erteilung der Zusage erwirbt der AN eine bedingte Anwartschaft auf Versorgung in bestimmten Fällen, wie Alter, Berufsunfähigkeit/Invalidität oder Tod („*verfallbare Anwartschaft*"). Eine unbedingte Anwartschaft und damit einen Rechtsanspruch auf Zahlung der Betriebspension entsteht erst dann, wenn alle vereinbarten bzw in BV/KV festgelegten Bedingungen erfüllt sind. In der Regel verfolgen diese das Ziel den Anfall von Leistungen auszuschließen, wenn das Arbeitsverhältnis vor Anfall der Leistung beendet wird. Im Vordergrund steht dabei die Festlegung von Fristen zwischen Erteilung der Leistungszusage und Entstehung des Rechtsanspruches („*Wartezeiten*") sowie anspruchsvernichtende Klauseln, insb im Zusammenhang mit bestimmten Arten der Beendigung des Arbeitsverhältnisses („*Anwartschaftsverfall*"). Derartige Klauseln unterliegen unter dem Blickwinkel der Sittenwidrigkeit (§ 879 ABGB) der Inhaltskontrolle.

540r Die Rspr erachtet eine Bestimmung als sittenwidrig, nach der der AG das einseitige Recht erhält, eine bereits erworbene Pensionsanwartschaft nach Willkür zunichte zu machen, worunter auch eine Kündigung zu verstehen ist.[1064]

540s Beruht die Direktzusage auf einer BV/KV, ergibt sich eine Inhaltskontrolle aufgrund der Drittwirkung der Grundrechte (Rz 367). Verschlechternde Eingriffe sind insb am verfassungsrechtlichen Gleichheitssatz zu messen, der eine umfassende Sachlichkeits- und Verhältnismäßigkeitsprüfung verlangt.[1065] Im Übrigen wirken sich Änderungen einer Pensions-BV auf bereits ausgeschiedene AN nicht aus, da der BV die diesbezügliche Regelungsbefugnis fehlt.[1066]

b) Unverfallbarkeit

540t Das BPG enthält für Anwartschaften aus direkten Leistungszusagen darüber hinausgehende Beschränkungen der Vertragsfreiheit (§ 7 BPG): Mangels einer für den AN günstigeren Vereinbarung ist der Rechtsanspruch auf eine Versorgungsleistung vom Ablauf einer fünfjährigen Frist seit Erteilung der Leistungszusage („*Wartezeit*") abhän-

---

1063 Der KV kann mangels diesbezüglicher Regelungsermächtigung (§ 2 Abs 2 Z 2 ArbVG) keine AN-Beiträge festlegen (OGH ZAS 1995, 12 [*Schrammel*]).
1064 OGH DRdA 2001, 254 (*Wöss*); DRdA 1998, 271 (*Wöss*); ecolex 2000, 810.
1065 OGH Arb 11.099; DRdA 2000, 235 (*Runggaldier*).
1066 OGH ZAS 1989, 94 (*Tomandl*); RdW 2001, 484.

gig und verfallen auch nach diesem Zeitpunkt Anwartschaften für die Alters- und Hinterbliebenenversorgung, wenn das Arbeitsverhältnis durch AN-Kündigung oder vorzeitige Beendigung aus Verschulden des AN endet. Darüber hinaus ist es zulässig, eine fünf Jahre übersteigende Wartezeit bis zum Ausmaß von zehn Jahren zu vereinbaren.[1067]

Aus der unverfallbaren Anwartschaft ist ein **Unverfallbarkeitsbetrag** nach dem Teilwertverfahren und den bei der Bildung der Rückstellung anzuwendenden versicherungsmathematischen Grundsätzen zu errechnen (dazu näher § 7 Abs 2a und 2b BPG).[1068] Nach Beendigung des Arbeitsverhältnisses kann der AN den Unverfallbarkeitsbetrag in die Pensionskasse oder in eine Gruppenrentenversicherung eines neuen oder früheren AG oder in eine Rentenversicherung ohne Rückkaufsrecht übertragen (§ 7 Abs 3 Z 1 BPG). Wenn ein AG-Wechsel unter Wahrung der Pensionsansprüche aus dem bisherigen Arbeitsverhältnis stattfindet, kann die Übertragung in die direkte Leistungszusage des neuen AG verlangt werden (§ 7 Abs 3 Z 2 BPG). Schließlich hat der AN die Möglichkeit die Erfüllung der Leistungszusage zu verlangen, wobei der Unverfallbarkeitsbetrag in eine beitragsfrei gestellte Anwartschaft mit einem Rechnungszinsfuß von 6% umzuwandeln ist (§ 7 Abs 3 Z 4 BPG). Gibt der AN binnen sechs Monaten keine Erklärung ab, ist die Direktzusage im Leistungsfall zu erfüllen (§ 7 Abs 5 BPG). **540u**

Bezüglich der Abfindung des Unverfallbarkeitsbetrages gilt die Regelung für Pensionskassen sinngemäß (§ 7 Abs 6 BPG, Rz 540i). **540v**

c) Einstellung – Aussetzung – Einschränkungen des Erwerbs zukünftiger Anwartschaften

Im Anwendungsbereich des BPG kann der AG den Erwerb künftiger Anwartschaften nur dann einstellen, wenn **540w**

- dies in BV/KV vorgesehen ist oder schriftlich vereinbart wurde („*vereinbarter Widerrufsvorbehalt*“),
- sich die wirtschaftliche Lage des Unternehmens nachhaltig so wesentlich verschlechtert, dass die Aufrechterhaltung der zugesagten Leistung eine **Gefährdung des Weiterbestandes des Unternehmens** zur Folge hätte und
- mindestens drei Monate vor dem Einstellen eine Beratung mit dem BR erfolgt ist (§ 8 Abs 1 BPG).

Voraussetzung für ein **Aussetzen oder Einschränken** des Erwerbs zukünftiger Anwartschaften ist neben dem vereinbarten Widerrufsvorbehalt und der Beratung mit dem BR lediglich das Vorliegen **zwingender wirtschaftlicher Gründe** (§ 8 Abs 6 BPG). **540x**

Auf Widerrufsklauseln, die bereits vor dem Inkrafttreten des BPG vereinbart wurden, sind diese Beschränkungen nicht anzuwenden. Dies gilt auch für nach dem Inkrafttreten erworbene Anwartschaften.[1069]. Allerdings bestehen auch außerhalb des Anwendungsbereiches des BPG unter allgemeinen arbeitsrechtlichen Gesichtspunkten Einschränkungen, da Widerrufsvorbehalte nur nach *„billigem Ermessen“* ausgeübt werden dürfen.[1070] **540y**

[1067] Zur Zulässigkeit von Treuepflichtvereinbarungen siehe *Runggaldier*, Die neue Rechtsprechung zum Betriebspensionsrecht, in Tomandl (Hrsg), Neuere Tendenzen im Arbeitsrecht auf dem Prüfstand (1999) 14; *Tomandl*, Ungereimtheiten und Unzulänglichkeiten des neuen Betriebspensionsrechts, ZAS 1991, 80 (86); *Schima*, Zulässigkeit von Treuepflichtklauseln in Pensionsverträgen innerhalb und außerhalb der Geltung des Betriebspensionsgesetzes, JBl 1993, 430, 494; OGH ZAS 1996, 23 (*Brodil*).

[1068] *Tomandl/Schrammel*, Arbeitsrecht 1[6], 306.

[1069] OGH RdW 1995, 191; *Schrammel*, BPG 125, 243.

[1070] OGH ZAS 1989, 94 (*Tomandl*).

d) Aussetzen oder Einschränken von Leistungen

540z Der AG kann Leistungen nur dann und solange aussetzen oder einschränken, wenn

- dies in BV/KV vorgesehen ist oder vereinbart wurde und
- zwingende wirtschaftliche Gründe vorliegen und
- wenn der AG von dem ihm eingeräumten Recht Gebrauch gemacht hat, den Erwerb künftiger Anwartschaften einzustellen, auszusetzen oder einzuschränken. Soweit Leistungen durch Wertpapiere (§ 11 BPG)[1071] gedeckt sind, dürfen sie weder ausgesetzt noch eingeschränkt werden. Diese Wertpapiere dürfen auch weder verpfändet noch veräußert werden (§ 9 BPG).

6. Lebensversicherungszusagen

541 Der AG verpflichtet sich, zugunsten seiner AN bzw deren Hinterbliebenen einen Lebensversicherungsvertrag abzuschließen und die Versicherungsprämien zu zahlen. Bei Lebensversicherungszusagen sind sämtliche Anwartschaften sofort unverfallbar (§ 13 Abs 1 BPG) und bleiben daher dem AN jedenfalls erhalten, wenn das Arbeitsverhältnis (egal auf welche Weise) vor Leistungsanfall beendet wird. Bei der Berechnung des Unverfallbarkeitsbetrages wird gem § 13 BPG auf den Rückkaufswert der Versicherung abgestellt.

541a Das Einstellen, Aussetzen oder Einschränken der Prämienleistung ist nur unter den für direkte Leistungszusagen geltenden Bedingungen (Rz 540w) zulässig (§ 13 Abs 1 und 4 BPG). Der AN kann im Fall der Einstellung (Widerruf) die Umwandlung in eine prämienfreie Versicherung (§ 13 Abs 1 Z 1 BPG) oder die Fortsetzung der Versicherung mit einer eigenen Prämie verlangen (13 Abs 1 Z 2 BPG). Gibt der AN keine Erklärung ab, so erfolgt eine prämienfreie Versicherung (§ 13 Abs 2 BPG). Für die Zeit einer Aussetzung oder Einschränkung hat der AN die Möglichkeit seine Prämien in der bisherigen Höhe weiterzuzahlen, seine Prämienleistung aussetzen oder im selben Ausmaß einschränken oder auch die Prämien des AG zu übernehmen (§ 13 Abs 5 BPG). Bezüglich der Abfindung des Unverfallbarkeitsbetrages gilt die Regelung für Pensionskassen sinngemäß (§ 13 Abs 3 BPG).

H. Sonstige Ansprüche bei Beendigung

1. Dienstzeugnis

541b Bei Beendigung des Dienstverhältnisses hat der AN auf sein Verlangen Anspruch auf Ausstellung eines schriftlichen Zeugnisses durch den AG, welcher auch die diesbezüglichen Kosten zu tragen hat.[1072] Dieses hat über Art und Dauer seiner Dienstleistung Auskunft zu geben. Dabei kann sich aus der Fürsorgepflicht ergeben, dass der AG eine nähere Darstellung der Tätigkeit des AN zu geben hat, wenn dies für sein berufliches Fortkommen wesentlich ist.[1073] Einen Anspruch auf eine Bewertung seiner Arbeitsleis-

---

[1071] Siehe zu § 11 BPG *Schrammel,* BPG 138 f.

[1072] Beim Zwischenzeugnis hat hingegen der AN die Kosten zu tragen (§ 1163 Abs 1 Satz 2 ABGB, § 39 Abs 2 AngG). Dies ist jedoch nach Aufhebung der Gebührenpflicht für Dienstzeugnisse ab 2002 praktisch kaum mehr von Bedeutung.

[1073] OGH ecolex 2005, 857; DRdA 2004, 351 (*Stadlmeier); Eypeltauer*, Dienstzeugnis eines Rechtsanwaltsanwärters, RdW 2005/770.

tung hat der AN hingegen nicht.[1074]Das Dienstzeugnis hat jedenfalls vollständig und objektiv richtig zu sein,[1075] es darf jedoch keine für den AN nachteiligen Aussagen enthalten, durch die ihm die Erlangung einer neuen Stelle erschwert werden könnte (§ 1163 ABGB, § 39 AngG).[1076] Daher können Wahrheitspflicht und Erschwerungsverbot dazu führen, dass nur ein einfaches Dienstzeugnis infrage kommt.[1077] Dieses Erschwerungsverbot darf auch durch informelle Auskunftserteilung umgangen werden, nach der Jud ist daher auch das Erteilen nachteiliger mündlicher Auskünfte unzulässig.[1078]

2. Freizeit während der Kündigungsfrist

Dem AN sind während der Kündigungsfrist auf sein Verlangen bei AG-Kündigung wöchentlich mindestens ein Fünftel der regelmäßigen wöchentlichen Arbeitszeit ohne Schmälerung des Entgelts freizugeben (§ 22 Abs 1 AngG, § 1160 Abs 1 ABGB).[1079] Dieser Anspruch steht bei Anspruch des AN auf eine Pension aus der gesetzlichen Pensionsversicherung nicht zu (Abs 2 leg cit). Auch bei Ablauf von Befristungen steht nach der Rspr ein solcher Freizeitanspruch zu.[1080] 542

Bis zur Beschäftigungssicherungsnovelle 1993 enthielten die genannten Normen den Passus, dass diese Freizeit das Aufsuchen eines neuen Arbeitsplatzes ermöglichen soll, welcher nunmehr entfallen ist. Es ist deshalb strittig, ob die Freizeit zur Postensuche weiterhin erforderlich sein muss[1081] oder ob im Ergebnis nunmehr ein davon unabhängiger Freizeitanspruch zusteht.[1082]

Die **konkrete Lage und Dauer** bedarf einer Vereinbarung unter Berücksichtigung der beiderseitigen Interessen.[1083] Diese Voraussetzung kann entfallen, wenn der AN einen zeitlich fixierten Bedarf (Vorstellungstermin) nachweist und das Interesse des AG an seiner Arbeitsleistung nicht überwiegt.[1084] 543

3. Konkurrenzklausel

Nach der Beendigung des Arbeitsverhältnisses hat der AG uU ein Interesse daran, dass sein ehemaliger AN keine ihn konkurrenzierende Tätigkeit entfaltet. Dem steht das Interesse des AN gegenüber, auch in Zukunft seinem Beruf nachgehen zu können und seine Kenntnisse und Fähigkeiten auf dem Arbeitsmarkt bestmöglich zu verwerten. In 544

[1074] OGH ecolex 2000, 142; aA zumindest bei gehobener Tätigkeit *Schindler*, in *Mazal/Risak*, Das Arbeitsrecht, Kap XX Rz 34.

[1075] OGH ecolex 2000, 142; ein „Gefälligkeitszeugnis" verstößt gegen die Wahrheitspflicht.

[1076] ZB Art der Beendigung (OGH RdW 1993, 252); siehe dazu *Runggaldier/Eichinger*, Das Dienstzeugnis (1989).

[1077] OGH ASoK 2009, 353.

[1078] OGH ecolex 2008/244; jüngst DRdA 2010, 523 [*S. Mayer*].

[1079] Durch das ARÄG 2000 (BGBl I 2000/44) sind die Postensuchtage bei AN-Kündigung entfallen; *Rotter*, Wann gebührt Freizeit zur Postensuche?, ASoK 2002, 217.

[1080] Dies ist jedoch bei besonders kurzen Befristungen (bis zu drei Monaten) ausgeschlossen, OGH DRdA 1993, 482 (*Eypeltauer*) = ZAS 1994, 92 (*Egger*); siehe auch *Krejci,* in Rummel, ABGB³, Rz 8 zu § 1160.

[1081] *Tomandl/Schrammel*, Arbeitsrecht 2⁶, 282; zur Berücksichtigung im Rahmen der Kündigungsentschädigung OGH RdW 2001/327; aA *Nocker,* Entschädigung für „Postensuchtage" bei vorzeitiger Beendigung, ecolex 1997, 864; *Brodil*, Replik: Entschädigung für Sonderurlaub, ecolex 1998, 416.

[1082] *Floretta/Spielbüchler/Strasser*, Arbeitsrecht 1⁴, 319; *Löschnigg*, Arbeitsrecht¹⁰, 7.10.1; *Krejci*, in Rummel, ABGB³ Rz 2 zu § 1160.

[1083] OGH DRdA 1992, 214 (*Wilhelm*); RdW 1984, 319.

[1084] OGH RdW 1990, 386.

diesem Spannungsverhältnis stehen sog „Konkurrenz- und Wettbewerbsklauseln", welche die Erwerbstätigkeit des AN nach Beendigung seines Arbeitsvertrages beschränken.[1085]

545 Für Angestellte enthalten die §§ 36 ff AngG, für Arbeiter § 2c AVRAG einschlägige Regelungen.[1086] Die Vereinbarung einer Konkurrenzklausel ist nur insoweit wirksam, als

- der AN im Zeitpunkt des Abschlusses nicht minderjährig ist,
- das (Brutto-)**Entgelt** des AN im letzten Monat des Arbeitsverhältnisses das Siebzehnfache der täglichen Höchstbeitragsgrundlage gem § 45 ASVG (2006: € 2.125,–) nicht übersteigt,[1087]
- sich die Beschränkung auf die Tätigkeit in dem **Geschäftszweig des AG** bezieht,
- den Zeitraum **eines Jahres** nicht übersteigt
- und die Beschränkung nicht nach Gegenstand, Zeit und Ort und im Verhältnis zu dem **geschäftlichen Interesse**, das der AG an ihrer Einhaltung hat, eine **unbillige Erschwerung des Fortkommens des AN** enthält.[1088]

Die Interessenabwägung lässt sich damit begründen, dass die Einschränkung der Erwerbstätigkeit des AN durch die Konkurrenzklausel den Schutz des Geschäftsbetriebs des AG vor konkurrenzierender Tätigkeit des AN dienen und nicht eine Erschwerung der AN-Kündigung herbeiführen soll. Die Klausel ist unwirksam, wenn einerseits die Tätigkeit des AN keine Konkurrenzierung befürchten lässt[1089] sowie andererseits, wenn der AN zu deren Einhaltung seine Kenntnisse und Berufserfahrung brachliegen lassen müsste oder zur Aufgabe seines Spezialberufs und zu einem Wechsel in eine Branche mit geringerem Einkommen gezwungen würde.[1090]

546 Der AG kann sich außerdem nur bei bestimmten **Beendigungsarten** auf die Konkurrenzklausel berufen (§ 37 AngG, § 2c Abs 3 u 4 AVRAG). Eine Geltendmachung ist nicht möglich, wenn das Arbeitsverhältnis durch

- vom AG verschuldeten Austritt oder AN-Kündigung[1091]

[1085] Davon zu unterscheiden ist das **Konkurrenzverbot**, welches den AG vor konkurrenzierender Tätigkeit des AN während des Arbeitsverhältnisses schützen soll; dazu oben Rz 257. Die österreichischen Regelungen betreffend die Konkurrenzklausel sind nach Ansicht des OGH (RdW 2000, 42) EU-rechtskonform. Vom Konkurrenzklauselrecht erfasst sind auch sog „Mandantenschutzklauseln" OGH 2005, 138 *(Grießer)*.

[1086] Die auf Arbeiter anwendbare Bestimmung des § 2c AVRAG gilt gem § 19 Abs 1 Z 18 AVRAG nur für Vereinbarungen, die nach dem 18. 3. 2006 abgeschlossen wurden. Für davor getroffene Vereinbarung gilt nach der Rspr das Angestelltenrecht analog OGH RdW 1997, 285 (*Drs*) = DRdA 1997, 499 (*Radner*); RdW 1998, 96. Siehe auch infas 1998, A 86; DRdA 2001, 62 – analoge Anwendung auf arbeitnehmerähnliche Vertragsverhältnisse.

[1087] Diese Entgeltgrenze gilt nur für Konkurrenzklauseln, die nach dem 17.3.2006 (Angestellte) bzw dem 18.3.2006 (Arbeiter) abgeschlossen wurden (Art X Abs 2 Z 10 AngG, § 19 Abs 1 Z 18 AVRAG); OGH DRdA 2010, 533 – Bei der Ermittlung der Entgeltgrenze ist gem § 26 Abs 2 AngG vom *„für den letzten Monat des Arbeitsverhältnisses gebührenden Entgelts"* auszugehen, sodass nicht die gesamte in diesem Monat fällige Weihnachtsremuneration, sondern nur die aliquote Sonderzahlung zu berücksichtigen ist.

[1088] Nach OGH DRdA 2000, 47 (*Egger*) sind Konkurrenzklauseln außerdem eng auszulegen.

[1089] OGH ZAS 1970, 62 (*Dittrich*); RdW 1997, 285 (*Drs*) = DRdA 1997, 499 (*Radner*).

[1090] OGH ZAS 1978, 100 (*H. Böhm*); Arb 9809; Arb 10.190; ZAS 1985, 27 (*Kerschner*); infas 1985, A 78; ZAS 1986, 96 (*Huber*); infas 1991, A 136; RdW 1997, 348 ua; zur Konkurrenzklausel bei Versicherungsvertretern im Strukturvertrieb siehe OGH DRdA 2003, 423 (*Jabornegg*).

[1091] Der AN muss sich bei AN-Kündigung auf Verschulden des AG berufen (OGH infas 1999, A 5).

- oder durch AG-Kündigung bzw Entlassung geendet hat, es sei denn (a) der AN hat die Beendigung verschuldet oder (b) der AG zahlt für die Dauer der Beschränkung das Entgelt („*Karenzentschädigung*").

Verstößt der AN gegen eine gültig vereinbarte Konkurrenzklausel, so kann der AG Schadenersatzansprüche geltend machen sowie auf Einhaltung der Vereinbarung bestehen (dh auf Unterlassung der Tätigkeit durch den AN klagen). Ist jedoch für den Fall des Zuwiderhandelns eine **Konventionalstrafe** vereinbart, so kann der AG nur die Konventionalstrafe fordern (§ 37 Abs 3 AngG, § 2c Abs 5 AVRAG), welche dem richterlichen Mäßigungsrecht unterliegt (§ 38 AngG, § 2c Abs 6 AVRAG)[1092]. Der AN kann sich durch deren Bezahlung sozusagen „loskaufen". **547**

4. Rückzahlung von Ausbildungskosten

Tätigt ein AG Aufwendungen dafür, dass seine AN besondere Kenntnisse und Fähigkeiten erwerben, hat er ein Interesse daran, dass diese AN ihre Kenntnisse – zumindest für eine bestimmte Zeit – im Unternehmen einsetzen. Deshalb wird in solchen Fällen oft vereinbart, dass der AN die für ihn aufgewendeten Ausbildungskosten ganz oder teilweise zu ersetzen hat, wenn das Arbeitsverhältnis aus von ihm zu vertretenden Gründen endet. Eine gesetzliche Regelung erfolgte erst mit Einfügung des § 2d in das AVRAG, der nur auf Vereinbarungen Anwendung findet, die nach dem 18. 3. 2006 abgeschlossen wurden (§ 19 Abs 1 Z 18 AVRAG). Für davor getroffene Ausbildungskostenrückersatz-Klauseln gelten die Grenzen des § 879 ABGB (Gesetz- und Sittenwidrigkeit). Problematisch sind demnach solche Vereinbarungen, die den AN bei der Ausübung seines Kündigungsrechts unzumutbar beeinträchtigen (arg „sittenwidrige Knebelung des AN")[1093] oder die ihm das finanzielle Risiko für die Ausbildung aufbürden.[1094] Die gesetzliche Neuregelung berücksichtigt diese Überlegungen und soll sich nach der Intention des Gesetzgebers im Wesentlichen mit den bisher von der Rspr entwickelten Kriterien decken.[1095] **548**

Ausbildungskosten sind die vom AG tatsächlich aufgewendeten Kosten für die erfolgreich absolvierte[1096] Ausbildung die dem AN Spezialkenntnisse vermittelt, die dieser auch bei anderen AG verwerten kann. Bloße **Einschulungskosten**, dh Kosten, die dadurch entstehen, dass AN mit den Eigenheiten der betrieblichen Tätigkeit vertraut gemacht werden und wodurch ihnen keine außerhalb des Unternehmens/des Konzerns verwertbare Kenntnisse vermittelt werden, sind daher kraft ausdrücklicher gesetzlicher Anordnung nicht rückersatzfähig.[1097] Auch Fahrt- und Aufenthaltskosten **549**

[1092] Zu den bei dieser Billigkeitsentscheidung zu berücksichtigenden Kriterien siehe *Löschnigg*, Arbeitsrecht[10], 6.2.6.2.

[1093] OGH DRdA 1994, 247 (*Dirschmied*); infas 2002, A 63 – Ausbildungskosten eines Kopiloten; RdW 2001/329 – keine Rückzahlung von Ausbildungskosten durch Krankenpflegeschüler; ZAS 2003, 277 (*Stärker*); eingehend *Resch*, Grenzen für Vertragsklauseln über den Rückersatz von Ausbildungsklauseln, DRdA 1993, 8 (17, 20).

[1094] OGH Arb 9163; infas 1988, A 110.

[1095] ErlAB 1215 Blg NR 22 GP 4 ff.

[1096] Das Kriterium der erfolgreichen Absolvierung ist Bestandteil der gesetzlichen Definition. Ein Ausbildungskostenrückersatz scheidet somit bei abgebrochener oder mit einer negativen Note beendeter Ausbildung aus, der AG kann jedoch bei Verschulden des AN die frustrierten Ausbildungskosten im Wege des Schadenersatzes geltend machen.

[1097] OGH Arb 11.043; DRdA 1994, 247 (*Dirschmied*); Arb 11.336 – Seminar zum Näherbringen von Betriebsspezifika; RdW 1995, 152; infas 1997, A 104 – Informationsreisen und Hotelbesichtigungen für Reisebüromitarbeiter ua.

im Zusammenhang mit einer Ausbildung können dem Rückersatz unterliegen.[1098] Die Vereinbarung der Rückforderung des während der Ausbildung fortgezahlten Entgelts ist zulässig, sofern der AN für die Dauer der Ausbildung von der Dienstleistung freigestellt war.[1099]

550 Für die Vereinbarung schreibt § 2d Abs 2 AVRAG als Wirksamkeitsvoraussetzung **Schriftlichkeit** vor.[1100] Sie ist weiters unwirksam, wenn der AN zum Zeitpunkt des Abschlusses minderjährig war, es sei denn es liegt die Zustimmung des gesetzlichen Vertreters vor. Die **zeitliche Bindung** darf fünf Jahre (gerechnet vom Ende der Ausbildung an) nicht übersteigen. In Sonderfällen kann diese Frist auf acht Jahre ausgedehnt werden, wobei die Kosten der Ausbildung und die Möglichkeit des AN zur Erzielung eines wesentlich höheren Einkommens wesentliche Faktoren sind (zB Pilotenausbildung). Außerdem ist die **Staffelung der Rückzahlungsverpflichtung** in dem Sinne, dass sich diese um die ab der Ausbildung zurückgelegten Dienstzeit aliquot verringert, erforderlich.[1101] Der AN hat so die Möglichkeit, die Kosten für seine Ausbildung in absehbarer Zeit gewissermaßen „abzuarbeiten" (zB bei einem Rückersatz binnen fünf Jahre Verringerung der zurückzuzahlenden Kosten um 1/60 pro Monat).[1102] Weiterhin von Bedeutung wird sein, dass der Ausbildungskostenrückersatz der **Höhe** nach für den AN – in Relation zu seinem bisherigen sowie dem nachher zu erzielenden Einkommen – keine übermäßige Belastung darstellen darf.[1103]

551 Zuletzt ist auch die **Art der Beendigung** des Arbeitsverhältnisses von Bedeutung. Gesetzlich ausdrücklich geregelt ist, dass ein Anspruch auf Ausbildungskostenrückersatz dann nicht besteht, wenn das Arbeitsverhältnis während der Probezeit, durch Auslaufen der Befristung, durch unbegründete Entlassung, durch begründeten vorzeitigen Austritt, durch Entlassung wegen dauernder Dienstunfähigkeit oder durch AG-Kündigung (ausgenommen der AN hat durch schuldhaftes Verhalten dazu begründeten Anlass gegeben[1104]) endet.

[1098] Nach OGH Arb 11.336 jedoch dann nicht, wenn Beziehen eines Quartiers am Kursort nur dazu dient, die „Kommunikation zu verbessern".

[1099] Das bedeutet jedoch nicht, dass eine Rückforderung unmöglich ist, wenn der AN zur Teilnahme arbeitsvertraglich verpflichtet war, sondern, dass mit der Ausbildung keine direkte Arbeitsleistung für den AG verbunden war; jüngst dazu bereits zu § 2d AVRAG OGH DRdA 2009, 414; siehe zur Rechtslage vor § 2d AVRAG OGH DRdA 1980, 145 (*Apathy*); EvBl 1983/105 ; ZAS 1987, 124 (*Dusak*); Arb 11.101; DRdA 1994, 247 (*Dirschmied*); ecolex 1997, 282; RdW 1998, 97.

[1100] Der OGH verlangt eine von AG und AN unterfertigte Vereinbarung (5.6.2008, 9 ObA 64/08i). Schriftverkehr (insbesondere per e-mail) reicht nicht aus.

[1101] OGH DRdA 1994, 247 (*Dirschmied*); RdW 1998, 97.

[1102] Das Fehlen der Aliquotierung führt zu einer gänzlichen Unwirksamkeit der Rückersatzklausel (OGH 1.4.2009, 9 ObA 126/08g). Dies gilt aufgrund des Schutzzwecks der Norm auch bei Fehlen der anderen notwendigen Merkmale (siehe *Wagnest*, Nichtigkeit von Ausbildungskostenrückersatzklauseln, ASoK 2009, 324).

[1103] OGH ZAS 1987, 124 (*Dusak*); Arb 9163; *Tomandl/Schrammel*, Arbeitsrecht 2^5, 92, *Löschnigg*, Arbeitsrecht[10], 6.5.4.2. Für eine AN-Kündigung muss aus Gründen der Gleichbehandlung gelten, dass kein Ausbildungskostenrückersatz besteht, wenn der AG dazu durch schuldhaftes Verhalten begründeten Anlass gegeben hat. Vgl die Regelung der Konkurrenzklausel Rz 546.

[1104] Vgl § 2d Abs 4 AVRAG.

XIX. Der Betriebs(teil)übergang

A. Allgemeines

Die „Richtlinie des Rates zur Angleichung der Rechtsvorschriften der Mitgliedstaaten über die Wahrung von Ansprüchen der AN beim Übergang von Unternehmen, Betrieben und Betriebsteilen“ (Betriebsübergangs-RL)[1105] verfolgt das Ziel die Kontinuität der im Rahmen einer wirtschaftlichen Einheit bestehenden Arbeitsverhältnisse unabhängig von einem Inhaberwechsel zu gewährleisten, um die AN bei Umstrukturierungen von Unternehmen zu schützen.[1106] Um dieses Ziel zu erreichen sieht die RL vor, dass die Rechte und Pflichten des Veräußerers aus einem zum Zeitpunkt des Überganges eines Betriebes bestehenden Arbeitsvertrag aufgrund dieses Überganges auf den Erwerber übergehen (Art 3 Betriebsübergangs-RL). Die Umsetzung dieser europarechtlichen Vorgaben in das österreichische Recht erfolgte durch die §§ 3 ff AVRAG. 552

B. Der Begriff des Betriebsübergangs

Zur Frage des Vorliegens eines Betriebs(teil)überganges iSv Art 3 Betriebsübergangs-RL bzw § 3 AVRAG haben EuGH und OGH in zahlreichen Entscheidungen Stellung bezogen. Nach der Rspr ist für einen Betriebs(teil)übergang entscheidend, dass eine auf Dauer angelegte wirtschaftliche Einheit ihre Identität bewahrt, obwohl sie auf einen neuen Inhaber[1107] übertragen wird.[1108] 553

Der Begriff der **„wirtschaftlichen Einheit“** bezieht sich dabei auf eine organisierte Gesamtheit von Personen und Sachen zur Ausübung einer wirtschaftlichen Tätigkeit mit eigener Zielsetzung.[1109] Es muss sich jedoch um den Übergang einer **auf Dauer angelegten** wirtschaftlichen Einheit handeln, deren Tätigkeit nicht auf die Ausführung eines bestimmten Vorhabens beschränkt ist (zB Errichtung eines Bauwerkes)[1110]. Bei der Prüfung, ob eine derartige Einheit übergegangen ist, sind sämtliche den betreffenden Vorgang kennzeichnenden Tatsachen zu berücksichtigen.[1111]

Wesentliche Kriterien für einen Betriebs(teil)übergang sind:

- die Art des betreffenden Unternehmens oder Betriebes,
- der Übergang der materiellen Betriebsmittel wie Gebäude und bewegliche Güter[1112],
- der Wert der immateriellen Aktiva im Zeitpunkt des Übergangs[1113],

---

1105 RL 77/187/EWG vom 17. 2. 1977, ABl 1977 Nr L 61/26; idF RL 2001/23/EG vom 29. 6. 1998, ABl 2001 Nr L 082 S 16–20.

1106 EuGH Slg 1986, 1119 (*Spijkers*); ASoK 1997, 98 (*Süzen*, Anm *Krejci*); Slg 1999, I-8643 (*Allen*).

1107 Zum Begriff des Inhabers *Jöst*, Inhaber im Sinne des § 3 Abs 1 AVRAG und des Art 1 Abs 1 der Betriebsübergangsrichtlinie – Arbeitgeber oder Betriebsinhaber? ZAS 1999, 38.

1108 Zur Rspr von EuGH und OGH siehe umfassend *Holzer/Reissner*, AVRAG (1998) 83 ff; *M. Binder*, AVRAG (2001) § 3 Rz 5; zuletzt EuGH Slg 1999, I-8643 (*Allen*); ZAS 2004/22 (*Abler*, Anm *Loibner*) und OGH ecolex 2000, 139; ecolex 2000, 523.

1109 EuGH Slg 1986, 1119 (*Spijkers*); Slg 1999, I 8643 (*Allen*); OGH ecolex 2000, 523 ua.

1110 EuGH Slg 1986, 1119 (*Spijkers*); Slg 1988, 3057(*Bork International*); ASoK 1997, 98 (*Süzen*, Anm *Krejci*).

1111 EuGH DRdA 1996, 448 (*Rygaard*, Anm *Kirschbaum*).

1112 Dazu EuGH Slg 2001, I-0745 (*Oy Liikenne*) = ARD 5201/1/2001.

1113 EuGH Slg 1988, 3057 (*Bork International*).

- die Übernahme der Hauptbelegschaft durch den neuen Inhaber[1114],
- der Übergang der Kundschaft[1115],
- der Grad der Ähnlichkeit zwischen den vor und nach dem Übergang verrichteten Tätigkeiten[1116] und
- die Dauer einer eventuellen Unterbrechung dieser Tätigkeiten.[1117]

554 Zu beachten ist jedoch, dass all diese Tatbestandsmerkmale im Rahmen eines **beweglichen Systems** zu beurteilen sind.[1118] Es kann daher allein aus dem Umstand, dass die von Veräußerer und Erwerber erbrachten Dienstleistungen ähnlich sind, noch nicht der Schluss auf das Vorliegen einer wirtschaftlichen Einheit gezogen werden.[1119] Auch der bloße Verlust eines Auftrags (zB die Reinigung einer Schule) stellt für sich noch keinen Betriebs(teil)übergang dar.[1120] Hingegen ist in Branchen, in denen es im Wesentlichen auf die menschliche Arbeitskraft ankommt (insb Dienstleistungen, wie zB Reinigungstätigkeiten), bereits eine Gesamtheit von AN, die durch eine gemeinsame Tätigkeit dauerhaft verbunden sind, als wirtschaftliche Einheit zu qualifizieren. In diesen Fällen liegt ein Betriebs(teil)übergang vor, wenn nicht nur die betreffende Tätigkeit weitergeführt wird, sondern auch ein nach Zahl und Sachkunde wesentlicher Teil des Personals übernommen wird, das sein Vorgänger gezielt bei dieser Tätigkeit eingesetzt hatte.[1121] Bei Tätigkeiten, bei denen es im Wesentlichen auf die Betriebsmittelausstattung ankommt, ist der Übergang der Betriebsmittel von wesentlicher Bedeutung, auf die Übernahme von AN kommt es dabei hingegen nicht an.[1122]

555 Nicht entscheidend ist hingegen die Rechtsgrundlage für die Übertragung der wirtschaftlichen Einheit auf den neuen Betriebsinhaber. Es kommt nur darauf an, dass die faktische Verfügungsgewalt auf einen neuen Inhaber übertragen wird.[1123] Erfasst sind dabei sämtliche Übertragungsvorgänge, also zB nicht nur Kauf[1124], Tausch, Schenkung, Verschmelzung (Art 1 Abs 1 BetriebsübergangsRL), Pacht[1125], Miete, sondern auch die Vergabe von Dienstleistungsaufträgen[1126], Vertriebsberechtigungen[1127] und Subventionen[1128].

[1114] EuGH RdW 1996, 214 (*Merckx* und *Neuhuys*) (Anm *Tinhofer*, RdW 1996, 211); EuGH ASoK 1997, 98 (*Süzen*). Dies ist insofern problematisch, da die Übernahme der Belegschaft eigentlich Rechtsfolge des Betriebsübergangs ist (siehe dazu krit *Karner,* Übernahme von Arbeitnehmern: Voraussetzung des Betriebsüberganges, RdW 1997, 729).

[1115] EuGH DRdA 1996, 448 (*Rygaard*).

[1116] EuGH Slg 1986, 1119 (*Spijkers*); EuGH RdW 1996, 214 (*Merckx* und *Neuhuys*).

[1117] EuGH Slg 1988, 739 (*Daddy´s Dancehall*); OGH infas 2000, A 70; ecolex 2003, 263 – Tabaktrafik.

[1118] EuGH Slg 1986, 1119 (*Spijkers*); Slg 1988, 739 (*Daddy´s Dancehall*) ua; OGH DRdA 2000, 506 (*Reissner*).

[1119] EuGH ASoK 1997, 98 (*Süzen*).

[1120] EuGH ASoK 1997, 98 (*Süzen*); OGH DRdA 2000, 332 (*Reissner*) – Ausgliederung von Firmentätigkeiten kein Betriebsübergang.

[1121] EuGH DRdA 1994, 348 (*Schmidt*, Anm *Kirschbaum*); ASoK 1997, 98 (*Süzen*); ARD 4992/19/98 (*Hidalgo);* ecolex 2008/59 (*Jouini*); OGH ecolex 2008/129 – Arbeitskräfteüberlasser.

[1122] EuGH C 172/99, Slg 2001, I-745 (*Liikenne*) – Buslinie; ZAS 2004/22 (*Abler*, krit Anm *Loibner*) – Auftragnehmerwechsel bei einer Spitalsküche; infas 2006, E 2 (*Güney-Görres*) – Passagierkontrolle auf einem Flughafen; OGH ecolex 2004, 470; ecolex 2003, 265 – Tabaktrafik.

[1123] *Tomandl/Schrammel*, Arbeitsrecht 2[6], 210; zu Zweifelsfällen siehe *Risak*, Die Zuordnung von Arbeitsverhältnissen von Arbeitnehmern zum übergehenden Betrieb/Betriebsteil, ZAS 2001, 44.

[1124] OGH 2007/26 (*Binder*) = wobl 2007/117 (*Kietaibl*) – Miethauskauf.

[1125] Zum Betriebsübergang bei Neuverpachtung OGH DRdA 2000, 389 (*M. Binder*).

[1126] EuGH ZAS 2004/22 (*Abler*, krit Anm *Loibner*); infas 2006, E 2 (*Güney-Görres*) – Passagierkontrolle auf einem Flughafen; OGH ecolex 2004, 470 – Betrieb einer Krankenhausküche.

[1127] EuGH RdW 1996, 214 (*Merckx*).

[1128] EuGH Slg 1992, I-3189 (*Redmont Stichting);* OGH ecolex 1996, 943.

Die österreichischen Betriebsübergangsbestimmungen gelten nach § 3 Abs 2 AVRAG „nicht im Fall des Konkurses des Veräußerers" (sog „**Konkursprivileg**"). Entgegen der Ansicht des EuGH[1129], der in mehreren Entscheidungen einen europarechtlichen Konkursbegriff geprägt hat, wonach nur für solche Konkursverfahren Sonderregelungen vorgesehen werden können, die in erster Linie auf die Zerschlagung des Unternehmens abzielen[1130], vertritt der OGH[1131], dass eine Reduktion des Konkursprivilegs auf Fälle der Unternehmenszerschlagung, auch wenn diese europarechtlich geboten sein möge[1132], methodisch unzulässig ist. Auch im Fall der Veräußerung eines ganzen Unternehmens im Konkurs kommen daher die Regelungen über den Betriebsübergang nicht zur Anwendung. **555a**

C. Automatischer Übergang der Arbeitsverhältnisse

Geht ein Unternehmen, Betrieb oder Betriebsteil auf einen anderen Inhaber über, so tritt dieser ex lege als AG mit allen Rechten und Pflichten in die im Übergang bestehenden Arbeitsverhältnisse ein (§ 3 Abs 1 AVRAG – **„Eintrittsautomatik"**).[1133] Da freie BV und Betriebsübungen ebenfalls Inhalt des Einzelarbeitsvertrages sind, gehen sie ebenso auf den Erwerber über.[1134] Die Arbeitsbedingungen bleiben aufrecht, es sei denn, dass sich aus den Bestimmungen über den Wechsel der KV-Angehörigkeit (§ 4 AVRAG), die betrieblichen Pensionszusagen (§ 5 AVRAG) und die Weitergeltung von BV (§§ 32, 33 ArbVG) etwas anderes ergibt (§ 3 Abs 3 ArbVG). **556**

Damit erfolgt lediglich ein **AG-Wechsel**, der Inhalt des Arbeitsvertrages bleibt unverändert. Abgesehen vom AG-Wechsel liegt somit ein durchlaufendes Vertragsverhältnis vor.[1135] Da § 16 AVRAG anordnet, dass die dem AN im Falle eines Betriebs(teil)übergangs zustehenden Rechte weder durch Arbeitsvertrag oder noch durch Normen der kollektiven Rechtsgestaltung aufgehoben oder beschränkt werden können, sind davon abweichende Gestaltungen nur dann zulässig, wenn sie für den AN günstiger oder zumindest ebenso günstig sind.[1136] Zulässig ist deshalb die Vereinbarung des Verbleibens der AN beim Veräußerer und die nachherige Überlassung derselben an den Erwerber zumindest dann, wenn der Veräußerer eine Gebietskörperschaft ist.[1137] **557**

[1129] EuGH Rs 135/83, Abels, Slg 1985, 469; Rs C-362/89, d`Urso, Slg 1991, I-4105; Rs C-472/93, Spano, Slg 1995, I-4321; Rs C-319/94, Dethier, Slg 1998, I-1061; Rs C-399/96, Sanders, Slg 1998, I-6965.

[1130] Siehe dazu z.B. *Weber*, Betriebsübergang in Insolvenzverfahren – Auffanggesellschaften durch automatischen Arbeitsvertragsübergang gefährdet?, wbl 1998, 519.

[1131] OGH RdW 2008/145; infas 2008, A 51; siehe dazu *Liebeg/Sommer*, Kein Betriebsübergang bei einem Unternehmenserwerb im Konkurs, ASoK 2008, 169; *Reckenzaun/Reissner*, Nochmals: Zur Auslegung von § 3 Abs 2 AVRAG, ZIK 2008/127.

[1132] So bspw *Jöst*, in Mazal/Risak, Das Arbeitsrecht, Kap XIV Rz 33; *Binder*, AVRAG 133 mzN.

[1133] Etwa OGH DRdA 2000, 528 (*Wagnest*). Bei BR-Mitgliedern erfolgt der AG-Wechsel auf Basis der §§ 120 ff ArbVG und erfolgt deshalb auch dann, wenn § 3 AVRAG keine Anwendung findet, DRdA 2007/43 (*Reissner*).

[1134] Zur Kündigungsmöglichkeit freier BV beim Betriebsübergang siehe überzeugend *Brodil*, Sonderprobleme beim Betriebsübergang, ecolex 1992, 647.

[1135] Zum Fortsetzungsanspruch des AN OGH DRdA 2000, 311 (*M. Binder*); innerhalb welchen Zeitraumes der AN die Fortsetzung als Aufgriffsobliegenheit geltend zu machen hat ist strittig; sie richtet sich nicht nach einem starren Maßstab sondern nach den Umständen des Einzelfalles, vgl OGH RdW 2002/466 = ASoK 2002, 347; siehe auch *Jöst*, in Mazal/Risak, Das Arbeitsrecht, Kap XIV Rz 73.

[1136] Es ist dabei ein Gesamtgünstigkeitsvergleich vorzunehmen OGH ecolex 2004/26. Zur Zulässigkeit abweichender Vereinbarungen siehe *Windisch-Graetz*, Zwischenabfertigung bei Betriebsübergang, ecolex 1994, 773; OGH ecolex 1996, 673.

[1137] OGH ÖJZ 2007/163 (EvBl) – Ausgliederung eines Altenheimes einer Gemeinde.

Der OGH hat in diesem Zusammenhang klargestellt, dass der Erwerber nicht an **rechtsmissbräuchliche Vereinbarungen** zwischen Veräußerer und übergegangenen AN gebunden ist (zB eine sachlich nicht gerechtfertigte Lohnerhöhung knapp vor dem Betriebs(teil)übergang). Derartige Zusagen sind nur im Verhältnis zwischen Veräußerer und den AN wirksam.[1138]

558 Die Betriebsübergangs-RL schließt – sofern die Mitgliedstaaten nichts anderes vorsehen – ausdrücklich den ex-lege Übergang in jenen Fällen aus, in denen gegen den Veräußerer unter der Aufsicht einer zuständigen öffentlichen Stelle (worunter auch ein von einer zuständigen Behörde ermächtigter Insolvenzverwalter verstanden werden kann) ein Konkursverfahren oder ein entsprechendes Verfahren mit **dem Ziel der Auflösung des Vermögens des Veräußerers** eröffnet wurde.[1139] Nach Eröffnung des **Konkurses** des Veräußeres gelangt § 3 Abs 1 AVRAG daher gem § 3 Abs 2 AVRAG, nicht mehr zur Anwendung.[1140] Damit verbleiben die Arbeitsverhältnisse trotz Vorliegens eines Betriebs(teil)überganges beim Veräußerer. Wird der Konkursantrag mangels Masse abgewiesen, ist die Ausnahmebestimmung nach der sich auf den Wortlaut der Ausnahmebestimmung stützenden Ansicht des OGH nicht anzuwenden.[1141] Umstritten ist, ob § 3 Abs 2 AVRAG auch auf den in der Konkursordnung (KO) geregelten Zwangsausgleich anzuwenden ist.[1142] Klar ist jedenfalls, dass keine Ausnahme für das in der Ausgleichsordnung (AO) geregelte **Ausgleichsverfahren** besteht.[1143] UE kann § 3 Abs 2 AVRAG nicht beim Zwangsausgleich zur Anwendung gebracht werden.

D. Widerspruchsrecht des Arbeitnehmers

559 Das AVRAG nennt ausdrücklich **zwei Fälle**, in denen dem AN ein **Widerspruchsrecht** gegen den Übergang seines Arbeitsverhältnisses eingeräumt wird: Der AN kann dem Übergang seines Arbeitsverhältnisses widersprechen, wenn

- der Erwerber den kollektivvertraglichen Bestandschutz oder
- eine einzelvertragliche Pensionszusage nicht übernimmt.

Der Widerspruch hat zur Folge, dass das Dienstverhältnis zum Veräußerer aufrechtbleibt.

559a Wenn das Unternehmen des Veräußerers im Zusammenhang mit dem Betriebs(teil)übergang nicht weiter besteht, werden **kollektivvertragliche** Regelungen über den **Bestandschutz** (zB die Bindung an Kündigungsgründe, nicht jedoch die Verlängerung

---

1138 OGH ZAS 2000, 122 (*Vanik*) – Erhöhung der Löhne aller AN durch den Pächter um 25% vor dem Betriebsübergang.

1139 EuGH Slg 1985, 469 (*Abels*); Slg 1991, I-4105 (*d'Urso*).

1140 *Rebhahn*, Arbeitsrecht bei Betriebsübergang: Eintrittspflicht bei Insolvenz und Haftungsfragen, JBl 1999, 621,710; *Gahleitner*, Betriebsübernahme bei Insolvenz, DRdA 2003, 583; OGH DRdA 2005/28.

1141 OGH DRdA 1998, 246 (*Wachter*).

1142 Dafür *Konecny*, Unternehmenserwerb im Insolvenzverfahren und Arbeitsverhältnisse, ecolex 1993, 837; *Rechberger*, Insolvenzrechtliche Probleme des Betriebs(teil)übergangs, in Tomandl (Hrsg), Der Betriebs(teil)übergang im Arbeitsrecht (1995) 59; *Weber*, Arbeitsverhältnisse im Insolvenzverfahren (1998) 198; *Holzer/Reissner*, AVRAG-Kommentar 113; dagegen *Schrank*, Eintrittsautomatik bei Betriebsübergang, ecolex 1993, 623; *Rebhahn*, Arbeitsrecht bei Betriebsübergang: Eintrittspflicht bei Insolvenz und Haftungsfragen, JBl 1999, 632.

1143 *Konecny*, ecolex 1993, 838; *Rechberger*, in Tomandl (Hrsg), Der Betriebs(teil)übergang im Arbeitsrecht 61; *Boesch*, Arbeitnehmerschutz oder Sanierung, ecolex 1996, 391; *Rebhahn*, Arbeitsrecht bei Betriebsübergang, JBl 1999, 710.

der Kündigungsfristen)[1144] Inhalt des Arbeitsvertrages zwischen AN und Erwerber (§ 4 Abs 2 AVRAG Satz 2). Der Bestandschutz ist allerdings nunmehr arbeitsvertraglicher Natur und kann daher im Einvernehmen mit dem AN abbedungen werden. Nur wenn das Unternehmen des Veräußerers weiter besteht, kann der Erwerber die Übernahme von kollektivvertraglichen Bestandschutzregeln ablehnen. Diesfalls kann der AN dem Übergang des Arbeitsverhältnisses widersprechen und verbleibt so beim Veräußerer.

Eine auf Einzelvereinbarung beruhende **betriebliche Pensionszusage** wird Inhalt des Arbeitsvertrages zwischen AN und Erwerber, wenn der Erwerber Gesamtrechtsnachfolger ist (zB Erwerb des Unternehmens durch Erbfall oder bei Verschmelzung). Liegt keine Gesamtrechtsnachfolge vor, kann der Erwerber durch rechtzeitigen Vorbehalt die Übernahme einer solchen betrieblichen Pensionszusage ablehnen. Hat der Betriebs(teil)übergang den Wegfall der einzelvertraglichen betrieblichen Pensionszusage zur Folge und hat der AN dem Übergang nicht widersprochen, so endet mit dem Zeitpunkt des Betriebs(teil)übergangs der Erwerb neuer Pensionsanwartschaften. Der AN hat diesfalls gegen den Veräußerer Anspruch auf Abfindung der bisher erworbenen Anwartschaften.[1145]

Der AN hat einen Monat ab der Ablehnung der Übernahme des Bestandschutzes 560
bzw der Pensionszusage Zeit, den Widerspruch zu erklären. Äußert sich der Erwerber zum Zeitpunkt des Betriebs(teil)übergangs nicht, ob er bestehende kollektivvertragliche Bestandschutzregelungen künftighin übernehmen oder Betriebspensionszusagen weiterführen möchte, kann der AN den Erwerber auffordern, innerhalb einer vom AN festzusetzenden, angemessenen Frist eine entsprechende Stellungnahme abzugeben. Gibt der Erwerber bis zum Ablauf dieser Frist keine Erklärung ab, hat der AN wiederum einen Monat Zeit, sein Widerspruchsrecht auszuüben (§ 3 Abs 4 AVRAG).

Ob ein **allgemeines** – über die gesetzlich geregelten Fälle hinausgehendes – **Wi- 561
derspruchsrecht** besteht, ist überaus strittig.[1146] In Deutschland wird von der Rspr trotz Fehlens einer diesbezüglichen gesetzlichen Regelung ein allgemeines Widerspruchsrecht angenommen.[1147] Auch die Rspr des EuGH sieht eine innerstaatliche Norm, die ein Widerspruchsrecht des AN vorsieht, als richtlinienkonform an.[1148] Der OGH anerkennt zumindest für BR-Mitglieder ausdrücklich, für sonstige AN indirekt, ein individuelles Widerspruchsrecht jedes AN, ohne dass hiefür eine innerstaatlich positivierte Rechtsquelle existiert.[1149] Aufgrund der ausdrücklichen Regelung in § 3 Abs 4 AVRAG ist uE allerdings ein allgemeines Widerspruchsrecht abzulehnen.

Durch den Eintritt eines neuen AG kommt es zu einem Schuldnerwechsel. Die damit einhergehende Schuldübernahme wäre nach allgemeinen zivilrechtlichen Prinzipien nur mit Zustimmung des Gläubigers (AN) möglich: arg diesen AG hat sich der AN nicht ausgesucht. UE sind die Regelungen des AVRAG jedoch ausreichende Rechtfertigung für diesen Eingriff in die Privatautonomie.

[1144] Zum Begriff des Bestandschutzes siehe *Holzer/Reissner*, AVRAG-Kommentar 126.

[1145] Zur Berechnung siehe § 5 Abs 2 AVRAG; *Holzer/Reissner*, AVRAG-Kommentar 146.

[1146] Dagegen: *Schima*, Automatischer Übergang von Arbeitsverträgen bei Betriebsinhaberwechsel, Neue Rechtslage – Vorsicht beim Unternehmenskauf, RdW 1993, 217; *Schrank*, Eintrittsautomatik bei Betriebsübergang, ecolex 1993, 543; *Gahleitner/Leitsmüller*, Umstrukturierung und AVRAG (1996) 119; *Köck*, Widerspruch des Arbeitnehmers bei Betriebsübergang, ecolex 1993, 549; dafür: *Schrammel,* Rechtsfragen des Betriebsübergangs, ZAS 1996, 12; *Pircher*, Das Widerspruchsrecht des Arbeitnehmers bei Betriebsübergang, DRdA 1997, 173, *Holzer/Reissner*, AVRAG, 124; zu einem vertraglich vereinbarten Austrittsrecht OGH ecolex 2001, 766.

[1147] BAG DB 1984, 1403 ua; *Richardi*, in Staudinger, BGB-Kommentar, Rz 117 zu § 613a mwN.

[1148] EuGH Slg 1992, I-6577 (*Katsikas*).

[1149] OGH DRdA 1998, 106 (*Runggaldier*).

E. Begünstigtes Kündigungsrecht des Arbeitnehmers

562 Der Erwerber hat dem AN jede auf Grund des Betriebs(teil)übergangs erfolgte Änderung der Arbeitsbedingungen unverzüglich mitzuteilen (§ 3 Abs 3 AVRAG Satz 2). Falls ein neu anzuwendender KV oder neue BV zu einer **wesentlichen Verschlechterung der Arbeitsbedingungen** führen, steht dem AN das Recht zu, das Arbeitsverhältnis innerhalb eines Monats ab dem Zeitpunkt, ab dem er die Verschlechterung erkannte oder erkennen musste, unter Einhaltung der gesetzlichen oder der kollektivvertraglichen Kündigungsfristen und -termine (nicht der vertraglichen) mit den Wirkungen einer AG-Kündigung zu lösen (§ 3 Abs 5 AVRAG, insb gebührt trotz AN-Kündigung die Abfertigung „alt").[1150]

Unter einer wesentlichen Verschlechterung der Arbeitsbedingungen sind spürbare, ins Gewicht fallende Veränderungen zu Ungunsten des AN zu verstehen. Der Begriff der Wesentlichkeit ist entsprechend dem Begriff der wesentlichen Beeinträchtigung sozialer Interessen, wie ihn § 105 ArbVG im Rahmen des allgemeinen Kündigungsschutzes kennt, zu verstehen.

563 Da die wesentliche Verschlechterung nicht immer leicht erkennbar ist, hat der AN die Möglichkeit, innerhalb eines Monats ab Kenntnis von Änderung der Arbeitsbedingungen eine **Feststellungsklage** einzubringen.[1151] Stellt das Gericht eine wesentliche Verschlechterung der Arbeitsbedingungen fest, kann der AN ebenfalls innerhalb eines Monats sein Dienstverhältnis mit den Wirkungen einer AG-Kündigung auflösen (§ 3 Abs 6 AVRAG). Versäumt der AN die Monatsfrist oder liegt keine Verschlechterung der Arbeitsbedingungen vor, besteht kein begünstigtes Kündigungsrecht. Im Gegensatz zum Widerspruchsrecht (§ 3 Abs 5 AVRAG) bewirkt das begünstigte Kündigungsrecht jedoch stets eine Lösung des Arbeitsvertrags und somit den Verlust des Arbeitsplatzes.[1152]

F. Kündigungen im Zusammenhang mit dem Betriebs(teil)übergang

564 Nach Art 4 Abs 1 Betriebsübergangs-RL stellt der Übergang eines Unternehmens, Betriebes oder Betriebsteiles als solcher für den Veräußerer oder Erwerber keinen Grund zur Kündigung dar. Die Betriebsübergangs-RL steht jedoch etwaigen Kündigungen aus wirtschaftlichen, technischen oder organisatorischen Gründen, die Änderungen im Bereich der Beschäftigung mit sich bringen, nicht entgegen (Art 4 Abs 1 Satz 2 Betriebsübergangs-RL). Eine ausdrückliche Umsetzung dieser Bestimmung fehlt in der österreichischen Rechtsordnung. Offensichtlich hat der Gesetzgeber angenommen, dass sich das Verbot der Kündigung anlässlich eines Betriebs(teil)übergangs bereits aus dem geltenden Recht ergibt.[1153] Da durch eine solche Kündigung die Rechtsfolgen des AVRAG umgangen würden, nimmt der OGH aufgrund des Gebots der richtlinienkonformen Auslegung an, dass Kündigungen gem § 879 ABGB nichtig sind, die in einem ursächlichen Zusammenhang mit einem Betriebs(teil)übergang stehen. Es ist davon auszugehen, dass eine Kündigung *„auf Grund des Übergangs"* erfolgt und folg-

---

[1150] Dazu *Reissner*, Die begünstigte Kündigung des Arbeitnehmers bei Betriebsübergang, ZAS 2002, 104.

[1151] Ebenso kann auch ein Feststellungsverfahren gem § 54 ASGG durch den BR bzw die zuständige kv-fähige Interessenvertretung (Gewerkschaft, Arbeiterkammer) innerhalb eines Monats ab Kenntnis der Änderungen der Arbeitsbedingungen eingeleitet werden.

[1152] Vgl *Schwarz/Löschnigg*, Arbeitsrecht aus trüber Quelle, ÖJZ 1994, 223.

[1153] *Tomandl/Schrammel*, Arbeitsrecht 2^6, 213.

lich als unwirksam anzusehen ist, wenn der Übergang nicht nur der äußere Anlass, sondern der tragende Grund für die Kündigung ist.[1154] Je näher die Beendigung des Arbeitsverhältnisses beim Übergangszeitpunkt liegt, umso mehr hat der AG zu begründen, dass die Kündigung nicht allein auf Grund des Überganges, sondern aus betriebsbedingten oder auch aus personenbezogenen Gründen erfolgte.[1155] Der OGH erlaubt auch keine vorsorglichen Rationalisierungskündigungen: Obwohl Kündigungen aus wirtschaftlichen, technischen und organisatorischen Gründen zulässig sind und dadurch ein weiter Spielraum für betriebliche Rationalisierungsmaßnahmen geschaffen wurde, darf das zukünftige Unternehmenskonzept des Erwerbers nicht als Grund für betriebsbedingte Kündigungen durch den Veräußerer herangezogen werden.[1156] Kündigungen aus verhaltensbedingten Gründen im zeitlichen Naheverhältnis zu einem Betriebs(teil)übergang sieht der OGH hingegen als unproblematisch an.[1157]

Der AN kann jedoch auf den durch die Betriebsübergangs-RL gewährleisteten Schutz verzichten und anstelle der Rechtsunwirksamkeit der Kündigung Ansprüche aus der ungerechtfertigten Beendigung des Arbeitsverhältnisses geltend machen.[1158] Bei deren Bemessung ist jedoch das verpönte Motiv der Kündigung nicht mitzuberücksichtigen.[1159] **565**

Die Nichtigkeit einer betriebsübergangsbedingten Kündigung wird als relative angesehen, der AN muss sich auf sie berufen und auf **Feststellung des Fortbestandes des Arbeitsvertrages klagen.**[1160] Der AN hat sein Recht im Hinblick auf die synallagmatische Arbeitsrechtsbeziehung in angemessener Zeit geltend zu machen, können doch sonst dem anderen Vertragspartner – dem AG –, der auf die Wirksamkeit der von ihm getroffenen Rechtsgestaltung (Kündigung) vertraut, Nachteile entstehen. Eine Verletzung der **Aufgriffsobliegenheit** des AN führt zum Verlust seiner Ansprüche. Dabei lehnt die Rspr[1161] jedoch eine bisweilen geforderte[1162] starre zeitliche Grenze für die Geltendmachung der Nichtigkeit ab; der zeitliche Zusammenhang zum Betriebsübergang habe lediglich Indiz-Charakter und bilde keine selbständige zusätzliche Voraussetzung des Kündigungsschutzes. **565a**

G. Kollektivvertrag und Betriebs(teil)übergang

1. Der Erwerber unterliegt einem Kollektivvertrag

Unterliegt der Erwerber demselben KV wie der Veräußerer, ändert sich an der Geltung des KV nichts. Die kollektivvertraglichen Arbeitsbedingungen bleiben unverändert (§ 8 Z 1 ArbVG). Gelangt im Unternehmen des Erwerbers jedoch ein anderer KV zur Anwendung (zB da dieser eine andere Gewerbeberechtigung besitzt), erfolgt ein **KV-** **566**

1154 OGH DRdA 2001, 154 *(Wachter)*; vgl auch *Jöst*, in Mazal/Risak, Das Arbeitsrecht, Kap XIV Rz 72.

1155 Vgl anstelle vieler OGH DRdA 1998/33 (*Wagnest*) = ZAS 1998/12 (*Winkler*). Dies gilt auch für Kündigungen nach Betriebsübergang OGH ZAS 2003, 273 = DRdA 2003, 323 (*Binder*); *Reissner*, Zur Arbeitgeberkündigung nach Betriebsübergang, ZAS 2003, 254.

1156 OGH ZAS 1998, 143 (*Winkler*).

1157 OGH ecolex 1998, 156.

1158 OGH WBl 2000, 217.

1159 OGH WBl 2007/267.

1160 OGH ecolex 2008/58 ua.

1161 OGH RdW 2008/62 ua.

1162 So zB *Binder*, AVRAG 152 – 6 Monate.

Wechsel. Der KV des Erwerbers gilt nunmehr auch für die übernommenen AN.[1163] Dies ergibt sich aus der allgemeinen Regel des § 8 Z 1 ArbVG, wonach die Rechtsfolgen des § 8 Z 2 ArbVG nicht eintreten, wenn der Erwerber dem Geltungsbereich eines anderen KV unterliegt.[1164]

567 Das dem AN für die **regelmäßige Arbeitsleistung in der Normalarbeitszeit gebührende kollektivvertragliche Entgelt** vor Betriebsübergang darf anlässlich eines solchen durch den Wechsel der KV-Angehörigkeit des Betriebsinhabers **nicht geschmälert** werden (§ 4 Abs 2 Satz 1 AVRAG). Durch diese Bestimmung wird das dem AN bislang zustehende KV-Mindestentgelt nach dem Betriebs(teil)übergang „eingefroren" und unterliegt in weiterer Folge dem Schicksal des Erwerber-KV (zB hinsichtlich der Istlohnerhöhungen).[1165] Wegen der ausdrücklichen Bezugnahme auf das Entgelt für die Normalarbeitszeit unterliegen dem Verschlechterungsverbot insb nicht kollektivvertragliche Regelungen betreffend das Entgelt für Überstunden[1166].

Beim KV-Wechsel spielen Günstigkeitskriterien keine Rolle, insb gibt es – außer betreffend das Entgelt für die Normalarbeitszeit – kein diesbezügliches Verschlechterungsverbot.[1167] Es kommt auch zu keiner partiellen Weitergeltung jener Regelungen, die im Erwerber-KV kein Äquivalent finden.[1168] Bei wesentlichen Verschlechterungen durch den KV-Wechsel steht dem AN jedoch das begünstigte Kündigungsrecht gem § 3 Abs 5 AVRAG zu.[1169]

2. Der Erwerber unterliegt keinem Kollektivvertrag

568 Unterliegt der Erwerber keinem KV, so heischen zwei gesetzliche Regelungen um Anwendung, deren Verhältnis zueinander umstritten ist:

- Nach **§ 8 Z 2 ArbVG** unterliegt ein nicht selbst kraft Mitgliedschaft kollektivvertragsunterworfener AG dem KV, der im Betriebs(teil) gilt, welcher auf ihn übergeht.
- Nach **§ 4 Abs 1 AVRAG** hat der Erwerber die in einem KV vereinbarten Arbeitsbedingungen bis zur Kündigung oder zum Ablauf des KV oder bis zum Inkrafttreten oder bis zur Anwendung eines anderen KV in dem gleichen Maße aufrechtzuerhalten, wie sie in dem KV für den Veräußerer vorgesehen waren. Die Arbeitsbedingungen dürfen zum Nachteil des AN durch Einzelarbeitsvertrag innerhalb eines Jahres nach Betriebsübergang weder aufgehoben noch beschränkt werden.

Inhaltlich unterscheiden sich die beiden Regelungen im Wesentlichen darin, dass nach der einen der KV – wie auch sonst – grundsätzlich relativ zwingende Wirkung entfaltet, dh dass insb auf vertraglicher Ebene nur für den AN günstigere Regelungen zulässig sind. Nach der anderen ist der KV des Erwerbers nach einem Jahr nach dem Betriebsübergang nur noch dispositiv wirksam und kann durch Vertrag auch zuungunsten des AN abgeändert werden.

569 In der Lehre werden die unterschiedlichsten Ansätze zum Verhältnis der beiden Normen zueinander vertreten: So wird die völlige Unanwendbarkeit der einen Rege-

---

[1163] *Schwarz/Löschnigg*, Arbeitsrecht aus trüber Quelle, ÖJZ 1994, 224.
[1164] *Birkner*, Kollektive Rechtsgestaltung im Licht europäischer Unternehmenskonzentration, ZAS 1993, 30.
[1165] OGH RdW 1996, 74.
[1166] *Holzer/Reissner*, AVRAG-Kommentar 143.
[1167] *Grillberger*, Betriebsübergang und Arbeitsverhältnis – Neuregelung durch das AVRAG, WBl 1993, 308.
[1168] Vgl *Grillberger*, WBl 1993, 308.
[1169] Siehe dazu Rz 562 f.

lung[1170] ebenso argumentiert wie, dass gar keine Normenkonkurrenz vorliege, § 8 Z 2 ArbVG regle die Kollektivvertragsunterworfenheit, § 4 Abs 1 AVRAG die Rechtswirkungen derselben.[1171] Andere versuchen die beiden Bestimmungen zu harmonisieren und für sie jeweils einen eigenen Anwendungsbereich zu belassen: So soll § 4 Abs 1 AVRAG nur für jene Regelungen gelten, für die sich in einem auf den Erwerber anwendbaren KV keine Entsprechung findet[1172] oder § 4 Abs 1 AVRAG eine ergänzende Regelung zur allgemeinen des § 8 Z 2 AVRAG für jene Fälle sein, in denen der übertragene Betrieb mit Betriebsteilen des Erwerbers verschmolzen wird. Dadurch verlöre er seine organisatorische Selbständigkeit und der Veräußerer-KV könne nicht mehr zur Anwendung kommen.[1173] Weiters soll ein Veräußerer, der selbst gem § 8 Z 2 ArbVG kv-angehörig war, eine solche KV-Angehörigkeit nicht vermitteln können, sodass diesfalls § 4 Abs 1 AVRAG greift.[1174] Eine Klärung durch die Rspr steht jedenfalls noch aus.

H. Die Auswirkungen von Umstrukturierungen auf die Belegschaftsorgane

Da die Belegschaftsvertretung an die Organisation des Unternehmens anknüpft, kann der Betriebsinhaber bzw der Unternehmer jederzeit durch Organisationsänderungen eine Änderung der Belegschaftsstruktur herbeiführen. Damit verbunden können Mitwirkungsdefizite – insb bis zur Errichtung einer Belegschaftsvertretung in neu geschaffenen Betrieben – auftreten, weshalb der Gesetzgeber in den §§ 62b ff ArbVG Vorsorge getroffen hat. 570

1. Übergang eines Betriebes auf einen neuen Inhaber

Da mit einem bloßen Wechsel des Betriebsinhabers die Identität des Betriebes nicht (wesentlich) verändert wird, bleibt dieser ebenso wie der dort errichtete BR weiter bestehen. 571

2. Verselbständigung von Betriebsteilen

Bei einer rechtlichen Verselbständigung von Betriebsteilen, die zu neuen selbständigen Betrieben werden, bleibt der bisherige BR (des Mutterbetriebes) bis zur Wahl eines BR im neu entstandenen Betrieb, längstens aber bis zum Ablauf von vier Monaten für die ausgegliederten Betriebsteile (dh somit auch für die Tochterbetriebe) weiterhin zuständig, wenn in diesen mindestens fünf AN beschäftigt sind (§ 62b ArbVG).[1175] 572

3. Zusammenschluss durch Neubildung

Bei der Verschmelzung von Betrieben/Betriebsteilen zu einem neuen Betrieb (Zusammenschluss durch Neubildung), bilden die BR beider Betriebe/Betriebsteile bis zur 573

[1170] So *Schwarz/Löschnigg*, Arbeitsrecht aus trüber Quelle, ÖJZ 1994, 224.
[1171] So *Tomandl*, Arbeitsrechtliche Konsequenzen beim Übergang eines Betriebsteiles, ZAS 1993, 193 (201).
[1172] So zB *Holzer/Reissner*, AVRAG² § 4 Rz 6.
[1173] So *Schrammel*, Rechtsfragen des Betriebsübergangs, ZAS 1996, 6 (9).
[1174] *Grillberger*, Betriebsübergang und Arbeitsverhältnis – Neuregelung durch das AVRAG, WBl 1993, 309. Siehe auch oben bei Rz 127.
[1175] Siehe § 62b Abs 3 ArbVG für den Fall, dass die Verselbständigung zur dauernden Einstellung des Betriebes oder zum Ausscheiden von BR-Mitgliedern aus dem Betrieb führt.

Neuwahl eines BR, längstens aber bis zum Ablauf eines Jahres nach Zusammenschluss, einen einheitlichen BR (§ 62c ArbVG). Dieser Zusammenschluss der BR zu einem gemeinsamen Organ erfolgt allerdings nur, wenn die bisherigen Organisationsstrukturen so verändert werden, dass ein neuer Betrieb besteht. Andernfalls kommt es zur Aufnahme eines Betriebes/Betriebsteiles in den anderen Betrieb, der weiterhin seine Identität bewahrt.

574 Ob die **Betriebsidentität** iZm Umstrukturierungen weiterbesteht, ist anhand der Hauptmerkmale des Betriebes (Betriebsinhaber, Belegschaft, Betriebsmittel, Betriebszweck, Organisationsstruktur) zu überprüfen. Sollten sich diese wesentlich verändern (zB zwei Betriebe werden mit geänderter Zielsetzung und Organisation an einen anderen Standort unter Auswechslung maßgeblicher Teile der Belegschaft und Änderung der Produktionsmethoden verschmolzen), so kommt es zum Untergang der alten und zur Entstehung eines neuen Betriebes.[1176]

4. Aufnahme eines Betriebes/Betriebsteiles in einen bestehenden Betrieb

575 Bei der Aufnahme eines Betriebes/Betriebsteiles in einen bestehenden Betrieb werden die aufgenommenen AN vom BR des aufnehmenden Betriebes vertreten. Sollte ein solcher nicht bestehen, sind die AN nunmehr ohne Belegschaftsorgan. Durch den Verlust der Betriebsidentität kommt es hinsichtlich des aufgenommenen Betriebes zur dauernden Betriebseinstellung, weshalb auch die Tätigkeitsdauer des BR beendet wird (§ 62 Z 1 ArbVG) und die BR-Mitgliedschaft ebenfalls endet (§ 64 Abs 1 Z 1 ArbVG).

I. Die Auswirkungen von Umstrukturierungen auf Betriebsvereinbarungen

576 Das ArbVG enthält in § 31 Abs 4 bis 7 ArbVG Bestimmungen, die Auswirkungen von Eigentums- und Organisationsänderungen auf die in Betrieben bestehenden BV regeln.[1177] Diese Bestimmungen finden auch in Fällen der Umstrukturierung Anwendung, in denen es zu keinem Betriebsinhaberwechsel kommt.

1. Übergang eines Betriebes auf einen anderen Inhaber

577 Die Geltung von BV wird durch den Übergang des Betriebes auf einen anderen Inhaber nicht berührt (§ 31 Abs 4 ArbVG). Das bedeutet, dass der bloße Wechsel des Betriebsinhabers den Bestand der im Betrieb bestehenden BV nicht gefährdet. Sind jedoch mit dem Betriebsinhaberwechsel massive Änderungen der Betriebsstruktur verbunden, die zu einem Verlust der Betriebsidentität führen (Rz 474), führt dies in diesem Fall zum Untergang der BV.

2. Verselbständigung von Betriebsteilen

578 Die Geltung einer BV bleibt auch für Betriebsteile unberührt, die rechtlich verselbständigt werden (§ 31 Abs 5 ArbVG), dh die zu einem neuen Betrieb werden,

[1176] *Löschnigg*, Arbeitsrecht[10], 4.4.2.1. Zum Betriebsbegriff oben bei Rz 78.

[1177] *Schrank*, Betriebsvereinbarungen bei Betriebsübergang, ecolex 1993, 614; *Grillberger*, Betriebs(teil)übergang und Belegschaftsvertretung, Betriebsratsfonds sowie Betriebsvereinbarungen, in Tomandl (Hrsg), Der Betriebs(teil)übergang im Arbeitsrecht 27; *Wolf*, Die Kündigung von Pensionsbetriebsvereinbarungen und Betriebs(teil)übergang, ecolex 1997, 519.

was insb durch die Einräumung von Selbständigkeit in arbeitstechnischer Hinsicht erfolgt.

3. Zusammenschluss durch Neubildung

579 Ebenso bleibt die Geltung von BV für AN von Betrieben oder Betriebsteilen unberührt, die mit einem anderen Betrieb oder Betriebsteil so zusammengeschlossen werden, dass ein neuer Betrieb entsteht (§ 31 Abs 6 ArbVG). Die BV bleiben somit für die bislang erfassten AN auch im neuen Betrieb personenbezogen weiterhin aufrecht („personenbezogene Restgeltung"). Dies hat zur Folge, dass diese BV für die in den Betrieb neu aufgenommenen Mitarbeiter nicht gelten.[1178]

4. Aufnahme eines Betriebes/Betriebsteiles in einen bestehenden Betrieb

580 Für AN von Betrieben oder Betriebsteilen, die von einem anderen Betrieb aufgenommen werden, gelten grundsätzlich die BV des aufnehmenden Betriebes. Die Geltung von BV des aufgenommenen Betriebes bleibt aber gem § 31 Abs 7 ArbVG für die in diesem beschäftigten AN insoweit unberührt, als sie Angelegenheiten betreffen, die von den BV des aufnehmenden Betriebes nicht geregelt werden. Es gelten somit für diese AN neben den BV des aufnehmenden Betriebs die BV des aufgenommenen Betriebs(teils) weiter („lückenfüllende personenbezogene Restgeltung").

J. Haftung und Betriebs(teil)übergang

1. Altschulden-Haftung

581 Sofern andere gesetzliche Regelungen oder Gläubigerschutzbestimmungen für den AN nichts Günstigeres regeln, haften für Verpflichtungen aus dem Arbeitsverhältnis zum Veräußerer, die vor dem Zeitpunkt des Überganges begründet wurden (sog **„Altschulden"**, zB noch nicht ausbezahltes Entgelt), der Veräußerer und der Erwerber zur ungeteilten Hand (solidarisch, § 6 Abs 1 AVRAG).

Die Beschränkung der Haftung des Erwerbers nach § 1409 ABGB auf den Wert des Unternehmens kommt nach der Rspr nur bei Verpflichtungen aus im Zeitpunkt des Betriebsübergangs nicht mehr bestehenden Arbeitsverhältnissen (zB Pensionsansprüche) zur Anwendung, aus bestehenden Arbeitsverhältnissen geht immer die volle Haftung auf den Erwerber über.[1179]

2. Neuschulden-Haftung

582 Für AN-Ansprüche, für die die Anwartschaft beim Veräußerer entstanden ist, die aber erst nach dem Betriebsübergang beim Erwerber fällig werden (sog **„Neuschulden"** wie zB die Abfertigung „alt" und die Urlaubsersatzleistung), haftet der Veräußerer nur mit jenem Betrag, der dem fiktiven Abfertigungsanspruch bzw der Urlaubsersatz-

---

1178 Vgl *Gahleitner/Leitsmüller,* Umstrukturierung und AVRAG 150; *Tomandl/Schrammel*, Arbeitsrecht 2⁶, 217.

1179 OGH JBl 2000, 398; siehe *Holzer/Reissner*, AVRAG² § 6 Rz 17; *Gahleitner*, in ZellKomm § 6 Rz 2 mwN.

leistung[1180] im Zeitpunkt des Betriebs(teil)überganges entspricht (§ 6 Abs 2 Satz 1 AVRAG).

Für Ansprüche auf eine **Betriebspension** aus einem Leistungsfall nach dem Betriebsübergang haftet der Veräußerer nur mit jenem Betrag, der den im Zeitpunkt des Betriebsübergangs bestehenden Pensionsanwartschaften entspricht (§ 6 Abs 2 Satz 2 AVRAG).

Beide Haftungen sind mit fünf Jahren begrenzt.[1181] Wurden beim Übergang Rückstellungen, Wertpapierdeckungen oder gleichwertige Sicherungsmittel mitübertragen, haftet der Veräußerer nur mit dem Differenzbetrag zwischen Sicherung und fiktiven Ansprüchen zum Übergangszeitpunkt. Diese Haftung endet ein Jahr nach Betriebsübergang.

Hat der Erwerber Arbeitnehmeransprüche befriedigt, für die die Anwartschaft beim Veräußerer entstanden ist und für die dieser haftet (zB Abfertigung „alt", Sonderzahlungen, Urlaubsersatzleistung), so hat er nach der Rspr einen – der Dienstzeit beim Veräußerer entsprechenden – **Regressanspruch**.[1182]

[1180] OGH Arb 12.445.

[1181] *Egermann*, Zum Ende der Endloshaftung beim Betriebsübergang, ecolex 2002, 270; *Jöst/Risak*, Aktuelle Neuerungen im Arbeitsrecht, ZAS 2002, 97 (101); *Schima*, Die Neuregelung der Veräußererhaftung in § 6 Abs 2 AVRAG, RdW 2002/560.

[1182] OGH ecolex 2004, 196; ecolex 2004, 804 – Haftung des Veräußerers für Abfertigung; ecolex 2004, 883 – Haftung des Veräußerers für Urlaubsersatzleistung; krit *Egermann*, Betriebsübergang, Urlaub und Regress, ecolex 2005, 382.

XX. Die Insolvenz des Arbeitgebers

A. Allgemeines

Wird der AG zahlungsunfähig (insolvent), so sind die Interessen des AN in mehrfacher Weise gefährdet: einerseits kann der AG das laufende Entgelt, auf welches der AN typischerweise zur Bestreitung seines Lebensunterhalts angewiesen ist, nicht weiter zahlen, andererseits ist sein Arbeitsplatz durch die Gefahr des Unternehmenszusammenbruchs bedroht. Außerdem ist zu berücksichtigen, dass sich das insolvente Unternehmen ohne AN nicht fortführen lässt und dass eine Fortführung – soweit wirtschaftlich vertretbar – sowohl volkswirtschaftlich als auch im Interesse der Gläubiger oftmals die sinnvollste Lösung darstellt. Die Rechtsordnung versucht einen Ausgleich zwischen den Interessen der Gläubiger und jenen der AN zu finden. Dabei sind zwei Bereiche von besonderer Wichtigkeit: die Möglichkeit der Beendigung und der Entgeltschutz.[1183] **583**

B. Die Beendigung des Arbeitsvertrages bei AG-Insolvenz

1. Konkurs

Die Konkurseröffnung ändert am Bestand des Arbeitsverhältnisses zunächst nichts. **584** Allerdings werden sämtliche AG-Funktionen vom Masseverwalter (MV) wahrgenommen; der AG kann nach diesem Zeitpunkt keine Arbeitsverhältnisse mehr eingehen bzw diese auflösen. Der MV hat nach Maßgabe der wirtschaftlichen Lage des Unternehmens die Fortführung des Unternehmens oder – nach gerichtlicher Bewilligung – die Schließung zu betreiben.

§ 25 KO sieht sowohl für den MV als auch für den AN modifizierte Beendigungs- **585** möglichkeiten vor, sofern das Arbeitsverhältnis vor Konkurseröffnung angetreten wurde. Für nach Konkurseröffnung begründete Arbeitsverhältnisse bestehen keine Sonderregelungen. Sollte das Arbeitsverhältnis im Zeitpunkt der Konkurseröffnung noch nicht angetreten worden sein, haben sowohl der MV als auch der AN die Möglichkeit zum Rücktritt vom Vertrag (§ 21 KO, § 30 Abs 4 AngG).[1184]

Nach Arbeitsantritt steht dem AN grundsätzlich nur dann ein insolvenzbedingtes **586** **Austrittsrecht** aus wichtigem Grund zu, wenn er in einem Unternehmen bzw einem Unternehmensbereich beschäftigt wird, welcher im Zuge des Konkursverfahrens eingestellt wird (§ 25 Abs 1, 1b KO).[1185] Macht der AN von dieser Austrittsmöglichkeit Gebrauch, gebührt ihm eine Kündigungsentschädigung (§ 25 Abs 2 KO).[1186] Wird das Unternehmen auf Dauer weitergeführt, dann kann der AN seinen Austritt allenfalls auf

---

[1183] Siehe dazu insb *Holzer/Reissner*, Die Rechte des AN bei bei Insolvenz[5] (2006); *Holzer*, Insolvenz und Arbeitsverhältnis, DRdA 1998, 325; *Weber*, Arbeitsverhältnisse im Insolvenzverfahren (1998); *dies*, in Mazal/Risak, Das Arbeitsrecht, Kap XXI.

[1184] Dazu eingehend *Holzer*, Arbeitsverhältnis und Insolvenz, DRdA 1998, 325 (326).

[1185] Eingehend *Grießer*, Wesentliche arbeitsrechtliche Änderungen des IRÄG 1997, ZAS 1998, 1.

[1186] Zur Kündigungsentschädigung allgemein siehe Rz 526; zur Kündigungsentschädigung bei Austritt gem § 25 KO siehe *Grießer*, Wesentliche arbeitsrechtliche Änderungen des IRÄG 1997, ZAS 1998, 1.

§ 26 Z 2 AngG bzw § 82a lit d GewO stützen, wenn ihm das Entgelt während des Konkursverfahrens vorenthalten wird.[1187]

Der **MV** hat die Möglichkeit einer „**außerordentlichen Kündigung**". Diese ist auch bei befristeten Arbeitsverhältnissen bzw bei solchen mit vertraglich vereinbarter Unkündbarkeit möglich. Der MV hat dabei die gesetzliche, kollektivvertragliche oder zulässigerweise vereinbarte kürzere Kündigungsfrist einzuhalten (§ 25 Abs 1 KO aE), an längere vereinbarte Kündigungsfristen sowie an die gesetzlichen Kündigungstermine[1188] ist er jedoch nicht gebunden. Den allgemeinen und besonderen Kündigungsschutz sowie das Kündigungsfrühwarnsystem[1189] hat der MV jedoch zu berücksichtigen.[1190]

Führt die Kündigung zu einer Verkürzung der vereinbarten (längeren) Kündigungsfrist bzw der Vertragsdauer, so steht dem AN ein Schadenersatzanspruch zu (§ 25 Abs 2 KO).

587 Die außerordentlichen Beendigungserklärungen von MV und AN haben binnen Monatsfrist zu erfolgen: Die Erklärung des Austritts muss im Schuldenregulierungsverfahren innerhalb eines Monats nach Konkurseröffnung erfolgen.[1191] Sonst hat der Austritt innerhalb eines Monats nach öffentlicher Bekanntmachung des Beschlusses, aufgrund dessen die Schließung des Unternehmens bzw des Unternehmensbereichs verfügt wird oder innerhalb eines Monats seit der Berichtstagsatzung, zu erfolgen, es sei denn, das Gericht hat in dieser die Fortführung des Unternehmens auf einstweilen unbestimmte Zeit beschlossen.[1192] Wird in der Berichtstagsatzung nur die befristete Unternehmensfortführung im Falle des Erlags einer Kaution in Aussicht gestellt, dann beginnt die Einmonatsfrist erst mit Ablauf der 90-tägigen Frist nach Konkurseröffnung gemäß § 91a KO zu laufen.[1193] Innerhalb dieser Fristen kann auch der MV die Arbeitsverhältnisse lösen, dies allerdings nicht durch sofortige Beendigung.

2. Ausgleich des Arbeitgebers

588 Der Bestand des Arbeitsvertrages wird durch den Ausgleich an sich nicht berührt, da dieser die Sanierung und Weiterführung des Unternehmens bezweckt. Dem AG steht jedoch mit Zustimmung des Ausgleichsverwalters dasselbe außerordentliche Kündigungsrecht wie dem MV zu, welches binnen Monatsfrist nach Ausgleichseröffnung auszuüben ist (§ 20c Abs 3 AO). Der Ausgleichsverwalter darf die Zustimmung nur dann und für jene AN erteilen, die in stillzulegenden bzw einzuschränkenden Betrieben beschäftigt sind, wenn das Festhalten am Vertrag das Zustandekommen des Ausgleichs oder die Fortführung des Unternehmens gefährden würde. Ansonsten gilt das zur außerordentlichen Kündigung bei Konkurs des AG Ausgeführte.

[1187] Zur Problematik dieses Austrittsgrundes im Zusammenhang mit der Konkurseröffnung siehe OGH ZAS 1999, 139 (*Weber*) mwN; nach der Rspr kann ein derartiger Austritt nicht aufgrund von Entgeltrückständen erfolgen, die aus der Zeit vor der Konkurseröffnung stammen (so ua OGH DRdA 2000, 404 [*Gahleitner*]).

[1188] OGH DRdA 1980, 219 (*Hemmer*); ZAS 1983, 107 (*Spielbüchler*); Arb 10.377; WBl 1996, 325.

[1189] Siehe dazu Rz 480.

[1190] Siehe dazu auch § 25 Abs 1a KO; dazu *Holzer*, Arbeitsverhältnis und Insolvenz, DRdA 1998, 325 (330).

[1191] *Weber-Wilfert*, in Mazal/Risak, Das Arbeitsrecht, Kap XXI Rz 5f.

[1192] OGH DRdA 2005, 172 (*Anzenberger*).

[1193] OGH ARD 5527/1/2004.

C. Die Entgeltsicherung

1. Allgemeines – geschützter Personenkreis

Zur Sicherung des Entgeltanspruchs im Falle des Konkurses oder eines gesetzlich gleichgestellten Tatbestandes[1194] des AG ist durch das Insolvenz-Entgeltsicherungsgesetz (IESG) ein eigener Fonds, der Insolvenz-Entgelt-Fonds eingerichtet und diesem das Lohnrisiko des AN übertragen. Dieser Fonds, der mit eigener Rechtspersönlichkeit ausgestattet ist, wird vor allem durch einen vom AG zu leistenden Beitrag zur Arbeitslosenversicherung gespeist.[1195] 589

Wenn über das Vermögen des AG der Konkurs eröffnet oder ein gleichgestellter Tatbestand verwirklicht wird, gebührt AN, Heimarbeitern und ihren Hinterbliebenen[1196] sowie Erben für gesicherte Ansprüche **Insolvenzentgelt**. 590

Keinen Anspruch auf Insolvenzentgelt haben gem § 1 Abs 6 IESG nunmehr nur noch Gesellschafter, denen ein beherrschender Einfluss auf die Gesellschaft zusteht. Es kommt somit auf die Stellung als Arbeitnehmer an.[1197] Die Judikatur des OGH versagt weiters auch jenen AN den Schutz, die bei Nichtbezahlung des Entgelts länger im Betrieb verbleiben als durchschnittliche AN (sog „*Fremdvergleich*").[1198] 591

2. Gesicherte Ansprüche

Gesicherte Ansprüche sind: 592

- **Entgeltansprüche** auf laufendes Entgelt und Entgelt aus der Beendigung des Arbeitsverhältnisses (§ 1 Abs 2 Z 1, 3a IESG,) bis zum Doppelten der Höchstbeitragsgrundlage gem § 45 ASVG[1199] (§ 1 Abs 4 iVm Abs 4 IESG);

  Gesichert ist nur jenes Entgelt, das dem AN in den **letzten sechs Monaten vor der Insolvenzeröffnung** gebührt hat oder wenn das Arbeitsverhältnis vorher geendet hat, das Entgelt, das in den letzten sechs Monaten vor dessen Ende fällig geworden ist.[1200] Für den Zeitraum nach der Insolvenzeröffnung ist nach der Art der Insolvenz zu unterscheiden: Im **Konkursfall** ist das Entgelt für Zeiträume nach der Konkurseröff-

---

1194 Der Konkurseröffnung gleichgestellt ist die Eröffnung des Ausgleichs, die Anordnung der Geschäftsaufsicht sowie die Ablehnung des Antrages auf Konkurseröffnung mangels hinreichenden Vermögens; zu den anderen Fällen siehe § 1 Abs 1 KO.

1195 0,7% der Beitragsgrundlage zum ASVG (BGBl II 2002/454).

1196 Das sind jene Personen, die einen Anspruch eigenen Rechts aus dem Arbeitsverhältnis des verstorbenen AN besitzen, zB jenen auf Todfallsabfertigung gem § 23 Abs 6 AngG (siehe oben Rz 523); zu den Anspruchsberechtigten nach IESG siehe *Weber*, in Mazal/Risak, Das Arbeitsrecht, Kap XXI Rz 47 ff.

1197 OGH DRdA 2009, 420 [*Stadler*] – Vorstand einer AG ist kein AN und seine Ansprüche sind daher nicht gesichert.

1198 Vgl etwa OGH DRdA 2003, 354 (*Grießer*), ecolex 2005, 309, ecolex 2005, 393; siehe auch den krit Überblick sowie zu europarechtlichen Aspekten *Weber-Wilfert*, EuGH: Sittenwidrigkeit und Eigenkapitalersatz im IESG, RdW 2004, 227; *C. Graf*, Eigenkapitalersatz und Insolvenzentgeltsicherung, ZAS 2004, 113; *Reissner/Sundl*, Insolvenz-Entgeltsicherung und Eigenkapitalersatz im Lichte der Insolvenz-RL, DRdA 2004, 487.

1199 Im Jahr 2010 monatlich € 4.110,–.

1200 Für bereits länger fällige Entgelte ist ein anhängiges Verfahren erforderlich bzw kann nur die Differenz zwischen dem allfälligen unterkollektivvertraglichen und dem kollektivvertraglichen Entgelt geltend gemacht werden (§ 3a Abs 1 IESG); siehe dazu *Anzenberger*, § 3a IESG: Sicherungsgrenze und Sittenwidrigkeitskorrektiv, RdW 2000, 161; OGH DRdA 2009, 368 [*Wolliger*] – Insolenz-Entgelt für nicht ausgeglichene Zeitguthaben.

nung bis zur Berichtstagsatzung bzw bis zum rechtlichen Ende des Arbeitsverhältnisses gesichert[1201]; wird das Unternehmen nach der Berichtstagsatzung fortgeführt, so besteht eine Sicherung bis zur Konkursaufhebung nur dann, wenn der AN wegen der ersten Nichtbezahlung des Entgelts seinen Austritt erklärt („Austrittspflicht").Wird der Konkursantrag abgelehnt bzw zurückgewiesen, bis zum Ende des dritten Monats, der auf den diesbezüglichen Gerichtsbeschluss folgt. Im Falle des **Ausgleichs** sowie der **Anordnung der Geschäftsaufsicht** steht Insolvenzentgelt grundsätzlich nur bis zum Ende des Monats zu, in dem der Ausgleich eröffnet wurde; darüber hinaus nur dann, wenn der AN wegen der ersten nicht vollständigen Zahlung wegen der Vorenthaltung des Entgelts austritt, längstens jedoch bis zum Ende des dritten Monats, der auf die Ausgleichseröffnung bzw der -einstellung folgt (§ 3a Abs 3 IESG).

593 ▪ **betriebliche Pensionsleistungen aus direkten Leistungszusagen** (Ansprüche aus Pensionskassen-, Lebensversicherungs- und betriebliche Kollektivversicherungszusagen sind nicht gesichert; vgl § 1 Abs 3 Z 6 IESG):[1202] bei Bestehen eines Anspruches auf eine Betriebspension bzw einer unverfallbaren Anwartschaft gem BPG steht eine einmalige Zahlung von 24 Monatsbeträgen zu (§ 3d Abs 1 Z 1 u 2 IESG); bei einem Anspruch auf Zahlung einer Pension, die nicht dem BPG unterliegt, gebührt eine einmalige Zahlung von 12 Monatsbeträgen (Abs 2 leg cit);

594 ▪ **Schadenersatzansprüche** (§ 1 Abs 2 Z 2 IESG), insb auf **Kündigungsentschädigung**;

595 ▪ **sonstige Ansprüche** gegen den AG, insb Aufwandsentschädigung und Verzugszinsen (gs bis 6 Monate nach Eröffnung des Insolvenzverfahrens, siehe § 6 Abs 1 iVm § 3 Abs 2 IESG);

596 ▪ **zur zweckentsprechenden Rechtsverfolgung notwendige Kosten** (§ 1 Abs 2 Z 4 IESG, siehe insb dortige beispielhafte Aufzählung);

597 ▪ (gesetzliche) **Abfertigungen** bis zum Ausmaß der einfachen Höchstbeitragsgrundlage in voller Höhe; darüber hinaus bis zum Ausmaß der zweifachen Höchstbeitragsgrundlage in halber Höhe (§ 1 Abs 4a IESG). Insolvenzentgelt für Abfertigungen gebührt auch *unabhängig von einer Insolvenz* in dem Fall, dass dem AG die Zahlung erlassen wurde, weil sich seine Wirtschaftslage derartig verschlechtert hat, dass ihm die Erfüllung zum Teil oder zur Gänze billigerweise nicht zugemutet werden kann[1203] bei Vorliegen eines Urteiles (§ 1a IESG). Weiters sind vom AG nicht abgeführte Beiträge gem § 13d IESG und offene Übertragungsbeträge gem § 1b IESG unabhängig von der Übertragungsart gesichert.[1204]

598 Kein Insolvenzentgelt gebührt in dem Fall, dass die genannten Ansprüche durch eine anfechtbare Rechtshandlung iSd Anfechtungsordnung oder der Konkursordnung erworben wurden. Ebenso besteht kein Anspruch bezüglich jener Forderungen, die auf Einzelvereinbarung beruhen, die nach Antrag auf Konkurseröffnung oder eines sonstigen Insolvenzverfahrens bzw innerhalb von sechs Monaten vor Eintritt der Verfahren/Tatbestände abgeschlossen wurden, soweit diese Ansprüche über die durch Gesetz, KV oder BV zustehenden Anspruch oder die betriebsübliche Entlohnung hinausgehen oder auf sonstigen Besserstellungen beruhen und die höhere Entlohnung sachlich nicht gerechtfertigt ist (§ 1 Abs 3 Z 1 u 2 IESG).

[1201] Zu den sonstigen Fällen siehe § 3a Abs 2 IESG.
[1202] OGH ZAS 1981, 138 (*Fischer*); DRdA 1983, 169 (*Kramer*).
[1203] Vgl § 23 Abs 2 AngG; Rz 524.
[1204] OGH DRdA 2009, 40 [*Mayr*].

3. Behörden und Verfahren

Der Antrag auf Insolvenzentgelt ist binnen einer Frist von sechs Monaten ab Eröffnung des Insolvenzverfahrens bzw binnen sechs Monaten ab Kenntnis der in § 1 Abs 1 Z 3–6 IESG genannten Beschlüsse (zB Ablehnung des Konkursantrages mangels hinreichenden Vermögens) schriftlich beim einer Geschäftsstelle der Insolvenz-Entgelt-Fonds-Service GmbH (IEF-Service GmbH, uU auch beim Konkurs- oder Ausgleichsgericht[1205]) einzubringen (§§ 5 f IESG), welche mit Bescheid entscheidet. Gegen einen abweisenden Bescheid kann – wie in Leistungssachen der Sozialversicherung – Klage beim zuständigen Arbeits- und Sozialgericht eingebracht werden (§ 10 IESG, sog „sukzessive Kompetenz"[1206]). **599**

Durch eine stattgebende Entscheidung wird die Zahlungspflicht des Insolvenz-Entgelt-Fonds ausgelöst, auf welchen die Ansprüche gegen den AG bzw die Konkursmasse im Wege der **Legalzession**, dh durch gesetzlich angeordneten Gläubigerwechsel, übergehen (§ 11 IESG), womit dieser die Ansprüche im Insolvenzverfahren geltend machen kann. **600**

[1205] § 5 Abs 4 IESG, § 104 Abs 1 KO, § 76 Abs 1 AO.
[1206] Siehe dazu *Brodil/Windisch-Graetz*, Sozialrecht in Grundzügen[5], 21.

Dienstvertrag (Angestellte)[1]

Abgeschlossen am unten angeführten Tag zwischen

....

(im Folgenden kurz „*Arbeitgeber*" genannt), und

Herrn/Frau

....

(im Folgenden kurz „*Arbeitnehmer*" genannt),

wie folgt:

1. Anstellungsbeginn und Vertragsdauer

1.1. Das Dienstverhältnis beginnt am ....

1.2. Das Dienstverhältnis wird zunächst für die Dauer von drei Monaten befristet[2] abgeschlossen, wobei für den ersten Monat des befristeten Dienstverhältnisses eine Probezeit[3] vereinbart wird, während welcher das Dienstverhältnis von beiden Seiten jederzeit ohne Angabe von Gründen fristlos gelöst werden kann.

1.3. Wird das Dienstverhältnis über die Befristung hinaus fortgesetzt, geht es in ein unbefristetes Dienstverhältnis über.

2. Dienstverwendung und Einstufung

2.1. Der Arbeitnehmer wird vornehmlich als .... eingesetzt. Sein Aufgabenbereich ergibt sich insbesondere aus der beigeschlossenen, einen integrierenden Bestandteil dieses Vertrages bildenden Stellenbeschreibung. Der Arbeitgeber ist berechtigt, den Arbeitnehmer auch für jede andere zumutbare Angestelltentätigkeit vorübergehend oder dauernd einzusetzen.[4]

2.2. Der Arbeitnehmer verpflichtet sich, alle mit dieser Dienstverwendung verbundenen Aufgaben gewissenhaft zu erfüllen.

3. Arbeitsort[5]

Der Arbeitsort ist derzeit .... Der Arbeitnehmer ist auch mit einer vorübergehenden oder dauernden Dienstverwendung in einer anderen Betriebsstätte bzw mit einem anderen Dienstort im gesamten Bundesgebiet sowie mit einer Entsendung innerhalb des gesamten Bundesgebietes, sowie vorübergehend auch gegebenenfalls ins Ausland[6] einverstanden.

---

1 Dieses Vertragsmuster stellt lediglich einen Vorschlag für die schriftliche Abfassung eines unbefristeten Dienstvertrages für einen Angestellten dar, der die wesentlichsten und in der Vertragspraxis gängigsten Regelungspunkte enthält. Im Einzelfall ist dieser an die konkreten Gegebenheiten des Vertragsverhältnisses (insb an den einschlägigen KV) anzupassen.

2 Rz 397.

3 Rz 227, 402.

4 Rz 240 f (Weisungsrecht des AG und seine Grenzen).

5 Rz 244.

6 Rz 36.

4. Entgelt[7]

4.1. Das Entgelt besteht aus einem jährlichen Grundgehalt in Höhe von € .... brutto, welches in Form von 14 Monatsgehältern in jeweils gleicher Höhe zu bezahlen ist. 12 Monatsgehälter sind jeweils am Ende des Monats fällig, ein weiteres Monatsgehalt ist am ersten Arbeitstag im Monat Juni und ein weiteres Monatsgehalt ist am ersten Arbeitstag des Monats Dezember fällig.

4.2. Ferner erhält der Arbeitnehmer eine ergebnis- und leistungsabhängige Tantieme, deren Höhe einer gesonderten Vereinbarung bedarf, die in ihrer jeweiligen Fassung einen integrierenden Bestandteil dieses Vertrages bildet.

4.3. Der Arbeitnehmer wird folgendermaßen in den derzeit aufgrund der Fachgruppenzugehörigkeit des Arbeitgebers anzuwendenden Kollektivvertrag für .... eingestuft:

....

4.4. Im Hinblick auf die überkollektivvertragliche Entlohnung sind mit den in Punkt 4.1. und Punkt 4.2. genannten Bezügen sämtliche Ansprüche des Arbeitnehmers, wie insbesondere auf Entlohnung für Mehrarbeit und Überstunden oder Reisezeiten zur Gänze abgegolten.[8]

4.5. Grundsätzlich hat der Arbeitnehmer sämtliche Bezüge, wie Gehalt, Sonderzahlungen, Abfertigungen, etc beim Arbeitgeber zu beheben, doch ist dieser auch zur bargeldlosen Auszahlung im Wege einer Banküberweisung auf das zuletzt vom Dienstnehmer bekannt gegebene Konto berechtigt.

4.6. Beginnt bzw endet das Dienstverhältnis während des Kalenderjahres, so gebührt lediglich der aliquote Teil des 13. und 14. Monatsentgelts entsprechend der im Kalenderjahr zurückgelegten Dienstzeit. Hat der/die Arbeitnehmer/in in diesem Fall das 13. und/oder 14. Monatsentgelt bereits erhalten haben, so ist der verhältnismäßig zuviel bezahlte Anteil, der auf den restlichen Teil des Kalenderjahres entfällt, bei der Endabrechnung in Abzug zu bringen.[9]

5. Arbeitszeit[10]

5.1. Die regelmäßige wöchentliche Normalarbeitszeit[11] beträgt 40 Wochenstunden/gem dem anwendbaren Kollektivvertrag derzeit ... Stunden. Die Aufteilung dieser Arbeitszeit auf die einzelnen Werktage wird gesondert vereinbart. Der Arbeitgeber ist berechtigt, die Verteilung der Wochenarbeitszeit auf die einzelnen Tage unter den Voraussetzungen des § 19c AZG einseitig zu ändern.[12]

5.2. Überstunden dürfen nur über ausdrückliche Anordnung des direkten Dienstvorgesetzten erbracht werden. Bei derartiger Anordnung ist der Arbeitnehmer zur Leistung von Überstunden[13] verpflichtet. Sämtliche Überstundenleistungen sind mit dem in Punkt 4.4. geregelten Gehalt abgegolten.[14]

---

7 Rz 245 ff. Gerade im Bereich des Entgelts (insb Einstufung, Sonderzahlungen) ist der einschlägige KV von besonderer Bedeutung.

8 Sogenannte „All-In-Klausel", Rz 349 f.

9 Der anwendbare KV ist zu beachten. Sieht dieser einen Entfall der Sonderzahlungen bei verschuldeter Entlassung oder unberechtigtem Austritt vor, so ist der Vertrag entsprechend zu adaptieren.

10 Rz 318 f. Auch im Bereich der Arbeitszeit ist der anwendbare KV (insb Verkürzung der Normalarbeitszeit, flexible Arbeitszeitmodelle, Überstundenentlohnung) von besonderer Bedeutung.

11 Rz 330.

12 Rz 331.

13 Rz 342.

14 Rz 350.

6. Dienstverhinderung[15]

Eine Dienstverhinderung insbesondere infolge Krankheit oder Unglücksfall ist vom Arbeitnehmer dem Arbeitgeber ohne Verzug, das heißt grundsätzlich noch am Tag des Eintritts der Verhinderung bei sonstigem Verlust des Anspruchs auf Entgelt für die Dauer der Versäumnis zu melden. Außerdem ist auf Aufforderung des Arbeitgebers eine ärztliche Bestätigung vorzulegen.

7. Beendigung des Dienstverhältnisses[16]

7.1. Beide Vertragsteile sind jeweils berechtigt, das auf unbestimmte Zeit eingegangene Dienstverhältnis unter Einhaltung der für den Dienstgeber geltenden gesetzlichen Kündigungsfrist (§ 20 AngG) zum 15. oder Letzten eines Monats aufzukündigen.[17]

7.2. Tritt der Arbeitnehmer ohne wichtigen Grund vorzeitig aus oder trifft ihn ein Verschulden an der Entlassung, steht dem Arbeitgeber Anspruch auf Ersatz des hierdurch entstandenen Schadens zu.

7.3. Dieser Schadenersatz wird jedenfalls derart pauschaliert, dass der Arbeitnehmer dem Arbeitgeber als Konventionalstrafe[18] den Betrag zu ersetzen hat, den der Arbeitgeber bei einem von ihm verschuldeten vorzeitigen Austritt als Kündigungsentschädigung zu entrichten hätte, maximal jedoch sechs Brutto-Monatsentgelte.

7.4. Eine derartige Konventionalstrafe ist mit der Geltendmachung durch den Arbeitgeber, spätestens aber mit Auflösung des Dienstverhältnisses fällig.

8. Urlaub[19]

Der Urlaubsanspruch des Arbeitnehmers richtet sich nach den gesetzlichen bzw kollektivvertraglichen Bestimmungen und beträgt derzeit 25 Arbeitstage/30 Werktage für jedes Urlaubsjahr.

9. Nebentätigkeiten/Konkurrenzverbot

9.1. Der Arbeitnehmer verpflichtet sich, seine gesamte Arbeitskraft dem Arbeitgeber zur Verfügung zu stellen. Nebentätigkeiten[20] bedürfen der vorherigen schriftlichen Genehmigung der Geschäftsführung. Dies betrifft jede Art von Nebentätigkeiten, gleich ob entgeltliche oder unentgeltliche, selbständige oder unselbständige. Von der Genehmigungspflicht ist auch jede direkte oder indirekte Beteiligung an anderen Unternehmen umfasst, es sei denn, es handelt sich um eine reine Vermögensanlage ohne Einflussmöglichkeit auf das Unternehmen.

9.2. Derzeit übt der Arbeitnehmer folgende Nebentätigkeiten aus:

....

[15] Rz 265.
[16] Rz 405 ff.
[17] Rz 412 f.
[18] Vgl. Rz 547.
[19] Rz 279 ff.
[20] Im Zusammenhang mit dem Entlassungsrecht des AG siehe Rz 433.

9.3. Dem Arbeitnehmer ist es weiters untersagt, ohne Bewilligung des Arbeitgebers weder ein selbständiges kaufmännisches Unternehmen zu betreiben noch in dem Geschäftszweig des Arbeitgebers für eigene oder fremde Rechnung Handelsgeschäfte zu machen.[21]

9.4. Derzeit betreibt der Arbeitnehmer folgende Unternehmen:

....

9.5. Übertritt der Arbeitnehmer dieses Konkurrenzverbot, so kann der Arbeitgeber den Ersatz des verursachten Schadens fordern oder stattdessen verlangen, dass die für Rechnung des Arbeitnehmers gemachten Geschäfte als für seine Rechnung geschlossen angesehen werden. Bezüglich der für fremde Rechnung geschlossenen Geschäfte kann der Arbeitgeber die Herausgabe der hierfür bezogenen Vergütung oder Abtretung des Anspruchs auf Vergütung begehren.

9.6. Das Recht, den Arbeitnehmer wegen Verletzung des Konkurrenzverbotes zu entlassen (§ 27 Z 3 AngG), bleibt davon unberührt.[22]

10. Konkurrenzklausel[23]

10.1. Der Arbeitnehmer verpflichtet sich, für die Dauer eines Jahres nach Beendigung des Dienstverhältnisses – mit Ausnahme der in Punkt 9. genannten bzw. von der Geschäftsführung genehmigten Tätigkeiten – keiner selbständigen oder unselbständigen Erwerbstätigkeit im Geschäftszweig des Arbeitgebers nachzugehen.

Dem Arbeitnehmer ist es insbesondere untersagt, eine Beschäftigung bei folgenden Konkurrenzunternehmen (oder mit diesen im Zusammenhang stehenden Unternehmungen) anzunehmen:

....

10.2. *Fakultativ*: Bei Zuwiderhandeln verpflichtet sich der Dienstnehmer eine Konventionalstrafe in der Höhe des Sechsfachen des zuletzt bezogenen Bruttomonatsentgelts zu entrichten.

11. Verschwiegenheits- und Rückgabepflicht[24]

11.1. Der Arbeitnehmer ist zur Geheimhaltung aller ihm zur Kenntnis gelangenden Geschäfts- und Betriebsgeheimnisse und sonstigen Umstände und Geschäftsvorgänge, insbesondere auch von Dritten wie zB Kunden, etc, gegenüber jedermann – auch über das Ende des Dienstverhältnisses hinaus – verpflichtet.

11.2. Der Arbeitnehmer erklärt weiters, dass er vom Arbeitgeber über die Geheimhaltungspflichten personenbezogener Daten, insbesondere hinsichtlich des Datenschutzgesetzes (DSG 2000) und über die Folgen einer Verletzung der Geheimhaltungsverpflichtung und des Datengeheimnisses belehrt wurde. Der Arbeitnehmer ist verpflichtet, sämtliche Passwörter den dienstlichen Vorgaben entsprechend zu behandeln sowie auf Aufforderung dem Arbeitgeber bekannt zu geben. *Fakultativ*: Der Arbeitnehmer nimmt im Sinne von § 24

[21] Rz 257.
[22] Rz 425.
[23] Rz 258, 544 ff.
[24] Rz 257, 511.

DSG 2000 zur Kenntnis, dass im Betrieb (dienstlich) angewählte Telefon-Rufnummern sowie die Internet-Nutzung ..... protokolliert und gegebenenfalls ausgewertet werden.[25]

11.3. Der Arbeitnehmer verpflichtet sich, alle geschäftlichen Unterlagen und Schriftstücke sowie davon gefertigte Abschriften und Ablichtungen oder diesbezügliche elektronische Speichermedien auf Verlangen jederzeit, bei Beendigung des Anstellungsverhältnisses auch ohne Aufforderung dem Arbeitgeber auszuhändigen. Ein Zurückbehaltungsrecht des Arbeitnehmers an solchen Unterlagen, Schriftstücken, Speichermedien, Abschriften und Ablichtungen ist ausgeschlossen.

11.4. Für den Fall, dass der Arbeitnehmer gegen die vorliegende Vereinbarung verstößt, wird eine Konventionalstrafe[26] in der Höhe des Sechsfachen des zuletzt bezogenen Bruttomonatsentgelts vereinbart. Es gilt als wohlverstanden, dass die Vereinbarung dieser Konventionalstrafe und auch ihre Zahlung dem Arbeitnehmer von seiner Verpflichtung zur Verschwiegenheitspflicht nicht entbinden.

12. Rechte an Arbeitsergebnissen

12.1 Der Arbeitgeber hat das alleinige Recht, alle Arbeitsergebnisse, die aus der Tätigkeit des Arbeitnehmers für den Arbeitgeber entstehen oder durch nicht allgemeine bekannte Informationen des Arbeitgebers angeregt wurden oder maßgeblich auf Erfahrungen, Arbeiten oder Unterlagen des Arbeitgebers beruhen, ohne sachliche, zeitliche oder räumliche Beschränkung zu verwerten oder verwerten zu lassen. Dies gilt auch für Arbeitsergebnisse, die aus urheberrechtlich nicht geschützten Datenbanken oder Beiträgen zu solchen Datenbanken bestehen. Eine Verpflichtung des Arbeitgebers zur Ausübung dieses Rechts besteht nicht.

12.2. Handelt es sich bei den Arbeitsergebnissen um urheberrechtlich geschützte Werke, räumt der Arbeitnehmer dem Arbeitgeber hieran ausschließliche, zeitliche und räumlich unbeschränkte Nutzungsrechte für alle bekannten Verwertungsarten ein. Dazu gehört insbesondere das Recht, Abänderungen, Übersetzungen, Bearbeitungen oder andere Umgestaltungen vorzunehmen, die Arbeitsergebnisse im Original oder in abgeänderter, übersetzter, bearbeiteter oder umgestalteter Form auf einem beliebigen Medium digital zu speichern oder in anderer Weise zu vervielfältigen, zu veröffentlichen sowie in körperlicher Form oder über Datennetze zu verbreiten, zum Abruf durch Nutzer von Datennetzen zur Verfügung zu stellen und zum Betrieb von Computer und anderen informationsverarbeitenden Geräten zu nutzen.

13. Verfall von Ansprüchen[27]

13.1. Sämtliche Ansprüche aus dem Dienstverhältnis, wozu auch Ansprüche auf Ersatzruhe und allfällige Gleitzeitguthaben zählen, müssen vom Arbeitnehmer bei sonstigem Verfall binnen drei Monaten ab Fälligkeit schriftlich beim Arbeitgeber geltend gemacht werden, sofern gesetzliche oder kollektivvertragliche Regelungen nicht längere Verfallsfristen vorsehen.

---

[25] Zustimmung zur Datenverwendung gem § 24 DSG 2000; im Bedarfsfall wäre auch eine Zustimmung gem § 10 AVRAG vertraglich zu vereinbaren; vgl Rz 177 ff.

[26] Rz 547.

[27] Rz 512.

13.2. Bei rechtzeitiger Geltendmachung bleiben die gesetzlichen Verjährungs- bzw Verfallfristen gewahrt.

14. Meldepflicht

Der Arbeitnehmer ist verpflichtet, die – auch kurzfristige – Änderung seiner persönlichen Daten, insbesondere seine Zustelladresse, schriftlich bekannt zu geben. Der Arbeitgeber kann an die jeweils zuletzt bekannt gegebene Adresse des Arbeitnehmers rechtsgültig Zustellungen vornehmen.

15. Rückersatz von Ausbildungskosten[28]

Der Arbeitnehmer hat dem Arbeitgeber bei seinem Ausscheiden die Kosten der vom Arbeitgeber innerhalb der letzten drei Jahre für ihn bezahlten Ausbildung (einschließlich der Gehaltskosten, sollte die Ausbildung mit keiner praktischen Verwendung verbunden sein) zu ersetzen. Diese Rückersatzpflicht verringert sich um 1/36 pro Monat nach Abschluss der Ausbildung.

16. Allgemeine Bestimmungen

16.1. Dieser Vertrag regelt vollständig und abschließend das Dienstverhältnis zwischen dem Arbeitgeber und dem Arbeitnehmer. Sämtliche Zusagen, Absprachen oder anderweitige Bedingungen zwischen den Parteien, die im gegenständlichen Vertrag nicht enthalten sind, treten mit Unterfertigung des Vertrages außer Kraft. Dieser Vertrag soll daher auch gegenüber allen anderen Absprachen und Vereinbarungen Vorrang haben.

16.2. Abweichungen oder Ergänzungen zu diesem Vertrag sind nur gültig, wenn sie schriftlich[29] gemacht wurden und von beiden Seiten als verbindlich unterfertigt wurden. Dies gilt auch für die Abänderung dieser Klausel, eine formfreie Aufhebung des Schriftformerfordernisses ist somit ausgeschlossen.

16.3. Sollte irgendeine Bestimmung dieses Vertrages ungültig sein oder werden, so bleibt die Gültigkeit der übrigen Bestimmungen hievon unberührt. Die ungültige Bestimmung ist durch eine Bestimmung zu ersetzen, die im Rahmen der anwendbaren Gesetze dem ursprünglichen Parteiwillen möglichst nahe kommt.

16.4 Soferne in diesem Vertrag nichts anderes bestimmt ist, sind die Bestimmungen des Angestelltengesetzes sowie derzeit des Kollektivvertrages für .... auf das Dienstverhältnis anwendbar. Diese ebenso wie die auf das Dienstverhältnis anwendbaren Betriebsvereinbarungen liegen in .... auf/sind im Intranet zugänglich.

.................., am ....

....

Arbeitgeber Arbeitnehmer

---

28 Rz 548 ff. Eine gesonderte schriftliche Vereinbarung im Zusammenhang mit den einzelnen zu absolvierenden Ausbildungen, in denen die tatsächlichen Kosten ausgewiesen sind, ist zumindest zu empfehlen.

29 Rz 209.

Nützliche Internetadressen

http://www.austria.gv.at/
http://www.help.gv.at/

Rechtsinformationssystem des Bundes
http://www.ris.bka.gv.at/

Bundesministerium für Wirtschaft, Familie und Jugend
http://www.bmwfi.gv.at/

Bundesministerium für Arbeit, Soziales und Konsumentenschutz
http://www.bmask.gv.at/

Parlament
http://www.parlament.gv.at/

Verfassungsgerichtshof VfGH
http://www.vfgh.gv.at/

Wirtschaftskammer Österreichs
http://www.wko.at/

Industriellenvereinigung
http://www.industriellenvereinigung.at/

Austrian Business Agency – ABA
http://www.aba.gv.at/

Österreichischer Gewerkschaftsbund – ÖGB
http://www.oegb.at/

Arbeiterkammern, AK Wien
http://www.akwien.or.at/

Vertretung der Bundesarbeitskammer bei der EU
http://www.akeu.at/

Verein für Konsumenteninformation
http://www.konsument.at/

Sozialversicherung
http://www.sozvers.at/

Gerichtshof der Europäischen Gemeinschaft – EuGH
http://curia.eu.int/

Rat der Europäischen Union
http://ue.eu.int/

Europäisches Parlament
http://www.europarl.eu.int/

Das Recht der Europäischen Union (EurLEX)
http://europa.eu.int/eur-lex/de/index.html

CELEX – Recht der EU
http://europa.eu.int/celex/index.htm

Stichwortverzeichnis

nach Randzahlen